임원경제지
권47

정조지

鼎俎志 4

林園經濟志

임원경제지
권47

정조지 鼎俎志 4

음식요리 백과사전

권7 · 술(온배지류)

절식(節食)(절식지류)

풍석 서유구 지음 추담 서우보 교정
임원경제연구소 정정기, 최시남 외 옮김

풍석문화재단

이 책은 ㈜DYB교육 송오현 대표 외 수많은 개인의 기부 및 문화체육관광부의 지원으로
완역 출판되었습니다.

임원경제지 정조지4

지은이 풍석 서유구
교 정 추담 서우보
옮기고 쓴 이 임원경제연구소 [정정기, 최시남, 정명현, 민철기, 김현진, 김수연, 강민우, 김광명, 김용미]
원문 및 번역 전체 정리 : 정명현
자료정리 : 고윤주
감수 : 박록담(한국전통주연구소 소장)(술)
펴낸 곳 풍석문화재단
펴낸 이 : 신정수
진행 : 진병춘, 박정진 진행지원 : 박소해
전화 : 02)6959-9921 E-mail : pungseok@naver.com
일러스트 이함렬
편집디자인 아트퍼블리케이션 디자인 고흐
인 쇄 상지사피앤비
펴낸 날 초판 1쇄 2020년 6월 15일
초판 2쇄 2020년 9월 7일
ISBN 979-11-89801-28-1

이 도서의 국립중앙도서관 출판예정도서목록(CIP)은 서지정보유통지원시스템 홈페이지
(http://seoji.nl.go.kr)와 국가자료종합목록 구축시스템(http://kolis-net.nl.go.kr)에서 이용하실 수 있습니다.
(CIP제어번호 : CIP2020022018)

* 표지그림 : 주막(김홍도), 야연(성협), 조충도(신사임당), 전이형록필 책가도(이응록)(국립중앙박물관) / 문방도병풍(국립고궁박물관)
* 사진 사용을 허락해주신 풍석문화재단 음식연구소, 박록담, 김재광, 간장포럼 여러분께 감사드립니다.

차례

일러두기

정조지 권제7 鼎俎志 卷第七 임원십육지 47 林園十六志 四十七

술(온배지류) 醞醅之類

1. 주례(酒醴, 술과 단술) 총서 酒醴總敍

1) 술의 기원 緣起 22
2) 총론 總論 25

2. 술 빚는 여러 방법 釀造雜法

1) 누룩의 품질 論麴品 28
2) 누룩 다루는 법(치국법) 治麴法 29
3) 술 재료 다루는 법(치주재법) 治酒材法 30
4) 물 가리는 법(택수법) 擇水法 31
5) 술밑[酒本] 만들기(조주본방) 造酒本方 32
6) 석임[腐本] 만들기(조부본방) 造腐本方 32
7) 밀봉하여 빚는 법(봉양법) 封釀法 34
8) 물속에서 빚는 법(수중양법) 水中釀法 35
9) 술주자[槽]에 올리는 법(상조법) 上槽法 35
10) 술 거두는 법(수주법) 收酒法 37
11) 술 달이는 법(자주법) 煮酒法 37

3. 이류 酏類

1) 백하주(白霞酒) 빚기(백하주방) 白霞酒方 39
2) 향온주(香醞酒) 빚기(향온주방) 香醞酒方 43
3) 녹파주(綠波酒) 빚기(녹파주방) 綠波酒方 43

4) 벽향주(碧香酒) 빚기(벽향주방) 碧香酒方 44
5) 유하주(流霞酒) 빚기(유하주방) 流霞酒方 46
6) 소국주(少麴酒) 빚기(소국주방) 少麴酒方 46
7) 부의주(浮蟻酒) 빚기(부의주방) 浮蟻酒方 49
8) 동정춘(洞庭春) 빚기(동정춘방) 洞庭春方 51
9) 경액춘(瓊液春) 빚기(경액춘방) 瓊液春方 51
10) 죽엽춘(竹葉春) 빚기(죽엽춘방) 竹葉春方 52
11) 인유향(麟乳香) 빚기(인유향방) 麟乳香方 52
12) 석탄향(惜呑香) 빚기(석탄향방) 惜呑香方 53
13) 벽매주(辟霾酒) 빚기(벽매주방) 辟霾酒方 53
14) 오호주(五壺酒) 빚기(오호주방) 五壺酒方 54
15) 하향주(荷香酒) 빚기(하향주방) 荷香酒方 54
16) 향설주(香雪酒) 빚기(향설주방) 香雪酒方 55
17) 벽향주(碧香酒) 빚기(벽향주방) 碧香酒方 56

4. 주류(酎類, 여러 번 빚은 술)

1) 호산춘(壺山春) 빚기(호산춘방) 壺山春方 58
2) 잡곡주(雜穀酒) 빚기(잡곡주방) 雜穀酒方 59
3) 두강춘(杜康春) 빚기(두강춘방) 杜康春方 61
4) 무릉도원주(武陵桃源酒) 빚기(무릉도원주방) 武陵桃源酒方 61
5) 동파주(東坡酒) 빚기(동파주방) 東坡酒方 63

5. 시양류 時釀類

1) 약산춘(藥山春) 빚기(약산춘방) 藥山春方 66
2) 삼해주(三亥酒) 빚기(삼해주방) 三亥酒方 68
3) 춘주(春酒) 빚기(춘주방) 春酒方 70
4) 속미주(粟米酒, 좁쌀술) 빚기(속미주방) 粟米酒方 71
5) 법주(法酒) 빚기(법주방) 法酒方 73
6) 청명주(淸明酒) 빚기(청명주방) 淸明酒方 73
7) 삼구주(三九酒) 빚기(삼구주방) 三九酒方 75
8) 서미법주(黍米法酒) 빚기(서미법주방) 黍米法酒方 75
9) 당량주(當梁酒) 빚기(당량주방) 當梁酒方 76

10) 멥쌀술(갱미주) 빚기(갱미주방) 秔米酒方 77
11) 12월에 빚는 술(납주) 빚기(납주방) 臘酒方 78
12) 7월 7일에 빚는 술(칠석주) 빚기(칠석주방) 七夕酒方 79
13) 분국상락주(笨麴桑落酒) 빚기(분국상락주방) 笨麴桑落酒方 79
14) 동미명주(冬米明酒) 빚기(동미명주방) 冬米明酒方 80

6. 향양류 香釀類
1) 도화주(桃花酒) 빚기(도화주방) 桃花酒方 81
2) 송로양(松露釀) 빚기(송로양방) 松露釀方 81
3) 송화주(松花酒) 빚기(송화주방) 松花酒方 82
4) 송순주(松筍酒) 빚기(송순주방) 松筍酒方 83
5) 죽엽청(竹葉淸) 빚기(죽엽청방) 竹葉淸方 84
6) 하엽청(荷葉淸) 빚기(하엽청방) 荷葉淸方 84
7) 연엽양(蓮葉釀) 빚기(연엽양방) 蓮葉釀方 84
8) 영주(酃酒) 빚기(영주방) 酃酒方 86
9) 국화주(菊花酒) 빚기(국화주방) 菊花酒方 86
10) 만전향주(滿殿香酒) 빚기(만전향주방) 滿殿香酒方 87
11) 밀온투병향(蜜醞透瓶香) 빚기(밀온투병향방) 蜜醞透瓶香方 88
12) 밀주(蜜酒, 꿀술) 빚기(밀주방) 蜜酒方 89
13) 술에 꽃향기 들이는 법(화향입주법) 花香入酒法 89

7. 과라양류(菓蓏釀類, 과실주)
1) 잣술(송자주) 빚기(송자주방) 松子酒方 91
2) 호두술(핵도주) 빚기(핵도주방) 核桃酒方 92
3) 도토리술(상실주) 빚기(상실주방) 橡實酒方 92
4) 아가위술(산사주, 山査酒) 빚기(산사주방) 山査酒方 92
5) 포도주(葡萄酒) 빚기(포도주방) 葡萄酒方 93
6) 고구마술(감저주) 빚기(감저주방) 甘藷酒方 94

8. 이양류 異釀類
1) 청서주(淸暑酒) 빚기(청서주방) 淸暑酒方 96
2) 봉래춘(蓬萊春) 빚기(봉래춘방) 蓬萊春方 96

3) 신선벽도춘(神仙碧桃春) 빚기(신선벽도춘방) 神仙碧桃春方 97
4) 죽통주(竹筒酒) 빚기(죽통주방) 竹筒酒方 98
5) 지주(地酒) 빚기(지주방) 地酒方 99
6) 술독을 안아주어 빚는 법(포양방) 抱釀方 99

9. 순내양류(旬內釀類, 10일 내에 익는 술)
1) 일일주(一日酒) 빚기(일일주방) 一日酒方 100
2) 계명주(鷄鳴酒) 빚기(계명주방) 鷄鳴酒方 101
3) 삼일주(三日酒) 빚기(삼일주방) 三日酒方 101
4) 하삼청(夏三淸) 빚기(하삼청방) 夏三淸方 102
5) 백화춘(白花春) 빚기(백화춘방) 白花春方 102
6) 두강주(杜康酒) 빚기(두강주방) 杜康酒方 103
7) 칠일주(七日酒) 빚기(칠일주방) 七日酒方 104
8) 사절칠일주(四節七日酒) 빚기(사절칠일주방) 四節七日酒方 106
9) 급수청(急需淸) 빚기(급수청방) 急需淸方 106
10) 계명주(鷄鳴酒) 빚기(계명주방) 鷄鳴酒方 107

10. 제차류 醍醝類
1) 천태(天台) 홍주(紅酒) 빚기(천태홍주방) 天台紅酒方 109
2) 건창(建昌) 홍주(紅酒) 빚기(건창홍주방) 建昌紅酒方 110
3) 하동(河東) 이백주(頤白酒) 빚기(하동이백주방) 河東頤白酒方 112
4) 백주(白酒) 빚기(백주방) 白酒方 113
5) 왜백주(倭白酒) 빚기(왜백주방) 倭白酒方 117

11. 앙료류(醠醪類, 탁주류)
1) 이화주(梨花酒) 빚기(이화주방) 梨花酒方 119
2) 집성향(集聖香) 빚기(집성향방) 集聖香方 120
3) 가을보리술(추모주) 빚기(추모주방) 秋麰酒方 121
4) 백료주(白醪酒) 빚기(백료주방) 白醪酒方 122
5) 분국(笨麴) 백료주(白醪酒) 빚기(분국백료주방) 笨麴白醪酒方 122

12. 예류(醴類, 단술류)

1) 감주(甘酒) 빚기(감주방) 甘酒方 124
2) 청감주(清甘酒) 빚기(청감주방) 清甘酒方 124
3) 왜예주(倭醴酒) 빚기(왜예주방) 倭醴酒方 124
4) 왜미림주(倭美淋酒) 빚기(왜미림주방) 倭美淋酒方 125

13. 소로류(燒露類, 소주류)

1) 소주 빚기 총론(소주총방) 燒酒總方 127
2) 내국홍로(內局紅露) 빚기(내국홍로방) 內局紅露方 128
3) 노주(露酒) 20승 빚기(노주이두방) 露酒二斗方 128
4) 절주(切酒) 빚기(절주방) 切酒方 129
5) 관서(關西) 감홍로(甘紅露) 빚기(관서감홍로방) 關西甘紅露方 130
6) 관서 계당주(桂糖酒) 빚기(관서계당주방) 關西桂糖酒方 131
7) 죽력고(竹瀝膏) 빚기(죽력고방) 竹瀝膏方 131
8) 이강고(梨薑膏) 빚기(이강고방) 梨薑膏方 132
9) 적선소주(謫仙燒酒) 빚기(적선소주방) 謫仙燒酒方 133
10) 삼일노주(三日露酒) 빚기(삼일노주방) 三日露酒方 133
11) 보리소주(모미소주) 빚기(모미소주방) 麰米燒酒方 134
12) 밀소주(소맥노주) 빚기(소맥노주방) 小麥露酒方 134
13) 메밀소주(교맥노주) 빚기(교맥노주방) 蕎麥露酒方 135
14) 귀리소주(이모노주) 빚기(이모노주방) 耳麰露酒方 135
15) 송순주(松筍酒) 빚기(송순주방) 松筍酒方 136
16) 과하주(過夏酒) 빚기(과하주방) 過夏酒方 138
17) 오향소주(五香燒酒) 빚기(오향소주방) 五香燒酒方 140
18) 포도소주(葡萄燒酒) 빚기(포도소주방) 葡萄燒酒方 141
19) 고구마소주(감저소주) 빚기(감저소주방) 甘藷燒酒方 141
20) 천리주(千里酒) 빚기(천리주방) 千里酒方 142
21) 왜소주(倭燒酒) 빚기(왜소주방) 倭燒酒方 142
22) 소주 많이 얻는 법(소주다취로법) 燒酒多取露法 143
23) 소주 내리는 여러 방법(소로잡법) 燒露雜法 144
24) 맛이 간 황주(黃酒)로 소주 고는 법(소번황주법) 燒翻黃酒法 145

14. 술 고치는 여러 방법 醫酒諸法

1) 술이 괴지 않는 상태를 고치는 법(치주불배법) 治酒不醅法 146
2) 시어진 술맛을 바로잡는 법(요산주법) 拗酸酒法 146
3) 백주(白酒) 신맛 풀어주는 법(해백주산법) 解白酒酸法 148
4) 맛이 변한 술 고치기(치주미변방) 治酒味變方 148
5) 시어진 박주 좋은 술로 고치는 법(치산박주작호주방) 治酸薄酒作好酒方 149
6) 탁주를 청주로 바꾸기(변탁주위청주방) 變濁酒爲淸酒方 149
7) 묽은 술 고치는 법(치다수주법) 治多水酒法 150
8) 불 붙은 노주(露酒) 고치는 법(치노주화염법) 治露酒火焰法 150

15. 술 보관할 때 주의사항 收酒宜忌

1) 술 상하지 않게 보관하는 법(수주불훼법) 收酒不毁法 151
2) 노주 보관하는 법(수노주법) 收露酒法 151
3) 여러 술 보관하는 법(수잡주법) 收雜酒法 151
4) 기타 금기(잡기) 雜忌 152

16. 부록 약재로 빚는 술(약양제품) 附 藥釀諸品

1) 도소주 屠蘇酒 153
2) 장춘주 長春酒 155
3) 신선주 神仙酒 156
4) 고본주 固本酒 157
5) 오수주 烏鬚酒 157
6) 신선고본주 神仙固本酒 158
7) 준순주 逡巡酒 158
8) 유학주(학질 치료하는 술) 愈瘧酒 158
9) 홍국주 紅麴酒 159
10) 흑임자술(거승주) 巨勝酒 159
11) 오가피주 五加皮酒 160
12) 음양곽술(선령비주) 仙靈脾酒 160
13) 율무술(의이인주) 薏苡仁酒 161
14) 천문동주 天門冬酒 161
15) 백령등주 百靈藤酒 162

16) 차조기술(소자주) 蘇子酒 162

17) 백출주 白朮酒 163

18) 지황주 地黃酒 163

19) 쇠무릎술(우슬주) 牛膝酒 163

20) 당귀주 當歸酒 163

21) 창포주 菖蒲酒 164

22) 구기자술(구기주) 枸杞酒 164

23) 인삼주 人蔘酒 165

24) 마술(서여주) 薯蕷酒 165

25) 복령주 茯苓酒 165

26) 국화주 菊花酒 166

27) 황정주 黃精酒 166

28) 오디술(상심주) 桑椹酒 166

29) 꿀술(밀주) 蜜酒 167

30) 여뀌술(요주) 蓼酒 167

31) 생강술(강주) 薑酒 167

32) 장송주 長松酒 168

33) 회향주 茴香酒 168

34) 축사주 縮砂酒 168

35) 향부자술(사근주) 莎根酒 169

36) 인진쑥술(인진주) 茵蔯酒 169

37) 개똥쑥술(청호주) 青蒿酒 169

38) 백부주 百部酒 170

39) 바닷말술(해조주) 海藻酒 170

40) 선묘주 仙茆酒 170

41) 으름술(통초주) 通草酒 171

42) 마가목술(남등주) 南藤酒 171

43) 붉나무술(천금주) 千金酒 171

44) 송진술(송액주) 松液酒 172

45) 송절주 松節酒 172

46) 측백잎술(백엽주) 柏葉酒 172

47) 송지주 松脂酒 173

48) 초백주 椒柏酒 173
49) 댓잎술(죽엽주) 竹葉酒 174
50) 괴지주 槐枝酒 175
51) 우엉술(우방주) 牛蒡酒 175
52) 마인주 麻仁酒 175
53) 산뽕나무뿌리술(자근주) 柘根酒 175
54) 산무애뱀술(화사주) 花蛇酒 176
55) 호골주(호랑이정강이뼈술) 虎骨酒 177
56) 미골주(고라니뼈술) 麋骨酒 177
57) 녹두주(사슴대가리술) 鹿頭酒 177
58) 녹용주 鹿茸酒 178
59) 무술주 戊戌酒 178
60) 양고주 羊羔酒 178
61) 해구신술(올눌제주) 膃肭臍酒 179
62) 백화주(여러 종류의 꽃을 넣어 빚은 술) 百花酒 179
63) 술에 약재 담그는 법 酒中漬藥法 180

17. 술 마시는 여러 방법(상음잡법) 觴飮雜法
1) 음주로 인한 병 막는 법(음주방병법) 飮酒防病法 181
2) 술 마시고 취하지 않는 법(음주불취법) 飮酒不醉法 181
3) 술 마시고 바로 취하는 법(음주즉취법) 飮酒卽醉法 182
4) 중국과 우리나라의 음주법(논화동음법) 論華東飮法 182
5) 음저(飮儲, 안주) 論飮儲 183

절식(절식지류) 節食之類

1. 설날[元朝]의 절식 元朝節食
1) 떡국[湯餠, 탕병] 만들기(탕병방) 湯餠方 186
2) 강정(𩞯飣) 만들기(강정방) 𩞯飣方 188
3) 밀양시병(蜜釀柹餠, 수정과의 일종) 만들기(밀양시병방) 蜜釀柹餠方 189

2. 입춘(立春)의 절식 立春節食

1) 오신반(五辛盤) 만들기(오신반방) 五辛盤方 190

3. 정월대보름[上元, 상원]의 절식 上元節食

1) 잡과반(雜果飯, 약밥) 만들기(잡과반방) 雜果飯方 192
2) 원소병 元宵餠 194
3) 작율(嚼栗, 밤 깨물기) 방법(작율방) 嚼栗方 195

4. 중화절(中和節, 음력 2월 1일)의 절식 中和節節食

1) 송엽병(松葉餠, 솔잎떡) 만들기(송엽병방) 松葉餠方 197

5. 중삼절(重三節, 음력 3월 3일 삼짇날)의 절식 重三節食

1) 진달래지짐이(두견화고) 만들기(두견화고방) 杜鵑花糕方 199
2) 향애단자(香艾團餈) 만들기(향애단자방) 香艾團餈方 200
3) 탕평채(蕩平菜) 만들기(탕평채방) 蕩平菜方 201

6. 등석(燈夕, 석가탄신일)의 절식 燈夕節食

1) 느티떡[楡葉餠, 유엽병] 만들기(유엽병방) 楡葉餠方 202
2) 자두(煮豆, 삶은 콩) 만들기(자두방) 煮豆方 203

7. 단오(端午)의 절식 端午節食

1) 수릿떡[車輪餠] 만들기(차륜병방) 車輪餠方 204
2) 제호탕(醍醐湯) 만들기(제호탕방) 醍醐湯方 204

8. 유두(流頭, 음력 6월 15일)의 절식 流頭節食

1) 수단(水團) 만들기(수단방) 水團方 206
2) 상화병(霜花餠) 만들기(상화병방) 霜花餠方 207
3) 오이채만두(과사두) 만들기(과사두방) 瓜絲兜方 208

9. 삼복(三伏)의 절식 三伏節食

1) 개장국(구장) 만들기(구장방) 狗醬方 210

10. 중구(重九, 9월 9일)의 절식 重九節食

1) 국화떡(국화고) 만들기(국화고방) 菊花糕方 211
2) 꿀밤과자(밀오율니) 만들기(밀오율니방) 蜜熬栗泥方 213
3) 국화주(菊花酒) 빚기(국화주방) 菊花酒方 213

11. 동지(冬至)의 절식 冬至節食

1) 팥죽[赤豆粥] 만들기(적두죽방) 赤豆粥方 215
2) 전약(煎藥) 만들기(전약방) 煎藥方 216

12. 납평(臘平, 납일)의 절식 臘平節食

1) 납일고기[臘肉] 만들기(납육방) 臘肉方 218
2) 참새전[黃雀煎] 만들기(황작전방) 黃雀煎方 219

13. 부록 절식 보유(補遺, 빠진 것을 보충함) 附 節食補遺

1) 설날의 초백주(椒柏酒, 후추측백잎주) 元朝椒柏酒 220
2) 매화주 梅花酒 221
3) 교아당(膠牙餳, 물엿) 膠牙餳 221
4) 인일(人日)의 칠종채갱(七種菜羹, 칠채국) 人日七種菜羹 221
5) 상원(上元)의 고죽(膏粥, 고기 없은 죽) 上元膏粥 221
6) 보당퇴(寶糖饋)·오니당(烏膩糖) 寶糖饋、烏膩糖 223
7) 춘사반(春社飯, 춘사일 고기덮밥) 春社飯 224
8) 한식의 도화죽(桃花粥, 복숭아꽃죽) 寒食桃花粥 224
9) 당죽 餳粥 224
10) 조고(棗糕, 대추떡) 棗糕 225
11) 한구 寒具 225
12) 중사(重四, 음력 4월 4일)의 맥병(麥餅, 밀가루 등으로 만든 떡) 重四麥餅 226
13) 중오(重五, 음력 5월 5일)의 창포주(菖蒲酒) 重五菖蒲酒 226
14) 각서(角黍, 주악) 角黍 226
15) 적분단(滴粉團, 오색수단) 滴粉團 228
16) 하지의 건종(健粽) 夏至健粽 228
17) 중육(重六, 음력 6월 6일)의 은묘채(銀苗菜, 연뿌리싹) 重六銀苗菜 229
18) 복날 떡국(탕병) 伏日湯餅 229

19) 녹하포자 綠荷包子 229
20) 칠석의 서미(黍糜, 기장미음) 七夕黍糜 230
21) 화과 花瓜 231
22) 중원(中元)의 우란분병(盂蘭盆餅) 中元盂蘭盆餅 231
23) 추사반(秋社飯, 추사일의 고기덮밥) 秋社飯 232
24) 중추(中秋, 음력 8월 15일)의 월병(月餅, 둥근 과병) 中秋月餅 233
25) 중구(重九, 음력 9월 9일 중양절)의 마갈고(麻葛糕, 참깨칡가루떡) 重九麻葛糕 234
26) 춘란추국 春蘭秋菊 234
27) 진세수(秦歲首, 진나라 설날) 서확(黍臛) 秦歲首黍臛 234
28) 증과 蒸裹 235
29) 개로병 開爐餅 235
30) 동지의 서고(黍糕, 기장떡) 冬至黍糕 236
31) 혼돈 餛飩 236
32) 납오(臘五, 12월 5일)의 오두죽(五豆粥) 臘五五豆粥 237
33) 욕불일(浴佛日)의 납팔죽(臘八粥) 浴佛日臘八粥 237
34) 입오(卄五, 25일)의 잠화죽(蠶花粥) 卄五蠶花粥 238

《정조지》 4권 사진출처 및 재연자 239
《정조지》 참고문헌 서목 243
색인 254

일러두기

- 이 책은 풍석 서유구의 《임원경제지》를 표점, 교감, 번역, 주석, 도해한 것이다.
- 저본은 정사(正寫) 상태, 내용의 완성도, 전질의 구성 등을 고려하여 연세대학교 도서관 소장본으로 했다.
- 현재 남아 있는 이본 가운데 서울대학교 규장각한국학연구원, 일본 오사카 나카노시마부립도서관본, 고려대학교도서관 소장본을 교감하고, 교감 사항은 각주로 처리했으며, 각각 규장각본, 오사카본, 고려대본으로 약칭했다.
- 교감은 본교(本校) 및 대교(對校)와 타교(他校)를 중심으로 하고, 필요에 따라서는 이교(理校)를 반영했으며 교감 사항은 각주로 밝혔다.
- 번역주석의 번호는 일반 숫자(9)로, 교감주석의 번호는 네모 숫자(9)로 구별했다.
- 원문에 네모 칸이 쳐진 注, 法 등과 서유구의 의견을 나타내는 案, 又案 등은 원문의 표기와 유사하게 네모를 둘렀다.
- 원문의 주석은 【 】로 표기했다.
- 서명과 편명은 번역문에만 각각 《 》 및 〈 〉로 표시했다.
- 표점 부호는 마침표(.), 쉼표(,), 물음표(?), 느낌표(!), 쌍점(:), 쌍반점(;), 인용부호(“ ”, ‘ ’), 가운뎃점(·), 모점(、), 괄호(( )), 서명 부호(《 》)를 사용했고 인명, 지명 등 고유명사에는 밑줄을 그었다.
- 字, 號, 諡號 등으로 표기된 인명은 성명으로 바꿔서 옮겼다.
- 그림 및 사진의 출처는 해당 자료와 함께 표기하였다. 별도표기가 없는 경우, 바이두(Baidu.com)와 구글(Google.com) 이미지를 활용하였다.
- 자료사진을 제공한 기관이나 개인의 표기는 책 말미에 차례로 정리해두었다.

7

정조지 권제 7
鼎俎志 卷第七

임원십육지 47
林園十六志 四十七

I. 술(온배지류)
II. 절식(節食)(절식지류)

몸속에서 술을 내려주는 음식을 '음저'라 한다. 그 종류는 다음과 같다. ① 청품(淸品, 맑은 종류) : 선합(鮮蛤), 조감(糟蚶), 주해(酒蟹)와 같은 종류. ② 이품(異品, 색다른 종류) : 웅백(熊白), 서시유(西施乳)와 같은 종류. ③ 이품(膩品, 기름진 종류) : 새끼양구이, 거위새끼구이와 같은 종류. ④ 과품(果品, 과일 종류) : 잣, 살구속씨와 같은 종류. ⑤ 소품(蔬品, 채소 종류) : 신선한 죽순, 햇부추와 같은 종류. 그러나 시골의 가난한 선비가 어디서 이러한 안주들을 마련하겠는가? 다만 질동이에 푸성귀만 갖추더라도 어찌 그 높은 경지를 손상시키겠는가?

- I -

술(온배지류)

醞醅之類

1 주례(酒醴, 술과 단술) 총서
2 술 빚는 여러 방법
3 이류(酏類)
4 주류(酎類, 여러 번 빚은 술)
5 시양류(時釀類)
6 향양류(香釀類)
7 과라양류(菓蓏釀類, 과실주)
8 이양류(異釀類)
9 순내양류(旬內釀類, 10일 내에 익는 술)
10 제차류(醍醝類)
11 앙료류(醠醪類, 탁주류)
12 예류(醴類, 단술류)
13 소로류(燒露類, 소주류)
14 술 고치는 여러 방법
15 술 보관할 때 주의사항
16 부록 약재로 빚는 술(약양제품)
17 술 마시는 여러 방법(상음잡법)

1. 주례(酒醴, 술과 단술) 총서

酒醴總敍

1) 술의 기원

緣起

세상 사람들이 술의 기원에 대해서 말하는 설에는 다음과 같은 5가지가 있다.

世言酒之所自者有五：

① "의적(儀狄)[1]이 처음으로 술을 만들었다는 설로, 우(禹)[2]와 동시대의 일이다."

一曰"儀狄始作酒，與禹同時".

② "요(堯)[3]가 1,000잔의 술을 마셨다 했으니,[4] 술은 요임금 시대에 만들어졌다."

一曰"堯酒千鍾，則酒作於堯".

③ "《신농본초(神農本草)》[5]에서 술의 성질과 맛을 저술했고, 《황제내경(黃帝內經)》[6]에서도 술은 사람이 병에 걸리게 한다고 했으니, 의적에게서 시작된 것이 아니다."

一曰"《神農本草》，著酒之性味，《黃帝內經》亦言酒之致病，則非始於儀狄矣".

④ "하늘에는 주성(酒星)[7]이 있으니, 술의 제조는 천지의 역사와 함께한다."

一曰"天有酒星，酒之作，與天地竝".

1 의적(儀狄) : 우(禹)의 신하로, 중국 고대 전설 속의 인물.

2 우(禹) : 중국 고대 전설 속의 인물. 홍수를 잘 다스려 왕위를 물려받고 하(夏)나라를 개창했다고 전해진다.

3 요(堯) : 중국 고대 전설 속의 인물. 당(唐)나라의 왕이므로 당요(唐堯)라고도 불린다. 역법을 정했고, 효행으로 이름이 높았던 순(舜)에게 선양했다고 전해진다.

4 요가……했으니 : 《공총자(孔叢子)》 〈유복(儒服)〉에는 요순이 1,000잔의 술을 마셨다고 되어 있다(堯·舜千鍾).

5 신농본초(神農本草) : 중국 진(秦)·한(漢) 시기에 신농씨에 가탁하여 지어진 것으로 추정되는 본초서. 약에 관한 기본적인 이론을 정립했다고 알려져 있으나 원본은 전해지지 않고 여러 의서들에 수록되어 있는 것을 합한 집본이 있다.

6 황제내경(黃帝內經) : 중국 전설 속의 인물인 황제(黃帝)와 기백(岐伯) 등이 묻고 대답하는 형식으로 쓰여진 의서. 전국(戰國) 시대에 지어진 것으로 추정된다. 현재는 당(唐)나라 때 판본인 《황제내경소문(黃帝內經素問)》과 《황제내경영추(黃帝內經靈樞)》로 나뉘어 전해지고 있다.

7 주성(酒星) : 옛 별자리 이름. 주기성(酒旗星)이라고도 한다.

⑤ "두강(杜康)[8]이 술을 만들었다."

一曰"杜康作酒".

이 5가지 설은 모두 근거가 충분하지 않다.

是五者, 皆不足以考據也.

의적이라는 이름은 경전에서는 보이지 않고 《세본(世本)》[9]에만 나온다. 그러나 《세본》은 믿을 만한 책이 아니다.

儀狄之名不見於經, 而獨出於《世本》. 《世本》非信書也.

요임금이 1,000잔의 술을 마셨다 하지만, 그 말은 본래 《공총자(孔叢子)》[10]에서 나와 대개 항간에 떠도는 말이다.

堯酒千鍾, 其言本出《孔叢子》, 蓋委巷之說也.

《신농본초》는 비록 신농(神農)[11] 때부터 전해졌다고 하지만 지금으로부터 가까운 시대의 내용들도 이 책에 붙어 있는 정황으로 보면, 반드시 모두가 신농의 글은 아니다. 《황제내경》이 비록 《삼분(三墳)》[12]의 글이라고 하지만, 그 문장을 살펴보면 이 책이 마지막으로 완성된 시기는 전국 시대에서 진·한에 이르는 즈음임을 알 수 있다.

《本草》雖傳自炎帝, 亦有近世之物附見者, 未必皆炎帝之書也. 《內經》雖《三墳》之書, 然考其文章, 知卒成是書者, 六國、秦、漢之際也.

별이름 중에 예를 들어 환자(宦者)[13]·분묘(墳墓)[14]·호시(弧矢)[15]·하고(河鼓)[16]와 같은 별은 모두 먼 옛날에는 이름이 없었지만, 이 별은 그에 앞서도 있었으

星名, 如宦者、墳墓、弧矢、河鼓, 皆太古所無, 而先有是星, 則酒星亦可類推矣.

---

8 두강(杜康) : 중국 고대 전설 속의 인물. 황제(黃帝) 때의 사람이라고 한다. 지금 중국의 하남성(河南省) 여양현(汝陽縣)의 두강촌(杜康村)이 두강이 술을 만든 곳이라는 전설이 있다.

9 세본(世本) : 중국 진(秦)나라 이전 제왕의 사적을 기록한 책. 사마천(司馬遷)이 《사기(史記)》를 지을 때 참고한 서적 중 하나이다.

10 공총자(孔叢子) : 중국 전한의 공부(孔鮒)가 편찬한 책. 공자 이래로 공씨 일족의 언행을 모아 21편으로 엮었다.

11 신농(神農) : 중국 신화 속의 인물. 사람의 몸에 소의 머리를 하고 있었으며 사람들에게 농사를 가르쳤다. 불을 쓰는 방법을 인간에게 가르쳤다 하여 염제(炎帝)라고도 한다.

12 삼분(三墳) : 중국 신화속의 인물인 복희(伏羲)·신농(神農)·황제(黃帝)의 업적을 기록한 책이라 전해진다. 지금 남아 있지는 않고 실제로 있었는지도 알 수 없다.

13 환자(宦者) : 옛 별자리 이름.

14 분묘(墳墓) : 옛 별자리 이름. 위수(危宿)에 속하며 모두 4개의 별로 구성되어 있다.

15 호시(弧矢) : 옛 별자리 이름. 천궁(天弓)이라고도 한다. 정수(井宿)에 속하며 모두 9개의 별이고 큰개자리에 일부 별이 포함되어 있다.

16 하고(河鼓) : 옛 별 이름. 우수(牛宿)에 속하며 견우성(牽牛星) 북쪽에 있다.

니, 주성도 이에 미루어 짐작할 수 있다.

두강에 대해서는 위나라 무제(武帝)[17]의 악부(樂府)[18] 〈단가행(短歌行)〉[19]에 나오지만, 두씨(杜氏)는 본래 유씨(劉氏)에서 나와 상(商)나라에 여러 대를 걸쳐 있다가 시위씨(豕韋氏)가 되었다. 주나라 무왕이 두씨를 분봉(分封)하여 두백(杜伯)[20]에게 나라를 전했는데, 선왕(宣王)[21]에게 죽임을 당했다. 두백의 자손들은 진(晉)나라로 도망가서 마침내 두(杜)를 씨(氏)[22]로 삼았다. 더러는 두강이 술을 잘 빚는 점으로 이름이 났다고 하여 두강에게서 술이 시작되었다 하는데, 이는 잘못된 주장이다.

至於杜康, 見於魏武樂府, 而杜氏本出劉, 累在商, 爲豕韋氏. 武王封之於杜, 傳國至杜伯, 爲宣王所誅. 子孫奔晉, 遂有以杜爲氏者. 或者康以善釀名乎, 謂酒始於康則非也.

대체로 지혜로운 사람이 만들면 후세에 그것을 따라하기 때문에 없앨 수 없다. 술 또한 그것이 누구에게서 시작되었는지를 어찌 알겠는가? 옛날에는 먹고 마실 때 반드시 술을 최초로 만든 조상[先酒]에게 고수레[23]를 했다. 그러나 또한 고수레를 하

大抵智者作之, 後世循之而莫能廢, 亦安知其始於誰乎? 古者食飮必祭先酒, 亦未嘗言所祭者爲誰, 玆可見矣. 竇氏《酒譜》

---

17 무제(武帝) : 155~200. 중국 삼국 시대 위나라의 창업자. 이름은 조조(曹操). 후한(後漢) 말에 황제를 보호하고 군벌들을 병합해서 중원과 하북 일대를 장악했다. 스스로 위왕(魏王)에 올랐지만 제위에 오르지는 않았다. 문학에도 재능이 있어 건안문학(建安文學)을 일으켰으며, 저서에 《손자약해(孫子略解)》 등이 있다.

18 악부(樂府) : 원래는 한대(漢代)에 음악을 담당하는 관청이었으나 후대에 이르러 인정과 풍속을 읊은 한시(漢詩)의 한 체를 가리키게 되었다. 《시경(詩經)》이나 《초사(楚辭)》의 시에 비해서 더 활발하고 자유로운 시체로 알려져 있다.

19 단가행(短歌行) : 중국 위 무제가 흘러가는 세월을 한탄하고 현자를 갈망하는 심정과 공을 세우려는 뜻을 드러낸 시이다. 《문선(文選)》에 수록되어 있다. "어찌 근심을 잊을까? 오직 두강(杜康, 술)뿐이다!(何以解憂? 唯有杜康!)"라는 구절에서 두강을 술에 비유했다.

20 두백(杜伯) : ?~B.C.785. 중국 서주 시대의 제후. 선왕(宣王)이 요사스러운 여자를 찾으라 했으나 찾지 못해 사형당했다.

21 선왕(宣王) : B.C.850~B.C.782(재위 B.C.828~B.C.782). 중국 주나라의 11대 왕. 아버지 여왕(厲王)의 실정을 반면교사로 정사에 힘썼으며 이민족을 토벌하여 나라를 안정시켰지만, 말년에는 제후국에 지나친 간섭을 하거나 무고한 사람을 죽이는 등 실정이 많았다.

22 씨(氏) : 중국 고대의 씨(氏)는 지연으로 정해지는 개념으로 현대 한국의 본관과 유사하다. 본래 중국에서는 혈연을 나타내는 성(姓)과 지연을 나타내는 씨(氏)를 구분하여 쓰다가 한(漢)나라 이후 성씨가 합쳐졌다.

23 고수레 : 음식을 먹기 전에 조금 떼어 허공에 던지는 의례. 신의 도움으로 복을 받고 재앙을 막으려는 의도이다.

는 일이 정확히 누구를 위한 의례인지는 말한 적이 없으니, 여기에서 알 수 있다. 두평(竇苹)[24] 《주보(酒譜)[25]》[26]

2) 총론

總論

《춘추위운두추(春秋緯運斗樞)》[27]에서 "술이라는 말은 젖이다. 몸을 부드럽게 하고 노인을 돕기 위한 것이다."[28]라 했다.

《春秋運斗樞》曰 : "酒之言, 乳也. 所以柔身扶老也."

허신(許愼)[29]이 《설문해자(說文解字)[30]》에서 "술은 이루는 것이다. 인성의 선악을 이루기 위한 것이다. 일설에는 '만드는 것이다. 길흉이 이로 인하여 만들어지는 것이다.'라 했다."[31]라 했다.

許愼《說文》云 : "酒, 就也. 所以就人性之善惡也. 一曰'造也. 吉凶所造起'."

《석명(釋名)》[32]에서 "술은 유(酉, 숙성)이다. 쌀과 누룩으로 빚으면 발효되어[酉繹] 술이 완성되니, 그 맛이 좋다. 또 삼간다고 했으니, 술을 잘하고 못하고 간에 모두 서로 조심하려고 애쓰는 것이다."[33]라 했다. 두평 《주보》[34]

《釋名》曰 : "酒, 酉也. 釀之米、麴, 酉繹而成, 其味美也. 亦言踧踖也. 能否皆强相踧持也." 竇氏《酒譜》

24 두평(竇苹) : ?~?. 중국 북송의 관료. 신종(神宗) 때 임관했다. 중국 최초의 술 전문서적인 《주보(酒譜)》를 저술했다.

25 주보(酒譜) : 중국 북송의 두평(?~?)이 지은 술 전문서. 술의 역사와 당시까지 술의 종류 등을 서술했다.

26 《說郛》 卷94 上 〈酒譜〉 "酒之源"(《文淵閣四庫全書》881, 336~337쪽).

27 춘추위운두추(春秋緯運斗樞) : 중국 한나라 때 쓰여진 예언서. 지금은 남아 있지 않다.

28 술이라는……것이다 : 출전 확인 안 됨.

29 허신(許愼) : 58~147. 중국 후한의 학자. 경학에 정통하여 오경(五經)과 제자서를 교정했다. 저서로 《설문해자》·《회남자주(淮南子註)》 등이 있다.

30 설문해자(說文解字) : 중국 고대의 한자사전. 한자를 540개의 부수로 나누어 배열하고 9,353개의 글자를 해설했다.

31 술은……했다 : 《說文解字》 卷14 〈酉部〉(《文淵閣四庫全書》223, 366~367쪽).

32 석명(釋名) : 중국 한나라 때 유희(劉熙)가 편찬한 사전. 문화·제도·풍속에 관련된 해설을 중요하게 다루었다.

33 술은……것이다 : 《釋名》 卷4 〈釋飮食〉(《文淵閣四庫全書》221, 403쪽).

34 《說郛》 卷94 上 〈酒譜〉 "酒之名"(《文淵閣四庫全書》881, 337쪽).

주나라 관직인 주인(酒人)은 술의 정령(政令)을 관장하고 다음과 같이 오제(五齊)[35]와 삼주(三酒)[36]의 이름을 분변했다.

周官酒人, 掌酒之政令, 辨五齊、三酒之名.

오제 : ① 범제(泛齊, 탁주), ② 예제(醴齊, 단술), ③ 앙제(盎齊, 푸른 술), ④ 제제(醍齊, 거른 술), ⑤ 침제(沈齊, 맑게 가라앉힌 술).

一曰泛齊, 二曰醴齊, 三曰盎齊, 四曰醍齊, 五曰沈齊.

삼주 : ① 사주(事酒, 일이 있을 때 마시는 술), ② 석주(昔酒, 일이 없을 때 마시는 술), ③ 청주(清酒, 제사에 쓰는 술).

一曰事酒, 二曰昔酒, 三曰清酒.

이 분류는 대개 당시의 후하고 박한 차이이지만 경문에는 그에 대한 설명이 없고 전주(傳注, 주석)에서는 모두 헤아려 해석했다. 하지만 그 해석들이 반드시 진짜라고 할 수는 없다. 두평 《주보》[37]

此蓋當時厚薄之差, 而經無其說, 傳注悉度而解之, 未必得其眞也. 同上

술 중에 맑은 것을 '양(釀)'이라 하고【[안] 양(釀)은 이(酏)의 잘못인 듯하다. 《옥편》[38]에 "이(酏)는 청주이다."[39]라 했다】,

酒之清者曰"釀"【[案] 釀, 疑酏之誤. 《玉篇》: "酏, 淸酒也."】,

탁한 것을 '앙(醠)'이라 하고【[안] 앙(醠)은 앙(醠)이라고도 쓴다. [우안] 자서(字書, 자전)에는 "술 중에 탁한 것을 '료(醪)'·'로(醪)'라 하며, 탁하면서 약간 맑은 것을 '잔(醆)'이라고 한다."라 했다】,

濁者曰"醠"【[案] 醠, 一作醠. [又案] 字書"酒之濁者, 曰'醪', 曰'醪', 濁而微淸曰'醆'"】,

진한 것을 '순(醇)'이라 하고【[안] 《설문해자》에서

厚曰"醇"【[案] 《說文》"醽、

---

35 오제(五齊) : 《주례(周禮)》 〈천관총재(天官冢宰)〉 "주정(酒正)"에서 술을 빚는 방법에 따라 5가지로 분류한 것. 술의 범칭으로도 쓰인다.

36 삼주(三酒) : 《주례》 〈천관총재〉 "주정"에서 술의 종류를 3가지로 분류한 것.

37 《說郛》 卷94 上 〈酒譜〉 "酒之名"(《文淵閣四庫全書》881, 338쪽).

38 옥편(玉篇) : 중국 남북조시대 양(梁)나라 고야왕(顧野王)이 편찬한 한자사전. 한자사전을 일반적으로 부르는 말로 쓰이기도 한다.

39 이(酏)는 청주이다 : 《重修玉篇》 卷30 〈酏〉(《文淵閣四庫全書》224, 236쪽).

"유(醹)·농(醲)은 모두 진한 술의 이름이다."[40]라 했다】,

醲, 皆厚酒之名"】,

묽은 것을 '리(醨)'라 하며, 거듭 빚은 것을 '주(酎)'라 하고【안 자서에서는 "거듭 빚은 것을 '이(酟)'라 한다."라 하고, 또 "다시 빚은 것을 '두(酘)'라 한다."라 하고, 또 "3번 거듭 빚은 진한 술을 '주(酎)'라 한다."라 했다[41]】,

薄曰"醨", 重釀曰"酎"【案 字書"重釀曰'酟'", 又云"再釀曰'酘'", 又云"三重醇酒曰'酎'"】,

하룻밤 묵은 술을 '예(醴)'라 하며【안 예(醴)는 단 술이다. 옛날 사람들은 술을 빚을 때는 누룩으로 빚고 '예'를 빚을 때는 엿기름으로 빚었다. 만드는 방법이 달라지고 나니 맛도 같지 않았다. 이는 《주례》의 오제와 삼주가 나뉜 것을 보면 알 수 있을 것이다.

一宿曰"醴"【案 醴, 甘酒也. 古人釀酒以麴, 釀醴以糱, 釀法旣異, 味亦不同. 觀《周禮》五齊、三酒之分, 可知矣.

《설문해자》에서는 "예는 술이 하룻밤 묵으면 익는 것이다."[42]라 했다. 대개 예라고 하는 것은 하룻밤이면 익는다는 뜻일 뿐이지, 예를 하룻밤이면 익는 술의 이름으로 삼은 것은 아니다】,

《說文》云 : "醴, 酒一宿熟者." 蓋謂醴, 可一宿而熟耳, 非以醴爲一宿酒之名也】,

맛이 좋은 술을 '서(醑)'라 하고, 아직 거르지 않은 술을 '배(醅)'라 하며, 붉은 술을 '제(醍)'라 하고, 초록 술을 '령(醽)'이라 하며, 흰 술을 '차(醝)'라고 한다. 《음선표제(飮饍標題)[43]》[44]

美曰"醑", 未榨曰"醅", 紅曰"醍", 綠曰"醽", 白曰"醝". 《飮饍標題》

---

40 유(醹)·농(醲)은……이름이다 : 《說文解字》 卷15 〈酉部〉 "醹"(《文淵閣四庫全書》223, 367쪽) ; 《說文解字》 卷15 〈酉部〉 "醲"(《文淵閣四庫全書》223, 367쪽).

41 자서에서는……했다 : 《康熙字典》 卷30 〈酉部〉 "酎", "酘", "酟"(《文淵閣四庫全書》 231, 301~303쪽)

42 예는……것이다 : 《說文解字》 卷15 〈酉部〉 "醴"(《文淵閣四庫全書》223, 367쪽).

43 음선표제(飮饍標題) : 중국 원나라 의학자 홀사혜(忽思慧, ?~?)가 음식과 음료에 대해 쓴 책. 홀사혜가 1330년에 지은 저명한 음식서 《음선정요(飮饍正要)》 와 달리 《음선표제》 에 대해서는 알려진 바가 거의 없다.

44 《本草綱目》 卷25 〈穀部〉 "酒", 1557쪽.

2. 술 빚는 여러 방법

醸造雜法

1) 누룩의 품질

論麴品

옛날 사람들은 오직 밀로 누룩을 만들어 기장으로 술을 빚었다. 따라서 술은 이미 맛이 맵고 성질이 뜨거우며 독이 있는 술이 되었다. 그런데도 요즘 술 빚는 사람들은 오두(烏頭)[1]·파두(巴豆)[2]·비상(砒霜)[3]·생강·계피·석회·조회(竈灰, 아궁이의 재) 같은 종류나 독이 강하고 매우 뜨거운 성질의 약미를 첨가하여 그 향과 맛을 돋운다. 그러니 이런 술이 조화(調和)를 손상시키고 정신을 축내며, 영위(榮衛)[4]를 말리고 천계(天癸)[5]를 다하게 하여, 어찌 사람의 수명을 줄이지 않겠는가? 《탕액본초(湯液本草)[6]》[7]

古人惟以麥造麴, 釀黍, 已爲辛熱有毒. 今之造者, 加以烏頭·巴豆·砒霜·薑·桂·石灰·竈灰之類、大毒·大熱之藥, 以增其氣味. 豈不傷沖和, 損精神, 涸榮衛, 竭天癸, 而夭夫人壽耶?《湯液本草》

누룩에 총백 및 홍두, 천오(川烏) 같은 종류가 들어 있는 것은 술을 빚어 마시면 머리가 아프고 입이

麴有蔥及紅豆、川烏之類者, 飮之頭痛口渴. 用灰

---

1 오두(烏頭) : 미나리아재비과의 식물로, 덩이뿌리를 건조하여 천오(川烏)라 하고, 줄기뿌리를 건조하여 부자(附子)라 한다. 옛날부터 독성이 있어 사용에 주의를 요했으며 사약 등에 쓰이기도 했다.

2 파두(巴豆) : 대극과의 식물로, 씨의 껍질을 제거하여 사용했다. 독성이 강하여 현재는 사용이 금지되었다.

3 비상(砒霜) : 비석(砒石)을 승화시켜 결정 상태로 만든 약미. 비소(砒素)가 주요 성분이고 독성이 매우 강하다. 사약이나 농약 등으로 쓰였다. 신석(信石)·인언(人言)이라고도 한다.

4 영위(榮衛) : 한의학에서 영혈(榮血)과 위기(衛氣)를 통틀어 이르는 말로, 영양 조절과 보호 작용을 가리킨다.

5 천계(天癸) : 남자의 정액과 여자의 월경.

6 탕액본초(湯液本草) : 중국 원나라 왕호고(王好古, 1200?~1264)가 지은 본초서. 238종의 약물을 9가지 종류로 나누어 서술했다.

7 《本草綱目》卷25〈穀部〉"酒", 1559~1560쪽.

마른다. 술을 빚을 때 석회를 쓰면 가래가 모인다. 《식물본초(食物本草)[8]》[9]

者, 聚痰.《食物本草》

【안 약미로 누룩을 만드는 것은 생각해 보면 당나라 때부터였다. 송나라 주굉(朱肱)[10]의 《북산주경(北山酒經)》[11]에 실린 누룩 만드는 법에서는 대체로 많은 경우 맵고 맹렬하며 독이 있고 뜨거운 재료를 빌려 그 향과 맛을 도왔다. 그러니 《탕약본초》에서 왕호고(王好古)[12]가 말한 "조화를 손상시키고 정신을 축낸다."가 지나친 말이 아니다. 지금은 이런 방법을 대개 수록하지 않지만 만약 그 빚는 법에 누룩 만드는 법을 아울러 제시하지 않으면 안 되는 경우는, 각각 술 빚는 방법 안에서 보라】

【案 藥麴之成, 粤自唐. 宋 朱肱《北山酒經》所載麴法, 大抵多假辛烈毒熱之物, 以助其氣味. 王海藏所謂"傷沖和, 損精神", 非過語也. 今概不收錄, 若其釀法之不得不竝擧麴法者, 各見本方之內】

2) 누룩 다루는 법(치국법)

治麴法

술을 빚는 사람은 먼저 누룩을 밤알크기로 부수어 3일 동안 햇볕에 말리고 밤에는 이슬을 맞혀 그 나쁜 기운[艾氣]을 없앤다.

造酒者, 先期碎麴如栗子大, 曝曬三日, 夜承露氣, 去其艾氣.

묵은 독은 3일 동안 물에 담갔다가 깨끗이 씻

用熟甕浸水三日, 淨洗, 薰

---

8 식물본초(食物本草) : 중국 명나라의 적충(狄冲)·요문청(姚文淸) 등이 편찬한 본초서. 식물성 약미만을 수록했다.

9 《本草綱目》卷25〈穀部〉"酒", 1558쪽.

10 주굉(朱肱) : ?~?. 중국 북송의 의학자. 자는 익중(翼中), 호는 무구자(無求子). 《상한론(傷寒論)》에 정통했다. 은거하여 의학저술에 전념하다가, 휘종(徽宗) 때 의학박사에 제수되었으나 소식(蘇軾)의 시를 적은 일로 귀양을 갔다.

11 북산주경(北山酒經) : 중국 북송의 의학자 주굉(朱肱, ?~?)이 12세기에 편찬한 술 전문서. 술을 만드는 방법 및 당시에 알려진 여러 술들의 품평이 수록되어 있다.

12 왕호고(王好古) : 1200?~1264. 중국 원나라의 의학자. 호는 해장(海藏). 이동원(李東垣)에게 배웠으며 경학과 의학에 모두 뛰어났다. 저서로 《탕액본초》·《음증약례(陰證略例)》 등이 있으며, 병의 원인 증명을 중시했고, 인체에서는 비장과 신장을 특히 중요한 장기로 여겼다.

사진1 독에 물 담아두기

은 뒤 짚 태운 연기에 훈증하여 쓴다. 술 빚을 때는 잡인·임신부·상중인 사람·승려를 가장 멀리한다. 《삼산방(三山方)》13

以藁烟, 用之. 最忌雜① 人、孕婦、孝子、僧髡.《三山方》

3) 술 재료 다루는 법(치주재법)

治酒材法

【안 술 재료는 바로 수수나 벼 등의 술을 빚는 쌀이 이것이다】

【案 酒材, 卽秫、稻等釀酒之米是也】

일반적으로 술 빚는 쌀은 깨끗이 씻는 것이 중요하므로 옛날 방식에서는 모두 100번 씻기[百洗]를 기준으로 했다. 만일 깨끗이 씻지 않으면 술맛이 나쁘고 빛깔이 탁하다.

凡酒米, 淨洗爲貴, 故古方皆以百洗爲度. 苟不淨洗, 則味惡而色濁也.

술밥을 지을 때는 반드시 쌀을 물에 하룻밤을 담근[浸經宿] 다음에야 잘 익는다. 또 반드시 식도록 두

造酒飯, 須水浸經宿, 然後易爛. 又須放冷入甕, 然後

13 출전 확인 안 됨.

① 雜 : 저본에는 "染". 문맥에 근거하여 수정.

었다가[放冷] 독에 넣어야 시어지지 않는다. 그러므로 '100번 씻고, 하룻밤 물에 담그고, 식도록 둔다[百洗浸宿放冷, 백세침숙방랭].'라는 6글자는 술 빚는 비결(양주삼매)이다. 《삼산방》[14]

不酸. 故'百洗, 浸宿, 放冷'六字, 卽釀酒三昧也. 《三山方》

4) 물 가리는 법(택수법)

擇水法

일반적으로 술을 빚을 때는 단 샘물이어야 한다. 만약 물이 좋지 않으면 술도 맛이 좋지 않다. 《증보산림경제(增補山林經濟)》[15]

凡造酒, 要甘泉水. 若水不佳, 則酒亦不美. 《增補山林經濟》

청명(淸明)[16]과 곡우(穀雨)[17]에 길은 물로 술을 빚으면 빛깔이 검푸르며 맛이 독하여 오래 저장할 수 있다.[18]

淸明水、穀雨水造酒, 則色紺味烈, 可儲久.

또 청명과 곡우에 큰 강의 물을 길어다 술을 빚으면 빛깔이 검붉고 맛이 특별하다. 대개 절기의 기운을 얻은 것이다.[19] 《동의보감(東醫寶鑑)》[20]

又淸明、穀雨, 取長江水造酒, 則色紺味別. 蓋取時候之氣. 《東醫寶鑑》

---

14 출전 확인 안 됨.

15 《增補山林經濟》卷9 〈治膳〉 "造酒諸法"(《農書》4, 158쪽).

16 청명(淸明) : 24절기의 다섯 번째 절기. 춘분과 곡우 사이, 양력 4월 5일이나 6일에 든다.

17 곡우(穀雨) : 24절기의 여섯 번째 절기. 청명과 입하 사이, 양력 4월 20일이나 21일에 든다.

18 청명과……있다 : 《東醫寶鑑》 〈湯液篇〉 卷1 "水部" '春雨水'(《原本 東醫寶鑑》, 679쪽).

19 또……것이다 : 출전 확인 안 됨 ; 《增補山林經濟》 卷9 〈治膳〉 "造酒諸法"(《農書》4, 158쪽).

20 동의보감(東醫寶鑑) : 조선 선조(宣祖)~광해군(光海君) 때의 의관 허준(許浚, 1539~1615)이 왕명으로 집필한 의서. 처음에는 5명이 공동으로 편찬했으나 사정이 생겨 허준이 단독으로 썼다. 〈내경편(內景篇)〉·〈외형편(外形篇)〉·〈잡병편(雜病篇)〉·〈탕액편(湯液篇)〉·〈침구편(鍼灸篇)〉으로 분류하였으며 조선과 중국의 의서들을 집대성했다. 《임원경제지》 〈인제지〉, 〈보양지〉, 〈정조지〉에 대부분 수록되었다.

5) 술밑[酒本][21] 만들기(조주본방)

造酒本方

흰쌀 10승을 깨끗이 씻어 항아리에 넣고 여기에 끓인 물을 따뜻하게 식혀 붓는다. 3일이 지나 맛이 시어지면 신물을 제거한다. 다시 맑은 물로 쌀을 깨끗이 씻어 솥[鼎]에 넣고 흐물흐물하게 죽을 쑨다. 죽에 누룩가루 1.5승을 섞어 술밑을 빚은 다음 익으면 쓴다. 《삼산방》[22]

白米一斗淨洗入缸，以沸湯水停溫注之. 經三日，味酸，去酸水. 更以清水淨洗，下鼎作爛粥，麴末一升半和釀，待熟用之.《三山方》

6) 석임[腐本][23] 만들기(조부본방)

造腐本方

흰쌀 10승을 깨끗이 씻어 물에 담근 다음 겨울에는 10일, 봄·가을에는 5일, 여름에는 3일 동안 둔다. 쌀알이 중심까지 축축하게 젖어들면 꺼내어 흐물흐물하게 푹 찐다. 여기에 누룩 조금을 넣고 손으로 충분히 비벼 고루 섞은 다음 항아리에 넣고 아가리를 봉한다. 겨울에는 따뜻한 곳에 두고, 여름에는 서늘한 곳에 두었다가 삭아서 술이 되면 꺼내어 쓴다. 그 맛이 조금 시고 떫으면서도 미끈거려야 좋다. 《동의보감》[24]

白米一斗洗淨浸水，冬十、春·秋五、夏三日. 待米透心潤濕，取烝爛熟. 入麴少許，手挼按十分調均，納缸封口. 冬置煖處，夏置涼處，待消化成酒，取用. 其味微酸澁而滑爲好.《東醫寶鑑》

다른 방법 : 흰쌀 2승을 깨끗이 씻어 물에 담근다. 쌀알이 중심까지 축축하게 젖어든 다음에 걸러내어 작은 항아리에 넣어둔다. 여기에 물 2사발을

一法：白米二升淨洗浸水，透心潤濕後漉出，小缸貯之. 水二鉢滾沸，挹注，以

21 술밑[酒本] : 술을 빚을 때에 빨리 발효되도록 누룩과 곡물로 미리 만들어둔 발효제.

22 출전 확인 안 됨.

23 석임[腐本] : 술을 만들기 1~2일 전에 쌀 등의 곡물과 누룩을 물에 불려서 섞은 다음 발효시킨 액체. 옛 문헌에서는 '석임' 또는 '서김'이라고도 썼다.

24 《東醫寶鑑》〈雜病篇〉卷9 "諸傷" '香譜'(《原本 東醫寶鑑》, 598쪽).

사진2 석임

사진3 밀봉하여 빚는 법

팔팔 끓여 붓고 숟가락으로 고루 휘저어 김이 새지 않도록 아가리를 봉하여 따뜻한 곳에 둔다. 2일째 되는 날에 열어보면 쌀알에 거품이 인다. 이때 빛깔이 맑으면 상품(上品)이고, 희면 그 다음이다. 거품을 제거하고 쌀알을 건져서 푹 찐 다음 앞의 항아리 안의 물에 담가 고루 섞어준다. 이때 너무 미끈거리지 않도록 한다. 식으면 좋은 술 1~2술, 신국(神麴)[25] 2줌을 섞어 넣는다. 3일째 되는 날에 누룩의 기운이 막 왕성해지면 술 빚는 쌀 50승마다 석임 0.5승을 섞어 빚는다. 다른 양은 이를 기준으로 한다. 《삼산방》[26]

匕攪均, 毋泄氣封口, 置溫處. 第二日, 開視則米面生泡, 色淸爲上, 白次之. 去泡, 拯米烝熟, 前缸中漬水和均, 毋令過滑. 待涼, 好酒一二匙、神麴二掬, 和納. 第三日, 氣方盛, 每酒米五斗, 腐本半升和釀, 多少準此.《三山方》

7) 밀봉하여 빚는 법(봉양법)

封釀法

좋은 술을 빚으려면 진흙으로 독아가리를 봉하고 실오라기나 털끝만큼도 새지 않도록 한다. 이 상

釀好酒, 以泥封口, 莫令絲、毫漏泄, 藏之數年, 其

25 신국(神麴) : 약용으로 쓰는 누룩. 메밀·제비쑥·도꼬마리 등으로 만든다. 소화불량과 이질에 효과가 있다.
26 출전 확인 안 됨.

태로 몇 년 동안 보관해두면 그 맛이 좋다. 《양명집(陽明集)[27]》[28]

味佳. 《陽明集》

8) 물속에서 빚는 법(수중양법)

水中釀法

여름에 물속에서 술 빚는 법 : 땅을 파서 구덩이를 만든 뒤 작은 항아리에 술을 빚고 이를 구덩이 안에 안친다. 큰 독을 엎어서 술이 든 작은 항아리를 덮고 큰 독의 아가리가 땅에 닿는 부분에 흙과 모래를 쌓아 막는다. 이렇게 한 뒤 곧 샘물을 대어 물에 잠기게 한다. 비록 독이 물에 잠겨도 해가 없다. 익으면 꺼내 쓴다. 《증보산림경제》[29]

夏月水中釀酒法：掘地爲坎, 用小缸釀酒, 安坎內. 以大甕韜覆小缸, 就甕口着地處, 堆土沙塞壅. 卽引泉灌浸水, 雖沒甕亦無害. 待熟, 取用. 《增補山林經濟》

9) 술주자[槽][30]에 올리는 법(상조법)

上槽法[2]

술을 빚고 거르기 위해서 술주자에 올려 짤 때 날씨가 차면 반드시 지나치다 싶게 익혀야 한다. 그래야 곧 술이 맑고 많이 나오며 표면에 흰 골마지가 적게 섞인다. 날씨가 따뜻하거나 시원할 때나 더울 때는 반드시 알맞게 익었다 싶으면 바로 짜야 한다. 이는 술을 거르기 전에 과하게 익을까 걱정되기 때문이다. 또 술주자 안에서는 잘 뜨거워지므로 시어지는 경우가 많기 때문이다.

造酒上槽, 寒須是過熟, 卽酒淸數多, 渾頭白醭[3]少. 溫凉時幷熱時, 須是合熟便壓, 恐酒醅過熟, 又槽內易熱, 多致酸變.

---

27 양명집(陽明集) : 미상.

28 출전 확인 안 됨 ; 《山林經濟》 卷2 〈治膳〉 下 "釀酒" '作酒腐本法'(《農書》2, 324~325쪽).

29 《增補山林經濟》 卷9 〈治膳〉 "造酒諸法"(《農書》4, 185쪽).

30 술주자[槽] : 술을 거르거나 짜내기 위해 나무로 만든 틀. 주조(酒槽)라고도 한다. 《섬용지》권2 〈불로 요리하는 도구[炊爨之具]〉 "짜거나 누르는 여러 도구[榨壓諸器]" '술주자[酒榨]'에 제작법이 자세히 보인다. 서유구 지음, 임원경제연구소 옮김, 《임원경제지 섬용지(林園經濟志 贍用志)》1, 풍석문화재단, 2016, 392~393쪽.

[2] 오사카본에 수록되었다가 산삭됨. 다음의 수주법(收酒法)과 자주법(煮酒法)도 동일함. 참고를 위해 수록함.

[3] 醭 : 《居家必用·酒麯類·上槽》에는 "醿".

사진4 체와 쳇다리로 거르는 법

대략 술을 빚어두고 익을 때까지, 추울 때는 24~25일, 따듯하거나 시원할 때는 15일, 더울 때는 7~8일이 지나면 바로 술주자에 올려 짤 수 있다. 이 때는 반드시 거를 술을 보자기에 고루 쟁여넣고 펼쳐두어 손으로 잘 눌러두며, 받침목과 자리를 바로 놓는다. 중요한 점은 누를 때 고루 꽉 짜야 한다는 점과 아울러 술방울이 튀어나가지 않도록 해야 한다는 점이다.

大約造酒自下脚至熟, 寒時二十四、五日, 溫涼時半月, 熱時七、八日, 便可上槽. 仍須均裝停鋪, 手安壓鼓, 正下砧簟. 所貴壓得均乾, 並無湔失.

술을 독에 옮겨 넣을 때는 반드시 바가지 든 손을 독에 깊이 늘어뜨려 술이 튀지 않게 조심스럽게 기울여 넣는다. 이렇게 해야 술맛이 씻겨나가서 손상되지 않는다. 추울 때는 풀로 짠 자리와 밀기울로 주위를 덮으며, 따뜻하거나 시원할 때는 이를 제거하고 홑베로 덮는다. 3~5일 지나서 맑게 가라앉아 청주가 되면 걸러 병에 넣는다. 《거가필용(居家必用)[31]》[32]

轉酒入甕, 須垂手傾下, 免見濯損酒味. 寒時用草薦、麥麩圍蓋, 溫涼時去了, 以單布蓋之. 候三五日澄析清酒, 入瓶. 《居家必用》

31 거가필용(居家必用) : 중국 원나라 때에 편찬된 책으로, 저자는 전해지지 않는다. 일상생활 전반에 관한 내용이 수록되어 있으며 명나라 때부터 널리 유통되었다.

32 《居家必用》 己集 〈酒麴類〉 "上槽"(《居家必用事類全集》, 237쪽).

10) 술 거두는 법(수주법) 收酒法

술주자[榨]에 올려 술이 그릇에 방울져 떨어질 때는 방울이 멀리 떨어져 술이 줄어들까 걱정되니, 더러는 작은 대나무국자를 늘어뜨려 놓아도 좋다. 술을 짜 내릴 때에는 반드시 끓는 물로 병과 그릇을 씻어 깨끗이 한 뒤에 내린다.

上榨以器就滴, 恐滴遠損酒, 或以小竹子引下亦可. 壓下酒, 須是湯洗瓶器令淨.

술을 짜고 2~3일 동안 지켜본 다음 맑게 가라앉으면 가라앉은 찌꺼기를 모두 제거한다. 겨우 실가닥 같은 흰 부분만 있어도 술이 혼탁해지기 때문에 바로 맑게 가라앉히고 청주만 얻는 것을 기준으로 하면 술맛이 더욱 좋아진다.

控候二三日, 次候析澄去盡脚, 纔有白絲則渾, 直候澄析得淸爲度, 則酒味倍佳.

술을 다 거르면 밀랍종이로 밀봉하는데, 술을 병에 가득 채우도록 힘써야 한다. 병은 클 필요는 없고, 받침으로 병을 괴어둔다. 이는 땅기운이 술의 가라앉은 부분을 발동시켜 술맛을 잃게 할까 걱정되기 때문이다. 그리고 그대로 두어야지 자주 이동시켜서는 안 된다. 대체로 술을 맑게 가라앉혀 맑은 술을 얻어서 또 가득 채워놓으면 비록 소주를 내리지 않더라도 여름에 보존해둘 수 있다. 《거가필용》[33]

便用蠟紙封閉, 務在滿裝, 甁不在大, 以物閣起. 恐地氣發動酒脚, 失酒味, 仍不許頻頻移動. 大抵酒澄得淸, 更滿裝, 雖不煮, 夏月亦可存留. 《居家必用》

11) 술 달이는 법(자주법) 煮酒法

【안 중국 사람들이 술을 보관할 때는 반드시 술을 달인 뒤 저장하므로 여름에도 변하지 않는다】

【案 中國人藏酒, 必煮熟收貯, 夏月亦不變】

일반적으로 술을 달일 때는 술 10승마다 밀랍

凡煮酒, 每斗, 入蠟二錢、

33 《居家必用》 己集 〈酒麴類〉 "收酒"(《居家必用事類全集》, 237~238쪽).

0.2냥과 댓잎 5쪽 또는 관부에서 쓰이는 천남성(天南星)[34]환 0.5알을 술 속에 녹아들게 하되, 일반적인 방법대로 봉하여 매단 다음 시루 안에 놓은【가을·겨울에는 천남성환을 쓰고, 봄·여름에는 밀랍과 댓잎을 쓴다】 뒤에 불을 붙인다.

竹葉五片、官局天南星圓半粒, 化入酒中, 如法封繫, 置在甑中【秋冬用天南星丸, 春夏用蠟幷竹葉】, 然後發火.

시루덮개 위로 술향이 배어 올라오고 술이 넘쳐나와 거꾸로 흐르면 곧바로 시루덮개를 들어내고 병 1개를 꺼내 열어보아 술이 끓으면 익은 것이다. 이때는 바로 불을 끄고 한참 뒤에 꺼내어 석회 속에 두고 자주 옮겨서는 안 된다.

候甑蓋[4]上酒香透, 酒溢出倒流, 便更揭起甑蓋, 取一瓶開看, 酒滾卽熟矣, 便住火, 良久方取下, 置於石灰中, 不得頻頻移動.

백주는 반드시 술을 빚고 맑은 술을 얻은 뒤에야 달인다. 달일 때에는 병을 뽕잎으로 막아 향기가 끊어지지 않도록 한다. 《거가필용》[35]

白酒須撥得淸, 然後煮. 煮時, 甁用桑葉冥之, 庶使香氣不絕. 《居家必用》

34 천남성(天南星) : 천남성과의 여러해살이 풀로, 습지에서 자란다. 줄기와 뿌리를 약미로 쓰며 독성이 강하다.
35 《居家必用》 己集 〈酒麴類〉 "煮酒"(《居家必用事類全集》, 238쪽).
[4] 蓋 : 《居家必用·酒麴類·煮酒》에는 "草".

3. 이류(酏類)[1]

酏類

1) 백하주(白霞酒) 빚기(백하주방)【민간에서는 '방문주(方文酒)'라 부른다】

白霞酒方【俗稱"方文酒"】

흰쌀 10승을 100번 씻어 가루 낸 뒤, 그릇에 담는다. 뜨거운 물 3병을 팔팔 끓을 때 쌀에 부어 섞는다. 식으면 누룩가루 1.5승【산림경제보 본래의 방법은 비록 이와 같지만 10승의 쌀에 누룩 0.5승을 쓰면 충분하다】, 밀가루 1.5승, 석임[腐本] 1승을 고루 섞어 독에 넣는다.

白米一斗百洗作末，盛于器，以熱水三瓶，乘沸注①和，待冷，麴末一升半【山林經濟補 本方雖如此，一斗米，用麴五合足矣】、小麥末一升半、腐本一升，調均入甕.

3일째에【다른 방법으로는 "3~4일 지나서 익기를 기다린다."라 한다】 또 흰쌀 20승을 100번 씻어 푹 찐다. 끓인 물 6병을 고두밥에 넣고 잘 섞은 다음 식으면 앞의 술밑에 누룩가루 1승을 더하고【산림경제보 빛깔을 희게 하려면 쌀 10승마다 누룩 0.3승을 쓴다】, 고루 섞어 독에 넣는다. 6~7일이 지나야 술이 익는다.

第三日【一云"過三四日待熟"】，又以白米二斗百洗烝熟，以沸湯六甁調和，待冷，與本釀，添麴末一升【山林經濟補 欲色白，則每米一斗用麴三合】調均，納甕，過六七②日乃熟.

---

1 이류(酏類) : 쌀로 빚은 청주. "酏"는 청주(淸酒) 또는 미주(米酒)를 의미한다.

① 注 : 《攷事撮要·雜方·白霞酒》·《山林經濟·治膳·釀酒》에는 "調".

② 六七 : 《攷事撮要·雜方·白霞酒》·《山林經濟·治膳·釀酒》에는 "七八".

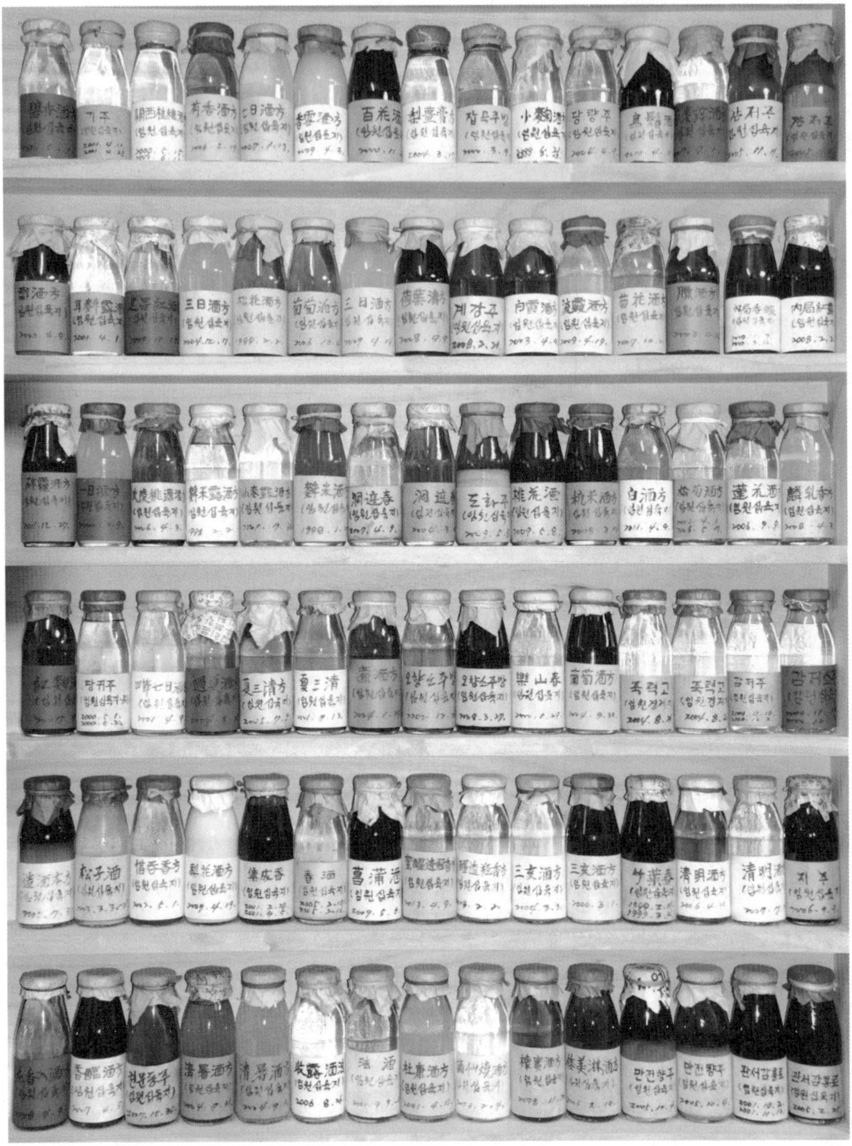

사진5 재현된 정조지 속의 술[2]

2 이후 각 기사에는 여기서 보여준 술의 해당 사진을 게재한다. 사진을 제공한 한국전통주연구소 박록담 소장은 《임원경제지》뿐만 아니라 술이 수록된 문헌을 거의 모두 연구하여 재현하고 있으며 《한국의 전통주 주방문(바룸, 2015)》을 출간하여 전통술 제조법의 재현에 기여한 바가 크다. 귀한 자료 사진 제공과 〈온배지류〉 원고 감수에 감사드린다.

종이심지에 불을 붙이고 독 안에 넣어 보아 술이 익었는지 확인한다. 술이 익었으면 불이 꺼지지 않지만, 덜 익었으면 불이 꺼진다. 이 뒤에는 술에 다른 물이 절대 들어가지 않도록 한다.

以紙心燃火, 入于甕內, 驗其生熟. 熟則火不滅, 生則火滅. 此後切勿添他水.

맛있는 술을 빚으려면 물을 섞을 때 쌀 10승마다 물 2.5병을 한도로 하고,[3] 술을 많이 얻으려면 술주자에 올려 술을 짤 때 정화수 2병을 더하여 섞는다. 《고사촬요》[4]

欲作旨酒, 則調水時, 每斗[3], 以二甁半爲限；欲多出, 則上槽時, 井花水二甁添調.《攷事撮要》

다른 방법 : 흰쌀 10승을 충분히 곱게 찧고 100번 씻어 가루 낸 뒤, 큰 동이 안에 둔다. 팔팔 끓는 물 3병을 쌀에 끼얹은 뒤 막대기로 저어서 뒤섞는데, 죽처럼 고루 섞여지도록 힘써야 한다. 식으면 반죽 표면의 껍질이 상당히 응고된다.

一方：白米一斗十分精鑿, 百洗作末, 置大盆中. 以百沸湯三甁澆之, 以杖攪和, 務要均合如糊. 停冷則面皮頗凝定[4].

따로 끓인 물 1사발에 밀가루누룩[麪麴]가루 1승, 밀가루 1승을 넣고 고루 뒤섞어서 알맞게 한다. 그런 뒤에 앞에서 만들어둔 쌀가루죽을 손으로 주무르면서 바로바로 누룩가루 갠 물을 더해준다. 이때 충분히 고루 주물러 조그만 알갱이도 생기지 않게 한다. 그런 뒤에 깨끗한 독에 넣고 춥지도 따뜻하지도 않은 곳에 고이 둔다.

另用沸水一鉢, 入麪麴末一升、小麥末一升, 攪均停當. 然後以手搓揉前作米末糊, 而旋旋添麴末所調水, 須十分均揉, 使無小核. 然後納淨甕內, 安頓[5]不寒不溫處.

7일 뒤에 독을 열어보면 대략 술이 익어 있을 것

七日後開甕見之, 則略成

---

3 맛있는……하고 : 보통은 쌀 10승마다 물의 양을 3병으로 하지만, 특별히 맛있는 술을 빚으려고 할 때는 물의 양을 줄인다는 뜻이다.

4 《攷事撮要》下〈雜方〉"白霞酒", 70~71쪽 ;《山林經濟》卷2〈治膳〉下 "醸酒" '白霞酒'(《農書》2, 325쪽).

[3] 斗 : 저본에는 없음. 《山林經濟·治膳·醸酒》에 근거하여 보충.

[4] 凝定 : 《增補山林經濟·治膳·造酒諸法》에는 "堅凝".

[5] 頓 : 《增補山林經濟·治膳·造酒諸法》에는 "置".

사진6 백하주

사진7 향온주

이다. 곧 흰쌀 20승을 앞에서 한 방법대로 찧고 씻어 흐물흐물하게 푹 찐 다음 식으면 끓는 물 6병을 붓는다. 식으면 앞에서 빚은 밑술[酒本][5]과 뒤섞어 합친다【이때 누룩을 다시 쓰지 않는다】. 식으면 독에 넣는다. 7일이 지나면 술이 될 것이다.

酒狀. 卽以白米二斗, 如前鑿洗爛烝, 候冷, 以沸湯六甁澆之. 候冷, 與前釀酒本攪合.【更不用麴】候冷, 入甕, 過七日則成矣.

종이심지를 태워보는 방법으로 술이 익었는지를 확인한다. 술이 익어서 고운 명주자루나 아주 고운 베자루에 넣고 술주자에 올려 짜주면 좋은 품질의 맛있는 술이 된다.

用紙燃法, 驗其生熟, 以生紬帒或極細布袋, 上槽壓之, 爲上品美酒.

대개 이 술은 9월 그믐에서 10월 초 사이에 빚어야 좋다. 만약 날씨가 조금 따뜻하면 맛이 갑자기 시어진다. 또 맑은 술을 걸러내고 나서도 춥지도 않고 따뜻하지도 않은 곳에 두어야 좋다. 《증보산림경제》[6]

蓋此酒宜造於九月晦、十月初間方好. 若日候小暖, 則味輒酸. 且取淸後, 亦宜置於不凍不煖之處. 《增補山林經濟》

5 밑술[酒本] : 두 번 이상 빚어서 완성하는 중양주(重釀酒)에서 첫 번째 빚은 술을 말한다. 두 번째 이후에 빚어 넣는 술은 덧술이라 한다.

6 《增補山林經濟》卷9 〈治膳〉 下 "造酒諸法" '白霞酒法'(《農書》4, 159~160쪽).

2) 향온주(香醞酒) 빚기(향온주방) 【내국(內局)법의 빚기이다】

香醞酒方【內局法釀】

누룩 만드는 법 : 밀을 간 뒤, 밀가루는 체로 치지 않는다. 누룩 한 덩이마다 이 밀가루를 10승씩 넣고 잘게 부순 녹두 0.1승과 잘 섞어 누룩을 디딘다.

造麴法 : 磨麥, 不篩其末, 每一圓, 入一斗, 碎綠豆一合調和, 踏麴.

술 빚는 방법 : 흰쌀 100승, 찹쌀 10승을 100번 씻어 쪄낸다. 이를 뜨거운 물 15병으로 잘 섞어 쪄낸 밥에 물이 다 흡수되게 한다. 그 뒤에 삿자리에 펼쳐서 오랫동안 식힌 다음 누룩가루 15승, 석임 1병과 잘 섞어 술을 빚는다. 《고사촬요》[7]

釀法 : 白米十斗、粘米一斗, 百洗烝出, 用熱水十五甁調和, 待水盡透入于烝飯, 然後鋪於簟席, 待冷良久, 麴末一斗五升、腐本一甁, 調和釀之.《攷事撮要》

3) 녹파주(綠波酒) 빚기(녹파주방) 【일명 "경면녹파주(鏡面綠波酒)"이다】

綠波酒方【一名"鏡面綠波酒"】

흰쌀 10승을 물에 담그고 하룻밤 묵혔다가 가루 낸 뒤, 물 20승을 넣어 죽을 쑨다. 식으면 누룩가루 2승을 고루 섞어 술밑을 만든다. 찹쌀 20승을 물에 담가 하룻밤 묵혔다가 푹 찐다. 이를 뜨거운 물 30승과 고루 섞고 식으면 앞의 술밑과 합쳐서 빚는다. 술이 익은 다음 술주자에 올려 술을 짜면 술 50승을 얻을 수 있다.

白米一斗水浸經宿, 作末, 以水二斗作粥, 待冷, 麴末二升調均作本. 粘米二斗水浸經夜, 蒸熟. 以熱水三斗拌均, 待冷, 與前本合釀. 待熟, 上槽, 可得酒五斗.

또 다른 방법 : 찹쌀 10승을 가루 내서 술밑을 만든다. 흰쌀 20승이나 30승을 가루 내서 죽을 쑨다. 빚는 방법은 위와 같다. 빛깔과 맛이 유달리 뛰어나

又方 : 粘米一斗作末, 爲本. 白米二斗或三斗作末, 作粥. 釀法上同. 色味殊

---

7 《攷事撮要》下〈雜方〉"內局香醞法", 69쪽 ; 《山林經濟》卷2〈治膳〉下 "釀酒" '內局香醞法'(《農書》2, 325쪽).

며 게다가 술도 많이 나온다. 《사시찬요》[8]

絕, 且多出. 《四時纂要》

다른 방법 : 흰쌀 10승을 물에 담가 하룻밤 묵혔다가 걸러내 가루 낸다. 끓는 물 30사발【작은 사발로 헤아린 양이다】을 붓고 급히 손으로 섞으면 좋은 누룩가루 0.5승, 밀가루 0.3승을 넣고 개어서 식도록 두었다가 독에 넣는다. 7일 후에는 그 맛이 맵고 독하다. 다시 찹쌀 20승을 100번 씻어 밥을 찐다. 여기에 누룩가루 0.7승, 밀가루 0.5승을 넣고 앞의 밑술과 섞어 독에 넣는다. 7일이 지나면 종이심지로 술이 익었는지를 확인해본다. 익었으면 술주자에 올려 술을 짠다. 독을 그늘진 땅에 묻으면 여름에도 술맛이 변하지 않는다. 끓이지 않은 물의 물기가 닿는 것을 금한다. 《증보산림경제》[9]

一方 : 白米一斗水浸一宿, 漉出作末. 滾湯三十鉢【用小鉢量】灌之, 急手捜合, 入好麴末五合、小麥麪三合, 相和放冷, 入甕. 一七日後, 其味辛烈. 再以粘米二斗百洗, 蒸飯, 入麴末七合、小麥麪五合, 與前本和合, 入甕. 過一七日, 以紙燃驗其生熟, 熟則上槽. 埋甕陰地, 夏月味不變. 忌生水氣. 《增補山林經濟》

4) 벽향주(碧香酒) 빚기(벽향주방)

흰쌀 10승을 100번 씻어 가루 낸 뒤, 끓는 물 20승으로 죽을 쑨다. 식으면 여기에 밀가루누룩 2승을 섞어 빚는다. 7일 뒤에는 흰쌀 20승을 100번 씻어 흐물흐물하게 찐다. 여기에 끓는 물 20승을 고루 섞어 식으면 밀가루누룩 0.2승을 합하여 빚는다. 익으면 술주자에 올려 술을 짠다. 혹은 "누룩을 조금 넣어야 술맛이 좋다."라 한다. 《사시찬요》[10]

碧香酒方

白米一斗百洗, 作末, 湯水二斗作粥, 待冷, 眞麴二升和合釀之. 七日後, 白米二斗百洗濃蒸. 湯水二斗均調, 待冷, 眞麴二合合釀. 待熟, 上槽. 或云"麴少加乃好". 《四時纂要》

---

8 출전 확인 안 됨 ; 《山林經濟》卷2 〈治膳〉 下 "釀酒" '鏡面綠波酒'(《農書》2, 331쪽).

9 《增補山林經濟》卷9 〈治膳〉 下 "造酒諸法" '鏡面綠波酒法'(《農書》4, 166~167쪽).

10 출전 확인 안 됨 ; 《山林經濟》卷2 〈治膳〉 下 "釀酒" '碧香酒'(《農書》2, 331~332쪽).

다른 방법 : 흰쌀과 찹쌀 각 10승씩을 섞어서 100번 씻는다. 이를 가루 낸 뒤 푹 쪄서 끓는 물 20승을 고루 섞는다. 식으면 누룩가루 5승, 밀가루 1.5승을 섞어 빚는다.

一方：白米、粘米各一斗，相雜百洗，作末蒸熟，用湯水二斗調均，候冷，麴末五升、麳麪一升五合，相和釀之.

겨울에는 7일, 여름에는 3일, 봄가을에는 5일 뒤에 또 흰쌀 40승을 100번 씻고 가루 낸 뒤 푹 쪄서 끓는 물 60승과 고루 섞는다. 식으면 여기에 누룩가루 1승을 넣고 앞에 빚어놓은 것과 잘 섞어 독에 넣는다.

冬七夏三[6]，春秋五日後，又以白米四斗百洗，作末烝熟，湯水六斗調均，候冷，入麴末一升，與前釀相和，入甕.

계절마다 위의 날 수 대로 수가 차면 또 흰쌀 40승을 앞과 같이 씻고 가루 낸 뒤 푹 쪄서 끓는 물 60승과 고루 섞는다. 식으면 독에 넣는다. 술이 익으면 술주자에 올려 술을 짠다. 《증보산림경제》[11]

四時依上日數，數滿，又以白米四斗如前洗末烝熟，湯水六斗調均，候冷，納之，候熟，上槽.《增補山林經濟》

또 다른 방법 : 흰쌀 10승을 100번 씻어 가루 낸 뒤, 흐물흐물하게 쪄서 끓는 물 5동이와 섞는다. 식으면 누룩가루와 밀가루 각 1승씩과 잘 섞어 독에 넣는다. 7일 뒤에 흰쌀 20승을 100번 씻어 물에 충분히 담갔다가 흐물흐물하게 찐다. 10승마다 끓는 물 2병의 비율로 섞은 뒤 식으면 앞의 밑술과 섞어 독에 넣는다. 술이 익으면 술주자에 올려 술을 짠다. 따뜻한 물로 술독을 씻어 따뜻하게 해주고 끓이지 않은 물의 물기가 닿는 것은 금한다. 《증보산림경제》[12]

又方：白米一斗百洗，作末，烝爛，沸湯五盆調和，候冷，麴末、麳麪各一升，相和入甕. 七日後，白米二斗百洗浸潤，爛烝. 每一斗，調沸湯二甁爲率，候冷，和前本，納甕. 待熟，上槽. 以溫水洗甕煖之，禁生水氣. 同上

---

11 《增補山林經濟》卷9 〈治膳〉 下 "造酒諸法" '碧香酒法'(《農書》4, 167~168쪽).

12 《增補山林經濟卷9 〈治膳〉 下 "造酒諸法" '碧香酒法'(《農書》4, 168쪽).

[6] 三 : 저본에는 없음. 《增補山林經濟·治膳·造酒諸法》에 근거하여 보충.

사진8 유하주

사진9 소국주

5) 유하주(流霞酒) 빚기(유하주방)

流霞酒方

1월에 흰쌀 10승을 100번 씻어 가루 낸 뒤, 물에 개어 오리알크기의 덩어리를 만든다. 볏짚과 솔잎을 반죽덩어리 사이에 깔고 덮어 띄운다. 7일이 지난 뒤에 꺼내어 위의 껍질을 벗겨내 햇볕에 말린다.

正月, 用白米一斗百洗, 作末, 調水成團, 大如鴨卵. 用藁草、松葉, 相間罨養. 過七日後, 取出, 剝去上皮, 曝乾.

3월 초가 되면 흰쌀 30승을 100번 씻어 곱게 가루 낸다. 이를 손바닥크기의 떡을 만들어 손가락끝으로 여기저기 구멍을 내고【안 쉽게 익히기 위해서이다. 뒤의 '구멍떡[孔餠]'이라고 범칭하는 것들은 모두 이 방법이다】 푹 삶는다. 쌀 10승마다 누룩 3승을 써서 빚는다. 《삼산방》[13]

至三月初, 用白米三斗百洗, 細末, 作餠如掌大, 以指尖亂穿孔【案 欲其易熟. 後凡稱"孔餠"者, 皆此法】, 烹熟. 每米一斗, 用麴三升釀之. 《三山方》

6) 소국주(少麴酒) 빚기(소국주방)

少麴酒方

곱게 찧은 멥쌀 10승을 산가지로 헤아려가며 100번 씻은 뒤 가루 내고 질동이에 담는다. 따로 깨끗

精鑿粳米一斗計籌百洗, 作末, 盛陶盆. 另用淨水二

13 출전 확인 안 됨.

1. 곱게 찧은 쌀을 가루 낸 뒤 푹 쪄낸다

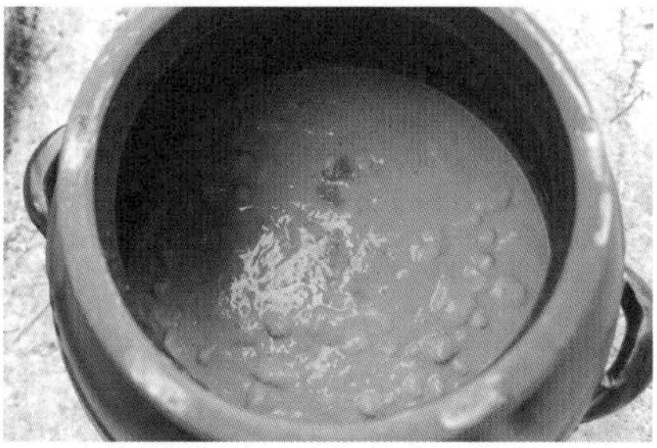

2. 찌꺼기를 쳐낸 누룩물 안에 백설기를 넣는다

3. 백설기를 주물러 알갱이를 없게 한다

4. 100번 씻은 흰쌀을 쪄낸다

5. 고두밥을 뜨거운 채로 독 안에 넣는다

6. 독 안에 넣은 고두밥을 고루 뒤섞는다

7. 7일 후 독을 열어 거품을 닦아낸다

8. 용수를 박아 맑게 가라앉으면 떠낸다

사진10 소국주 빚기

한 물 2병으로 쌀가루를 내고 남은 싸라기를 끓인다. 몇 번 끓어오른 뒤에 그 끓는 물로 쌀가루를 갠다. 식으면 여기에 잘게 부순 누룩 1.5승을 넣고 고루 섞어 독에 넣는다.

瓶, 煎米末餘滓, 數沸後, 以其湯水調米末, 候冷, 入碎麴一升五合, 搜均, 納甕.

7일이 되면 또 곱게 찧은 쌀 20승을 앞에서처럼 100번 씻어 10승마다 끓는 물 2병을 고루 붓는다. 식으면 이를 앞에 빚어놓은 술과 대충 섞어 독에 넣는다. 21일이 되면 맑게 가라앉힌 뒤에 쓴다.《삼산방》[14]

至七日, 又以精鑿米二斗如前百洗, 每一斗用沸湯二瓶灑均, 候冷, 與前釀雜調之入甕. 三七日, 澄清後, 用之.《三山方》

민간의 방법 : 쌀 10승을 빚으려고 하면 먼저 끓인 물 3병을 식혀서 동이에 담는다. 여기에 좋은 누룩가루 0.5승, 밀가루 0.5승을 담그고 하룻밤 묵힌다. 다음날 곱게 찧은 흰쌀 5승을 물에 담갔다가 걸러내서 가루 낸 뒤, 시루에 안치고 푹 쪄서 꺼내어 쓰임에 대비한다.

俗法 : 欲釀一斗, 則先用沸湯三瓶停冷盛盆. 浸好麴末五合、麳麪五合, 經宿. 翌日, 取精鑿白米五升浸水漉出, 作末, 下甑烝熟, 取出聽用.

그런 뒤에야 담가두었던 누룩과 밀가루를 동이 안에서 손으로 오랫동안 주물러 빨아서 거친 찌꺼기를 버린다. 또 고운 찌꺼기도 체로 쳐내고 앞에서 쪄놓은 쌀가루를 누룩물 안에 넣고 다시 손으로 주물러 작은 알갱이도 없게 한다. 그런 후에 식으면 독에 넣는다.

乃就浸麴麪, 盆中用手揉洗良久, 去麤滓. 又篩去細滓, 將前烝米末投麴水中, 更以手揉之, 令無少核. 然後候冷, 納甕.

7일이 지나면 따로 곱게 찧은 흰쌀 5승을 100번 씻어 흐물흐물하게 찐다. 이를 뜨거운 채로 앞의 독 안에 넣고 조심스럽게 손으로 고루 뒤섞어 서늘한

過七日, 另用精鑿白米五升百洗, 烝爛, 乘熱納前甕中, 愼手攪均, 置冷處.

14 출전 확인 안 됨 ;《山林經濟》卷2〈治膳〉下 "釀酒" '碧香酒'(《農書》2, 325~326쪽).

곳에 둔다.

또 7일이 지난 뒤에 열어보아 독 안에 거품 흔적이 있으면 깨끗한 마른 수건으로 닦아내고 거품 흔적이 없어야 그친다.

又過七日後, 開見, 甕內有浮漚痕, 用乾淨巾拭去之, 直至無痕乃止.

2월 초에 빚으면 3월 보름이 지나야 익고 5월이 되면 맛이 변할 것이다. 대개 이 술은 처음부터 끝까지 따뜻한 곳을 금하고 또 볕이 드는 곳을 금한다. 봄에 빚는 술맛으로는 이보다 나은 술은 없을 것이다. 《증보산림경제》[15]

二月初釀之, 三月望後方熟, 至五月則味變矣. 蓋此酒終始忌暖處, 亦忌日照處. 春酒之味, 無過於此者矣. 《增補山林經濟》

7) 부의주(浮蟻酒) 빚기(부의주방)

浮蟻酒方

찹쌀 10승으로 고두밥을 지은 뒤 그릇에 담아 식힌다. 물 3병을 끓여 식힌다. 누룩가루 1승을 먼저 물에 타고 다시 고두밥과 고루 섞어 독에 넣는다. 3일 밤을 묵어야 익는다. 술을 맑게 가라앉힌 후에 주배(酒醅, 거르지 않은 술의 밥알)를 조금 띄워 쓴다. 그 모양이 마치 개미알이 떠다니는 것[浮蟻]과 같다. 이 술은 맛이 달고 독하여 여름날에 딱 맞다【산림경제보 누룩가루를 하루 먼저 물에 담갔다가 체로 쳐서 쓰면 맛이 빼어나다】.[16] 《고사촬요》[17]

粘米一斗烝飯, 盛器冷之. 水三甁, 沸湯冷之. 以麴末一升先調於水, 更與飯拌均入甕, 經三宿乃熟. 澄淸後, 以酒醅少許浮而用之, 其形如浮蟻, 味甘而烈, 正合於夏日【山林經濟補 麴末先一日浸水, 篩下用之妙】. 《攷事撮要》

15 《增補山林經濟》卷9 〈治膳〉 下 "造酒諸法" '少麴酒法'(《農書》4, 163~164쪽).

16 누룩가루를……빼어나다 : 《山林經濟》卷2 〈治膳〉 下 "釀酒" '浮蟻酒'(《農書》2, 334쪽).

17 《攷事撮要》下 〈雜方〉 "浮蟻酒", 71쪽 ; 《山林經濟》卷2 〈治膳〉 下 "釀酒" '浮蟻酒'(《農書》2, 333~334쪽) ; 《增補山林經濟》卷9 〈治膳〉 下 "造酒諸法" '浮蟻酒法'(《農書》4, 168~169쪽).

1. 쌀 담그기

2. 시루에 쌀 안치기

3. 들통에 물 끓이기

4. 시루번 준비

5. 고두밥 찌기

6. 고두밥 식히기

7. 항아리에 담기

8. 항아리 보쌈하기

9. 술 괴는 모습

10. 냉각

11. 용수 박기

12. 체로 막걸리 거르기

사진11 부의주 빚기

사진12 동정춘1

동정춘2

8) 동정춘(洞庭春)[18] 빚기(동정춘방)

흰쌀 1승을 가루 낸 뒤, 구멍떡[孔餠] 3개를 만들고 물 1사발로 삶는다. 식으면 누룩가루 1승과 고루 섞고 떡 삶은 물과 같이 항아리에 담아 아가리를 굳게 봉한다.

4일 뒤에 찹쌀 1승을 푹 쪄서 식도록 둔다. 이를 앞에서 빚어놓은 술과 합쳐서 독에 담는다. 술이 익으면 술주자에 올려 술을 짠다. 객수(客水, 맹물)와 쇠그릇은 절대로 금한다. 《삼산방》[19]

洞庭春方

白米一升作末, 造孔餠三介, 以水一鉢烹之, 待冷, 以麴末一升拌均, 同烹餠水盛缸, 堅封口.

四日後, 粘米一斗烝熟, 放冷. 合前釀, 盛甕. 待熟, 上槽. 切忌客水及鐵器. 《三山方》

9) 경액춘(瓊液春) 빚기(경액춘방)

흰쌀 50승을 3일간 물에 담갔다가 곱게 가루 낸 뒤 푹 찐다. 이를 끓는 물 70승과 섞는다. 식으면 여기에 누룩가루 7승, 밀가루 3승을 섞어 빚은 뒤 익기를 기다린다. 흰쌀 100승을 흐물흐물하게 찌고, 끓인 물 80승, 누룩가루 5승과 앞에서 빚어둔 술을

瓊液春方

白粲五斗浸水三日, 細末, 熟烝. 沸湯七斗和之, 待冷, 麴屑七升、麳麪三升交釀, 待熟. 白米十斗爛烝, 熟水八斗、麴屑五升, 交釀

---

18 동정춘(洞庭春) : 중국 호남성(湖南省) 악양현(嶽陽縣)에 있는 동정호(洞庭湖) 일대에서 만들기 시작한 명주. 당나라 사람들은 술 이름에 '춘(春)'을 붙여 쓰곤 했다.

19 출전 확인 안 됨.

섞어 빚는다. 《삼산방》[20]

前醅. 《三山方》

10) 죽엽춘(竹葉春) 빚기(죽엽춘방)

흰쌀 10승 곱게 가루 낸 뒤, 떡을 만들어 푹 찐다. 여기에 누룩가루 1.5승, 끓인 물 3병을 섞어 빚어서 익기를 기다린다. 흰쌀 50승을 곱게 가루 내서 푹 찐 뒤, 앞서 빚은 술에 섞어서 넣고 두꺼운 종이로 아가리를 봉하여 김이 새지 않도록 한다.

28일이 되면 위의 맑은 것을 한 용기에 긷고, 가운데 맑은 것을 또 한 용기에 긷는다. 아래의 탁한 부분은 이화주(梨花酒)[21]와 같아서 물을 타서 마시면 향기롭고 맛이 좋다. 이 술은 비록 오래되어도 맛이 변하지 않고 빛깔이 항상 댓잎[竹葉]처럼 푸르다. 《삼산방》[22]

竹葉春方

白米一斗細末, 作餠熟烝. 以麴末一升五合、湯水三瓶, 和釀, 待熟. 白米五斗細末, 熟烝, 和納, 厚紙封口, 使不泄氣.

四七日, 上淸汲一器, 中淸又汲一器. 下滓如梨花酒, 和水飮之, 香美. 此酒雖久, 味不變, 色常如竹葉. 《三山方》

11) 인유향(麟乳香) 빚기(인유향방)

흰쌀 20승을 곱게 가루 낸 뒤, 끓는 물 20사발을

麟乳香方

白米二斗細末, 湯水二十鉢

사진13 죽엽춘

사진14 인유향

사진15 석탄향

20 출전 확인 안 됨.

21 이화주(梨花酒) : 술 빛깔이 희고 죽처럼 되므로 숟가락으로 떠먹는 술. 아래 앙료류(醠醪類, 탁주류) 참조.

22 출전 확인 안 됨 ; 《山家要錄》 〈酒方〉 "竹葉酒"(《고농서국역총서8 山家要錄》, 174쪽).

섞어 죽을 쑨다. 여기에 누룩가루 2승, 밀가루 1승을 섞어 빚는다. 겨울에는 5일, 여름에는 3일 둔다.

和作粥. 麴末二升、麰麪一升, 和釀, 冬五日, 夏三日.

흰쌀 50승에 물 1사발을 뿌려 흐물흐물하게 푹 찐다. 여기에 물 8사발, 누룩가루 2승을 앞의 밑술과 아울러 빚으면 향기가 보통의 술과 다르다.《삼산방》[23]

白米五斗灑水一鉢, 爛烝熟, 水八鉢、麴末二升, 竝釀前醅則香異常.《三山方》

12) 석탄향(惜呑香) 빚기(석탄향방)

惜呑香方

흰쌀 20승을 곱게 가루 낸 뒤, 물 10승으로 죽을 쑨다. 누룩가루 1승을 섞어 빚는다. 겨울에는 7일, 봄가을에는 5일, 여름에는 3일 둔다.

白米二斗細末, 水一斗作粥. 麴末一升和釀, 冬七日, 春秋五日, 夏三日.

찹쌀 10승을 흐물흐물하게 찌고 밑술에 섞어서 빚는다. 7일이 되면 단맛과 쓴맛이 함께 갖추어져서 입안에 머금으면 차마 삼킬[呑] 수 없다.《삼산방》[24]

粘米一斗爛烝, 交釀. 七日甘苦備俱, 含口不忍呑.《三山方》

13) 벽매주(辟霾酒) 빚기(벽매주방)

辟霾酒方

흰쌀 15승을 물에 담갔다가 작은 항아리에 담아 아가리를 봉한다. 이를 솥 안에 넣고 뭉근한 불로 중탕한다. 솥에 물을 더하여 가며 푹 쪄서 밤을 샌다. 밥이 익는 향이 나면 동이에 쏟아낸다. 식으면 여기에 누룩가루 15승을 섞어 빚는다. 그날로 흰쌀 150승을 앞의 밑술과 섞어 빚는다.[25] 10일이면 익는데, 해가 지나도 뿌연 기운[霾氣]이 생기지 않는다.《삼산방》[26]

白米一斗五升浸水, 盛小甌, 封口. 納釜中, 慢火重湯, 添水熟烝, 經宿. 有香氣, 出瀉盆中, 候冷, 麴末一斗五升和釀. 卽日白米十五斗, 交釀前醅. 十日成熟, 經年不着霾氣.《三山方》

---

23 출전 확인 안 됨.

24 출전 확인 안 됨.

25 그날로……빚는다 : 흰쌀 150승을 어떻게 처리해서 밑술과 섞는지 언급이 없으나, 고두밥을 해서 섞는 가장 일반적인 방법으로 추정된다.

26 출전 확인 안 됨.

사진16 벽매주

사진17 하향주1

하향주2

14) 오호주(五壺酒) 빚기(오호주방)

흰쌀 10승을 100번 씻어 가루 낸 뒤, 물 5병으로 풀을 쑨다. 식으면 여기에 누룩가루와 밀가루 각 1.5승, 석임 0.5승을 잘 섞어 독에 넣는다. 다음날 또 찹쌀 1승을 찧고 가루 낸 뒤, 풀을 쑨다. 식으면 이를 본래 빚어둔 술 안에 넣고 도구를 사용하여 충분히 고루 뒤섞어서 밀봉한다. 술이 익으면 술주자에 올려 술을 짠다. 맛이 매우 달고 독하며, 마시고 취해도 바로 깬다. 《음선요람(飮饍要覽)[27]》[28]

五壺酒方

白米一斗百洗, 作末, 以水五甁煮糊, 待冷, 麴末·眞麪各一升半、腐本五合, 調和, 入甕. 次日, 又以粘米一升擣末, 打糊, 候冷, 入本釀酒中, 以物十分攪均, 密封. 待熟, 上槽. 味甚甘烈, 飮醉卽醒.《飮饍要覽》

15) 하향주(荷香酒) 빚기(하향주방)

흰쌀 1승을 가루 낸 뒤, 구멍떡을 빚고 푹 삶는다. 식으면 여기에 누룩가루 0.5승을 넣고 손으로 들어서 조금씩 털어가며 잘 섞어 빚는다. 3일째 또 찹쌀 10승에 물을 뿌려 푹 찐다. 이를 한참 동안 식

荷香酒方

白米一升作末, 造孔餠, 烹熟, 待冷, 麴末五合抖擻調和, 釀之. 第三日, 又以粘米一斗灑水, 熟烝, 良久寒

27 음선요람(飮饍要覽) : 미상. 현재 '음선요람'이라는 이름의 책은 전해지지 않는다. 홀사혜(忽思慧)가 지은 《음선정요(飮膳正要)》와의 관련성에 대해서도 알 수 없다. 《음선정요》에는 "오호주"가 기록되어 있지 않은 것으로 파악된다.

28 출전 확인 안 됨 ; 《醫林撮要》卷13 〈諸法〉 "五壺酒", 146~147쪽.

힌 다음 밑술과 잘 섞어 독에 넣는다. 객수(客水)의 기운이 들어가지 않게 한다. 21일이 지나야 익는다. 《고사촬요》[29]

之, 與本釀調和, 入甕. 不使有客水之氣. 過三七日乃熟. 《攷事撮要》

16) 향설주(香雪酒) 빚기(향설주방)

香雪酒方

찹쌀 1석(100승)을 쓴다. 먼저 90승을 아주 깨끗이 씻어 일되, 쌀 씻은 물에 흐린 기운이 없는 상태를 기준으로 한다. 통(桶)으로 쌀을 헤아리는 기준을 삼아 수를 세면서 쌀과 물의 양을 짝이 되게 채우되, 물이 쌀보다 10승을 많게 함으로써 쌀의 빈 공간을 보충하여 쌀이 항아리 안에서 물에 잠기게 해야 한다.

用糯米一石. 先取九斗淘淋極清[7], 無渾脚爲度. 以桶量米準, 作數, 米與水對充, 水宜多一斗, 以補米脚, 浸于缸內.

그런 뒤에 남은 쌀 10승을 앞과 같이 잘 씻고 일어서 밥을 짓고 항아리 안의 쌀 위에 놓아 쌀을 덮어 묻는다. 짚으로 만든 덮개로 항아리아가리를 20여일 덮어둔다.

後用一斗米如前淘淋炊飯, 埋米上, 草蓋覆缸口二十餘日.

밥알이 발효되어 떠오르면 삭은 밥알[飯殼]을 먼저 건져서 물을 뺀다. 다음으로 그 아래의 쌀을 건져서 물을 뺀 뒤 이를 널고 말려 밥을 짓는다. 밥이 뜨거울 때, 원래 쌀을 담갔던 물을 맑게 가라앉혀 밑의 앙금을 제거한 뒤, 이 물에 흰밀가루로 작은 덩어리 20근을 만든다. 덩어리와 밥알을 고루 섞어 푹 찐 뒤 항아리바닥에 둔다. 날씨가 더우면 불기운을 약간 빼내준다.

候浮, 先漉飯殼, 次漉起米, 控乾炊飯. 乘熱, 用原浸米水澄去水脚, 白麪作小塊二十斤, 拌均米殼, 烝熟, 放缸底. 如天氣熱, 略出火氣.

---

29 《攷事撮要》下〈雜方〉"荷香酒", 70쪽;《山林經濟》卷2〈治膳〉下 "釀酒" '荷香酒'(《農書》2, 332쪽).

[7] 清: 저본에는 "精". 《遵生八牋·飮饌服食牋·醞造類》에 근거하여 수정.

사진18 향설주

사진19 벽향주1

벽향주2

항아리 안의 내용물을 고루 섞은 뒤에 항아리아가리를 덮는다. 하루 지나면 첫 번째로 휘저어주고 휘저은 뒤에는 덮개를 쓰지 않는다. 1/2일 지나면 2번째로 휘저어준다. 만약 날씨가 더우면 다시 휘저어서 열기를 빼내주어야 한다. 3번째로 휘젓기가 끝나면 그대로 독아가리를 덮어둔다. 익으면 일반적인 방법대로 한다.

時, 打頭杷, 打後不用蓋. 半週時, 打第二杷. 如天氣熱, 須再打出熱氣. 三杷打絕, 仍蓋缸口, 候熟, 如用常法.

대체로 쌀은 희게 정미해야 하고, 씻어 일어내기는 맑고 깨끗하게 해야 하며, 휘젓기는 열기가 빠져나가도록 해야 한다. 이렇게 하면 상하지 않을 것이다. 《준생팔전》[30]

大抵米要精白, 淘淋要清淨, 杷要打得熱[8]氣透, 則不致敗耳. 《遵生八牋》

17) 벽향주(碧香酒) 빚기(벽향주방)

碧香酒方

【안 우리나라의 벽향주(碧香酒)와 이름은 같지만 방법은 다르다】

【案 與我東碧香酒, 名同法異】

찹쌀 10승을 맑고 깨끗하게 잘 인다. 그 중 9승

糯米一斗淘淋清淨, 內將

---

30 《遵生八牋》 卷12 〈飮饌服食牋〉 中 "醞造類" '香雪酒'(《遵生八牋校注》, 457~458쪽).

[8] 熱 : 저본에는 "熟". 《遵生八牋·飮饌服食牋·醞造類》에 근거하여 수정.

은 독 안의 물에 담근다. 나머지 1승은 밥을 지어 백국가루 4냥을 섞은 뒤, 용수[31]를 써서 담가둔 쌀 안에 묻어둔다. 밥이 깨끗해지면 건져낸다. 9승의 쌀로 고두밥을 찐 뒤, 백국가루 16냥을 섞는다.

九升浸甕內. 一升炊飯, 拌白麴末四兩, 用篘埋所浸米內, 候飯淨, 撈起. 烝九升米飯, 拌白麴末十六兩.

먼저 위의 공정에서 깨끗해진 밥을 독바닥에 놓고, 다음으로는 담근 쌀로 지은 밥을 독 안의 깨끗한 밥 위에 둔다. 여기에다 원래 쌀뜨물 10근이나 20근을 넣고 독아가리를 종이로 4~5겹 밀봉한다. 봄에는 며칠 만에 익고, 만약 날씨가 추우면 1개월 만에 익는다. 《준생팔전》[32]

先將淨飯置甕底, 次以浸米飯置甕內, 以原淘米漿水十斤或二十斤, 以紙四五重密封甕口. 春數日, 如天寒一月熟. 《遵生八牋》

31 용수 : 술을 기르는 기다란 소쿠리 모양의 도구. 일반적으로 대나무 가닥을 엮어서 만든다.

32 《遵生八牋》 卷12 〈飲饌服食牋〉 中 "醞造類" '碧香酒'(《遵生八牋校注》, 458쪽).

4. 주류(酎類, 여러 번 빚은 술)[1]

酎類

1) 호산춘(壺山春) 빚기(호산춘방) 【여산(礪山)[2]에서 난다. 여산은 일명 '호산(壺山)'이다】

壺山春方【出礪山. 礪山, 一名"壺山"】

어느 달 초하루에 흰쌀 15승을 100번 씻어 곱게 가루 낸 뒤, 찬물 7승을 고루 섞는다. 끓는 물 18승을 다시 끼얹어 잘 저어주면 쌀가루가 끈끈해진다. 매우 차게 식으면 누룩가루 2승, 밀가루 2승을 고루 섞어 독에 넣는다.

某月初一日, 白米一斗五升百洗, 細末, 以冷水七升調均. 更以沸湯一斗八升沃灑, 攪調則米膠. 待其極冷, 麴末二升、麰麪二升, 拌均, 入甕.

그 뒤 13일이 되면 또 흰쌀 25승을 100번 씻어 곱게 가루 낸 뒤, 넓은 그릇에 담는다. 여기에 뜨거운 물 25승을 고루 섞는다. 식으면 누룩가루는 넣지 말고 앞의 밑술과 잘 섞어 2번째 밑술을 만든다.

至十三日, 又以白米二斗五升百洗, 細末, 盛廣器. 以熱水二斗五升拌均, 待冷, 勿入麴末, 與前本雜調, 爲二次酒本.

그 뒤 13일이 되면 흰쌀 50승을 100번 씻어 밥을 찐다【다른 방법 : 가루 내어 푹 찐다】. 여기에 뜨거운 물 50승을 붓고 섞어서 물이 완전히 스며들면 밥을 삿자리에 편다. 식으면 누룩가루 2승, 밀가루 1승을 넣고 앞의 2번째 밑술과 고루 섞어 독에 넣는다.

至十三日, 白米五斗百洗, 烝飯【一法 : 作末烝熟】, 入熱水五斗, 調極其透潤, 鋪諸簟席, 待冷, 入麴末二升、麰麪一升, 與二次前本調

1 주류(酎類) : 2~3번 이상 거듭해서 빚은 술을 "주(酎)"라 한다.

2 여산(礪山) : 전라북도 익산시 여산면 일대의 옛 지명. 여산은 여량(礪良)과 낭산(朗山)이 합쳐져 생긴 지명이다. 여산을 둘러싸고 있는 진산(鎭山)인 천호산(天壺山)은 호산(壺山)이라고도 불렀기 때문에 이 산의 이름을 따서 술의 명칭을 '호산춘'으로 지었다.

均, 入甕.

술독을 차지도 않고 덥지도 않은 곳에 두고, 그 독을 보쌈[3]하지 않은 채로 뚜껑을 덮지 않으면 술맛이 변하지 않는다. 2~3개월 지나면 마실 만하다. 《산림경제보》[4]

置不寒不熱處, 露其甕不覆, 則酒味不變. 過二三朔, 可飮.《山林經濟補》

2) 잡곡주(雜穀酒) 빚기(잡곡주방)

雜穀酒方

차조[粱秫]·찰수수[粘薥黍]·찰기장[粘黍]·차조[粘稷, 앞과 다른 품종] 중에서 한 종류, 혹은 서로 섞은 것 10승을 가루 낸다. 물 2.5병을 끓여 뜨거운 채로 가루에 넣고 고루 섞어 죽이 되게 한다. 식으면 누룩가루와 밀가루 각 2승을 고루 섞어 독에 넣는다. 객수는 금한다.

粱秫、粘薥黍、粘黍、粘稷中一種或相雜一斗, 作末. 水二甁半沸熱入末, 攪均作粥, 候冷, 麴末、眞麪各二升, 調和, 入甕. 忌客水.

3~4일이 지나서 익으면 또 위의 여러 곡식 중에서 한 종류, 혹은 서로 섞은 쌀【혹은 멥쌀을 섞으면 더욱 좋다】 30승을 가루 낸다. 물 7병을 끓여 여기에 먼저 쌀가루를 내고 남은 찌꺼기를 넣고 몇 번 끓인다. 다음으로 쌀가루를 넣고 죽을 쑨다. 식으면 이를 앞의 밑술과 합하여 빚어 7일이 지나면 술주자에 올려 술을 짤 수 있다.

過三四日, 待熟, 又以雜米中一種或相雜米【或雜粳米尤好】三斗, 作末. 水七甁沸湯, 先入末滓數沸, 次入米末作粥, 候冷, 與前本合釀, 過七日, 可上槽.

술이 반 정도 익을 즈음에 찹쌀이나 기장쌀 3~4승을 가루 낸 뒤, 죽을 쑤었다가 더하여 빚으면 술맛이 더욱 맵고 독하다. 비록 곡식을 섞더라도 반드시 가루 낸 뒤, 빚어야 한다. 《사시찬요보》[5]

方其半熟時, 糯米或黍米三四升, 作末, 造粥加釀, 則味尤辛烈. 雖雜米, 必須作末, 釀之.《四時纂要補》

---

3 보쌈 : 술항아리가 일정한 온도를 유지하도록 이불이나 보로 싸주는 일. 사전에는 없는 용례이나 술 빚는 사람들 사이에서 자주 쓰인다.

4 《山林經濟》 卷2 〈治膳〉 下 "釀酒" '壺山春'(《農書》2, 327~328쪽).

5 출전 확인 안 됨 ; 《山林經濟》 卷2 〈治膳〉 下 "釀酒" '雜穀酒'(《農書》2, 336~337쪽).

사진20 호산춘

사진21 잡곡주

사진22 무릉도원주

1. 차조, 찰수수, 찰기장 등을 잘 씻어 가루 낸다

2. 뜨거운 물을 가루에 넣고 고루 섞어 죽이 되게 한다

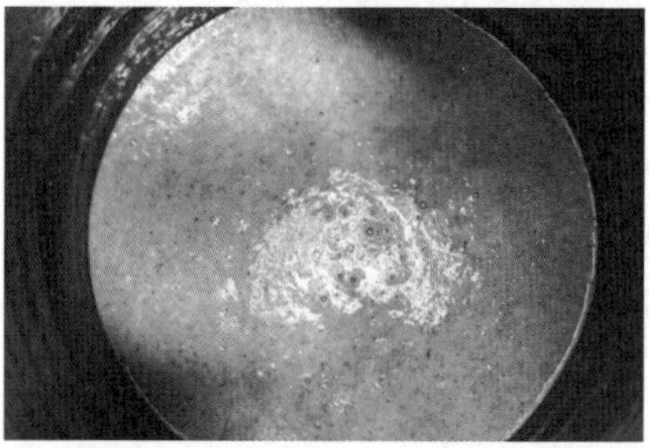

3. 죽이 식으면 누룩가루와 밀가루를 고루 섞어 독에 넣는다

4. 3~4일 후 서로 섞은 쌀을 가루 낸다

5. 섞은 쌀가루를 넣고 죽을 쑨다

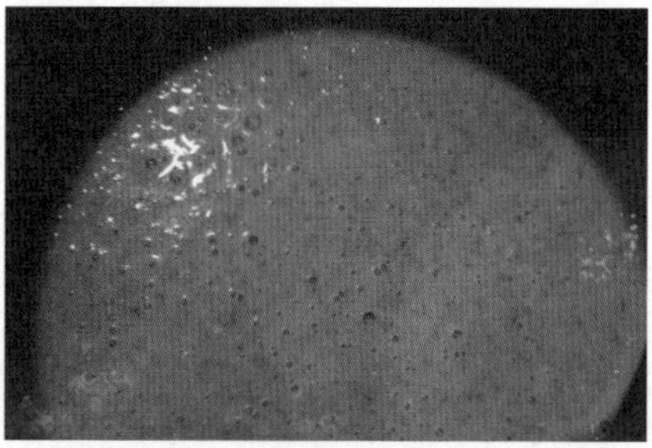

6. 식은 덧술을 밑술과 합한다.

사진23 잡곡주 빚기

3) 두강춘(杜康春) 빚기(두강춘방)

흰쌀 30승을 곱게 가루 낸 뒤, 끓는 물을 섞어 죽이 되도록 한다. 누룩가루 3.5승을 섞어 빚는다. 익으면 흰쌀 30승을 곱게 가루 낸 뒤, 끓는 물 40승을 넣고 죽이 되도록 한다. 누룩가루 3.5승을 앞에 빚어놓은 술과 잘 섞는다. 익은 뒤에 또 흰쌀 30승을 흐물흐물하게 찌고 섞어 빚는다. 흰쌀 90승, 누룩가루 7승, 끓는 물 70.5승을 합한다. 《삼산방》[6]

杜康春方

白米三斗細末，和湯水作粥. 麴末三升五合和釀，待熟，白米三斗細末，湯水四斗作粥. 麴末三升五合，與前釀拌和. 熟後，又以白米三斗爛烝，和釀. 合白米九斗、麴末七升、湯水七斗五合.《三山方》

4) 무릉도원주(武陵桃源酒) 빚기(무릉도원주방)

신국(神麴) 20냥을 대추씨크기로 곱게 쪼개어 햇볕에 말린다. 강물 10승을 떠서 맑게 가라앉히고 누룩(신국)을 담가서 발효되기를 기다린다.

좋은 찹쌀 10승을 20~30번 일되, 일은 물이 맑아질 때까지 깨끗하게 한다. 3번 뜸을 들여서 밥을 하여 밥알이 매우 부드럽고 흐물흐물하게 되면 이를 펼쳐서 식힌다. 식힐 때는 사계절의 기후에 따라 잘 맞춘다. 식은 고두밥을 누룩즙에 넣고 충분히 저어 흐물흐물한 죽같이 만든다. 발효가 되면 곧 다시 20승의 쌀로 밥을 지어 앞의 방법대로 하고 다시 넣는다.

맛을 보면 그 맛이 술맛 같지 않을 수 있으나 이상하게 여기지 말아야 한다. 발효되면 다시 20승의 쌀로 밥을 지어 넣는다. 이것이 발효되면 다시 30승

武陵桃源酒方

取神麴二十兩細剉如棗核大，曝乾. 取河水一㪷澄清，浸待發.

取一㪷好糯米淘三二十徧，令淨，以水清爲度[1]. 三溜炊飯，令極軟爛，攤冷，以四時氣候消息之. 投入麴汁中，熟攪令似爛粥，候發，即更炊二㪷米，依前法更投.

嘗之，其味或不似酒味，勿怪之. 候發，又炊二㪷米，投之. 候發，更炊三㪷，待

---

6 출전 확인 안 됨.

[1] 度 : 저본에는 없음. 《北山酒經·武陵桃源酒法》에 근거하여 보충.

으로 밥을 지어 식힌 뒤 앞과 같이 넣으면 그 술이 바로 완성된다. 만일 날씨가 조금 차면 밥을 따뜻하게 하여 섞는다.

冷, 依前投之, 其酒卽成. 如天氣稍冷卽煖和.

익은 지 3~5일 뒤가 되어 독 윗부분에 맑은 술이 고이면 먼저 떠서 마신다. 온갖 병을 없애주고, 사람의 몸을 가뿐하고 건강하게 해주며, 마음껏 즐기며 마셔도 몸이 상하지 않는다. 이것은 본래 무릉도원(武陵桃源)에서 얻은 것으로, 오래도록 마시면 장수한다.

熟後三五日, 甕頭有澄淸者, 先取飮之. 蠲除萬病, 令人輕健, 縱令酣酌, 無所傷. 此本於武陵桃源中得之, 久服, 延年益壽.

【공수(空水)[7]에 누룩가루를 담그면 맛이 빼어나다. 매번 10승의 쌀로 빚을 때에는 먼저 쌀 0.1승을 취하여 물을 넣고 끓여 1승을 얻는다. 이를 가라앉혀 맑은 즙을 얻고 여기에 누룩을 담가서 발효되기를 기다린다. 하루가 지나면 남은 9.9승의 쌀로 밥을 짓는다. 식으면 바로 독 안에서 누룩즙을 꺼내어 밥을 충분히 섞은 다음 도로 독 안에 넣어준다. 매번 넣을 때에는 모두 이와 같이 한다.

【以空水浸麴末爲妙. 每造一斗米, 先取一合以水煮, 取一升, 澄取淸汁, 浸麴, 待發. 經一日炊飯, 候冷, 卽出甕中, 以麴熟和, 還入甕內. 每投皆如此.

그 3번째와 5번째도 모두 술이 발효된 뒤에 하루가 지나서 밥을 넣는다. 5번째를 다 넣으면 발효되기를 기다리며 그친다. 다시 1~2일이 지난 뒤에 술을 압착하여 거를 수 있다. 술을 거르면 곧 지게미의 태반이 술로 된다. 만일 술맛이 너무 텁텁하면 바로 10승의 술마다 3승의 찹쌀을 찌고 보리엿기름 1큰술, 신국가루 넉넉하게 헤아린 0.01냥을 충분히

其第三、第五, 皆待酒發後, 經一日投之. 五投畢, 待發定訖. 更一兩日, 然後可壓漉, 卽滓太半化[2]爲酒. 如味硬, 卽每一斗酒, 烝三升糯米, 取大麥麴糵一大匙、神麴末一大分, 熟攪

7 공수(空水) : 바깥에 놓은 그릇에 괸 빗물. 공중수(空中水)라고도 한다.

[2] 化 : 저본에는 "和". 오사카본·《北山酒經·武陵桃源酒法》에 근거하여 수정.

젓고 섞어서 갈포[8]술자루에 담은 뒤 술병에 넣어둔다. 맛이 달고 좋아지면 그 술자루를 빼낸다】《북산주경(北山酒經)[9]》[10]

和, 盛葛佮中, 內入酒瓶, 候甘美, 卽去却佮】《北山酒經》

일반적으로 밥을 넣을 때 북쪽 지방이라 추우면 밥의 열기를 체온 정도로 해서 넣고, 남쪽 지방이라 따뜻하면 아주 차게 하는 것이 좋다. 《준생팔전》[11]

凡投飯, 北方地寒, 卽如人氣投之；南方地煖, 卽須至冷爲佳. 《遵生八牋》

5) 동파주(東坡酒) 빚기(동파주방)

東坡酒方

남쪽 지방 사람들은 찹쌀과 멥쌀에 풀과 약을 섞어서 떡을 만든다. 떡의 냄새를 맡으면 향기롭고, 씹으면 맵고, 재어 보면 속이 비고 가벼우니, 이것이 떡 중에 좋은 것이다.

南方之氓, 以糯與秔, 雜以卉藥而爲餠. 嗅之香, 嚼之辣, 揣之枵然而輕, 此餠之良者也.

내가 처음에 밀가루를 발효시켜 부풀어 오르게 한 뒤 생강즙을 섞어 쪄서 누룩을 만들었다. 이를 열십(十)자로 가르고 새끼로 꿰어 바람을 쐬면 오래될수록 더욱 성미가 강해지니, 이것이 누룩 가운데 좋은 것이다.

吾始取麪而起肥之, 和之以薑汁, 蒸之使十裂, 繩穿而風戾之, 愈久而益悍, 此麴之精者也.

쌀 50승을 기준으로 삼고 5무더기로 나눈다. 30승을 1무더기로 하고, 5승짜리를 4무더기로 한다. 30승짜리로는 빚고 5승짜리를 넣는다. 이때 3무더기를 넣고는 그치니, 아직 5승짜리 1무더기가 남는다.

米五斗爲率, 而五分之, 爲三斗者一, 爲五升者四. 三斗者以釀, 五升者以投, 三投而止, 尙有五升之贏也.

애초에 4냥의 떡으로 빚고, 매번 3냥의 누룩을

始釀以四兩之餠, 而每投以

---

8 갈포 : 칡섬유로 짠 베.

9 북산주경(北山酒經) : 중국 북송의 문인 주익중(朱翼中, ?~?)이 12세기 초에 지은 술 전문서. 중국 각 지역의 술 제조법이 소개되어 있다.

10 《北山酒經》 卷下 〈武陵桃源酒法〉(《文淵閣四庫全書》 844, 832쪽).

11 《遵生八牋》 卷12 〈飮饌服食牋〉 中 "醞造類" '桃源酒'(《遵生八牋校注》, 457쪽).

넣으면 모두 적은 물로 적셔도 잘 풀리고 고르게 된다. 빚은 것은 반드시 독에 담아 우물 안에 넣어두었더니, 3일이 되자 우물이 넘쳤다. 이것이 내 술의 어린 맛[萌]이다. 이 술의 첫맛은 매우 독하고 약간 쓰다가 3번 넣은 뒤에는 고르게 된다.

三兩之麴, 皆澤以少水, 足以解散而均停也. 釀者必甕按而井泓之, 三日而井溢, 此吾酒之萌也. 酒之始萌也, 甚烈而微苦, 蓋三投而後平也.

일반적으로 떡은 술을 독하게 하고 누룩은 온화하게 하니, 넣을 때는 반드시 자주 맛을 보면서 더하고 뺀다. 이때 혀를 기준으로 삼는다. 넘치고 나면 3일 만에 넣어서 9일 동안 3번 넣는다. 따라서 모두 15일 뒤에 안정된다. 안정되고 나서야 10승의 물을 붓는다. 이때 쓰는 모든 물은 반드시 끓여서 식힌 것이어야 한다. 일반적으로 빚을 때와 넣을 때 반드시 차게 한 뒤에 넣는다. 이것은 염주(炎州)[12]에서 시행되는 주령(酒令)[13]이다. 물을 부은 지 5일이 되어야 용수로 술을 걸러서 35승을 얻으니, 이것이 내 술의 바른 맛[正]이다.

凡餠烈而麴和, 投者必屢嘗而增損之, 以舌爲權衡也. 旣溢之, 三日乃投, 九日三投, 通十有五日而後定. 旣定乃注以斗水, 凡水必熟冷者也. 凡釀與投, 必寒之而後下, 此炎州之令也. 旣水五日乃篘, 得三斗有半, 此吾酒之正也.

술을 거르기 한나절 전에, 남겨둔 5승짜리 쌀 1무더기로 죽을 쑨다. 이때 쌀과 물을 1대 3의 비율로 하고, 떡과 누룩 모두 4냥을 섞어 두 가지를 합친다. 이를 술지게미에 넣고 잘 비벼서 다시 빚었다가 5일 만에 압착하여 15승을 얻으니, 이것이 내 술의 조금 센 맛[勁]이다.

先篘半日, 取所謂贏者爲粥, 米一而水三之, 揉③以餠麴凡四兩, 二物并也. 投之糟中, 熟撋④再釀之, 五日壓得斗有半, 此吾酒之少勁者也.

---

12 염주(炎州) : 중국 남방(南方)의 더운 지역 일대.

13 주령(酒令) : 중국에서 관습적으로 전해지는 주례(酒禮)의 일종으로, 술과 관련된 규칙 혹은 벌주(罰酒)놀이를 말한다.

③ 揉 : 저본에는 "操". 《東坡全集·雜文一十八首·東坡酒經》에 근거하여 수정.

④ 撋 : 저본에는 "潤". 《東坡全集·雜文一十八首·東坡酒經》에 근거하여 수정.

센 술과 앞의 바른 술을 합하면 50승이 된다. 이를 또 5일 만에 마시면 술맛이 조화로우면서도 힘이 있고, 엄하면서도 맹렬하다.

勁、正合爲五斗, 又五日而飮, 則和而力, 嚴而猛也.

용수로 술을 거른 뒤에 바로 이어서 죽을 넣지 않고 조금 두면 술지게미가 마르고 바람을 맞아 술이 상한다. 오래 발효시킨 술은 술맛이 순박하고 풍부하지만, 빨리 발효시킨 술은 이와 반대이므로 나의 술은 30일이 지나야 완성된다. 소식(蘇軾) 《주경(酒經)[14]》[15]

篘不旋踵而粥投之, 少留, 則糟枯中風而酒病也. 釀久者酒淳而豐, 速者反是, 故吾酒三十日而成也. 蘇氏《酒經》

14 주경(酒經) : 중국 북송의 문장가 동파(東坡) 소식(蘇軾, 1037~1101)이 쓴 글. 술을 만드는 방법 및 품평이 실려 있다.

15 《東坡全集》 卷100 〈雜文一十八首〉 "東坡酒經"(《文淵閣四庫全書》 1108, 590쪽).

5. 시양류(時釀類)

【안 시양(時釀)은 계절[時候]의 기운을 빌려서 빚는[釀] 술을 말한다】

時釀類

【案 時釀, 謂假時候之氣而釀之也】

1) 약산춘(藥山春) 빚기(약산춘방)【곧 충숙공(忠肅公) 서성(徐渻)[1]이 빚은 술이다. 충숙공이 약현(藥峴)[2]에 집을 두었기 때문에 '약산춘'이라 했다】

1월 첫 번째 해(亥)가 들어가는 날에 흰쌀 50승을 깨끗이 씻어 물에 담가둔다. 거칠게 빻은 좋은 누룩 5승은 물 5병을 넣어 담가둔다.

다음날 먼저 담가둔 쌀을 가루 낸 뒤, 푹 쪄서 떡을 만든다. 다음에는 담가둔 누룩을 체로 쳐서 찌꺼기를 제거하고 앞에서 누룩 담갔던 물에 새로 길은 물을 섞어서 20병을 만든다. 이를 찐 떡과 고루 섞어 뜨거운 채로 독에 넣는다. 동쪽으로 뻗은 복숭아나무가지로 독 안의 내용물을 저어준다.

이어서 기름종이와 베보자기로 2~3겹 덮어서 헛간[虛廳]에 둔다. 날이 오래되어 간혹 뜬 거품이 생기면 그때그때 거품을 걷어낸다.

2월 그믐께가 되면 쌀 50승을 앞에서 한 것과 같이 깨끗하게 씻고 고두밥을 지어 술독에 더한다. 늦

藥山春方【卽徐忠肅公渻所造. 公家于藥峴, 故名"藥山春"】

正月上亥日, 白米五斗淨洗浸水. 好麴麤擣五升, 以五甁水浸之.

翌日, 先將米作末, 烝熟作餠. 次篩浸麴去滓, 將前浸水幷新汲水, 和合爲二十甁, 調烝餠①, 乘熱入甕. 取東向桃枝, 攪之.

再三覆油紙、布袱, 置虛廳. 日久, 或有浮漚, 每每拯去.

至二月晦間, 五斗米如前淨洗, 烝飯以添. 待春末夏初

---

1 서성(徐渻) : 1558~1631. 조선 중기의 문신. 자는 현기(玄紀), 호는 약봉(藥峯). 서유구의 7대조이다. 선조 때에 문과에 급제하여, 병조좌랑·경기도관찰사·판중추부사 등을 역임했다. 저서로 《약봉집(藥峯集)》이 있다.

2 약현(藥峴) : 서울시 중구 중림동에 있는 고개. 서성의 집이 있던 곳에는 현재 약현성당이 있다.

① 餠 : 저본에는 "飯". 오사카본·《山林經濟·治膳·釀酒》에 근거하여 수정.

사진24 약산춘

1. 쌀가루 빻기

2. 백설기

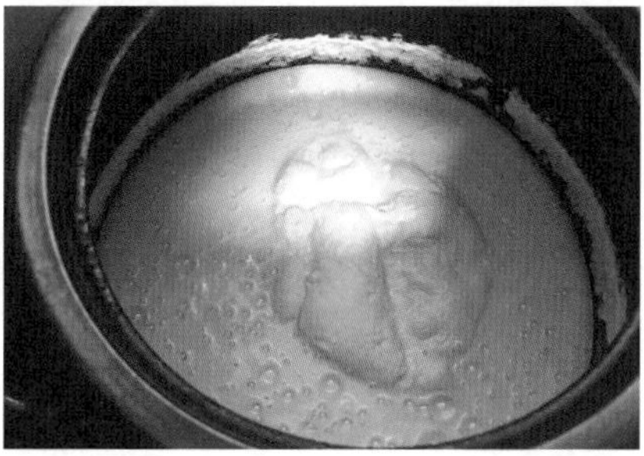

3. 거품 제거하기 전

4. 덧술 합하기 전

5. 덧술 완료

사진25 약산춘 빚기

봄에서 초여름 사이가 되어 밥알이 뜨고 빛깔이 진해진 뒤에 쓰면 맛이 매우 향기롭고 독하다. 떠서 쓸 때에는 절대로 끓이지 않은 물이 들어가지 않도록 해야 한다. 이것은 100승을 빚는 방법이니, 빚으려

間, 蟻浮色濃後用之, 味甚薰烈. 酌用時, 勿令入生水氣. 此乃十斗釀法, 所釀多少, 以此推類.

는 양에 따라 이에 미루어 짐작해서 하면 된다.

1월 첫 번째 해(亥)가 들어가는 날에 혹 날씨가 따뜻하면 떡과 밥을 식혀서 독에 넣고, 혹 날씨가 추우면 그날이 지나서 빚어도 무방하다. 다만 2월 그믐께에 더하여 빚을 때는 이에 비추어 날짜를 물린다. 만약 술을 오래도록 쓰고자 한다면 맑은 부분을 따라서 사기항아리에 담아둔다. 그리고 햇볕이 들지 않는 곳에 묻어두면 여름 3개월을 지나도 맛이 변하지 않는다.

正月上亥，或日暄則餠及飯，候冷入甕；或日寒則過亥日釀之無妨．但添釀視此退日．欲久用則倒清盛入砂缸，埋不見陽處，則雖經三夏，味不變．

다른 방법 : 쌀 10승마다 누룩 0.3승, 밀가루 0.3승에 물 2.5병을 넣어도 맛있는 술이 된다. 혹은 물 3병을 써도 좋다. 쌀 100승을 가지고 빚으려면 40승으로 밑술을 만들고 60승을 더하여 빚는다. 더하여 빚는 쌀은 물에 담갔다가 건져내어 다시 물을 타지 않고 찐다. 이를 시루에 그대로 뒀다가 뜨거운 김이 조금 나가면 밑술을 담은 독에 넣는다. 동쪽으로 뻗은 복숭아나무가지로 밑술과 함께 힘껏 저어준다. 나머지는 위와 같다. 《삼산방》[3]

一云：每一斗，用麴三合、眞麪三合，入水二甁半，亦爲旨酒．或用三甁亦好．欲釀十斗，則以四斗爲本，以六斗添釀，而添釀米浸水拯出，更不調水而烝之，仍置甑中，待熱氣少出，納酒本甕中．以東向桃枝，幷酒本，力攪之．其餘同上．《三山方》

2) 삼해주(三亥酒) 빚기(삼해주방)

三亥酒方

1월 첫 번째 해(亥)가 들어가는 날에 찹쌀 10승을 100번 씻어 가루 낸 뒤, 묽은 죽을 쑨다. 식으면 누룩가루와 밀가루 각 1승씩을 섞어 독에 넣는다.

正月上亥日, 粘米一斗百洗, 作末, 煮稀粥, 待冷. 麴末、眞麪各一升, 調和, 入甕.

2번째 해(亥)가 들어가는 날에 찹쌀과 흰쌀 각 10

次亥日，粘米、白米各一斗

3 출전 확인 안 됨 ;《山林經濟》卷2〈治膳〉下 "釀酒" '藥山春'(《農書》2, 326~327쪽).

승씩을 100번 씻어 가루 낸 뒤, 구멍떡[孔餠]을 만들어 삶아낸다. 식으면 이를 앞에서 빚어놓은 밑술과 섞어 독에 넣는다.

百洗, 作末, 造孔餠, 煮出, 停冷, 和前釀, 納甕.

3번째 해(亥)가 들어가는 날에 흰쌀 50승을 100번 씻어 가루 낸 뒤[4] 떡을 찐다. 식으면 끓인 물 3놋동이를 섞고 식혀서 독에 같이 넣고 3개월이 지나면 쓴다【버들개지[柳絮]가 날릴 때 처음 개봉하여 쓰므로 '유서춘(柳絮春)'이라고도 한다】. 《산림경제보》[5]

三亥日, 白米五斗百洗, 烝餠, 停冷, 熟水三鍮盆, 調冷同入, 過三月用【柳絮飛時, 始開用, 故亦名"柳絮春"】. 《山林經濟補》

또 다른 방법 : 1월 첫 번째 해(亥)가 들어가는 날에 흰쌀 10승을 100번 씻어 가루 낸 뒤, 푹 찐다. 쌀 100승을 가지고 빚고자 하면 누룩가루 5승【쌀 10승마다 누룩가루 0.5승 넣는 것을 기준으로 한다】에 물 3병을 타서 독에 넣고 온도가 적당한 곳에 둔다.

又方 : 正月上亥日, 白米一斗百洗, 作末, 烝熟. 欲釀十斗者, 以麴末五升【每米一斗, 入麴末五合爲率】調水三甁, 納甕, 置冷煖適宜之地.

2번째 해(亥)가 들어가는 날에 흰쌀 70승을 100번 씻어 가루 낸 뒤, 흐물흐물하게 찐다. 이를 앞의

次亥日, 白米七斗百洗, 作末, 爛烝, 與前本調和, 而

사진26 구멍떡 만들기

사진27 구멍떡 삶기

4 가루……뒤 : 원문에 없지만 생략된 과정으로 봤다.

5 《山林經濟》 卷2 〈治膳〉 下 "釀酒" '三亥酒法'(《農書》2, 328~329쪽).

밑술과 잘 섞는다. 이때 쌀 10승마다 물 3병을 기준으로 하므로, 물 21병을 합하여 한곳에서 잘 섞어 독에 넣는다.

每米一斗，以水三瓶爲率，合水二十一瓶，一處調和，入甕.

3번째 해(亥)가 들어가는 날에 찹쌀 20승을 깨끗이 씻어 고두밥을 찐다. 이때는 물을 쓰지 않고 넣는다. 익어서 밥알이 뜨면 술주자에 올려 술을 짠다.

至第三亥日，粘米二斗淨洗，烝飯. 不用水投之，待熟，蟻浮，上槽.

이 술은 성질이 잘 끓어 넘쳐서 반드시 여러 독에 나누어 빚어야 한다. 술이 끓고 나면 하나의 독에 합하여 넣는다. 이 술을 증류하여 노주(露酒)[6]를 만들면 맛이 좋고 독하다. 《증보산림경제》[7]

此酒，性喜沸溢，必分釀諸甕. 沸過，合入一甕. 此酒燒作露酒則美烈. 《增補山林經濟》

3) 춘주(春酒) 빚기(춘주방)

春酒方

춘주 빚는 법 : 누룩을 장만할 때는 깨끗하게 해야 하고, 누룩을 쪼갤 때는 곱게 해야 하며, 누룩을 볕에 쬘 때는 바싹 말려야 한다. 그 방법은 다음과 같다. 1월 그믐에 강물을 많이 길어다 둔다. 대체적인 비율은 10승의 누룩이 쌀 70승을 삭일 때 물 40승을 사용한다. 《제민요술》[8]

作春酒法：治麴欲淨，剉麴欲細，曝麴欲乾. 其法，以正月晦日多收河水. 大率一斗麴殺米七斗，用水四斗. 《齊民要術》

또 좋은 때의 춘주 빚는 법 : 기장쌀을 쓴다. 누룩 10승이 쌀 1석을 삭인다. 차기장쌀은 술을 약하게 하므로 쓰지 않는다. 누룩을 장만할 때에는 반드시 겉과 속, 네 가장자리, 구멍 안을 모두 깨끗이 깎아낸 뒤에 곱게 쪼개어 대추나 밤처럼 만든다.

又上時春酒法：用黍米. 麴一斗殺米一石. 秫米令酒薄，不任事. 治麴必使表裏、四畔、孔內悉皆淨削，然後細剉，令如棗、栗. 曝

6 노주(露酒) : 소주의 이칭. 이슬[露]을 받듯이 술을 얻기 때문에 유래한 명칭이다.

7 《增補山林經濟》卷9〈治膳〉下 "造酒諸法" '三亥酒法'(《農書》4, 161~162쪽).

8 《齊民要術》卷7〈笨麴餅酒〉66 "作春酒法"(《齊民要術校釋》, 505쪽).

사진28 삼해주

사진29 춘주

이 누룩을 햇볕에 쬐어 바싹 말린다. 10승의 누룩에 물 15승을 쓴다. 10월에 서리가 내리고 물이 처음 얼면 그 물을 받아 빚은 술이 좋은 때의 춘주(春酒)가 된다.

使極乾. 一斗麴, 用水一斗五升. 十月霜落初凍, 則收水釀者, 爲上時春酒.

【안 《시경》 "빈풍"에는 "10월에 벼를 거두어 이 춘주를 만드네."[9]라 했다. 이에 대해 《모전(毛傳)》에는 "춘주는 추운 겨울에 빚은 술이다."[10]라 했는데, 곧 이 술을 가리킨다】《제민요술》[11]

【案 《豳詩》"十月穫稻, 爲此春酒". 《傳》"春酒, 凍醪", 卽指此酒】同上②

4) 속미주(粟米酒, 좁쌀술) 빚기(속미주방)

粟米酒方

속미주는 오직 1월에만 만들 수 있고 나머지 달에는 모두 되지 않는다. 분국(笨麴)[12]을 쓰며 신국은 쓰지 않는다. 좁쌀은 모두 술을 빚을 수 있지만 푸른 좁쌀이 가장 좋다. 누룩을 장만하고 쌀을 씻을

粟米酒, 唯正月得作, 餘月悉不成. 用笨麴, 不用神麴. 粟米皆得作酒, 然靑穀米最佳. 治麴, 淘米, 必

9 10월에……만드네 : 《毛詩正義》 卷7 〈國風〉 "豳風"(《十三經注疏整理本》5, 589쪽).
10 춘주는……술이다 : 《毛詩正義》, 위와 같은 곳.
11 《齊民要術》 卷7 〈造神麴餠酒〉 64 "河東神麴方"(《齊民要術校釋》, 496쪽).
12 분국(笨麴) : 거친 누룩. 신국(神麴)과 대비되어 양조의 효율이 훨씬 떨어지는 누룩을 말한다.
② 同上 : 저본에는 "齊民要術". 일반적인 용례에 근거하여 수정.

때는 반드시 곱고 깨끗하게 해야 한다.

須細淨.

1월 1일 해가 뜨기 전에 물을 긷는다. 해가 뜨면 바로 누룩을 햇볕에 말린다. 1월 15일이 되면 누룩을 빻아 가루 낸 뒤, 바로 물에 담근다. 대체적인 비율은 누룩가루 10승을 고봉으로 헤아리고 물 80승으로 좁쌀 1석을 삭인다. 좁쌀은 평미레[13]질을 하여 헤아린다. 독의 크기에 따라 이 비율대로 가득 찰 때까지 더한다.

以正月一日, 日未出前取水. 日出, 卽曬麴. 至正月十五日, 擣麴作末, 卽浸之. 大率麴末一斗, 堆量之, 水八斗, 殺米一石. 米, 平量之. 隨甕大小, 率以此加, 以向滿爲度.

쌀의 양에 따라 모두 네 부분으로 고르게 나누어 처음부터 익을 때까지 4번 밥을 할 따름이다. 미리 쌀을 하룻밤 전에 물에 담가서 불리고 1월 그믐에 날이 저물 무렵 밥을 하여 빚는다. 이때 다만 고두밥을 찔 뿐 다시 뜸들이지는 않는다.

隨米多少, 皆平分爲四分, 從初至熟, 四炊而已. 豫前經宿浸水令液, 以正月晦日向暮炊釀, 正作饙耳, 不爲再餾.

밥이 익으려고 할 때 미리 진흙을 만들어 독 주변에 둔다. 고두밥이 익으면 시루를 들어 밥을 독에 넣고 재빨리 독 안에서 주파(酒杷, 고무래처럼 생긴 술 젓는 도구)로 2~3번 저어준다. 이어서 바로 독아가리를 동이로 덮고 진흙으로 단단히 봉하여 김이 새지 않게 한다. 갈라진 곳이 보이면 다시 진흙으로 봉한다. 7일마다 한 번 덧술을 넣는데, 모두 처음의 방법대로 한다. 4번의 덧술이 끝나고 28일이 되면 술이 익는다.[14]

飯欲熟時, 豫前作泥置甕邊, 饙熟卽擧甑, 就甕下之, 速以酒杷就甕中攪作兩三遍, 卽以盆合甕口, 泥封密, 勿令漏氣. 看有裂處, 更泥封. 七日一酘, 皆如初法. 四酘畢, 四七二十八日酒熟.

이 술은 밤에 빚어야지 대낮에 할 수는 없다. 4번 덧술 넣을 때와 처음 술을 짤 때에는 모두 몸을

此酒要須用夜, 不得白日. 四度酘者及初押酒時, 皆

13 평미레 : 말이나 되에 곡식을 담고 그 위를 평평하게 밀어 고르게 하는 데 쓰는 방망이 모양의 기구.

14 4번의……익는다 : 마지막 고두밥을 넣은지 7일만에 술이 익는다는 뜻이며, 총 28일이 걸린다.

돌려 불빛을 막아 등불의 불빛이 독에 들어가지 않게 한다. 술이 다 익었으면 바로 마실 수 있다. 《제민요술》[15]

迴身映火, 勿使燭明及甕③. 酒熟, 便堪飮. 《齊民要術》

5) 법주(法酒) 빚기(법주방)

法酒方

초맥국(焦麥麴)[16]가루 1석을 볕에 쬐어 말려, 여기에 끓인 물 1석, 기장 1석을 잘 섞어 푹 익힌다. 2월 2일에 물을 길어 바로 미리 물을 끓여두고 그대로 식힌다. 처음 덧술 넣을 때에는 10일째에 1번 덧술을 넣고, 개나 쥐가 접근하지 못하게 한다.

焦麥麴末一石曝令乾, 煎湯一石、黍一石, 合揉, 令甚熟. 以二月二日收水, 卽豫煎湯停之, 令冷. 初酘之時, 十日一酘, 不得使狗、鼠近之.

나중에는 8일이나 6일에 한 번 덧술을 하는데, 짝숫날에는 덧술을 해도 되지만 홀숫날에는 안 된다. 2월 중에 덧술을 충분하게 넣어준다. 항상 미리 물을 끓여두었다가 덧술이 끝나면 물 5승으로 손을 헹구고 독을 헹군다.[17] 덧술 밥의 양은 초맥국의 양에 따라 줄인다. 《제민요술》[18]

後或八日、六日一酘, 會以偶日酘之, 不得隻日. 二月中卽④酘令足. 常豫煎湯停之, 酘畢, 以五升洗手, 蕩甕⑤. 其米多少, 依焦麴殺之. 《齊民要術》

6) 청명주(淸明酒) 빚기(청명주방)

淸明酒方

청명(淸明) 때에 찹쌀 20승을 100번 씻어 3일 동안 물에 담가둔다. 따로 찹쌀 2승을 같은 날 씻어 물

淸明時, 糯米二斗百洗, 浸水三日. 別用糯米二升同日

---

15 《齊民要術》 卷7 〈笨麴餅酒〉 66 "粟米酒法"(《齊民要術校釋》, 513쪽).
16 초맥국(焦麥麴) : 밀을 볶아서 만든 누룩.
17 항상……헹군다 : 손을 헹구고 독 내부의 벽면에 묻은 내용물을 헹군 물은 독 안에 넣어준다.
18 《齊民要術》 卷7 〈法酒〉 67 "法酒方"(《齊民要術校釋》, 526쪽).
③ 甕 : 저본에는 "度". 《齊民要術·法酒·粟米酒法》에 근거하여 수정.
④ 卽 : 저본에는 "節". 《齊民要術·法酒·法酒方》에 근거하여 수정.
⑤ 甕 : 저본에는 없음. 《齊民要術·法酒·法酒方》에 근거하여 보충.

사진30 법주

사진31 청명주

에 담가두었다가 먼저 건져서 가루 낸다. 이를 물 2승과 섞어 묽은 죽을 쑨다. 식으면 여기에 따로 가루 낸 좋은 누룩가루 1승과 밀가루 2승을 넣고 동쪽으로 뻗은 복숭아나무가지로 고루 저어준다.

浸洗, 先盪作末. 和水二升, 煮成淡粥. 候冷, 入良麴另末一升、麥麵[6]二升, 以東桃枝攪均.

3일이 지나서 발효가 되면 체로 지게미를 걸러낸 뒤, 끓이지 않은 물은 절대로 금하고 독에 도로 넣는다. 그제서야 3일 전에 담가두었던 20승의 쌀을 쪄서 뜸을 들여 밥을 짓고 뜨거울 때 독 안에 함께 넣는다. 이를 서늘한 곳에 두는데, 다만 얼 정도의 추위는 막아야 하고, 또 햇볕이 드는 곳도 금한다.

經三日, 待其成酵, 篩過去滓, 禁絕生水, 入甕中. 乃烝二斗米, 饙餾爲飯, 乘熱同入甕中. 置於涼處, 只禦寒凍, 亦禁日光透照.

21일이 지나서 익기 시작하면 맛이 매우 달고 독하다. 비록 더운 여름이라도 만들 수 있으나 그럴 때는 다만 술밥은 식혀서 독에 넣어야 한다. 만일 술 마시기를 즐기는 사람이 그 단맛을 싫어할 경우 비록 봄이라도 술밥을 식힌 뒤에 물 20승을 더해주면 단맛은 오제(五齊)[19]에 가까워지고, 톡 쏘는 맛은 삼

經三七日, 始熟, 味極甘烈. 雖暑月亦可造, 但饙飯, 候冷, 入甕也. 若嗜飮者, 厭其味甘, 則雖春月, 候冷, 增水二斗, 味甘則近齊, 氣烈則近酒也. 此方得

19 오제(五齊) : 탁한 술에서 맑은 술까지 5종류로 구분하는 술의 분류법. 앞의 "총론" 참고.

[6] 麵 : 저본에는 "麴". 《星湖先生僿說·萬物門·五齊三酒》에 근거하여 수정.

주(三酒)[20]에 가까워진다. 이 청명주방은 양계처사(良溪處士)[21]에게 얻었다. 《성호사설(星湖僿說)[22]》[23]

之良溪處士. 《星湖僿說》

7) 삼구주(三九酒)[24] 빚기(삼구주방)

三九酒方

3월 3일에 물 90승, 쌀 90승, 초맥국가루 90승(먼저 볕을 쬐어 말린 것)을 일시에 섞고 잘 주물러서 푹 익힌다. 9일째 1번 덧술을 하고, 5일 뒤에 1번 덧술을 하고, 3일 뒤에 1번 덧술을 한다. 홀숫날에 덧술을 하고, 짝숫날에는 해서는 안 된다. 3월 중에는 덧술을 충분하게 해야 한다. 항상 미리 물을 끓여 독 안에 두고 덧술이 끝나면 바로 5승의 물로 손을 헹구고 독을 헹구어낸 뒤 술독에 붓는다. 《제민요술》[25]

以三月三日, 收水九斗、米九斗、焦麴末九斗(先曝乾之), 一時和之, 揉和令極熟. 九日一酘, 後五日一酘, 後三[7]日一酘. 會以隻日酘, 不得以偶日也. 使三月中卽令酘足. 常豫作湯, 甕中停之, 酘畢, 輒使五升洗手, 蕩甕, 傾於酒甕中也. 《齊民要術》

8) 서미법주(黍米法酒) 빚기(서미법주방)

黍米法酒方

미리 누룩을 쪼개고 볕을 쬐어 바싹 말린다. 3월 3일에 누룩 3근 3냥을 헤아려 물 33승에 담가둔다. 7일이 지나 누룩이 발효되어 작은 거품이 인 뒤에 기장쌀 33승을 깨끗이 인다.

豫剉麴, 曝之令極燥. 三月三日, 秤麴三斤三兩, 取水三斗三升浸麴. 經七日, 麴發, 細泡起, 然後取黍米三斗三升, 淨淘.

---

20 삼주(三酒) : 《주례》 〈천관총재〉 "주정"에서 술의 종류를 3가지로 분류한 것. 앞의 "총론" 참고.

21 양계처사(良溪處士) : 성호 이익(李瀷)의 사촌형제인 이진(李瀗, ?~?)의 호.

22 성호사설(星湖僿說) : 조선 후기의 문인 이익(李瀷, 1681~1763)의 저서. 이익이 독서하다가 느낀 점이나 제자들의 질문에 답한 내용을 집안 조카들이 정리해 편찬한 책이다. 다양한 분야를 망라하고 있으며 30권 30책으로 구성되어 있다.

23 《星湖先生僿說》 卷5 〈萬物門〉 "五齊三酒", 59쪽.

24 삼구주(三九酒) : 3월 3일에 90승씩 물과 쌀과 초맥국가루를 넣어 만들기 때문에 '삼구주'라는 이름이 붙었다.

25 《齊民要術》 卷7 〈法酒〉 67 "三九酒法"(《齊民要術校釋》, 526쪽).

[7] 三 : 저본에는 "二". 《齊民要術·法酒·三九酒法》에 근거하여 수정.

일반적으로 술 빚는 쌀은 모두 매우 깨끗하게 씻고 이는데, 일은 물이 맑아지고서야 그친다. 법주는 더더욱 명심해야 한다. 쌀 이는 것이 깨끗하지 않으면 술이 검어지기 때문이다. 일은 쌀로 2번 뜸을 들여 밥을 짓는다. 고두밥을 펼쳐서 식힌 뒤 누룩즙 안에 넣고 기장밥을 어루만져서 풀어지게 한다. 헝겊을 이중으로 하여 독아가리를 덮는다. 쌀이 모두 삭으면 다시 쌀 45승으로 밥을 지어 덧술을 한다[酘]【안 "酘"는 음이 두(頭)이다. 술을 다시 빚는 것이다】. 덧술을 할 때마다 모두 고두밥을 어루만져서 풀어지게 한다.

凡酒米, 皆欲極淨, 水淸乃止. 法酒尤宜存意, 淘米不得淨則酒黑. 炊作再餾飯. 攤使冷, 著麴汁中, 搦黍令散. 兩重布蓋甕口. 候米消盡, 更炊四斗半米酘之【案 酘, 音頭. 酒再釀也】. 每酘皆搦令散.

3번째 덧술을 할 때는 쌀 60승으로 밥을 짓는다. 이때 이후로는 덧술을 넣을 때마다 밥을 점점 더한다. 독은 크기에 상관없이 가득 차도록 한다. 술맛이 진하고 좋으니, 거르지 않은 술과 합하여 마시고 먹는 것이 좋다. 절반 정도 마시면 다시 밥을 지어 처음처럼 거듭 덧술을 해준다. 그러나 물과 누룩은 넣지 말고 오직 밥만 점점 더하여 도로 독을 채운다. 이렇게 하면 여름이 다하도록 마셔도 술이 떨어지지 않으니, 신기하다고 하겠다. 《제민요술》[26]

第三酘, 炊米六斗. 自此以後, 每酘以漸加米. 甕無大小, 以滿爲限. 酒味醇美, 宜合醅飮食之. 飮半, 更炊米重酘如初, 不著水麴, 唯以漸加米, 還得滿甕. 竟夏飮之, 不能窮盡, 所謂神異矣. 《齊民要術》

9) 당량주(當梁酒) 빚기(당량주방)

當梁酒方

들보 밑에[當梁下] 독을 두므로 '당량(當梁)'이라 한다.

當梁下置甕, 故曰"當梁".

3월 3일 해가 뜨기 전에 물 33승, 말린 누룩가루 33승을 취한다. 기장쌀[黍米] 33승을 2번 뜸을 들여

以三月三日, 日未出時取水三斗三升、乾麴末三斗三升,

26 《齊民要術》卷7〈法酒〉67 "黍米法酒"(《齊民要術校釋》, 525쪽).

기장밥을 지은 뒤[黍]【안 서(黍)는 바로 기장밥을 말한다】, 펼쳐서 매우 차게 식힌다. 물과 누룩과 고두밥이 다 갖추어지면 독에 넣는다. 3월 6일에 쌀 60승으로 밥을 지어 덧술을 한다. 3월 9일 쌀 90승으로 밥을 지어 2차 덧술을 한다.

이후로는 쌀의 양은 두(斗, 10승) 단위로 세지 않고 임의대로 덧술을 하다가 독이 차면 바로 그친다. 만일 술을 떠내려고[取] 하면 단지 '술을 훔친다[偷酒]'고 말하지 '술을 뜬다[取酒]'고 말하지 말라. 가령 1석을 내면 도로 쌀 1석으로 밥을 지어 넣어준다. 그러면 독이 도로 차니, 참으로 신기하다. 술을 빚는 과정에서 나온 쌀겨와 쌀뜨물은 모두 구덩이에 쏟아 부어 개나 쥐가 먹지 못하게 해야 한다. 《제민요술》[27]

炊黍米三斗三升爲再餾黍【案 黍, 卽飯之謂】, 攤使極冷. 水麴黍俱時下之. 三月六日, 炊米六斗酘之. 三月九日, 炊米九斗酘之.

自此以後, 米之多少, 無復斗數, 任意酘之, 滿甕便止. 若欲取者, 但言"偷酒", 勿云"取酒". 假令出一石, 還炊一石米酘之. 甕還復滿, 亦爲神異. 其糠、瀋悉瀉坑中, 勿令狗鼠食之. 《齊民要術》

10) 멥쌀술(갱미주) 빚기(갱미주방)【안 갱(秔)은 갱(粳)과 같다】

秔米酒方【案 秔, 與粳同】

3월 3일에 정화수 33승, 명주체로 친 누룩가루 33승, 멥쌀 33승을 쓴다. 논에서 난 쌀이 좋지만 없으면 밭에서 난 쌀도 쓸 수 있다. 2번 뜸을 들이되, 약한 불로 하고 펼쳐서 약간 식힌다. 먼저 물과 누룩을 넣고 나서 밥을 넣는다.

7일째 다시 덧술을 하는데, 쌀 66승을 쓴다. 14일째 다시 덧술을 하는데, 쌀 1석 32승을 쓴다. 21일째 다시 덧술을 하는데, 쌀 2석 64승을 쓰고서야 그친다. 술 양을 헤아려서 충분하면 바로 그친다.

三月三日, 取井華水三斗三升、絹簁麴末三斗三升、秔米三斗三升. 稻米佳, 無者, 旱稻米亦得充事. 再餾弱炊, 攤令小冷. 先下水麴, 然後酘之.

七日更酘, 用米六斗六升. 二七日更酘, 用米一石三斗二升. 三七日更酘, 用米二石六斗四升乃止. 量酒備

27 《齊民要術》卷7〈法酒〉67 "作當梁法酒"(《齊民要術校釋》, 525쪽).

사진32 당량주

사진33 멥쌀술1

사진34 멥쌀술2

거르지 않고 마시는 경우는 다시 진흙으로 술독을 봉하지 않는다. 맑게 할 경우는 동이로 꼭 덮고 진흙을 바른다. 7일이 지나면 바로 아주 맑게 가라앉는다. 맑은 것을 떠낸 후에 짠다. 《제민요술》[28]

足, 便止. 合醅飮者, 不復封泥. 令淸者, 以盆密蓋, 泥封之. 經七日, 便極淸澄. 接取淸者, 然後押之. 《齊民要術》

11) 12월에 빚는 술(납주) 빚기(납주방)

臘酒方

찹쌀 2석, 물과 술밑 200근 남짓, 백국 40근 남짓, 쉰밥 20승 또는 쌀 20승을 발효시킨 것을 써서 빚으면 그 맛이 진하고 맵다. 12월중에 빚어 끓일 때는 성긴 대바구니 2개에 술병을 담아 이를 번갈아 가며 끓는 물에 넣었다가 술이 끓는 물처럼 끓어오르면 꺼낸다. 《준생팔전》[29]

用糯米二石、水與酵二百斤足稱、白麴四十斤足秤、酸飯二斗或用米二斗起酵, 其味濃而辣. 正臘中造煮時, 大眼籃二箇, 輪置酒甁在湯內, 與湯齊滾, 取出. 《遵生八牋》

28 《齊民要術》 卷7 〈法酒〉 67 "杭米法酒"(《齊民要術校釋》, 525~526쪽).
29 《遵生八牋》 卷12 〈飮饌服食牋〉 中 "醞造類" '臘酒'(《遵生八牋校注》, 458쪽).

12) 7월 7일에 빚는 술(칠석주) 빚기(칠석주방)

七夕酒方

7월 7일에 법주 만들기 : 1석의 누룩으로 구병(糗餠)[30]을 만든다. 대나무를 엮어 독에 넣고 대나무 위에 구병을 벌여놓은 다음 독뚜껑을 진흙으로 밀봉한다. 14일이 지나면 구병을 꺼내 햇볕에 쬐어 말리고 도로 독 안에 넣는다. 1석의 쌀로 총 3석의 술을 얻는다. 《식경》[31]

七月七日作法酒[8]方：一石麴作糗餠. 編竹甕下, 羅餠竹上, 密泥甕頭. 二七日出餠, 曝令燥, 還內甕中. 一石米, 合得三石酒也. 《食經》

13) 분국상락주(笨麴桑落酒) 빚기(분국상락주방)

笨麴桑落酒方

앞서 깨끗이 깎아 놓은 누룩을 미리 곱게 쪼개고 햇볕에 쬐어 말린다. 양지(釀池)[32]를 만들어서 잎을 뗀 기장짚[藁]으로 독을 싼다. 독을 싸주지 않으면 술이 달고, 잎이 붙은 기장짚[穰]을 쓰면 너무 뜨거워진다. 기장쌀은 매우 깨끗하게 일어야 한다. 9월 9일 해가 뜨기 전에 물 90승에 누룩 90승을 담근다. 그날 바로 기장쌀 90승으로 밥을 짓는다[饋]【안 '饋'는 음이 퇴(頹)이다. 본래는 떡이름이지만 여기서 말한 것은 대개 술밥을 지칭한다】.

술밥을 빈 독 안에 넣고 솥에서 물을 끓여 뜨거운 채로 부어주는데, 술밥 위로 물이 0.1척 남짓 올라오면 바로 그친다. 동이로 독대가리를 덮고 한참이 지나서 물이 다 술밥에 흡수되면 술밥이 익어 매우 부드러워진다. 그런 뒤에 자리 위에 쏟아낸 다음

豫前淨剗麴, 細剉, 曝乾. 作釀池, 以藁茹甕, 不茹甕則酒甜, 用穰則大熱. 黍米淘須極淨. 九月九日, 日未出前, 收水九斗浸麴九斗. 當日卽炊米九斗爲饋【案 饋, 音頹. 本餠餌之名, 此所云者, 蓋指釀酒飯也】.

下饋著空甕中, 以釜內炊湯及熱沃之, 令饋上著水深一寸餘便止. 以盆合頭, 良久水盡, 饋熟極軟, 瀉著席上, 攤之令冷. 挹取麴

---

30 구병(糗餠) : 볶은 쌀가루로 만든 떡.

31 출전 확인 안 됨 ; 《齊民要術》 卷7 〈法酒〉 67 "食經七月七日作法酒方"(《齊民要術校釋》, 526쪽).

32 양지(釀池) : 술독을 보관할 수 있도록 땅을 파서 만든 구덩이.

[8] 法酒 : 저본에는 "酒法". 《齊民要術·法酒·食經七月七日作法酒方》에 근거하여 수정.

펼쳐 식힌다. 누룩즙을 떠놓고 술밥이 든 독 안에서 술밥덩어리를 어루만져 깨트린 뒤, 떠놓은 누룩즙을 독 안에 붓고 다시 주파로 저어준다. 덧술을 할 때마다 모두 그렇게 한다. 독아가리를 헝겊 두 겹으로 덮어준다.

汁, 於甕中搦塊令破, 瀉甕中, 復以酒杷攪之. 每酘皆然. 兩重布蓋甕口.

7일이 되어 1번 덧술을 한다. 덧술을 할 때마다 모두 기장쌀 90승을 쓴다. 독의 크기에 따라 가득 채울 때까지 한다. 가령 6번 덧술을 넣으면 앞의 3번은 넣을 때 모두 물에 담근 술밥을 쓰고, 뒤의 3번은 넣을 때 2번 뜸을 들인 술밥을 쓴다. 7번 넣는 경우에는 4번은 물에 담근 술밥을 쓰고, 3번은 2번 뜸을 들인 밥을 쓴다. 독을 채워 잘 익힌 뒤에 짜낸다. 술은 향기롭고 맛이 좋으며 기운이 세서 보통의 술보다 2배는 낫다. 《제민요술》[33]

七日一酘, 每酘皆用米九斗. 隨甕大小, 以滿爲限. 假令六酘, 半前三酘, 皆用沃饋; 半後三酘, 作再餾黍. 其七酘者, 四炊沃饋, 三炊黍飯. 甕滿好熟, 然後押出. 香美勢力, 倍勝常酒. 《齊民要術》

14) 동미명주(冬米明酒) 빚기(동미명주방)

冬米明酒方

9월에 청도미(淸稻米)[34] 1두를 물에 담근 다음 찧어서 곱게 가루 낸 뒤, 끓인 물 1석을 붓는다. 여기에 누룩 1근을 가루 내어 넣고 저어서 섞어준다. 3일이면 매우 시어진다. 술 빚을 쌀 20승을 여기에 합하여 밥을 짓는다. 냄새가 코를 자극할 정도가 되면 곧 잘 발효가 된 것이므로 휘저어둔다. 네모난 누룩 15근으로 덧술을 하되 쌀 30승, 물 40승을 합하고 섞어 빚는다. 《제민요술》[35]

九月漬淸稻米一斗, 擣令細末, 沸湯一石澆之. 麴一斤末, 攪和, 三日極酢. 合二斗釀米炊之, 氣刺人鼻, 便爲大發, 攪成. 用方麴十五斤酘之, 米三斗、水四斗, 合和釀之. 《齊民要術》

33 《齊民要術》卷7 〈笨麴餅酒〉 66 "笨麴桑落酒法"(《齊民要術校釋》, 510~511쪽).

34 청도미(淸稻米) : 좋은 멥쌀로 추정된다.

35 《齊民要術》卷7 〈笨麴餅酒〉 66 "冬米明酒法"(《齊民要術校釋》, 519쪽).

6. 향양류(香釀類)

【안 향양(香釀)이란 꽃잎 및 일체의 향료를 빌어 빚는 술을 말한다】

香釀類

【案 香釀, 謂假花葉及一切香料而釀成也】

1) 도화주(桃花酒) 빚기(도화주방)

1월에 곱게 찧은 멥쌀 25승을 100번 씻어 가루 낸다. 흐르는 물 25승을 팔팔 끓여 고루 섞는다. 식으면 여기에 누룩가루와 밀가루 각 1승을 섞어 독에 넣는다.

복숭아꽃이 무성한 계절이 되면 다시 멥쌀과 찹쌀 각 30승을 씻고 물에 담가 하룻밤 두었다가 합하여 찐다. 여기에 흐르는 물 60승을 팔팔 끓여 식힌 뒤에 고루 섞어준다. 또 밥이 식으면 복숭아꽃 2승을 먼저 독바닥에 넣고 앞에서 빚은 술을 섞어 넣는다. 복숭아꽃이 달린 가지 2~3개를 그 가운데에 꽂아둔다. 익으면 술주자에 올려 술을 짠다.

【다른 방법에서는 "처음 빚을 때 물 5승을 줄이고 덧술을 빚을 때도 물 3~4승을 줄이면 맛이 더욱 좋다. 늘 차가운 곳에 두고 익기를 기다린다."라 했다】《문견방》[1]

桃花酒方

元月將精鑿粳米二斗五升百洗, 作末. 活水二斗五升湯沸, 和均. 候冷, 調麴末、眞麪各一升, 入甕.

待桃花盛開, 復以粳米、糯米各三斗, 洗浸經宿, 合烝. 活水六斗湯沸, 候冷, 均調. 又待飯冷, 取桃花二升, 先納甕底, 幷前釀和入. 桃花二三枝揷其中. 待熟, 上槽.

【一云:"初釀減水五升, 合釀減三四升, 味尤佳. 常置寒冷處, 待熟."】《聞見方》

2) 송로양(松露釀) 빚기(송로양방)

찹쌀 50승을 곱게 가루 낸다. 송화(松花) 5승, 끓

松露釀方

粘米五斗細末, 用松花五

1 출전 확인 안 됨 ;《山林經濟》卷2〈治膳〉下 "釀酒" '桃花酒'(《農書》2, 330쪽).

사진35 도화주 빚기

사진36 도화주

사진37 송화주

인 물 30승을, 쌀가루 내고 남은 찌꺼기는 제거한 고운 쌀가루와 섞어서 죽이 되도록 한다. 여기에 누룩가루 7승을 섞어서 술을 빚는다.

升、煎水三斗, 去滓, 和作粥. 麴末七升和釀.

5일이 되면 흰쌀 100승을 푹 찐다. 이를 송화 10승, 끓인 물 50승, 누룩 3승과 밑술을 아울러 빚는다. 27일이 되면 쓴다. 《산림경제보》[2]

五日白米十斗熟烝. 松花一斗、煎水五斗、麴三升, 竝釀. 二十七日用之. 《山林經濟補》

3) 송화주(松花酒) 빚기(송화주방)

松花酒方

3월에 쥐꼬리 같은 모양의 송화를 따서 1승을 곱게 꺾어 명주주머니에 담는다. 백주(白酒)를 빚어 술이 익을 때에 주머니를 술 가운데에 넣고 술독을 우물 안에 3일간 담가두었다가 꺼낸다. 술을 걸러 마시면 그 맛이 맑고 향기로우며 감미롭다. 《준생팔전》[3]

三月取松花如鼠尾者, 細剉[1]一升, 用絹盛之. 造白酒, 熟時, 投帒于酒中心, 井內浸三日取出. 漉酒飮之, 其味淸香甘美. 《遵生八牋》

---

2 출전 확인 안 됨.

3 《遵生八牋》卷12 〈飮饌服食牋〉 中 "醞造類" '松花酒'(《遵生八牋校注》, 461쪽).

[1] 剉 : 저본에는 "挫". 《遵生八牋·飮饌服食牋·醞造類》에 근거하여 수정.

4) 송순주(松筍酒) 빚기(송순주방)

소나무새순[松筍]을 많이 따서 독 안에 담고 끓는 물을 가득 채운다. 며칠 뒤에 소나무새순을 걸러내고 독 안의 물을 깨끗한 동이에 쏟아낸 다음 찌꺼기를 체로 걸러내고 도로 독 안에 넣는다.

찹쌀 10승을 푹 쪄서 누룩가루 1승과 섞어 독 안의 물로 빚는다. 독아가리를 봉하고 15일 뒤에 쓰면 그 맛이 매우 독하고 오래 두어도 변하지 않는다. 《음선요람》[4]

松筍酒方

松筍多數折取, 盛甕中, 滾湯注滿. 數日後, 漉去松筍, 傾出甕內水於淨盆, 以篩去滓, 還入甕中.

粘米一斗烝熟, 麴末一升和合, 用甕內水釀之. 封甕口, 十五日後用之, 其味甚烈, 經久不變. 《飮饍要覽》

1. 소나무새순을 독 안에 담고 끓인 물을 채워 며칠 후 물을 걸러 독에 다시 담는다

2. 찐 찹쌀을 누룩가루와 섞는다

3. 누룩가루와 섞은 찐 찹쌀을 독 안의 물로 빚는다

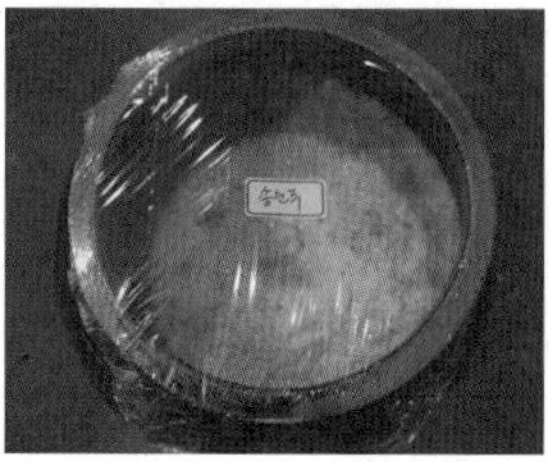

4. 15일 뒤에 쓴다

송순

사진38 송순주 빚기

4 출전 확인 안 됨 ; 《山林經濟》 卷3 〈救荒〉 "松笋酒法"(《農書》2, 609쪽).

5) 죽엽청(竹葉淸) 빚기(죽엽청방)

竹葉淸方

댓잎[竹葉] 60근을 썰어 물 4석을 섞고 삶아 맑은 즙을 취한다. 흰쌀 50승을 흐물흐물하게 찐다. 여기에 누룩가루 적당량을 섞어 빚은 뒤 맑아지면 술주자에서 짠다. 떨어지는 술방울은【이 자리에 글자가 빠져 있다】진주처럼 붉은 빛을 띤다. 일체의 풍사(風邪)[5]를 치료한다. 《삼산방》[6]

竹葉剉六十斤, 和水四石煮, 取淸, 白米五斗爛烝. 麴末斟酌和釀, 待淸, 壓槽. 所滴【缺】眞珠紅, 治一切風邪. 《三山方》

6) 하엽청(荷葉淸) 빚기(하엽청방)

荷葉淸方

흰쌀을 100번 씻고 물에 담가 하룻밤 두었다가 푹 찐다. 또 다음 날 쌀 10승마다 누룩가루 0.7승, 끓인 물 2병을 넣는다. 밥과 물은 각기 다른 그릇에서 식힌 뒤에 섞어준다. 먼저 독바닥에 연잎(하엽)을 깔고, 다음에는 밥과 누룩을 층층이 사이를 띄워가며 깐다. 이때 끓이지 않은 물은 절대로 금한다.

白米百洗, 浸經宿, 烝熟. 又明日計每斗, 入麴末七合、熟水二甁. 飯與水, 各器停冷, 和合. 先鋪蓮葉於甕底, 次鋪飯麴, 層層隔鋪. 切忌生水.

날이 더우면 혹 맛이 시어지므로 반드시 서리내리기 전 연잎이 아직 마르지 않았을 때 빚는다. 그래야 향기와 맛이 뛰어나고, 비록 봄과 여름이 지나도 변하지 않는다. 항아리를 기울여 다 쓴 뒤에는 좋은 술을 대신 넣으면 맛과 향이 전과 같다. 《사시찬요보》[7]

日熱, 或味酸, 須趁霜前, 葉未枯時釀, 香味異常, 雖過春夏不變. 傾缸取用後, 以好酒替入, 則味香依舊. 《四時纂要補》

7) 연엽양(蓮葉釀) 빚기(연엽양방)【일명 '천상황예(天上皇醴, 옥황상제의 술)'이다】

蓮葉釀方【一名"天上皇醴"】

흰쌀을 곱게 가루 낸 뒤, 푹 찐다. 찐 쌀가루를

白米細末, 熟烝. 和麴屑,

---

5 풍사(風邪) : 몸안에 들어와서 질병의 원인이 되는 바람[風] 및 그로 인한 병증.

6 출전 확인 안 됨.

7 출전 확인 안 됨.

사진39 하엽청

사진40 연밭이 아닌 항아리에서 발효 중인 연엽양

1. 찐 쌀가루를 누룩부스러기와 섞어 반죽한다

2. 반죽을 주먹만 한 덩어리로 만들어 연잎에 담는다

3. 연잎을 부드러운 끈으로 싸서 묶는다(줄기를 자른 것은 촬영의 편의를 위한 것일 뿐, 실제로는 자르지 않는다)

4. 연밭의 연잎 가에 나뭇가지 4개를 박아 연꽃줄기를 지탱한다

사진41 연엽양 만드는 과정

누룩부스러기와 섞어 반죽하여 주먹이나 박크기로 덩어리를 만든다. 이를 늪에 있는 연잎[蓮葉]에 담고 부드러운 끈으로 싸서 묶은 뒤, 그 연잎 가에 단단한 나뭇가지 4개를 박아 연꽃줄기를 지탱해준다. 7

按摩作團, 如拳如瓠. 盛于沼中蓮葉, 用柔繩結裹, 植勁木四枝于傍, 以扶蓮莖. 七日開飮.《三山方》

일이면 개봉하여 마신다. 《삼산방》[8]

다른 방법 : 찹쌀 1승으로 밥을 지어 흰누룩가루 조금과 섞는다. 이때 끓인 물을 뿌려가며 버무린다. 식으면 자라고 있는 연잎 위에 싸서 빚는다. 《증보산림경제》[9]

一方：粘米一升作飯, 和白麴末少許, 熟水灑調. 候冷, 就荷葉上包釀之. 《增補山林經濟》

8) 영주(酃酒)[10] 빚기(영주방)

酃酒方

9월 중에 찹쌀 1석 60승으로 밥을 짓는다. 물 1석에 누룩 7근을 하룻밤 담가둔다. 밥을 지어 식힌 다음 누룩즙에 넣는다. 연잎이나 댓잎을 많이 써서 독을 덮어주어 술이 향기롭게 한다. 잎이 마르면 다시 바꾸어준다. 《제민요술》[11]

九月中, 取秫米一石六斗炊作飯. 以水一石, 宿漬麴七斤. 炊飯令冷, 酘麴汁中. 覆甕多用荷、箬, 令酒香. 燥復易之. 《齊民要術》

9) 국화주(菊花酒) 빚기(국화주방)

菊花酒方

【안 이 술과 《보양지》 〈복식(服食)〉 "약이(藥餌)"편의 국화주는 다르다. 이 술은 함께 넣는 다른 약미가 없으니, 국화의 향기만을 취할 뿐이다】

【案 與此, 《服餌》菊花酒不同. 無他藥料伴入者, 但取其香耳】

10월에 감국화를 따서 꼭지를 제거하고 꽃만 2근을 취한다. 깨끗한 꽃을 가려 밑술에 넣고 고루 뒤섞는다. 다음으로 술을 일찍 짜주면 맛이 향기롭고 맑으며 독하다.

十月, 採甘菊花去蒂, 只取花二斤, 擇淨入醅內, 攪均. 次早榨則味香清冽.

---

8 출전 확인 안 됨.

9 《增補山林經濟》 卷9 〈治膳〉 下 "造酒諸法" '蓮葉酒法'(《農書》4, 163쪽).

10 영주(酃酒) : 중국 호남성 형양시(衡陽市)에 있는 영호(酃湖)의 물로 빚은 술.

11 《齊民要術》 卷7 〈笨麴餅酒〉 66 "作酃酒法"(《齊民要術校釋》, 520쪽).

사진42 영주

사진43 국화주

사진44 만전향주

일반적으로 계수나무꽃, 난초꽃, 장미꽃과 같은 모든 일체의 향기로운 꽃은 모두 이와 같은 방식으로 술을 빚을 수 있다. 《준생팔전》[12]

凡一切有香之花, 如桂花、蘭花、薔薇, 皆可倣此爲之.《遵生八牋》

10) 만전향주(滿殿香酒) 빚기(만전향주방)

흰밀가루【100근】, 찹쌀가루【5근】, 목향(木香)[13]【0.5냥】, 백출【10냥】, 백단(白檀)[14]【5냥】, 참외【향긋하게 익은 100개를 껍질과 씨를 제거하고 즙을 짠 것】, 축사·감초·곽향(藿香)[15]【각 5냥】, 백지·정향·광령령향(廣苓苓香)[16]【각 2.5냥】, 연꽃【200송이에서 꼭지를 제거하고 즙을 짠 것】.

滿殿香酒方

白麪【一百斤】、糯米粉【五斤】、木香【半兩】、白朮【十兩】、白檀【五兩】、甛瓜【一百箇香熟, 去皮子, 取汁】、縮砂·甘草·藿香【各五兩】、白芷·丁香·廣苓苓香【各二兩半】、蓮花【二百朶去蒂, 取汁】.

---

12 《遵生八牋》卷12〈飮饌服食牋〉中 "醞造類" '菊花酒'(《遵生八牋校注》, 461쪽).
13 목향(木香) : 국화과의 여러해살이풀. 뿌리는 곽란·심복통·이뇨 따위의 약미로 쓴다.
14 백단(白檀) : 단향과의 상록 활엽 교목. 향료·약품·세공물 따위에 쓰인다.
15 곽향(藿香) : 꿀풀과의 여러해살이풀. 감기·소화 장애·구토·설사 따위의 약미로 쓴다.
16 광령령향(廣苓苓香) : 콩과의 여러해살이풀. 영향초(靈香草) 또는 영릉향(零陵香)이라고도 한다.

위의 9가지 약미[17]를 맷돌로 곱게 가루 낸 뒤, 밀가루 안에 넣고 연꽃즙과 참외즙에 고루 섞은 다음 밟아서 납작한 조각을 만든다. 이를 종이주머니에 담아 바람이 잘 통하는 곳에 걸어두고 49일이면 쓸 수 있다. 찹쌀 10승마다 누룩 1근을 쓴다. 여름에는 독을 덮어두고 겨울에는 약간 발효되면 찹쌀로 묽은 죽 1사발을 쑤어 따뜻할 때 넣는데, 이를 '단것을 더한다[搭甜, 탑첨]'라 한다. 《거가필용》[18]

右件九味碾爲細末，入麪粉內，用蓮花、瓜汁和均，踏作片. 紙袋盛，掛通風處，七七日可用. 每米一斗，用麴一斤. 夏月閉甕，冬月待微發，作糯米稀粥一椀，溫時投之，謂之"搭甜". 《居家必用》

11) 밀온투병향(蜜醞透甁香) 빚기(밀온투병향방)

蜜醞透甁香方

꿀 2.5근을 물 10승에 뭉근한 불로 달여 팔팔 끓으면 닭의 깃으로 거품을 걷어 낸 뒤 거품이 다할 때까지 다시 달인다. 관계·후추·양강(良薑)[19]·홍두·축사인을 각각 등분하여 맷돌로 곱게 가루 낸다.

用蜜二斤半，以水一斗，慢火熬及百沸，雞翎掠去沫，再熬，沫盡爲度. 官桂、胡椒、良薑、紅豆、縮砂仁已上各等分，碾細爲末.

이상의 재료 중에서 달인 꿀물은 사계절의 상황에 따라 알맞게 넣는다. 먼저 앞의 약미가루 0.8냥을 넣고, 다음에는 말린 누룩가루 4냥을 넣고, 나중에는 꿀물을 넣는다. 기름종이로 봉하고 댓잎으로 7겹을 밀봉한다. 겨울에는 20일, 봄가을에는 10일, 여름에는 7일이면 익는다. 《거가필용》[20]

右將熬下蜜水，依四時下之. 先下前藥末八錢，次下乾麴末四兩，後下蜜水. 用油紙封，箬葉七重密封. 冬二十日，春秋十日，夏七日熟. 《居家必用》

17 9가지 약미 : 목향·백출·백단·축사·감초·곽향·백지·정향·광령령향.

18 《居家必用》己集 〈酒麴類〉 "滿殿香酒麴方"(《居家必用事類全集》, 240~241쪽).

19 양강(良薑) : 생강과의 식물로, 뿌리를 쓴다. 구토·설사·위염 등의 증상에 효과가 있다.

20 《居家必用》己集 〈酒麴類〉 "蜜醞透甁香"(《居家必用事類全集》, 241쪽).

12) 밀주(蜜酒, 꿀술) 빚기(밀주방)

꿀 4승, 술 9승을 같이 끓여 거품을 걷어낸다. 여름에는 매우 차게, 겨울에는 조금 따뜻하게 하여 누룩부스러기 4냥, 백효(白酵)[21] 1냥, 콩만 한 용뇌(龍腦)[22]를 넣는다. 큰 종이 7겹을 덮어 밀봉한 뒤 매일 종이 1겹씩 제거하여 7일이 되면 술이 된다. 땅기운을 가까이 해서는 안 된다. 겨울에는 불을 써서 따뜻하게 해야지 거품이 얼도록 해서는 안 된다. 그러면 맛이 달고 부드러워진다. 《구선신은서》[23]

蜜酒方

蜜四升、酒九升, 同煮, 掠去沫. 夏月極冷, 冬月少溫, 入麴屑四兩、白酵一兩、龍腦豆. 大紙七重掩[2]之, 日去紙一層, 七日酒成. 勿近地氣. 冬月須用火溫, 勿令凍沫, 味甘軟. 《臞仙神隱書》

13) 술에 꽃향기 들이는 법(화향입주법)

감국이 흐드러지게 필 때 좋은 것으로 골라 따서 햇볕에 말린다. 독에 술 10승을 담고, 국화 2냥을 생명주주머니에 담아 술 표면 위에서 손가락 1개 길이쯤 떨어지게 매달아둔다. 독아가리를 밀봉하였다

花香入酒法

甘菊盛開時, 揀摘曬乾. 用甕盛酒一斗, 以菊二兩盛生絹帒, 懸於酒面上, 約離一指高, 密封缸口, 經宿去

사진45 밀온투병향

사진46 화향입주법

---

21 백효(白酵) : 기존에 완성된 술의 하얀 침전물. 밑술의 용도로 사용함.

22 용뇌(龍腦) : 용뇌수(龍腦樹)에서 채취하는 무색투명한 판상 결정의 향료. 용뇌향(龍腦香)이라고도 한다.

23 출전 확인 안 됨 ; 《山林經濟》 卷2 〈治膳〉 下 "釀酒" '蜜酒'(《農書》2, 340쪽).

[2] 掩 : 저본에는 "捲". 《山林經濟·治膳·釀酒》에 근거하여 수정.

가 하룻밤 지나면 주머니를 치운다. 술맛에 국화향이 배면 납매(蠟梅)[24]의 향기와 같다.

帒. 酒味有菊香, 如蠟梅木香.

일체의 향이 있는 꽃은 이 방법대로 한다. 대개 술의 성질은 차의 성질과 같아서 모든 향기를 좇아가서 저절로 변할 수 있다.《구선신은서》[25]

一切有香之花, 依此法爲之. 蓋酒性與茶性同, 能逐諸香而自變.《臞仙神隱書》

유자는 껍질을 벗겨 잘게 썰고 주머니에 담는다. 위의 방법과 같이 술 위에 매달아 둔다【만약 껍질을 술 속에 넣으면 오래지 않아 술이 시게 되어 맛을 버린다】.《증보산림경제》[26]

柚子剝皮剉切, 盛帒, 懸酒上, 如上法【若取皮投入酒中, 則未久令酒酸壞】.《增補山林經濟》

24 납매(蠟梅) : 섣달에 피는 매화나무와 비슷한 종.《임원경제지·예원지(藝畹志)》 권2 "꽃류" '납매'에 자세히 보인다.

25 출전 확인 안 됨 ;《山林經濟》卷2〈治膳〉下 "釀酒" '花香入酒方'(《農書》2, 340~341쪽).

26《增補山林經濟》卷9〈治膳〉下 "造酒諸法" '花香入酒方'(《農書》4, 183쪽).

7. 과라양류(菓蓏釀類, 과실주)

【안 과라양(菓蓏釀)은 나무열매나 풀열매로 빚는 술을 말한다】

菓蓏釀類

【案 菓蓏釀, 謂以菓、蓏釀酒也】

1) 잣술(송자주) 빚기(송자주방)

빚는 방법은 향온(香醞)[1]과 같지만 껍질을 제거한 잣 2승과 원래 넣는 누룩가루 10승을 함께 흐물흐물하게 찧어 술밑[酒本]에 넣고 섞어서 빚는다. 《문견방》[2]

잣 1승을 물에 담가 하룻밤 두었다가 깨끗이 씻고 갈아서 질게 한다. 물 11승으로 달여서 물이 10승으로 줄면 찌꺼기를 제거한다. 흰쌀 10승을 100번 씻어 곱게 가루 낸 뒤, 잣 달인 물과 섞어 독에 넣는다.

10일 뒤에 마시면 사람의 온갖 병을 물리친다.

【이 방법에는 '석임·누룩가루·섞어서 빚는다'는 표현이 없으므로 아마 빠지고 잘못된 것이 있는 듯하다】《증보산림경제》[3]

松子酒方

釀法如香醞, 而海松子去殼皮二升, 與原入麴末一斗, 同擣爛, 入酒本和釀. 《聞見方》

海松子仁一升浸水經宿, 淨洗磨成泥. 用水一斗一升煎, 至斗, 去滓. 白米一斗百洗, 細末, 和松子煎水, 納甕.

十日後飮之, 袪人百病.

【此方無"腐本、麴末、和釀"之文, 疑有闕誤】《增補山林經濟》

---

1 향온(香醞) : 앞에 나온 이류(酏類)의 "향온주" 참조.

2 출전 확인 안 됨 ; 《山林經濟》 卷2 〈治膳〉 下 "釀酒" '柏子酒釀法'(《農書》2, 329쪽).

3 《增補山林經濟》 卷9 〈治膳〉 下 "造酒諸法" '柏子酒法'(《農書》4, 181~182쪽).

사진47 잣술

사진48 도토리술

2) 호두술(핵도주) 빚기(핵도주방)

빚는 방법은 잣술과 같다. 《문견방》[4]

核①桃酒方

釀法同松子酒.《聞見方》

3) 도토리술(상실주) 빚기(상실주방)

도토리(흐물흐물하게 쪄서 쓰고 떫은 맛은 빠지고 단맛이 날 때까지 물에 담근 것) 30승, 흰쌀 5승, 누룩 7승을 준비한다. 흰쌀을 흐물흐물하게 찐 뒤 도토리와 누룩을 합하고 빚어 익기를 기다린다. 기장쌀 10승으로 죽을 쑤고 누룩 2승을 섞어 여기에 붓고 맑게 가라앉으면 떠낸다. 《삼산방》[5]

橡實酒方

橡實(爛烝, 浸水, 以味甘爲度)三斗、白米五升、麴七升. 烝爛, 合釀, 待熟. 黍米一斗作粥, 麴二升, 和注澄淸.《三山方》

4) 아가위술(산사주, 山査酒) 빚기(산사주방)

아가위[山査]가 익을 때 좋은 열매를 골라서 쪼개고 벌레를 제거한다. 이를 깨끗이 씻고 널어 말린 뒤 찧어서 반 정도 부순다. 항아리마다 아가위열매 30승씩 넣고 그때마다 기장쌀 약간씩을 알맞게 넣어

山査酒方

山査熟時, 擇擘去蟲. 洗淨控乾, 擣半碎. 每缸, 用三斗, 隨添黍米少許亦可. 以甑烝半熟, 取出攤冷, 入大

---

4 출전 확인 안 됨 ;《山林經濟》卷2〈治膳〉下 "釀酒" '胡桃酒釀法'(《農書》2, 329쪽).

5 출전 확인 안 됨.

① 核 :《山林經濟·治膳·釀酒》에는 "胡".

도 좋다. 시루에 아가위열매를 쪄서 반 정도 익은 뒤 꺼내고 펼쳐서 식힌다. 여기에 큰 누룩 0.5덩어리, 소주 1근을 넣고 일반적인 방법대로 섞어준다. 그 맛이 달고 담박하며 사람을 취하지 않게 하고, 식적(食積)[6]을 매우 잘 삭여준다. 《군방보》[7]

麴半塊、燒酒一斤, 拌如常法. 其味甘淡, 不醉人, 極消食積.《群芳譜》

5) 포도주(葡萄酒) 빚기(포도주방)

葡萄酒方

포도주는 2가지 종류가 있는데, 증류주가 있고 빚은 술이 있다.

葡萄酒有二樣, 有燒酒, 有釀酒.

빚는 방법 : 포도즙과 큰 누룩을 같이 취하여 일반적으로 찹쌀밥으로 빚는 방법과 같이 한다. 포도즙이 없으면 건포도가루를 써도 좋다. 위(魏)나라 문제(文帝)[8]가 말한 "포도로 술을 빚으면 누룩과 쌀로 빚은 술보다 달며, 취하더라도 쉽게 깬다."[9]는 것이다.

釀法 : 取葡萄汁同大麴, 如常釀糯米飯法. 無汁, 用乾葡萄末亦可. 魏文帝所謂"葡萄釀酒, 甘於麴米, 醉而易醒."者也.

혹자는 "포도를 오래 저장해도 저절로 술이 되어 향기롭고 달며 매우 독하다."라고 하니, 이것이 진정한 포도주이다. 《본초강목》[10]

或云"葡萄久貯, 亦自成酒, 芳甘酷烈", 此眞葡萄酒也.《本草綱目》

빚는 방법 : 포도는 즙 10승을 취하여 누룩 4냥을 넣고 고루 젓는다. 이를 독 안에 넣고 아가리를 봉해두면 저절로 술이 되며 향기 또한 뛰어나다. 《준생팔전》[11]

法 : 用葡萄子取汁一斗, 用麴四兩, 攪均, 入甕內封口, 自然成酒, 更有異香.《遵生八牋》

---

6 식적(食積) : 과식이나 소화 불량 등으로 인해 먹은 음식물이 위에 쌓여 잘 소화되지 않는 병증.

7 《廣群芳譜》卷57〈果譜〉"山樝", 1363쪽.

8 문제(文帝) : 중국 삼국시대 위나라의 1대 황제 조비(曹丕, 187~226). 조조(曹操, 155~220)의 차남으로 조조가 죽은 후에 후한의 마지막 황제인 헌제(獻帝)로부터 선양을 받아 황제에 올랐다.

9 포도로……깬다 : 《太平御覽》卷972〈果木部〉9 "葡萄".

10 《本草綱目》卷25〈穀部〉"葡萄酒", 1568쪽.

11 《遵生八牋》卷12〈飮饌服食牋〉中 "醞造類" '葡萄酒'(《遵生八牋校注》, 459쪽).

사진49 포도주

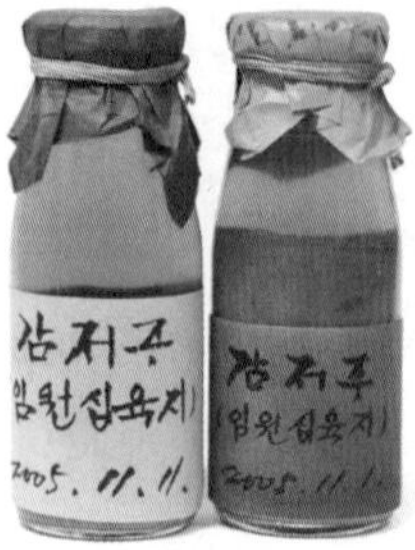

사진50 고구마술

1. 고구마 찌기

2. 찐 고구마를 누룩과 섞기

3. 항아리에 담기

4. 담은 뒤 항아리 안팎 정돈

사진51 고구마술 빚기

6) 고구마술(감저주) 빚기(감저주방)

고구마 적당량을 0.1척씩 잘라 햇볕에 반쯤 말린다. 이를 시루에 얹고 푹 찐 뒤 꺼내어 흐물흐물하게 으깨고 병 속에 넣는다. 누룩[酒藥]을 곱게 갈아 고

甘藷酒方

藷根不拘多少，寸截斷，曬半乾．上甑炊熟，取出揉爛，入瓶中．用酒藥研細，

구마와 고루 섞고 눌러 채운 뒤 가운데 작은 구덩이를 만들어둔다. 구덩이에 물이 고이면 적당히 발효가 되었는지 보고 일반적인 방법대로 물을 붓는다. 익으면 명주주머니로 걸러서 날로 혹은 푹 끓여서 임의대로 쓴다.

搜和按實, 中作小坎. 候漿到, 看老嫩, 如法下水. 用絹袋濾過, 或生或煮熟, 任用.

항아리에 넣을 때의 온도, 누룩의 양, 물 붓는 양, 누룩과 엿기름을 쓸지, 약미를 더할지 등은 모두 미주(米酒, 곡식으로 빚은 술)와 방법이 같다. 서광계(徐光啓)[12] 《감저소(甘藷疏)[13]》[14]

其入缸[2]寒暖, 酒藥分兩, 下水升斗, 或用麴糵, 或加藥物, 悉與米酒同法. 徐玄扈《甘藷疏》

---

12 서광계(徐光啓) : 1562~1633. 중국 명나라 말기의 정치가·학자. 자는 자선(子先). 호는 현호(玄扈). 예수회에 입교하고 마테오 리치에게 천문·역산·지리·수학·수리(水利)·무기 등의 서양과학을 배웠다. 《기하원본(幾何原本)》을 번역했으며, 저서로 《농정전서(農政全書)》·《숭정역서(崇禎曆書)》등이 있다.

13 감저소(甘藷疏) : 중국 명나라의 학자 서광계가 고구마의 품종과 재배방법을 서술한 글. 원서는 실전되었고 《군방보(群芳譜)》에 일부가 남아 있다.

14 《農政全書》 卷27 〈樹藝〉 "蓏部" '甘藷'(《農政全書校注》, 695쪽).

[2] 缸 : 저본에는 "瓿". 《農政全書·樹藝·蓏部》에 근거하여 수정.

8. 이양류(異釀類)

【안 이양(異釀)은 빚는 방법이 일반적으로 빚는 방법과 다름을 말한다. 예를 들어 물로 빚기, 불로 빚기, 대나무로 빚기, 흙으로 빚기와 같은 종류가 바로 이것이다】

異釀類

【案 異釀, 謂釀法之異於常釀, 如水釀、火釀、竹木釀、土釀之類是也】

1) 청서주(淸暑酒) 빚기(청서주방)

깨끗이 찧은 찹쌀 10승을 흐르는 물을 받아 아침에 담가둔다. 따로 누룩가루 2승을 2병의 물에 나누어 담가둔다. 그날 저녁에 먼저 쌀을 건져 푹 찐다. 물 0.5병을 여기에 부어서 물이 다 스며들면 시루를 들고 우물로 가져가서 차게 식을 때까지 물을 끼얹은 뒤 물기를 뺀다. 다음으로 누룩 담근 물을, 체로 찌꺼기를 제거하고 밥과 고루 섞어 항아리에 넣는다.

다음날 저녁에 큰 그릇에 냉수를 담고, 술을 빚어 넣은 항아리를 그 가운데 안친다. 매일 물을 2~3번 갈아주면서 6~7일이 되면 술주자에 올려 술을 짠다. 술은 항상 술병에 담아 물에 담가두고 시원하게 해서 쓴다. 이 방법은 다만 여름에 알맞다. 《고사촬요》[1]

淸暑酒方

粘米精鑿一斗, 朝浸活水. 別以麴末二升, 分浸二甁水. 同日夕, 先將米漉出烝熟, 以水半甁漬之, 待水盡透入, 擧甑就井淋洗, 以冷爲度, 去水氣. 次將浸麴水, 篩濾去滓, 與飯拌均, 入缸.

翌日夕, 盛冷水於大器, 以釀缸安其中. 日易水再三, 六七日上槽. 常以貯酒甁, 浸水用之. 此方只宜夏月. 《攷事撮要》

2) 봉래춘(蓬萊春) 빚기(봉래춘방)

청주 1병, 황랍(黃蠟) 0.07냥, 후추 0.1냥을 부수고 섞어 항아리에 담은 뒤 기름종이로 두텁게 봉한다. 솥에 물을 붓고 중탕하는데, 끈으로 항아리를

蓬萊春方

淸酒一甁、黃蠟七分、胡椒一錢, 碎和盛缸, 厚封油紙. 注水於鼎, 重湯, 以索

1 《攷事撮要》 附錄 〈雜用續方〉 "淸暑酒"; 《山林經濟》 卷2 〈治膳〉 下 "釀酒" '淸暑酒'(《農書》2, 333쪽).

공중에 매달고 강한 불로 물을 끓인다. 아침부터 끓여 저녁이 되어서야 꺼낸다.

懸缸空中, 猛火沸湯, 自朝至暮乃出.

겨울에는 짚으로 항아리를 싸고 여름에는 조빙궤(照氷櫃)[2]에 보관해서 쓴다. 1~2일에 다 써야지, 오래되면 맛이 변한다.

冬則以藁衣缸, 夏則照氷用之. 一二日盡用, 久則味變.

【안 《거가필용》의 동양온자법(東陽醞煮法)[3] : 10승마다 밀랍 0.2냥, 댓잎 5쪽, 관청에서 취급하는 천남성(天南星)환 0.5알을 넣는다. 가을겨울에는 천남성환을 쓰고, 봄여름에는 밀랍과 댓잎을 아울러 쓴다】《삼산방》[4]

【案 《居家必用》東陽醞煮法 : 每斗, 入蠟二錢、竹葉五片、官局天南星圓半粒. 秋冬用天南星丸, 春夏用蠟竝竹葉】《三山方》

3) 신선벽도춘(神仙碧桃春) 빚기(신선벽도춘방)【일명 '송복양(松腹釀, 소나무의 배에서 빚은 술)'이다】

神仙碧桃春方【一名"松腹釀"】

생소나무의 배를 항아리모양으로 도려내어 판다. 흰쌀을 곱게 가루 낸 뒤, 흐물흐물하게 찌고【만약 찹쌀을 쓰면 곱게 가루 낼 필요가 없으며 낱알 통째로 쓰는 것이 더 좋다】 누룩과 섞어 도려낸 배에 넣는다. 도려낸 구멍을 봉하고 진흙을 바른 뒤 빈 둥구미로 싸준다. 14일이 지난 뒤에 열어서 마시면, 향기롭고 독한 맛이 속세의 것이 아닌 듯하다.

剜鑿生松腹若缸形. 白米細末, 爛烝【若用糯米, 則不須細末, 全粒尤佳】, 和麴納之, 封穴塗泥, 裹以空篅. 二七日開飮, 香烈非人間物.

만약 생소나무가 없으면 산에 들어가서 소나무를 베어 몇 척 길이로 자른다. 이를 옮겨온 다음 도려내어 파고 방법대로 술을 빚어 넣는다. 판자로 덮고 진

若無生松, 入山伐倒, 截斷作數尺長. 搬來剜鑿, 依法釀之, 板蓋泥塗, 置陰

2 조빙궤(照氷櫃) : 냉장고의 용도로 쓰기 위해서 얼음으로 속을 채워서 만든 궤.

3 동양온자법(東陽醞煮法) : 《거가필용(居家必用)》 기집(己集) 〈조국법(造麴法)〉 "동양온법(東陽醞法)"(《居家必用事類全集》, 237쪽)에는 "동양온법(東陽醞法)"으로 되어 있다.

4 출전 확인 안 됨.

사진52 청서주

사진53 지주

흙을 발라 그늘에 두어도 된다. 다만 이 방법은 봄 가을에는 마땅치 않고 겨울여름에는 무방하다. 진흙을 바르기 전에 콩잎으로 막으면 맛이 더욱 빼어나다. 《삼산방》[5]

地亦得. 但此法春秋不宜, 冬夏不妨. 未塗泥前, 用豆葉塞之則尤妙. 《三山方》

와송주(臥松酒) 빚기 : 자연적으로 누운[臥] 생소나무의 몸체에서 그 윗부분을 말구유모양으로 파낸 뒤, 그 속에 술을 빚어 넣는다. 또 소나무로 덮개를 만들어 꼭 맞게 하고, 그 위에 황토진흙을 바른 뒤, 이엉[草穰]으로 덮어서 비가 스며들지 않도록 한다. 익은 후에 떠서 마시면 맑은 향이 입안에 가득하다. 비록 이름난 술이라도 이 방식으로 빚을 수 있다. 《증보산림경제》[6]

臥松酒方 : 就自臥生松身上, 鑿其上如馬槽形, 釀酒其中. 又以松木作蓋, 吻合, 塗以黃泥, 以草穰覆護, 勿令雨漏. 待熟, 取飮則清香滿口. 雖名酒亦可釀. 《增補山林經濟》

4) 죽통주(竹筒酒) 빚기(죽통주방)

竹筒酒方

생대나무를 가져다가 마디에 구멍을 뚫어 와송

就生竹, 節鑿穴, 釀酒如臥

5 출전 확인 안 됨.

6 《增補山林經濟》 卷9 〈治膳〉 下 "造酒諸法" '臥松酒法'(《農書》4, 181쪽).

주 빚는 방법과 같이 술을 빚는다. 《증보산림경제》[7]

松酒法. 《增補山林經濟》

5) 지주(地酒) 빚기(지주방)

地酒方

흰쌀 10승, 누룩가루 3승, 썬 솔잎 1승을 항아리에 넣고 덮개를 밀봉한다. 땅을 파서 소나무가지로 사방을 두른 다음 항아리를 넣어 흙을 덮고 7개월이 지나면 꺼낸다. 《문견방》[8]

白米一斗、麴末三升、松葉剉一升, 入缸密蓋. 掘地, 以松枝四圍, 納缸覆土, 七月而出. 《聞見方》

6) 술독을 안아주어 빚는 법(포양방)

抱釀方

양수(羊琇)[9]가 겨울에 술을 빚는데, 사람을 시켜 독을 잠깐씩 안게 하고는 다시 사람을 바꾸어 안게 했더니 술이 빨리 되고 맛이 좋았다. 《어림(語林)[10]》[11]

羊稚舒冬日釀酒, 令人抱甕須臾, 復易人, 速成而味好. 《語林》

7 《增補山林經濟》 卷9 〈治膳〉 下 "造酒諸法" '竹筒酒法'(《農書》4, 181쪽).

8 출전 확인 안 됨 ; 《山林經濟》 卷2 〈治膳〉 下 "釀酒" '地酒'(《農書》2, 337쪽).

9 양수(羊琇) : ?~?. 중국 동진(東晉)의 문인. 자(字)는 치서(稚舒). 태산(泰山) 출신. 자세한 사적은 전하지 않는다.

10 어림(語林) : 중국 동진(東晉)의 문인 배계(裵啓, ?~?)가 지은 저서. 배계의 자는 영기(榮期). 이 책에는 중국 위진남북조 시대 여러 문인들과 명사들의 일화 및 고사가 수록되어 있다.

11 출전 확인 안 됨 ; 《太平御覽》 卷27 〈時序部〉 12 "冬下"(《文淵閣四庫全書》 893, 369쪽).

9. 순내양류(旬內釀類, 10일 내에 익는 술)

旬內釀類

【안 술은 반드시 21일이나 14일이 지나야 익는다. 하지만 그 중에는 1~2일이나 3~4일이 지나면 익는 술도 있다. 이는 빚는 방법에서 빼고 넣는 공정이 어떠한지에 달려있을 뿐이다. 지금 10일[旬日]이 차지 않고도 익는 술을 모아서 '순내양(旬內釀)'이라 했다】

【案 酒必須三七日、二七日熟, 而厥或有一兩日、三四日熟者, 亦在釀法消息之如何耳. 今集未滿旬日而熟者, 謂之"旬內釀"】

1) 일일주(一日酒) 빚기(일일주방)

一日酒方

흰쌀 10승을 흐물흐물하게 찐다. 좋은 술 1사발, 누룩가루 2승【'1승'으로 적힌 곳도 있다】을 고루 섞고 항아리에 넣어 따뜻한 곳에 둔다. 아침에 빚으면 저녁에 마실 수 있고, 저녁에 빚으면 아침에 마실 수 있다. 찹쌀로 밥을 지어 빚으면 더 좋다. 《사시찬요》[1]

白米一斗爛烝. 好酒一鉢、麴末二升【一作"一升"】, 調均, 入缸, 置之溫處. 朝釀夕飮, 夕釀朝飮. 以糯米作飯釀尤勝. 《四時纂要》

또 다른 방법 : 찹쌀 2승으로 묽지도 되지도 않게 죽을 쑨 뒤 곱게 가루 낸 누룩 0.5승을 넣고 항아리 안에 안친다. 막대기로 무수히 저어주다가 2~3시진(時辰)[2]이 되어 거품이 일면 바로 항아리아가리를 봉하고 두텁게 덮어 온돌에 둔다. 저녁이 되어 술이 되면 맛이 매우 맑고 독하며 개미 같은 밥알도 뜬다. 《증보산림경제》[3]

又方 : 糯米二升作粥, 不稀不稠, 入細末麴五合, 納缸中. 以杖無數攪之, 至數三時辰, 待泡起, 即封缸口厚覆, 置溫堗. 至夕酒成, 味甚淸洌, 且有浮蟻. 《增補山林經濟》

---

1 출전 확인 안 됨 ; 《山林經濟》 卷2 〈治膳〉 下 "釀酒" '一日酒'(《農書》2, 335~336쪽).

2 시진(時辰) : 1시진은 2시간.

3 《增補山林經濟》 卷9 〈治膳〉 下 "造酒諸法" '一日酒法'(《農書》4, 169쪽).

2) 계명주(鷄鳴酒) 빚기(계명주방)

鷄鳴酒方

차좁쌀 20승으로 미음을 끓이고 누룩 2근을 빻고 쌀과 합하여 고르게 섞는다. 이를 물 50승에 담가서 아가리를 봉한다.[4] 오늘 빚으면 내일 아침 닭이 울 때[鷄鳴]는 바로 익는다. 《제민요술》[5]

秫米二斗①, 煮作糜②, 麴二斤擣, 合米和, 令調. 以水五斗漬之, 封頭. 今日作, 明朝鷄鳴便③熟. 《齊民要術》

3) 삼일주(三日酒) 빚기(삼일주방)

三日酒方

물 10승을 팔팔 끓이고 식으면 누룩가루 4승을 담가 하룻밤 둔다. 흰쌀 10승을 100번 씻고 고두밥을 쪄서 푹 익으면 식힌다. 누룩 담가둔 물을 걸러서 즙을 취하고 찌꺼기는 버린다. 그 즙에 고두밥을 섞어 빚으면 3일 만에 마신다. 빚을 때 좋은 술 1사발을 넣으면 더욱 좋다. 《사시찬요》[6]

水一斗湯沸, 候冷, 以麴末四升浸之經宿. 白米一斗百洗, 烝飯, 爛熟, 候冷. 以所浸麴濾取汁, 去滓. 以其汁, 調飯釀, 三日乃飮. 釀時, 入好酒一鉢尤佳. 《四時纂要》

겨울에는 정화수로, 여름에는 끓인 물로 20승, 누룩가루 4승【어떤 본에는 '2승'으로 되어 있다】을 섞어서 독에 넣는다. 다음날 흰쌀 20승을 곱게 가루 낸 뒤, 죽을 쑤어서 누룩가루와 섞어 빚는다. 3일이면 맑은 술을 마실 수 있다. 《삼산방》[7]

冬則井花水·夏則熱水二斗、麴末四升【一本"二升"】, 相和入甕. 翌日, 白米二斗細末, 作粥, 和釀. 三日可飮淸酒. 《三山方》

---

4 차좁쌀……봉한다 : 차좁쌀 2두(20승)에 물 5두(50승)를 넣는 것은 물 양이 지나치게 많다는 의견이 있고, 두(斗)는 승(升)의 잘못이라는 설도 있다.

5 《齊民要術》 卷7 〈笨麴餅酒〉 66 "作夏雞鳴酒法"(《齊民要術校釋》, 520쪽).

6 출전 확인 안 됨 ; 《山林經濟》 卷2 〈治膳〉 下 "釀酒" '三日酒'(《農書》2, 336쪽).

7 출전 확인 안 됨 ; 《增補山林經濟》 卷9 〈治膳〉 下 "造酒諸法" '三日酒法'(《農書》4, 170쪽).

① 斗 : 저본에는 "升". 《齊民要術·笨麴餅酒·作夏雞鳴酒法》에 근거하여 수정.

② 糜 : 저본에는 "糜". 《齊民要術·笨麴餅酒·作夏雞鳴酒法》에 근거하여 수정.

③ 便 : 저본에는 "更". 《齊民要術·笨麴餅酒·作夏雞鳴酒法》에 근거하여 수정.

사진54 일일주

사진55 삼일주

사진56 하삼청

좋은 탁주 1동이, 찹쌀 5~6승으로 쑨 죽, 누룩가루와 밀가루 각 0.5승을 섞어 빚는다. 3~4일이면 맑아진다. 《삼산방》[8]

好濁酒一盆、粘米五六升作粥、麴末·眞麪各五合, 和釀. 三四日可淸. 同上

4) 하삼청(夏三淸)[9] 빚기(하삼청방)

夏三淸方

끓인 물 10승에 누룩가루 3승을 섞고 휘저어 항아리에 담는다. 하룻밤 지나면 베자루에 걸러서 찌꺼기를 제거한다. 흰쌀 10승을 가루 낸 뒤, 푹 찌고 합하여 빚는다. 3일 뒤에 쓰며, 여름철에 더욱 알맞다. 《삼산방》[10]

熟水一斗和麴末三升, 動盪盛缸. 經宿, 篩于布袋, 去滓. 白米一斗作末, 熟烝, 合釀. 三日後用之, 尤宜夏節. 《三山方》

5) 백화춘(白花春) 빚기(백화춘방)

白花春方

찹쌀 10승을 100번 씻어 동이의 물속에 3일 동안 담가두었다가 푹 찌고, 담갔던 물을 끼얹는다. 백국(白麴)으로 일반적인 방법대로 빚는다. 3일이 지나면 바로 맛있는 술이 괸다. 개미알 같은 흰 밥알

糯米一斗百洗, 浸盆水中三日, 烝熟, 以所浸水澆之. 用白麴, 如常法釀之, 過三日卽成美醞. 白蟻浮上最

8 출전 확인 안 됨.
9 하삼청(夏三淸) : 여름에 3일 만에 익는 술이라서 '하삼청'이라 한다.
10 출전 확인 안 됨.

이 뜨면 가장 좋다. 《음선요람》[11]

佳. 《飮饍要覽》

6) 두강주(杜康酒) 빚기(두강주방)

杜康酒方

흰쌀 1승을 물에 담갔다가 가루 낸 뒤, 된 죽을 쑨다. 식으면 고운 누룩가루 0.5승, 밀가루 0.5승을 죽과 함께 섞어 항아리에 넣고 습한 곳에 둔다. 2일이 지나 찹쌀 10승을 물에 담갔다가 일어 밥을 쪄서 식힌다. 또 끓인 물 10승을 식혀 죽으로 빚은 밑술[粥本]에 붓고 찹쌀밥과 함께 섞어 항아리에 넣는다. 4~5일이면 술주자에 올려 술을 짤 수 있다. 《증보산림경제》[12]

白米一升浸過, 作末, 造稠粥, 候冷, 以細麴末五合、眞麪五合, 與粥共打, 納缸, 置濕處. 二日, 以粘米一斗浸淘, 烝飯, 候冷, 又以沸湯一斗, 候冷, 傾入粥本中, 同和於粘米飯, 納缸. 四五日可上槽. 《增補山林經濟》

또 다른 방법 : 찹쌀 10승에 물 9사발을 넣고 죽을 쑨다. 식으면 여기에 좋은 누룩가루 1승을 넣고 항아리에 들여 따뜻한 곳에 묻어둔다. 2일이 지나 흰쌀 10승을 물에 담갔다가 밥을 쪄서 식힌다. 죽으로 빚은 밑술을 쏟아내고 밥과 고루 섞어 항아리에 넣는다. 4~5일이면 마신다.

【위의 두 가지 방법은 모두 6일 만에 술을 빚는 방법으로, 날짜가 오래 걸리지 않으므로 진하고 독한 기운이 적은 듯하지만 보통 술보다 백 배 낫다】 《증보산림경제》[13]

又方 : 粘米一斗, 以水九椀作粥, 候冷, 入好麴末一升, 納缸, 埋溫處. 二日, 以白米一斗浸過, 烝飯, 候冷. 傾出粥本, 與飯和均, 納缸. 四五日飮.

【以上兩方, 皆六日酒方, 而日子不久, 故似少濃[4]烈之氣, 然百勝於常酒矣】 同上

11 출전 확인 안 됨 ; 《東醫寶鑑》〈雜病篇〉 卷9 "雜方" '諸法'(《原本 東醫寶鑑》, 599쪽).

12 《增補山林經濟》 卷9 〈治膳〉 下 "補遺" '杜康酒法'(《農書》4, 192쪽).

13 《增補山林經濟》 卷9 〈治膳〉 下 "補遺" '杜康酒法'(《農書》4, 192쪽).

[4] 濃 : 저본에는 "醲". 《增補山林經濟·治膳·補遺》에 근거하여 수정.

사진57 두강주

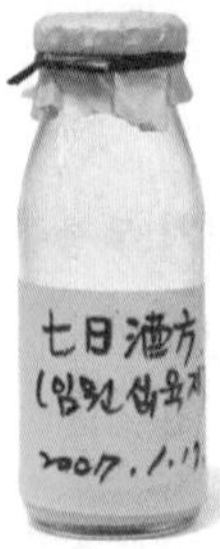

사진58 칠일주

7) 칠일주(七日酒) 빚기(칠일주방)

찹쌀 1승을 깨끗이 씻어 곱게 가루 낸 뒤, 된 죽을 쑨다. 따뜻해지면 누룩가루 0.5승을 여기에 고루 섞는다. 이를 밑이 넓은 항아리에 넣고 옷과 이불로 싸서 온돌방 안에 묻는다.

따로 찹쌀 10승을 100번 씻어 찐다. 이때 술을 달게 하려면 물 1복자[鐥][14]를 끼얹어주고, 독하게 하려면 물 3복자를 끼얹어준다. 그대로 시루를 솥 위에 두고 하룻밤 지낸다.

어제 밑술을 빚었던 시각이 되면 시루 안의 밥을 퍼내어 앞에서 빚은 술과 고루 섞은 뒤 다시 항아리에 넣고 아가리를 봉한다. 앞에서 했던 것처럼 온돌방 안에 두고 두텁게 덮어준다. 4~5일 지나면 서늘한 곳에 옮겨 두고 모두 합하여 7일이 되면 익는다. 비록 오래 보관하여도 맛이 감미롭다. 《증보산림경제》[15]

七日酒方

粘米一升淨洗，作細末，造稠粥. 候溫，用麴末五合和均. 納廣底之缸，以衣衾擁，埋溫堗內.

另用粘米一斗百洗，烝之，而要甘則用水一鐥灑之，要烈則用水三鐥灑之，仍置甑釜上經宿.

待昨日釀本時辰，取甑內飯，同前釀調均，復納缸，封口. 依前，置溫堗內，厚覆之. 待四五日，移置冷處，總計七日而熟. 雖久藏，味甘美.《增補山林經濟》

14 복자[鐥] : 술이나 기름 따위를 담는 작은 접시 모양의 쇠 그릇.

15 《增補山林經濟》卷9 〈治膳〉 下 "造酒諸法" '七日酒法'(《農書》4, 170쪽).

술 10승을 빚으려면 먼저 멥쌀 1승을 물에 담갔다가 건져서 가루 낸다. 따로 맑은 물 10승을 달이는데, 막 끓으려고 할 때 쌀가루를 뿌려가며 끓이면 그 색이 희고 흐려진다. 이를 서늘한 곳에 내놓고 얼음처럼 차게 식힌다. 그런 뒤에 밀가루누룩 1승을 밤에는 이슬을 맞히고 낮에는 햇볕에 말린 다음 빻아서 가루 낸다. 이를 앞에서 식힌 물과 섞어 항아리에 넣고 아가리를 밀봉한다.

欲釀一斗, 則先以粳米一升浸水控起, 作屑. 另用清水一斗煎作湯, 方其沸也, 以米屑, 且撒且煎, 則其色白渾, 出置寒處, 候冷如氷, 然後麪麴一升, 夜露晝曝, 擣作屑, 與前水和, 入缸中, 密封口.

3일이 지나서 열어보면 그 맛이 맵고 달다. 그러면 바로 찹쌀 10승을 물에 담갔다가 건져서 고두밥을 찌고 식도록 둔다. 뜨거운 김이 다 가시면 앞에서 빚은 술과 고루 섞어 항아리에 넣은 뒤 다시 누룩가루 약간을 그 위에 대충 뿌려준다.

過三日開視, 則其味辛甘, 卽用糯米一斗浸水控起, 烝飯放冷. 待熱氣盡去, 同前釀和均, 入缸, 更用麴屑些少略略撒布其上.

4일이 지나야 술이 괸다. 이 과정을 모두 합하여 처음부터 끝까지 7일이면 마실 수 있다. 만약 매우 추운 계절을 만나면 하루 정도를 늦추어도 성질과 맛이 보통으로 빚은 술과 같다. 다만 한여름에 오래 두면 맛이 금방 시어진다. 《주사의(酒食議)[16]》[17]

過四日乃醅. 通計首尾, 七日可飮. 若値極寒之時, 差緩一日, 性味與常釀同, 但盛夏經久, 味輒變酸也. 《酒食議》

다른 방법 : 멥쌀 3승을 끓여 죽을 쑤고 밀기울누룩 3승을 빻아 가루 낸다. 이들을 고루 섞어 항아리에 넣고 아가리를 봉하여 따뜻한 곳에 둔다. 2~3일이 지나서 약간 술이 괼 듯하면 찌꺼기를 걸러내고 즙을 취한다.

一方 : 粳米三升熬作粥, 麩麴三升擣作屑, 和均, 入缸, 封口, 置溫處. 過二三日, 略有醅意, 篩去滓, 取汁.

---

16 주사의(酒食議) : 중국 명나라의 여류문인 고묘옥(高妙瑩, 약 14세기 활동)의 저서. 술을 만드는 여러 방법이 수록되어 있다. 고묘옥은 음률에도 밝았다고 한다. 그의 다른 저서로는 《여덕의(女德議)가 있다.

17 출전 확인 안 됨.

다시 찹쌀 10승을 푹 쪄서 펴놓고 식힌다. 이때 찹쌀이 알알이 흩어지게 하여, 질게 엉겨 붙지 않게 한다. 이를 앞의 즙과 고루 섞어 항아리에 넣은 뒤 아가리를 봉하여 따뜻한 곳에 둔다. 4~5일이 지나면 술이 괸다. 그런 뒤에야 찬물 2사발을 넣고 고루 저어두면 다음날 마실 수 있다. 《옹치잡지(饔饎雜志)》[18]

更用糯米一斗蒸熟, 鋪冷, 要粒粒解散, 勿令粘泥, 同前汁和均, 入缸, 封口, 置温處. 過四五日則醅矣. 乃以冷水二鉢攪均, 翌日可飮. 《饔饎[5]雜志》

8) 사절칠일주(四節七日酒) 빚기(사절칠일주방)

四節七日酒方

흰쌀 10승을 100번 씻어 물에 하룻밤 담가두었다가 꺼내어 가루 낸 뒤 찐다. 여기에 끓인 물 3병, 밀가루 0.5승, 누룩가루 1승을 섞고 식으면 독에 넣었다가 익으면 쓴다. 찹쌀을 쓰면 더욱 좋다. 《증보산림경제》[19]

白米一斗百洗, 水浸經宿, 取出作末, 烝. 熟水三甁、眞麪五合、麴末一升, 和合, 候冷, 入甕, 待熟用之. 粘米尤好. 《增補山林經濟》

9) 급수청(急需淸) 빚기(급수청방)

急需淸方

흰쌀 20승을 곱게 가루 낸 뒤 푹 찐다. 여기에 누룩가루 3.5승, 끓인 물 40승을 섞어 빚는다. 4일째 찹쌀 44승을 흐물흐물하게 찌고 밀가루 1.5승을 섞어 넣는다. 7일 뒤에 맑은 술 7~8병과 탁주 1동이를 얻을 수 있다. 《삼산방》[20]

白米二斗細末, 熟烝, 麴末三升半、熟水四斗, 和釀. 第四日, 用粘米四斗四升爛烝, 眞麪一升半相和投之. 七日後, 可得淸酒七八甁、濁酒一盆. 《三山方》

---

18 출전 확인 안 됨.

19 《增補山林經濟》 卷9 〈治膳〉 下 "造酒諸法" '四節七日酒方'(《農書》4, 171쪽).

20 출전 확인 안 됨.

[5] 饎 : 저본에는 "饌". 일반적 용례에 근거하여 수정. 이하 '옹치잡지'의 "饌"는 "饎"로 고치며 교감기를 달지 않음.

사진59 사절칠일주

사진60 급수청

10) 계명주(鷄鳴酒) 빚기(계명주방)

가괄(歌括)[21]에 다음과 같이 적혀 있다.

"단 샘물 6사발에 쌀 3승으로,
죽을 쑤어 따뜻한 채 누룩 8냥 섞네.
3냥 엿[餳餹]과 2냥 술밑[酵],
엿기름[麥芽] 1초(鈔)[22]를 고루 섞지.
해질녘 날씨에 맡겨두면
다음날 아침 곧 독 위의 맑은 술 마시리."

빚는 법 : 먼저 찹쌀 3승을 깨끗이 일어 물 6승과 노구솥에 함께 넣고 끓여 된 죽을 쑨다. 여름에는 펼쳐서 식히고, 봄가을에는 따뜻하게 하고, 겨울에는 약간 뜨겁게 하여 쓴다. 누룩·술밑·엿기름[麥糵]을 모두 빻아서 곱게 가루 낸 뒤, 엿과 함께 넣어 죽 안에서 고루 섞어준다. 겨울에는 5일, 봄가을에는 3일, 여름에는 2일이면 익어서 좋은 술이 될 것이다.

또 다른 방법 : 이 재료들에 관계·후추·양강·세

鷄鳴酒方

歌括云 :

"甘泉六椀米三升,
做粥溫和麴半斤.
三兩餳餹、二兩酵,
一鈔麥芽要調均.
黃昏時候安排了,
來朝便飮甕頭春."

其法 : 先將糯米三升淨淘, 水六升同下鍋, 煮成稠粥. 夏攤冷, 春秋溫, 冬微熱. 麴、酵、麥糵, 皆擣爲細末, 同餳餹下, 在粥內拌均. 冬五日, 春秋三日, 夏二日成熟, 爲好酒矣.

又法 : 就此料內, 加官桂、

---

21 가괄(歌括) : 암송하기에 편리하도록 운문형태로 요점을 정리하여 만든 노래. 歌訣(가결)이라고도 한다.

22 초(鈔) : 1승의 1000분의 1. 아주 적은 분량을 의미한다.

신(細辛)[23]·감초·천오【구운 것】·천궁·정향 각 0.05냥씩을 맷돌로 곱게 가루 낸다. 죽에 섞을 때 그 안에 함께 고루 섞으면 그 맛이 더욱 빼어나고 향기와 맛이 보통이 아니다. 《거가필용》[24]

胡椒、良薑、細辛、甘草、川烏【炮】、川芎、丁香各半錢, 碾爲細末. 和粥時, 同攪均在內, 其味尤妙, 香美異常.《居家必用》

23 세신(細辛) : 족두리의 뿌리. 감기·두통·코 막힘·담음(痰飮) 따위의 증상에 쓴다.
24 《居家必用》己集〈酒麴類〉"雞鳴酒"(《居家必用事類全集》, 240쪽).

10. 제차류(醍醝類)[1]

醍醝類

1) 천태(天台)[2] 홍주(紅酒) 빚기(천태홍주방)

찹쌀 10승마다 홍국(紅麴) 2승을 쓴다. 주국(酒麴)[3]은 1.5냥이나 2냥이 되어도 좋다. 쌀을 깨끗이 씻어둔다. 물 5승으로 찹쌀 0.1승을 끓여 4~5번 끓어오르면 식도록 둔다. 물에 담근 쌀은 추운 달에는 2일 밤, 따뜻한 달에는 하룻밤을 둔다. 다음날 쌀을 거르고 밥을 지어 충분히 익힌다.

이에 앞서 물로 홍국을 깨끗이 씻고 동이에 담아 갈거나 곱게 빻아도 좋다. 따로 따뜻한 물 1승에 홍국을 발효시켜 식도록 둔다. 여기에 주국을 넣는데, 주국은 발효시키지 말고 곱게 빻기만 한다. 이들과 고두밥을 매우 고르게 섞은 뒤 인절미[麻餈]모양으로 익힌다. 이때 항아리에 넣어 쌀 담근 물을 섞고 반죽을 손으로 비벼 매우 잘게 부순다. 잘게 부수지 않으면 잘 시어진다. 만약 물을 많이 쓰고 싶으면 물을 조금 더해준다.

이틀밤이 지난 뒤에 일일이 뒤집어주면 3일이 지

天台紅酒方

每糯米一斗, 用紅麴二升. 使酒麴兩半或二兩, 亦可. 洗米淨, 用水五升, 糯米一合煎四五沸, 放冷. 以浸米, 寒月兩宿, 暖月一宿. 次日漉米, 炊十分熟.

先用水洗紅麴令淨, 用盆研, 或擣細亦可. 別用溫湯一升發起紅麴, 放冷. 入酒麴, 不用發, 只擣細, 拌令極均, 熟如麻餈狀. 入缸中, 用浸米泔拌, 手擘極碎, 不碎則易酸. 如欲用水多, 則添些水.

經二宿後, 一一翻, 三宿可

---

1 제차류(醍醝類) : 홍주(紅酒)와 백주(白酒)류의 술. 붉은 빛깔의 술은 제(醍), 흰 빛깔의 술은 차(醝)라고 한다.

2 천태(天台) : 중국 절강성(浙江省) 천태현(天台縣)에 있는 천태산(天台山) 일대. 천태산은 천태종의 불교성지.

3 주국(酒麴) : 누룩 종류의 덩어리.

나 술을 짤 수 있다. 4~5일이 지나면 향기롭게 되니, 이때 다시 향기가 어떤지와 날씨가 찬지 더운지를 살펴서 날짜를 조절한다. 술을 짰으면 다시 술지게미를 항아리 안에 쏟는다. 따로 찹쌀 1승과 위에서 부순 것 3승을 물 3승으로 끓여 죽을 쑨다. 앞의 술지게미와 섞고 다시 빚어 1~2일 지나면 술을 짤 수 있다.

榨. 或四五宿可以香, 更看香氣如何與[1]天氣寒暖, 消詳之. 榨了, 再傾糟入缸內. 別用糯米一升, 碎者用三升, 以水三升煮爲粥. 拌前糟更釀, 一二宿, 可榨.

앞에서 거른 술과 섞어서 마신다. 만약 해를 지나서 보관하려면 섞어서는 안 된다. 만약 다시 물로 술지게미를 섞고 담가서 3번째 술을 빚어도 좋다. 《거가필용》[4]

和前酒飮, 如欲留過年, 則不可和. 若更用水拌糟浸, 作第三酒亦可. 《居家必用》

2) 건창(建昌)[5] 홍주(紅酒) 빚기(건창홍주방)

建昌紅酒方

좋은 찹쌀 1석을 깨끗이 일어 항아리 안에 부은 다음 가운데 한 곳을 오목하게 두고 그 안에다 물 1.2석을 쏟아 붓는다. 따로 찹쌀 20승으로 밥을 짓고 펼쳐서 식힌 뒤 한 덩어리로 만들어 항아리 안의 오목한 곳에 두고 덮는다. 20여 일이 지나 밥이 떠오르고 물이 시어지면 떠오른 밥을 걸러내고, 담근 쌀은 물을 빼고 말린다.

用好糯米一石淘淨, 傾缸內, 中留一窩, 內傾下水一石二斗. 另取糯米二斗煮飯, 攤冷, 作一團放窩內, 蓋訖. 待二十餘日, 飯浮漿酸, 漉去浮飯, 瀝乾浸米.

먼저 쌀 50승을 깨끗이 일어 시루바닥에 펴고, 그 위에 항아리 속 찹쌀 1석을 건져 안친다.[6] 이를 쪄서 쌀이 익었을 때 대략 펼쳐서 김이 끊어지면 항

先將米五斗淘淨, 鋪於甑底, 將濕米次第上去, 米熟, 略攤氣絕, 翻在缸內

4 《居家必用》己集〈酒麴類〉"天台紅酒方"(《居家必用事類全集》, 239~240쪽).

5 건창(建昌) : 중국 요녕성(遼寧省) 건창현(建昌縣) 일대.

6 그……안친다 : 박록담 저, 《한국의 전통주 주방문4 : 효도하는 술》, 바룸, 2015, 441쪽 참조.

[1] 與 : 《居家必用·酒麴類·天台紅酒方》에는 "如".

아리 안에서 뒤집어 덮어준다. 쌀 담근 물 80승과 화초 1냥을 노구솥에 끓이고 내어 식힌다. 백국 3근을 곱게 빻아 좋은 효모(酵母)[7] 3사발에 밥을 섞는다. 이때 밥의 양은 보통 술에 효모를 넣는 방법과 같이 해야지 두텁게 할 필요는 없다. 날씨가 매우 차면 따뜻한 곳에 두고 풀로 에워싸 하룻밤 둔다.

中蓋下. 取浸米漿八斗、花椒一兩, 煎沸出鍋, 待冷. 用白麴三斤搥細, 好酵母三碗, 飯多少如常酒放酵法, 不要厚了. 天道極冷, 放煖處, 用草圍一宿.

다음날 아침에 밥을 5곳에 나누어 각각 작은 항아리 속에 두고, 홍국 1승, 백국 0.5승을 쓴다. 술밑도 5등분으로 나눈 뒤 각 등분은 앞의 누룩·밥과 함께 섞어 고루 저어서 항아리 안에서 다진다. 나머지 익은 쌀도 모두 표면에 두고 덮어서 2일이 지나면 저어준다.

明日早, 將飯分作五處, 每放小缸中, 用紅麴一升、白麴半升. 取酵亦作五分, 每分和前麴飯同拌均, 踏在缸內, 將餘在熟盡放面上蓋定, 候二日打扒.

만약 표면이 두꺼우면 3~5일에 1번 저어주고 저어준 뒤에 표면이 떠서 충분히 부풀어오르면 다시 1번 저어주고 그대로 덮어준다. 11월에는 20일이면 익고, 12월에는 한 달이면 익으며, 1월에는 20일이면 익는다. 다른 달은 빚기에 마땅치 않다.

如面厚, 三五日打遍, 打後, 面浮漲足, 再打一遍, 仍蓋下. 十一月, 二十日熟 ; 十二月, 一月熟 ; 正月, 二十日熟. 餘月不宜造.

맑은 술을 짠 뒤 독에 백단(白檀)[8]을 함께 조금 넣고 독을 싸서 진흙을 발라둔다. 처음 나온 술지게미에 끓인 물을 뜻대로 넣었다가 2일이 더 지나면 곧 술을 짤 수 있다. 《준생팔전》[9]

榨取澄清, 幷入白檀少許, 包裹泥定. 頭糟用熟水隨意副入, 多二宿便可榨. 《遵生八牋》

---

7 효모(酵母) : 음식을 삭히는 효소의 모체. 누룩이나 삭힌 밥을 효모로 쓰기도 한다.

8 백단(白檀) : 흰 꽃을 피우는 박달나무.

9 《遵生八牋》卷12 〈飮饌服食牋〉 中 "醞造類" '建昌紅酒'(《遵生八牋校注》, 458~459쪽).

사진61 건창홍주

사진62 백주

3) 하동(河東)[10] 이백주(頤白酒) 빚기(하동이백주방)

河東頤白酒方

6~7월에 빚는다. 분국(笨麴)을 쓰는데, 묵은 것이 더욱 좋다. 분국은 깎아서[剗治][11] 곱게 썬다. 누룩 10승, 끓인 물 30승, 기장쌀 70승. 누룩이 삭이는 양은 각 가문의 방법에 따라 다르다. 항상 독 안에서 빚는다. 좋은 독이 없으면 예전에 술을 빚은 큰 독을 깨끗이 씻어 햇볕에 말린 뒤 독 옆 부분이 땅에 닿도록 눕힌 채로 빚는다.

六月、七月作. 用笨麴, 陳者彌佳, 剗治, 細剉. 麴一斗、熟水三斗、黍米七斗. 麴殺多少, 各隨門法. 常於甕中釀. 無好甕者, 用先釀酒大甕淨洗, 曝乾, 側甕著地作之.

아침에 일어나서 단물을 끓이다가 정오가 되어 끓인 물의 색이 희어지면 그친다. 이 물 30승을 떠서 동이 안에 둔다. 해질녘에 기장쌀 40승을 일어 깨끗이 하여 바로 물에 담근다. 달밤에 2번 뜸을 들여 밥을 짓는다. 4경(四更, 새벽 1시~3시) 중에 익힌 다음 기장밥을 자리 위에 놓고 얇게 펼쳐서 매우 차갑게 식힌다.

朝起, 煮甘水, 至日午, 令湯色白乃止. 量取三斗, 着盆中. 日西, 淘米四斗, 使淨, 卽浸. 夜月炊作再餾飯, 令四更中熟, 下黍飯席上, 薄攤, 令極冷.

기장밥이 익기 시작할 때 누룩을 물에 담근다. 해뜰녘 어둑한 새벽, 해가 아직 뜨기 전에 누룩물을

於黍飯初熟時浸麴. 向曉昧朝日未出時, 下釀, 以手

10 하동(河東) : 중국 산서성(山西省) 서남쪽의 황하 동쪽 지역 일대.

11 깎아서[剗治] : 누룩 표면의 더러운 부분을 깨끗이 깎아내는 작업을 의미한다.

빚어 넣고 기장밥을 손으로 비벼서 덩어리를 깬다. 항아리를 그대로 두고 덮지 않는다.

擃破塊, 仰置勿蓋.

해질녘에 다시 30승의 기장쌀을 일어 물에 담가 둔다. 밥을 지어 다시 4경 중에 조금 익으면 펼쳐서 매우 차게 식힌다. 해가 뜨기 전에 덧술을 하되 역시 기장밥을 비벼서 덩어리를 깬다. 다음날 바로 익으면 술을 짜낸다. 술기운이 향기롭고 맛이 좋다.

日西, 更淘三斗米, 浸, 炊還令四更中稍熟, 攤極冷, 日未出前酘之, 亦擃破塊. 明日便熟, 押出之. 酒氣香美.

6월 중에는 오직 1석의 쌀을 빚어서 술을 3~5일 둘 수 있다. 7월 보름이 지난 뒤에는 점점 많이 빚는다. 북향으로 문이 난 큰 집 안에서 빚으면 제일이다. 만약 북향으로 문이 난 집이 없으면 맑고 서늘한 곳에서도 된다.

六月中, 唯得作一石米, 酒停得三五日. 七月半後, 稍稍多作. 於北向戶大屋中, 作之第一. 如無北向戶屋, 於淸涼處亦得.

그러나 반드시 해가 뜨기 전 맑고, 서늘한 때에 기장밥을 넣어야 한다. 해가 뜨고 나면 뜨거워서 술이 되지 않는다. 1석의 쌀은 먼저 55승으로 밥을 짓고, 나중에 45승으로 밥을 짓는다. 《제민요술》[12]

然要須日未出前淸涼時下黍, 日出已後熱, 卽不成. 一石米者, 前炊五斗半, 後炊四斗半. 《齊民要術》

4) 백주(白酒) 빚기(백주방)

白酒方

누룩 만들기 : 당귀·축사·목향·곽향·영령향(苓苓香)[13]·천초·백출【각 1냥】, 관계【3냥】, 단향·백지·오수유·감초【각 1냥】, 살구속씨【1냥을 따로 갈아서 질게 만든 것】.

麴方 : 當歸·縮砂·木香·藿香·苓苓香·川椒·白朮【各一兩】、官桂【三兩】、檀香·白芷·吳茱萸·甘草【各一兩】、杏仁【一兩別研爲泥】.

12 《齊民要術》卷7 〈笨麴餠酒〉 66 "河東頤白酒法"(《齊民要術校釋》, 509쪽).

13 영령향(苓苓香) : 콩과의 여러해살이풀. 영향초(靈香草)라고도 한다.

이상의 약미들을 모두 곱게 가루 낸다. 흰찹쌀 10승을 매우 깨끗이 일고 씻은 뒤 절구에 곱게 가루 낸다. 찹쌀가루에 앞의 약미들을 넣고 고루 섞는다. 여기에 청날료(青辣蓼)[14]의 자연즙을 써서 반죽하되 물기가 적당해지면 공이로 600~700번 찧어 계란크기로 뭉친다. 뭉친 누룩 가운데 구멍 하나를 뚫고 위에서 갈아둔 온갖 약으로 옷을 입힌다. 볏짚의 잎을 제거한 뒤 날씨가 찬지 더운지 살펴서 누룩을 덮어준다.

右件藥味竝爲細末. 用白糯米一斗淘洗極淨, 舂爲細粉. 入前藥和均, 用青辣蓼自然汁, 搜拌, 乾濕得所, 擣六七百杵, 團如鷄子大, 中心捺一竅, 以白藥爲衣. 稈草去葉, 覰天氣寒暖, 蓋閉[2].

1~2일이 지나서 푸르고 하얀 골마지가 생기면 짚을 바꾸어준다. 새로운 짚으로 덮어주어 골마지가 누룩 전체에 생기면 짚을 제거한다. 7일째가 되면 한 곳에 모았다가 바로 흩어주면서 상황을 살펴가며 발효시켰다 말렸다 한다. 21일이 되면 대바구니에 담고 즉시 매달아서 낮에는 볕을 쬐고 밤에는 이슬을 맞힌다. 찹쌀 10승마다 이 누룩 7.5냥을 쓰되, 파삭파삭하거나 축축하여 부서진 것은 쓰지 않는다.

一二日有青白醭, 將草換了. 用新草蓋, 有全醭, 將草去, 訖七日聚作一處, 逐旋散開, 斟酌發乾. 三七日用筐盛, 頓懸掛, 日曝夜露. 每糯米一斗, 七兩五錢重, 蘇濕破者不用.

빚는 방법 : 흰햇찹쌀은 장수(漿水, 좁쌀죽웃물)에 담그고 묵은 찹쌀은 물에 담가 하룻밤 지낸다. 이를 물이 맑아질 때까지 씻어 일어낸다. 찜솥 안에 물을 끓여 김이 오르면 점차 쌀을 안치고 푹 찐다. 고두밥은 너무 무르게 하면 안 되고 다만 된밥처럼 고르게 익으면 그만이다.

釀法 : 新白糯米漿浸, 陳糯米水浸一宿, 淘以水清爲度. 燒滾鍋甑內, 氣上, 漸次裝米蒸熟, 不可大軟, 但如硬飯, 取均熟而已.

---

14 청날료(青辣蓼) : 푸른 여뀌. 여뀌과의 약미 혹은 식재. 잎에서 매운맛[辣]이 나며, 조미료로 혹은 누룩을 만들 때도 쓴다.

[2] 閉 : 저본에는 "開".《居家必用·酒麴類·白酒麴方》에 근거하여 수정.

고두밥이 익어서 불때기를 마치면 시루를 마주잡고 대바구니 안에 쏟아 붓는다. 대바구니 아랫면에는 물통을 설치해서 물을 받을 수 있게 한 다음 그 위에 쳇다리를 설치하고 새로 길은 물을 고두밥에 끼얹어준다. 날씨를 보아 고두밥을 여름에는 매우 차게 하고 겨울에는 따뜻한 채로 둔다.

飯熟就炊畢[3], 舁下傾入竹簍內. 下面以水桶承之, 棧定以新汲水澆. 看天氣, 夏極冷, 冬放溫.

물 끼얹기가 끝나면 먼저 밀가루를 독 안에 뿌린다. 만약 밥이 50승이면 먼저 누룩가루 20승을 가지고 함께 매우 고르게 섞는다. 다음으로는 쌀을 넣어 누룩과 고루 섞어준 뒤 가운데를 밀어 펼쳐서 구멍을 냄으로써 독바닥을 드러내고 주위를 눌러 채운다.

澆畢, 以麪先糝甕中. 如飯五斗, 先用二斗麴末同拌極均. 次下米與麴拌均, 中心撥開見甕底, 周圍按實.

이렇게 2일밤을 묵혔다가 가운데 구멍으로 장수(漿水)가 1사발 정도 스며나오면 장수를 작은 국자로 주위에 끼얹어준다. 만약 장수가 스며나오지 않으면 나온 뒤에 끼얹어주어야 한다. 술맛을 맵게 하려면 물을 바로 더 부어줘야 하고, 달게 하려면 다시 하룻밤을 묵혀서 물을 붓는다. 쌀 1석마다 물 60~70승을 넣을 수 있다. 이와 같이 하면 술맛이 좋다.

待隔宿, 有漿來約一椀, 則用小杓澆於四圍 ; 如漿未來, 須待漿來而後澆. 要辣則隨下水, 欲甛更隔一宿, 下水. 每米一石, 可下水六七斗. 如此則酒味佳.

날씨가 차면 덮개를 조금 두텁게 덮어주는데, 여름에는 4일 겨울에는 7일이면 익는다. 독에 있을 때 장수가 스며나오면 장수를 바로 끼얹어준다. 끼얹는 횟수를 제한하지 말고 작은 국자로 골에서 장수를 떠서 주위에 끼얹어준다. 물을 붓고 나면 끼얹을 필요가 없다.

天寒覆蓋稍厚, 夏四日, 冬七日熟. 在甕時有漿來卽澆, 不限遍數, 用小杓豁起漿, 在四邊澆潑, 下水了不須澆.

물 쓰는 법 : 술 빚을 쌀 1석마다 쌀 5승을 남긴

用水法 : 每造米一石, 內留

[3] 畢 : 저본에는 "蓽". 문맥에 근거하여 수정.

다. 5승의 쌀을 가지고 물 85승으로 묽은 죽을 쑨다. 식으면 이를 거르지 않은 술 안에 넣는다. 이것이 물을 쓰는 방법이다.

五升, 用水八斗半, 熬作稀粥, 候冷. 投入醅內. 此則用水法也.

장수 살피는 법 : 밥과 누룩의 반죽을 독에 넣고 나서 24시간이 지나 들어 올렸을 때, 덮어놓은 거적 밖으로 쏴아쏴아거리는[素素然] 소리가 들리면 바로 장수가 스며나오는 때이다. 뒤에 또 이틀밤을 묵혀서 물을 붓는다. 이에 앞서 술지게미를 십자로 갈라서 몇 차례 물을 붓되 젓지는 않는다. 이어서 술지게미를 전과 같이 우묵하게 만들고 다시 2~3일 기다려야 술주자에 올려 술을 짤 수 있다. 《거가필용》[15]

候漿法 : 下了脚須至一伏時[4]揭起, 於所蓋薦外, 聽聞素素然有聲, 卽時漿來了. 後又隔兩日下水, 仍先將糟十字打開, 番過下水不攪, 仍舊作窩, 更待二三日, 方可上榨. 《居家必用》

다른 방법 : 봄이나 여름에는 찹쌀 20승, 겨울에는 30승을 항아리 안에 두고 물에 담가 하룻밤 둔다. 맑은 새벽에 새로 길어온 물로 여러 번 씻어 깨끗하게 되도록 힘쓴다. 이를 건져내서 물기를 빼고 시루에 얹어 찐다. 시루에 김이 오르면 또 쌀 1겹을 더하는데, 이와 같이 여러 번에 걸쳐서 쌀을 다 찐다. 증봉(甑蓬, 시루덮개)을 덮고 고두밥이 문드러지게 익으면 큰 동이 1개 위에 나무시렁을 놓고 시렁에 시루를 얹는다. 이어서 시루에 우물물을 뿌려주어 문드러지게 익은 고두밥이 차갑게 식도록 힘쓴다【겨울에는 우물물을 여러 번 뿌려주고 다시 뜨거운 물을 1번 뿌려주어 문드러지게 익은 고두밥을 따뜻하게 해준다】.

一方 : 春夏用糯米二斗, 冬用三斗, 放缸內, 水浸一夜. 淸晨, 用新水淘洗數次, 務要潔淨, 漉出控乾, 上甑烝之. 待氣上, 又加一層, 如此數次米盡烝. 用甑蓬蓋定, 候其糜熟, 將大盆一箇, 放木架於盆上, 擡甑架上, 用井水淋過, 務令糜冷【冬則以井水淋過數次, 復以熱水淋一次, 令糜溫】.

---

15 《居家必用》己集 〈酒麴類〉 "白酒麴方"(《居家必用事類全集》, 242~243쪽).

[4] 一伏 : 저본에는 "一大伏". 《居家必用·酒麴類·白酒麴方》에 근거하여 수정.

이 고두밥을 항아리 안에 넣는데, 쌀 20승마다 백주(白酒)누룩 5알【30승이면 9알을 쓴다】을 쓴다. 항아리아가리를 덮어놓으면 다음날 술이 괸다. 그러면 잔으로 술을 떠서 항아리 안의 사방 가장자리를 씻어 내린다. 이와 같이 7일을 하고 술을 떠서 쓴다【겨울에 항아리가 차서 술밑[酒酵]이 활성화되지 않을 때, 뜨거운 물을 병에 담아 항아리 안에 넣어주면 술밑이 저절로 활성화된다】. 《구선신은서》[16]

放入缸內, 每二斗米, 用白酒麴五丸【三斗則用九丸】. 蓋缸口, 來日酒出, 用盞舀酒, 洗淋四邊, 如此七日取用【冬月缸冷, 酒酵不來, 用瓶⑤盛熱水, 放缸內, 酒酵自來】. 《臞仙神隱書》

5) 왜백주(倭白酒) 빚기(왜백주방)

倭白酒方

곱게 찧은 찹쌀 7승으로 술밥을 지어 식힌 뒤 10승의 술 안에 담가서 단단히 봉한다. 봄여름에는 3

用糯米精鑿七升爲饎, 冷定, 漬一斗酒中, 固封之. 春

왜백주(《왜한삼재도회》)

16 출전 확인 안 됨 ; 《山林經濟》 卷2 〈治膳〉 下 "釀酒" '白酒'(《農書》2, 334~335쪽).

⑤ 甁 : 저본에는 "缸". 《山林經濟·治膳·釀酒》에 근거하여 수정.

일, 가을겨울에는 5일이 지나면 개봉한다. 젓가락으로 그 밥알을 풀어주면서 단맛이 생길 때까지 맛을 본다. 술지게미까지 맷돌로 갈아주면 우윳빛처럼 희고 감미롭다. 본초서에서 말한 '백주(白酒)를 차(醝)라고 한다.'[17]라 한 술이 이 종류이다. 《화한삼재도회》[18]

夏三日, 秋冬五日開封. 以箸解分其飯粒, 嘗試之, 以生甘味爲度, 連醨磨之, 白色如乳, 甘美. 本草所謂"白酒名醝"此類也. 《和漢三才圖會》

17 백주(白酒)를……한다 : 《本草綱目》 卷25 〈穀部〉 "酒", 1557쪽.
18 《和漢三才圖會》 卷105 〈造醸類〉 "醝"(《倭漢三才圖會》12, 302쪽).

11. 앙료류(醠醪類, 탁주류)

醠醪類

1) 이화주(梨花酒) 빚기(이화주방)

梨花酒方

일명 '백설향(白雪香)'이다. 1월 첫 번째 해(亥)가 들어가는 날이나 1월 상순(上旬)에 빚는다. 흰쌀을 물에 담갔다가 건져내 곱게 가루 낸 뒤, 고운체로 친다. 이를 물을 쓰지 않고 반죽해서 계란만 한 덩어리를 만든다.

一名"白雪香". 正月上亥日或上旬, 白米浸水漉出, 細末, 細篩. 不用水捏作塊, 大如鷄卵.

만든 덩어리는 항아리 속에 솔잎을 켜켜이 깔아가면서 펴 놓은 뒤 방안의 덥지 않은 곳에 둔다. 7일이 되면 꺼내서 멍석이나 생베 위에 펴고 햇볕에 말린다. 반나절이 지나면 또 솔잎에 묻어둔다. 이와 같이 다시 한 뒤 햇볕에 바싹 말린다. 이렇게 만든 누룩을 종이봉투에 담아두었다가 배꽃이 핀 뒤에 빚는다[1]【여름이 지나 빚어도 좋다】.

於甕中, 用松葉作隔層鋪, 放房內不煖處. 七日, 出鋪草薦或生布上, 曬乾. 半日又埋松葉. 如是者再次後, 曬令極乾. 藏置紙囊, 梨花開後, 釀之【經夏亦可】.

흰쌀을 100번 씻어 가루 낸 뒤, 구멍떡[孔餠]을 만들고 삶아내서 식힌다. 만들어둔 누룩가루와 이를 고루 섞어 항아리에 넣는다. 2~3일에 1번씩 뒤집어준다. 봄에는 7일, 여름에는 21일이면 쓸 수 있다.[2]

白米百洗, 爲末, 作孔餠, 煮出停冷. 以所造麴末拌均, 入甕. 數日一翻倒, 春一七, 夏三七, 可用.

1 종이봉투에……빚는다 : 이화주(梨花酒)는 배꽃[梨花]이 필 때 빚는 술이라는 의미이다.

2 봄에는……있다 : 기온이 더 낮은 봄에 술이 일찍 익는 점이 의아하다. 원문에 착오가 있는 듯하다.

사진63 이화주

더울 때는 항아리를 물속에 둔다. 술을 빽빽하고 달게 하려면 쌀 10승에 누룩가루 7승을 넣고, 맑고 독하게 하려면 누룩가루 3~4승을 넣은 다음, 떡 삶은 물을 식힌 뒤, 섞어서 빚는다.

熱時，置甕水中．欲酒稠甘，則米一斗入麴末七升；欲其清烈，則入三四升，煮餠水停冷，調釀．

혹 쌀을 찌고 밥을 지어 보통 빚는 방법대로 하기도 하고, 찹쌀을 쓰기도 한다. 끓이지 않은 물[生水]을 모두 처음부터 끝까지 절대 금한다. 누룩덩어리를 만들 때 너무 마르면 단단하지 못하고, 너무 질면 가운데가 썩어서 푸른 점이 생긴다.《사시찬요보》[3]

或烝米爲飯，如常釀法，或用糯米．皆終始，切忌生水．作塊時，太燥則不堅；太濕則中腐有青點．《四時纂要補》

2) 집성향(集聖香) 빚기(집성향방)

集聖香方

민간에서는 '사절주(四節酒)'라고도 한다. 흰쌀 10승을 곱게 가루 내어 푹 찐 뒤, 누룩가루 2.5승, 밀가루 0.5승, 끓인 물 3병을 섞어 빚는다.

俗名"四節酒". 白米一斗細末，熟烝，麴末二升五合、眞麪五合、湯水三瓶，和釀.

봄가을에는 4~5일, 여름에는 3~4일이 지나면 흰쌀 20승을 흐물흐물하게 찐 뒤【찹쌀이면 더욱 좋다】, 누룩의 추가 없이 섞어 빚는다. 7일이 지나면

春秋四五日，夏三四日，白米二斗爛烝【粘米尤好】，無麴交釀．七日當出清酒

3 출전 확인 안 됨 ;《山林經濟》卷2〈治膳〉下 "釀酒" '梨花酒'(《農書》2, 332~333쪽).

마땅히 청주 3병, 탁주 1동이가 나온다. 탁주의 맛은 이화주(梨花酒)와 같다. 《삼산방》[4]

三甁、濁酒一盆, 而濁之味如梨花酒.《三山方》

【안 이 방법은 청주와 탁주를 겸하여 얻을 수 있지만 청주는 적고 탁주가 많으므로 앙료류(醠醪類)로 묶었다】

【案 此方雖兼取淸酒、濁酒, 而淸少濁多, 故系之醠醪之類】

3) 가을보리술(추모주) 빚기(추모주방)

秋麰酒方

가을보리를 곱게 찧고 물에 담가 하룻밤 묵힌 뒤, 다시 새로 길어온 물에 3번 담근다. 10일 뒤에 반쯤 뜨면 손으로 주물러서 부순다. 이를 시루에 얹어 푹 찐 뒤, 방아에 넣고 빻는다. 보리쌀 1사발마다 묵은 누룩 1줌을 넣은 뒤, 섞고 빻아서 항아리에 담는다. 물기가 없도록 하여 찬 곳에 두고 두터운 종이로 아가리를 봉한다. 14일 뒤에 향기가 방안에 가득해야 마실 수 있다. 《삼산방》[5]

秋麰精舂, 浸水經宿, 更浸新水三度. 十日後, 半腐, 用手按之, 使碎, 上甑熟炊, 入碓擣之. 每麰米一鉢, 入陳麴一握, 和擣盛缸. 勿有水氣, 置冷處, 封以厚紙. 二七日後, 香氣滿室, 乃可飮.《三山方》

사진64 집성향

서진65 추모주

사진66 모미주

4 출전 확인 안 됨.

5 출전 확인 안 됨 ;《增補山林經濟》卷9〈治膳〉下 "造酒諸法" '秋麰酒法'(《農書》4, 180쪽).

보리술(모미주) 빚기[6] : 보리쌀로 밥을 지은 뒤【봄보리로도 빚을 수 있다】 퍼내어 찬물에 담근다. 3일 뒤에 햇볕에 말린 뒤 다시 빻아 나머지 껍질까지 깨끗이 벗겨지게 한다. 일반적인 술 빚는 방법대로 빚는다. 《증보산림경제》[7]

麰米酒方 : 麰米炊作飯【春麰亦可造】, 取出浸冷水, 三日後曬乾, 改舂, 令餘麩淨盡. 依常釀法, 釀之. 《增補山林經濟》

4) 백료주(白醪酒) 빚기(백료주방)

白醪酒方

생차좁쌀 1석을 마련한다. 방국(方麴, 모난 누룩) 2근을 잘게 썬 뒤 샘물로 누룩을 담가 단단히 덮어둔다. 이틀밤을 묵혀 누룩이 물 위에 떠서 피어오르면 쌀 30승으로 밥을 지어 넣어주고[8] 고루 섞어서 덮어준다. 5일을 채워야 좋다. 술맛이 달기가 우유와 같다. 9월 보름이 지난 뒤에는 빚을 수 없다. 《식경》[9]

生秫米一石. 方麴二斤, 細剉, 以泉水漬麴, 密蓋. 再宿, 麴浮, 起, 炊米三斗酘之, 使和調, 蓋. 滿五日乃好. 酒甘如乳. 九月半後, 不[1]作也. 《食經》

5) 분국(笨麴) 백료주(白醪酒) 빚기(분국백료주방)

笨麴白醪酒方

누룩을 깨끗이 깎아내고 다듬어 볕을 쬐어 말린다. 누룩을 물에 담글 때는 반드시 누룩을 서로 묶어서 누룩이 물에 완전히 잠기도록 물속에 두어야 한다. 7일 정도 되면 주물러 깨뜨린 뒤 찌꺼기를 걸러낸다. 찹쌀로 밥을 짓고 펼쳐서 차갑게 식힌 뒤 뜻대로 넣어준다. 술을 마시고, 마신 만큼 빚어 넣고 서야 술이 다하게 된다.

淨削治麴, 曝令燥. 漬[2]麴, 必須累餠置水中, 以水沒餠爲候. 七日許, 搦令破, 漉出滓. 炊糯米, 攤令極冷, 以意酘之. 且飮且酘, 乃至盡.

---

6 보리술(모미주) 빚기 : "11) 보리소주(모미소주) 빚기(모미소주방)" 항목에 더 자세한 내용이 보인다.

7 《增補山林經濟》卷9〈治膳〉下 "造酒諸法" '麰米酒法'(《農書》4, 180쪽).

8 쌀……넣어주고 : 마련한 생 차좁쌀 1석 중에 30승만 사용했다. 나머지 70승의 용처는 불분명하다.

9 출전 확인 안 됨 ;《齊民要術》卷7〈笨麴餠酒〉66 "食經作白醪酒法"(《齊民要術校釋》, 519쪽).

[1] 不 : 저본에는 "可".《齊民要術·笨麴餠酒·食經作白醪酒法》에 근거하여 수정.

[2] 漬 : 저본에는 "淸".《齊民要術·笨麴餠酒·笨麴白醪酒法》에 근거하여 수정.

멥쌀로도 빚을 수 있다. 빚을 때는 반드시 한식(寒食) 전에 한 번 넣어주도록 한다.《제민요술》[10]

秔米亦得作. 作時, 必須寒食前令得一酘之也.《齊民要術》

10 《齊民要術》卷7〈笨麴餅酒〉66 "笨麴白醪酒法"(《齊民要術校釋》, 511쪽)

12. 예류(醴類, 단술류)

醴類(甘酒)

1) 감주(甘酒) 빚기(감주방)

甘酒方

찹쌀 2승을 100번 씻어 가루 낸 뒤, 쌀가루로 구멍떡을 만들고 푹 삶는다. 이를 누룩가루 2승과 섞는다.

粘米二升百洗, 作末, 造孔餠, 烹熟. 麴末二升相和.

여름에는 5일, 봄가을에는 7일 뒤에, 찹쌀 20승을 100번 씻고 물에 담가서 적신 뒤 푹 찐다. 식으면 이를 앞의 밑술과 고루 섞어 독 안에 넣는다. 깨끗이 닦아내어 끓이지 않은 물의 기운이 없도록 한다. 익으면 마신다. 《증보산림경제》[1]

夏五日, 春秋七日後, 粘米二斗百洗浸潤, 烝熟, 候冷, 與前本調和, 納甕內. 拭淨, 勿令有生水氣. 待熟, 飮之. 《增補山林經濟》

2) 청감주(淸甘酒) 빚기(청감주방)

淸甘酒方

찹쌀 10승으로 고두밥을 찐다. 누룩가루 0.5승에 물을 쓰지 않고 좋은 술 1병으로 빚는다. 그 맛이 꿀과 같다. 《고사촬요》[2]

粘米一斗烝飯. 麴末半升不用水, 以好酒一甁釀之. 其味如蜜. 《攷事撮要》

3) 왜예주(倭醴酒) 빚기(왜예주방)

倭醴酒方

쌀 10승으로 밥을 쪄서【식혀서 쓴다】누룩 10승, 물 12승과 고루 섞는다. 하룻밤을 묵히면 익는

米一斗烝飯【冷定用之】, 麴一斗、水一斗二升, 和均.

---

1 《增補山林經濟》 卷9 〈治膳〉 下 "造酒諸法" '甘酒法'(《農書》4, 179쪽).

2 《攷事撮要》 下 〈雜方〉 "淸甘酒", 70쪽 ; 《山林經濟》 卷2 〈治膳〉 下 "釀酒" '淸甘酒'(《農書》2, 334쪽).

사진67 왜미림주

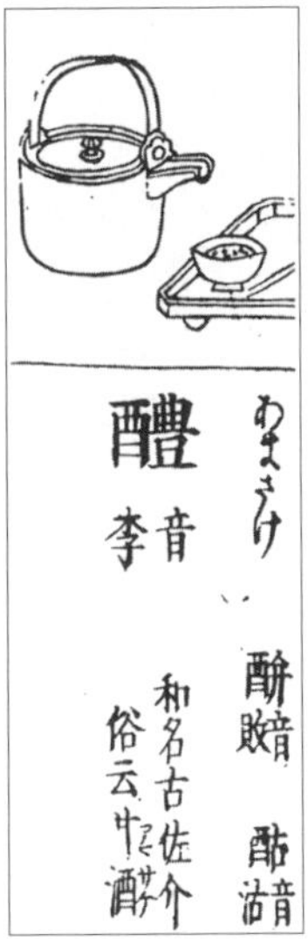

왜예주(《왜한삼재도회》)

왜미림(《왜한삼재도회》)

데, 거르지 않고 마신다.

혹은 누룩을 씻고 누룩의 밥알을 제거한 뒤 국의(麴衣)[3]만 취하여 빚은 경우는[4] 술을 마시는 데 걸림이 없고 치아에 더욱 좋다. 《화한삼재도회》[5]

一宿而熟, 不榨飮之.

或洗麴, 去飯粒, 取用麴衣者, 啜之不碍, 齒更良. 《和漢三才圖會》

4) 왜미림주(倭美淋酒) 빚기(왜미림주방)

찹쌀 3승을 물에 담가 하룻밤 묵힌 뒤, 고두밥을 찐다. 식으면 누룩 2승, 소주 10승을 고루 섞어 빚는다. 7일마다 1번씩 저어주고 21일이면 술이 된다. 술지게미를 걸러내고 마시면 그 맛이 매우 달다. 부

倭美淋酒方

糯米三升漬水一宿, 烝飯, 待冷, 麴二升、燒酒一斗, 和均, 釀之. 每七日, 一次攪之, 三七日而成. 榨去糟

---

3 국의(麴衣) : 누룩 옷. 누룩 표면에 붙은, 번식이 활발한 누룩곰팡이.

4 혹은……경우는 : 누룩을 물에 담가 누룩 기운만 우려내고 누룩찌꺼기는 빚을 때 들어가지 않은 경우로 추정된다.

5 《和漢三才圖會》卷105 〈造釀類〉 "醴"(《倭漢三才圖會》12, 297~298쪽).

녀자들이 잘 마신다. 그 술지게미도 달아서 천민들이 과자 대신 먹는다.《화한삼재도회》[6]

飮之, 其味甚甘. 婦女喜飮之, 其糟亦甘, 賤民用代菓子.《和漢三才圖會》

6 《和漢三才圖會》卷105〈造釀類〉"美淋酒"(《倭漢三才圖會》12, 301~302쪽).

13. 소로류(燒露類, 소주류)

燒露類

1) 소주 빚기 총론(소주총방)

燒酒總方

일명 '화주(火酒)'이고, '아랄길주(阿剌吉酒)'이다. 소주는 오래된 조주법이 아니다. 원나라 때부터 처음 그 조주법이 만들어졌다. 진한 술을 술지게미와 섞고 시루에 얹은 뒤 쪄서 김이 올라오게 했다가 떨어지는 소주를 그릇에 받는다.

一名"火酒", 一名"阿剌吉酒". 燒酒, 非古法也. 自元時始創其法, 用濃酒和糟入甑, 烝令氣上, 用器承取滴露.

일반적으로 시어서 상한 술은 모두 증류하여 소주를 골 수 있다. 근래에는 오직 찹쌀이나 멥쌀, 기장이나 찰기장(고량)이나 보리를 푹 찐 다음, 누룩과 섞어 빚은 뒤 독에 7일간 두었다가 시루에 쪄서 소주를 취한다. 그 맑기가 물과 같고 맛은 매우 진하고

凡酸壞之酒, 皆可烝燒. 近時惟以糯米或粳米, 或黍或秫或大麥烝熟, 和麴釀, 甕中七日, 以甑烝取. 其淸如水, 味極濃烈, 蓋酒露

사진68 소줏고리로 증류하기

사진69 소줏고리 상부 냉각 중

사진70 내국향온·내국홍로

사진71 붉은 빛을 내려고 소줏고리에서 떨어지는 술을 받을 때 지초를 병아가리에 둔 모양

독하니, 대개 술의 정화[露, 이슬]이다. 《본초강목》[1]

也.《本草綱目》

2) 내국홍로(內局紅露) 빚기(내국홍로방)

內局紅露方

빚는 법은 향온주(香醞酒)[2]와 같으나 누룩은 20승으로 제한한다. 향온주 3병을 만들면 소주 2복자[鐥][3]가 나온다. 소줏고리에서 떨어지는 술을 받을 때 자초(紫草)[4] 1냥을 잘게 썰어 병아가리에 받쳐 두면 술에 붉은 빛이 진하고 깊게 된다. 또 내의원[內局]에서는 청주를 은소줏고리로 만들므로 외부의 소주와는 같지 않다. 《문견방》[5]

釀如香醞，而麴則二斗爲限. 香醞三甁，燒出二鐥. 承露時，以紫草一兩，細切，置于甁口，則紅色濃深. 且內局則以淸酒用銀器煮取，故與外處燒酒不同.《聞見方》

3) 노주(露酒) 20승 빚기(노주이두방)

露酒二斗方

멥쌀과 찹쌀 각 1승을 물에 담가 불린 뒤 가루

粳米、糯米各一升，浸潤，

---

1 《本草綱目》卷25〈穀部〉"燒酒", 1567쪽.
2 향온주(香醞酒) : 위 '향온주' 항목 참조.
3 복자[鐥] : 기름을 되는 데 쓰는 그릇. 모양이 접시와 비슷하고 한쪽에 귀때가 붙어 있다.
4 자초(紫草) : 지칫과의 여러해살이 풀. 지치라고도 한다.
5 출전 확인 안 됨 ;《山林經濟》卷2〈治膳〉下 "釀酒" '內局紅露酒'(《農書》2, 337쪽).

낸다. 이를 고운 누룩가루 9승, 끓인 물 8승과 섞어 빚는다.

作末. 細麴九升、湯水八升, 和釀.

3일이 지나 찹쌀 20승을 물에 담가 불리고 밥을 찐다. 식으면 이를 밑술과 합하여 빚고 7일 뒤에 곤다. 소줏고리 위의 냉각수를 12번 바꾸면 그 맛이 고르며 순하고, 8~9번 바꾸면 맛이 매우 독하다.[6] 《사시찬요보》[7]

過三日, 糯米二斗浸潤烝飯, 待冷, 與本合釀, 七日後燒之, 而易上水十二次, 則其味平順; 八九次, 則味極烈.《四時纂要補》

4) 절주(切酒) 빚기(절주방)

切酒方

누룩부스러기 0.1승 남짓에 끓인 물 4승 남짓을 식힌 뒤 고루 섞어서 항아리에 넣는다. 다음날 아침 흰쌀 3승을 100번 씻어 가루 낸 뒤, 고두밥을 쪄서 손으로 덩어리를 곱게 풀어놓는다. 식으면 그 전날 누룩부스러기 담근 물을 체로 쳐서 찌꺼기를 걸러낸 뒤 고두밥과 합하여 빚는다.

麴屑一合餘, 沸湯四升餘停冷, 和均入缸. 翌朝, 取白米三升百洗, 作末, 烝之, 用手細解其塊, 候冷, 將昨浸麴屑水篩濾滓, 合釀.

3일째 흰쌀 1승, 찹쌀 1승을 섞어서 합한 뒤, 깨끗이 씻고 물에 담가 불려서 가루 낸다. 여기에 물 10사발을 고루 섞어 노구솥에 넣고 1번 끓으면 퍼내어 식도록 둔다. 또 물 10사발을 팔팔 끓여서 식힌 뒤에 누룩가루 4승과 섞는다. 여기에 앞에서 만들어둔 쌀가루물을 합하여 한곳에서 고루 저어준다.

三日, 將白米一升、粘米一升, 和合, 淨洗浸潤, 作末. 以水十鉢調和, 下鍋一沸, 取出放冷. 又以水十鉢煎沸, 候冷, 和麴末四升, 合前作米末水, 一處攪均.

다음날 찹쌀 10승을 깨끗이 씻고 물에 담가 불린 뒤 고두밥을 찐다. 식으면 여기에 앞의 밑술과 쌀가루물을 합하여 빚는다.

翌日, 用粘米一斗淨洗浸潤, 烝之, 候冷, 用前本及米末水, 合釀.

---

6 소줏고리……독하다 : 소줏고리에서 떨어지는 소주는 뒤로 갈수록 알코올 도수가 낮아지므로 냉각수를 여러 번 바꿀수록 술맛이 순해진다.

7 출전 확인 안 됨 ; 《山林經濟》 卷2 〈治膳〉 下 "釀酒" '露酒二斗方'(《農書》2, 337~338쪽).

사진72 노주 20승

사진73 관서 감홍로

5일이 지나서야 익으면 체로 찌꺼기를 쳐내고 소주를 곤다. 이때 소주 15복자를 받아내면 술이 독하고, 20복자를 받아내면 술이 묽다. 《삼산방》[8]

五日乃熟, 篩去滓, 燒之. 出十五鐥則烈, 出二十鐥則淡. 《三山方》

5) 관서(關西)[9] 감홍로(甘紅露) 빚기(관서감홍로방)

關西甘紅露方

화주(火酒, 소주)의 3배를 고아서 만드는데,[10] 벌꿀을 소주 받는 항아리바닥에 바르고 다시 자초 1냥을 넣는다. 맛은 매우 달고 독하며, 색은 연지처럼 붉다. 소주 중에서 상품이다. 《고사십이집(攷事十二集)[11]》[12]

以火酒三倍, 煎熬以成, 而用蜂蜜塗于承露缸底, 更入紫草一兩. 味極甘烈, 色如臙脂紅. 露① 酒② 中上品也. 《攷事十二集》

---

8 출전 확인 안 됨.

9 관서(關西) : 평안도와 황해도 북부 지역. 마천령 서쪽지방이라는 의미.

10 화주(火酒, 소주)의……만드는데 : 화주 1병을 얻기 위해서 술 3병을 증류한다는 의미.

11 고사십이집(攷事十二集) : 서유구의 조부 서명응(徐命膺, 1716~1787)이 지은 유서(類書). 총 12권 6책으로, 12집(集) 360제(題)의 체제를 갖췄다. 서명응은 어숙권(魚叔權, ?~?)이 1515년에 편찬한 《고사촬요(攷事撮要)》를 영조의 명을 받고 증보하여 《고사신서(攷事新書)》를 편찬했고, 이를 개인적으로 보완하여 만든 책이 《고사십이집》이다.

12 《攷事十二集》 卷11 〈戌集〉 56 "酒齊造法" '醍類' (《保晩齋叢書》10, 516쪽)

① 露 : 《攷事十二集·戌集·酒齊造法》에는 "醍".

② 酒 : 저본에는 없음. 오사카본·《攷事十二集·戌集·酒齊造法》에 근거하여 보충.

6) 관서 계당주(桂糖酒) 빚기(관서계당주방)

關西桂糖酒方

빚는 방법, 고는 방법, 소주를 받는 방법은 위와 같지만, 계핏가루와 설탕가루를 항아리아가리에 두어 맛이 매우 뛰어나다.

釀法、煎法、承露法同上, 而以桂皮末、砂糖屑, 置缸口, 味殊絕.

【《식물본초(食物本草)[13]》에서는 다음과 같이 말했다. "섬라주(暹羅酒)[14]는 소주를 다시 2번 고으면서 진귀하고 보배로운 향료를 넣어준다. 그 술병마다 단향(檀香)[15] 10여 근을 태우고 그 연기를 쐬어 옻칠한 것처럼 한다. 그런 뒤에 술병에 술을 붓고 아가리를 밀랍으로 봉한 뒤 흙속에 2~3년 묻어두었다가 불기운이 완전히 날아가면 꺼내어 쓴다. 일찍이 어떤 사람이 그 술을 들고 큰 배에 탔다가 3~4잔 마시면 바로 취하여 값이 몇 배가 되었다. 적병(積病)[16]이 있는 사람도 1~2잔 마시면 바로 나으며 몸속의 벌레도 죽인다."[17] 우리나라의 감홍로(甘紅露)나 계당주(桂糖酒)가 그에 비슷하다】《고사십이집》[18]

【《食物本草》云:"暹羅酒, 以燒酒復燒二次, 入珍寶異香. 其壜每箇, 以檀香十數斤燒烟薰, 令如漆. 然後入酒蠟封, 埋土中二三年, 絕去燒氣, 取出用之. 曾有人携至舶, 能飮三四盃卽醉, 價直數倍. 有積病人, 飮一二盃卽愈, 且殺蟲." 我國甘紅露、桂糖酒近之】《攷事十二集》

7) 죽력고(竹瀝膏) 빚기(죽력고방)

竹瀝膏方

죽력(竹瀝)[19]과 백밀 적당량을 소주 안에 넣고 그릇째로 끓는 물에 넣은 뒤 중탕하고 꺼내어 쓴다.

竹瀝、白蜜量宜, 入燒酒內, 以其器入滾湯中, 重湯,

---

13 식물본초(食物本草) : 중국 명(明)나라의 적충(狄冲)·요문청(姚文清) 등이 편집한 의서(醫書). 상권에는 수(水)·곡(穀)·채(菜)·과(菓) 등 4류(類) 212조가, 하권에는 금(禽)·수(獸)·어(魚)·미(味) 등 4류 175조가 수록되어 있다.

14 섬라주(暹羅酒) : 섬라 지역의 술. 섬라는 태국의 옛 이름인 사이암(Siam)의 중국식 표기.

15 단향(檀香) : 자단, 백단 따위의 향나무를 통틀어 이르는 말.

16 적병(積病) : 체증이 오래되어 배 속에 뭉은 덩어리가 생기는 병. 적취(積聚)라고도 한다.

17 섬라주(暹羅酒)는……죽인다 : 《本草綱目》 卷25 〈穀部〉 "燒酒", 1567쪽.

18 《攷事十二集》 卷11 〈戌集〉 56 "酒齊造法" '醴類' (《保晩齋叢書》10, 516쪽)

19 죽력(竹瀝) : 벼과 솜대의 마디줄기를 태울 때 유출되는 즙액. 중풍·열담·번갈 등의 병을 치료한다.

사진74 관서 계당주

사진75 죽력고

사진76 이강고

혹은 생강즙을 넣어도 좋다. 《증보산림경제》[20]

取出用之. 或入生薑汁亦可. 《增補山林經濟》

8) 이강고(梨薑膏) 빚기(이강고방)

梨薑膏方

아리(鵝梨)[21]는 껍질을 벗긴 뒤 와기(瓦器)나 석기(石器) 위에서 갈아 즙을 받는다. 이를 명주주머니에 걸러서 찌꺼기를 버린다. 생강도 즙을 받아 찌꺼기를 버린다. 이들을 백밀과 잘 섞어 소주병 안에 쏟아붓고 중탕하여 꺼내 쓰는 공정은 죽력고(竹瀝膏) 만드

鵝梨去皮, 瓦、石上磨取汁, 絹帒濾去渣. 生薑亦取汁, 濾渣. 白蜜調和, 傾入燒酒甁內, 重湯, 取用, 如竹瀝膏法. 《增補山林經

1. 소줏고리에서 술을 받는다

2. 아리와 생강을 갈아 즙을 받고 명주주머니에 거른다

20 《增補山林經濟》 卷9 〈治膳〉 下 "造酒諸法" '竹瀝膏法'(《農書》4, 181쪽).

21 아리(鵝梨) : 배의 일종. 다른 배에 비해 수분이 매우 많다.

3. 즙을 백밀과 잘 섞어 소주병 안에 쏟아 붓는다

4. 중탕한다

사진77 이강고 빚기

는 법과 같다. 《증보산림경제》[22]

濟》

9) 적선소주(謫仙燒酒)[23] 빚기(적선소주방)

멥쌀 1.5승을 100번 씻어 하룻밤 묵힌 뒤 가루 낸다. 이 멥쌀가루를 끓는 물 40승에 넣어 죽을 만든다. 식으면 이를 좋은 누룩가루 3승과 섞어 독에 넣는다. 여름에는 3일, 겨울에는 5일을 둔다.

찹쌀 10승을 100번 씻어 하룻밤 묵힌 뒤 고두밥을 찐다. 이를 앞의 밑술과 합하여 빚은 뒤 술이 익으면 4등분해서 곤다. 1번 고으면 4승이 나오므로, 모두 합하여 16승을 얻는다. 맛이 좋다. 《음선요람》[24]

謫仙燒酒方

粳米一升五合百洗經宿，作末．湯水四斗作粥，待冷，好麴末三升和合，入甕，夏三日，冬五日．

粘米一斗百洗經宿，烝飯．與前本合釀，待熟，分四燒之．一燒出四升，合得十六升，味佳．《飮饍要覽》

10) 삼일노주(三日露酒) 빚기(삼일노주방)

쌀 10승을 물에 담가 떠오르면 체로 걸러서 건져 내 말린 뒤 가루 낸다. 쌀가루로 죽을 쑤어 식으면

三日露酒方

稻一斗浸水，待其浮，漉篩瀝乾，作末．熬爲粥，候

---

22 《增補山林經濟》卷9〈治膳〉下 "造酒諸法" '梨薑膏法'(《農書》4, 182쪽).

23 적선소주(謫仙燒酒) : 인간 세상으로 귀양을 온 신선이 먹는 소주란 의미. '적선(謫仙)'은 보통 중국 당나라의 시인 이백(李白, 701~762)을 지칭하기도 한다.

24 출전 확인 안 됨.

사진78 적선소주

사진79 보리소주

사진80 밀소주

이를 누룩가루 3승으로 섞어 빚는다. 1~2일 지나면 고아서 노주(露酒)를 만든다. 《음선요람》[25]

涼, 麴末三升和釀. 過一兩日, 燒作露酒.《飮饍要覽》

11) 보리소주(모미소주) 빚기(모미소주방)

麰米燒酒方

보리쌀로 고두밥을 지은 뒤 퍼내어 찬물에 담가 둔다. 3일이 지난 뒤에 걸러내어 햇볕에 말린다. 이를 다시 찧어 쌀알에 붙은 남은 보리기울까지 깨끗이 다 빻는다. 보리쌀 10승마다 누룩가루 4승을 넣고 일반적 방법대로 빚은 뒤 술이 익으면 고아서 노주를 만든다. 《증보산림경제》[26]

麰米炊作飯, 取出浸冷水. 三日後漉出, 曬乾, 改舂, 令粒上餘麩淨盡. 每米一斗, 入麴末四升, 釀如常法, 燒作露酒.《增補山林經濟》

12) 밀소주(소맥노주) 빚기(소맥노주방)

小麥露酒方

밀 10승을 깨끗이 씻어 모래와 돌을 일어낸 뒤 물에 담가 푹 불린다. 불린 밀을 시루에 얹고 흐물흐물하게 쪄서 방아에 넣고 빻는다. 이를 손으로 반죽하여 떡을 만든다. 햇볕에 반쯤 말려 또 빻는다. 여

小麥一斗淨洗, 淘去沙石, 浸水極潤. 上甑爛烝, 下碓擣之, 用手揉捏作餠. 曬至半乾, 又擣之. 以麴

25 출전 확인 안 됨.
26 《增補山林經濟》卷9〈治膳〉下 "造酒諸法" '麰米燒酒法'(《農書》4, 180쪽).

기에 누룩가루 4승을 섞어가면서 계속 빻은 뒤 다시 반죽하여 떡을 만든다. 물 10승을 끓여 식힌 뒤 떡과 함께 섞어 독에 들인다. 5일 뒤에 일반적인 방법대로 곤다. 《문견방》[27]

末四升, 且和且舂, 更揑作餠. 以水一斗沸過, 停冷, 與餠納甕. 五日後, 燒如常法. 《聞見方》

13) 메밀소주(교맥노주) 빚기(교맥노주방)

蕎麥露酒方

메밀 40~50승을 일반적인 방법대로 술을 빚는다. 술이 막 익을 때쯤 여기에 또 보리쌀 15승으로 죽을 쑤어 부어준다. 독 위의 표면이 누렇게 덮이면 이를 주머니에 담아 찌꺼기를 걸러낸 뒤 고아서 맑은 노주를 얻는다. 이렇게 하면 연기 냄새가 전혀 없다. 《삼산방》[28]

木麥四五斗, 依常法釀酒. 方熟, 又以麰米一斗五升作粥, 注之. 待甕面澄黃, 盛帒漉去滓, 燒取淸露, 頓無烟臭. 《三山方》

14) 귀리소주(이모노주) 빚기(이모노주방)

耳麰露酒方

곱게 찧은 귀리 100승을 둥구미로 싸서 길게 흐르는 물속에 담가둔다. 3일이 지난 뒤에 꺼내어 멥쌀 30승과 함께 2번 뜸을 들인 밥을 지은 뒤 펼쳐서 식힌다. 이를 밀기울누룩가루 80승으로 고루 섞어 독에 넣는다. 술이 익으면 일반적인 방법대로 고아서 노주를 받는다. 《옹치잡지》[29]

耳麰精鑿十斗, 用藁篅包裹, 浸長流水中. 三日取出, 同粳米三斗, 炊作再餾飯, 攤冷. 用麩麴末[3]八斗拌均, 入甕, 待熟, 燒取露如常法. 《饔饎雜志》

---

27 출전 확인 안 됨 ; 《增補山林經濟》 卷9 〈治膳〉 下 "造酒諸法" '小麥燒酒法'(《農書》4, 176쪽).

28 출전 확인 안 됨.

29 출전 확인 안 됨.

[3] 末 : 저본에는 "米". 오사카본에 근거하여 수정.

15) 송순주(松筍酒) 빚기(송순주방)

松筍酒方

150승을 빚으려면 먼저 멥쌀 100승으로 삼해주(三亥酒)[30]를 빚는다. 삼해주를 고아서 백색의 노주가 나오면 그 맛이 반드시 고르고 순해야지 너무 독하면 쓰기에 적당하지 않다. 또 탄내가 나지 않게 해야 한다. 삼해소주는 항아리아가리를 밀봉하여 미지근한 방안에 둔다.

要釀十五斗者, 先以粳米十斗造三亥酒. 燒出白色露酒, 而其味必令平順, 過烈則不中用矣. 又勿令犯焦爝氣. 密封缸口, 放微溫室內.

4~5월이 되면 소나무햇순이 0.5~0.6척 나온 뒤에 따로 찹쌀 50승 안에서 먼저 5승을 가루 낸 뒤, 죽을 쑤어 농도를 맞춘다. 식으면 여기에 좋은 누룩가루 3.5승을 섞어 빚는다. 이것이 바로 밑술[酒本]이다.

待四五月間, 松抽新筍五六寸, 然後另將糯米五斗內, 先取五升擣末, 作粥, 稀稠得中, 候冷, 和好麴末三升五合, 釀之, 此是酒本也.

3~4일이 지난 뒤에 쥐꼬리모양의 소나무순 1큰 광주리를 딴다. 순은 썰지 말고 손으로 그 잔솔잎을 제거하고 끓는 물속에 넣었다가 잠시 뒤에 꺼내면 쓴맛이 다 사라질 것이다. 이를 서늘한 곳에 펴 둔 뒤 바로 앞에서 남은 찹쌀 45승을 물에 담갔다가

過三四日後, 採取松筍如鼠尾狀者一大筐. 勿剉, 以手去其毛葉, 投沸湯內, 少傾取出, 則苦味盡去矣. 攤置涼處, 卽以前所餘糯

사진81 메밀소주

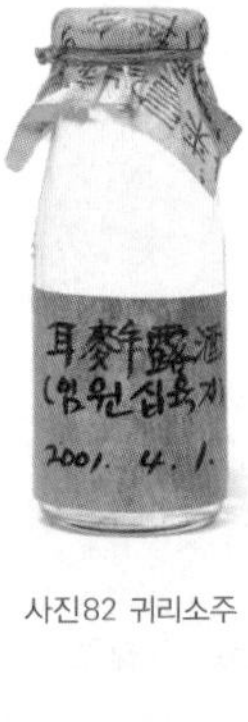

사진82 귀리소주

사진83 송순주

30 삼해주(三亥酒) : 시양류(時釀類)의 "삼해주" 항목 참조.

사진84 소나무순

일어서 밥을 지은 뒤 펼쳐서 식힌다. 그런 뒤에야 앞에서 빚어놓은 밑술을 쏟아내어 찌꺼기를 걸러낸 다음 소나무순·찹쌀밥과 함께 한곳에서 고루 섞는다. 이때 별도의 누룩을 쓰지 않고 다시 독 안에 넣는다.

米四斗五升, 浸淘炊熟, 攤冷, 乃傾出前造酒本, 濾去滓, 同松筍、糯飯, 一處和均. 不用別麴, 復入甕內.

5~6일이 지나면 그 맛이 달면서 독하지만 아직 술이 완성된 것은 아니다. 앞에서 내린 삼해소주를 술독 안에 부어 넣고 기름종이로 밀봉한 뒤 서늘한 곳에 독을 묻어둔다. 이때 흙내가 들어가지 못하게 해야 한다. 10일 정도가 지난 뒤에 용수를 박고 취하여 쓴다. 해가 지나도 맛이 변하지 않고 더없이 맛있는 술이다.

過五六日, 其味甘辛, 而猶未成酒. 以前燒露酒灌入甕內, 以油紙密封, 埋甕涼處, 勿令土氣犯入. 過十許日後, 揷篘取用. 經年, 味不變, 爲無上美醑.

【어떤 이는 "소나무순 삶은 물로 술을 빚어도 좋다."라 한다. 또 어떤 이는 "다 쓰고 다시 다른 소주를 부어주면 그 맛도 좋다."라 한다】《증보산림경제》[31]

【一云:"烹筍水, 用以釀酒亦好." 又云:"用盡, 更以他燒酒灌之, 則其味亦佳."】《增補山林經濟》

31 《增補山林經濟》卷9〈治膳〉下 "造酒諸法" '松筍酒方'(《農書》4, 172~173쪽).

사진85 과하주 빚기

사진86 과하주

16) 과하주(過夏酒) 빚기(과하주방)

過夏酒方

찹쌀 10승을 100번 씻고 물에 담가 하룻밤 묵혀 걸러낸다. 이 쌀을 물 0.3~0.4승 뿌려가며 푹 찐 뒤에, 수건으로 그릇을 닦아 물기를 없앤다. 찐 밥을 그 그릇에 펼쳐서 식으면 흰 소주 2~3복자를 뿌려주어 밥알이 잘 풀어질 때까지 섞은 뒤 누룩가루 0.5승을 섞어 항아리에 넣는다. 술독은 뜨겁지도 차지도 않은 곳에 둔다. 푹 익으면 소주를 부어서 달고 독한 정도를 뜻대로 조절한 뒤 밥이 모두 삭으면 술주자에 올려 술을 짠다. 《산림경제보》[32]

粘米一斗百洗，水浸一宿，漉出．灑水三四合，烝熟後，以巾拭器，使無水氣，鋪烝飯，候冷，白露酒數鐥灑調，以飯粒散解爲度，和麴末五合，入缸，置不熱不冷處．待其爛熟，以露酒灌之，甘烈隨意，候飯盡解，上槽.《山林經濟補》

【안 《산림경제보》에서는 이것을 벽매주(辟霾酒)[33]의 다른 이름이라고 하지만 두 가지는 빚는 방법이 판이하기 때문에, 이는 잘못된 글인 듯하다】

【案 《山林經濟補》，以此爲辟霾酒之一名，而兩方釀法判異，疑屬誤文】

다른 방법 : 찹쌀 10승을 산가지로 헤아려가며 100번 씻고 물에 담근다. 또 곱게 가루 낸 누룩 0.5

一方：粘米一斗計籌百洗，浸．又以細末麴五合盛細

32 《山林經濟》卷2〈治膳〉下 "釀酒" '過夏酒'(《農書》2, 339쪽).

33 벽매주(辟霾酒) : 이류(酏類)의 "벽매주" 항목 참조.

승을 고운 주머니에 담은 뒤 끓인 물 0.5병을 식혀서 여기에 주머니를 담가둔다. 다음날 깨끗한 물 0.8~0.9승을 팔팔 끓인다. 식으면 이 물을 찹쌀에 고루 뿌려가며 푹 찐 뒤에 누룩 담갔던 물 0.5병【누룩 담은 주머니를 물속에서 주물러 씻은 다음 즙을 취하고 찌꺼기는 버린다】과 섞어 항아리에 넣고 단단히 봉한다.

袋, 湯水半甁, 候冷, 浸帒. 翌日, 淨水八九合湯沸, 候冷, 將粘米灑均烝熟後, 和以半甁浸麴水【麴帒, 就水中揉洗, 取汁去滓】, 納缸封固.

3일이 지나면 항아리를 열어서 푹 익었는지 살펴보고 소주를 부어준다. 만약 찹쌀로 빚어 맛이 달면 9복자를 쓰고, 맛을 독하게 하려면 다시 2~3복자를 더한다. 달게 하려면 소주의 양을 줄인다. 소주를 붓고 나서 7일이면 술주자에 올려 술을 짠다. 《증보산림경제》[34]

至三日, 開視其爛熟與否, 以露酒灌之. 若粘釀甘則用九鐥, 欲其味烈, 更加二三鐥. 欲甘則量減. 灌後七日, 上槽.《增補山林經濟》

또 다른 방법 : 좋은 누룩가루를 고운체로 친 것 0.7승을 모시주머니로 싼 뒤 끓인 물 3사발을 식혀서 여기에 담가둔다. 다음날 누룩주머니를 취하여 담가둔 물속에서 손으로 주물러 즙을 내고 한참 있다가 찌꺼기를 걸러낸다.

又方 : 好麴末細羅七合裹於苧布帒, 以湯水三鉢, 候冷, 浸之. 翌日, 取麴帒就所浸水中, 以手揉出汁, 良久, 濾去滓.

따로 찹쌀 9승, 흰쌀 2승을 100번 씻어 흐물흐물하게 찐다. 식으면 누룩즙과 섞어 독에 넣고 중품(中品)의 소주 10사발을 섞어준다【소주가 너무 독하거나 너무 묽으면 모두 쓰기에 적당하지 않으므로 반드시 중품의 소주를 써야 한다】. 이를 차지도 뜨겁지도 않은 곳에 둔다. 20일이 지난 뒤라야 익는다.

另將粘米九升、白米二升, 百洗, 爛烝, 候冷, 用麴汁和合, 入甕, 以中品燒酒十鉢調之【燒酒太烈或太薄, 皆不中用, 必取中品】, 置不冷不熱處. 二十日後, 方

34 《增補山林經濟》卷9 〈治膳〉下 "造酒諸法" '過夏酒法'(《農書》4, 173~174쪽).

비록 여름을 지나도 맛이 변하지 않는다. 《증보산림경제》[35]

熟. 雖經夏, 味不變. 同上

17) 오향소주(五香燒酒) 빚기(오향소주방)

五香燒酒方

재료는 찹쌀 50승, 고운 누룩 15근, 흰 소주 3큰 단지, 단향·목향·유향·천궁·몰약 각 1.5냥, 정향 0.5냥, 인삼 4냥을 각각 가루 낸다. 백당상(白糖霜 흰 설탕가루) 15근, 호두살 200개, 붉은 대추 3승【씨를 제거한 것】을 준비한다.

每料糯米五斗、細麴十五斤、白燒酒三大罈、檀香·木香·乳香·川芎·沒藥各一兩五錢、丁香五錢、人參四兩, 各爲末. 白糖霜十五斤、胡桃肉二百箇、紅棗三升【去核】.

먼저 쌀을 푹 찌고 바람이 통하는 데서 식힌 다음 일반적인 술 빚는 방법에 비추어 항아리 안에 흩어놓고 아가리를 잘 봉한다. 발효되어 약간 뜨거워지면 백당상 및 소주·향료·호두살·대추 등을 안에 넣고 독아가리를 두껍게 봉하여 김이 새지 않게 한

先將米烝熟, 晾冷, 炤常下酒法, 則要落在甕口缸內, 好封口. 待發微熱, 入糖幷燒酒、香料、桃、棗等物在內, 將缸口厚封, 不令出

사진87 오향소주

사진88 고구마소주

35 《增補山林經濟》 卷9 〈治膳〉 下 "造酒諸法" '過夏酒法'(《農書》4, 174쪽).

다. 7일마다 1번씩 저어준 뒤 바로 봉한다. 49일이 되면 일반적인 방법대로 술주자에 올려 술을 짠다. 1~2잔 마시고 절임안주[醃物]로 술기운을 눌러주면 봄바람과 같은 온화하고 따뜻한 묘미를 갖는다. 《준생팔전》[36]

氣. 每七日開打一次, 仍封, 至七七日, 上榨如常. 服一二杯, 以醃物壓之, 有春風和煦之妙. 《遵生八牋》

[illegible]) 포도소주(葡萄燒酒) 빚기(포도소주방)

葡萄燒酒方

[illegible] 수십 근을 큰 누룩과 같이 식초를 빚은 뒤 시루에 [illegible] 찐다. 그릇으로 시루에서 떨어지는 소주를 받으면 [illegible]의 붉은 빛이 좋아할 만하다. 옛날에 서역(西域)에서 [illegible]들었는데, 당나라 때 고창(高昌)[37]을 격파하고 처음[illegible] 그 방법을 얻었다. 맛이 매우 독하다. 큰 독이 있는[illegible] 그 정도가 소주보다 심하다. 《본초강목》[38]

取葡萄數十斤, 同大麴釀酢, 取入甑烝之, 以器承其滴露, 紅色可愛. 古者西域造之, 唐時破高昌, 始得其法. 大烈大毒, 甚於燒酒. 《本草綱目》

19) 고구마소주(감저소주) 빚기(감[illegible]주방)

甘藷燒酒方

고구마술[甘藷酒][39]을 노구솥에 붓[illegible] 일반적인 방법대로 소주를 내려 자투리소주를 만[illegible]. 혹 고구마술의 술지게미로 항상 쓰는 소주를 [illegible]는 경우에도, 쌀로 빚은 술지게미로 소주를 만드[illegible]법과 같다. 서광계 《감저소》[40]

用甘藷酒入鍋, 如法滴露, 成頭子燒酒. 或用藷糟造常用燒酒, 亦與酒糟造燒酒同. 徐玄扈《甘藷疏》

---

36 《遵生八牋》 卷12 〈飮饌服食牋〉 中 "醞造類" '五香燒酒'(《遵生八牋校[illegible] 459쪽).

37 고창(高昌) : 중국 신강성(新講省) 투루판[吐魯番] 분지에 있던 성읍국[illegible]42년 건국되었으나 640년에 당나라의 침입으로 멸망당했다.

38 《本草綱目》 卷25 〈穀部〉 "葡萄酒", 1568쪽.

39 고구마술[甘藷酒] : 과라양류(菓蓏釀類)의 "고구마술" 항목 참조.

40 《農政全書》 卷27 〈樹藝〉 "蓏部" '甘藷'(《農政全書校注》中, 695쪽)

20) 천리주(千里酒) 빚기(천리주방)

千里酒方

천선자(天仙子)[41]·천오·관중(管衆)[42] 각 1냥, 진피 0.5냥, 감초 0.1냥을 가루 낸다. 찹쌀 1승, 소주 5사발로 술을 빚되 먼저 찹쌀로 죽을 쑨 뒤 술을 빚어서 식힌다. 여기에 앞의 약가루를 넣고 고루 섞은 뒤 병 안에 넣고 단단히 봉한다.

天仙子·川烏·管衆各一兩、陳皮五錢、甘草一錢，爲末．糯米一升、燒酒五椀，煮作粥，醞，冷定．入前藥，和均，瓶內封固．

21일이 되면 꺼내어 누룩 2승을 누렇게 볶아서 가루 낸 뒤, 졸인 꿀과 섞어 앵두만 한 환으로 만든다. 여기에 수유(酥油)[43]를 발라서 금박을 입힌다. 사용할 때는 눈탕(嫩湯)[44] 속에 환 1개를 넣으면 바로 섞여서 술이 된다. 《고금비원》[45]

三七日，取出，用麴二升炒黃，爲末，煉蜜和丸如櫻桃大，抹酥油，金箔爲衣．用時，投一丸於嫩湯中，卽和成酒.《古今秘苑》

21) 왜소주(倭燒酒) 빚기(왜소주방)

倭燒酒方

새 술지게미와 왕겨를 켜켜이 시루에 담아 찐다. 이때 시루 위에도 노구솥을 얹고 여기에 물을 담아 시루에 닿도록 한다. 아래에서 물이 끓으면 소줏방울이 위의 노구솥바닥에 맺힌다. 그러면 이를 통으로 받아 소주가 시루 밖으로 나오면서 바로 소주단지로 들어간다. 이때 김이 새지 않게 한다.

用新酒糟與稃，互一層隔，盛甑烝之，甑上亦安鍋，而盛水任甑．下湯沸，滴露垂於上鍋底，以筩承之，出甑外，直走入于樽，令氣不洩也.

위쪽 노구솥의 물은 따뜻해질 때까지 쓰다가 다시 물을 갈아주고 찐다. 이를 '이번(二番, 2번째 술)'이라 한다. 이번은 냄새와 맛이 싱거워서 일번(一番, 1번째

上鍋之水，以成溫湯爲度，更換水，烝，謂之"二番"．氣味淡，不如一番佳也．

41 천선자(天仙子) : 미치광이풀의 씨. 낭탕자(莨菪子)라고도 한다.

42 관중(管衆) : 고사리목 면마과의 여러해살이 풀. 뿌리줄기를 약미로 쓴다. 쇠고비라고도 한다.

43 수유(酥油) : 소나 양의 젖을 바짝 졸여서 만든 기름 또는 버터. 티베트 사람들이 식용으로 사용한다.

44 눈탕(嫩湯) : 1번 끓어오른 물. 옛날 사람들은 물을 끓일 때 끓어오른 횟수에 따라 일비(一沸)·이비(二沸)·삼비(三沸)로 나누어 설명하면서 각각 눈탕(嫩湯)·중탕(中湯)·노탕(老湯)으로 구별했다.

45 《古今秘苑》卷2 〈千里酒〉, 3쪽.

왜소주(《왜한삼재도회》)

술)의 좋음만 못하다. 《화한삼재도회》[46]

《和漢三才圖會》

22) 소주 많이 얻는 법(소주다취로법)

찹쌀과 멥쌀 각 1승을 섞어서 깨끗이 씻은 뒤 물에 담가 불려서 가루 낸다. 쌀가루로 물 10사발에 죽을 쑤어 식힌 다음 누룩가루 4승과 섞는다.

다음날 찹쌀 10승을 깨끗이 씻어 흐물흐물하게 찐 뒤 펼쳐서 식힌다. 이를 앞의 밑술과 고루 섞어 독에 넣는다. 5일이 지나서 맛이 독해졌을 때 고아서 소주 20복자를 취하면 맛이 좋고 성질도 순하다. 《증보산림경제》[47]

燒酒多取露法

糯米、粳米各一升, 相雜淨洗, 浸潤, 作末. 用水十碗作粥, 候冷, 和麴末四升.

翌日, 用糯米一斗淨洗, 爛烝, 攤冷. 與前本和均, 納甕. 過五日, 味辛, 燒取露二十鐥, 則味佳性緩. 《增補山林經濟》

46 《和漢三才圖會》 卷105 〈造醸類〉 "燒酒"(《倭漢三才圖會》12, 301쪽).
47 《增補山林經濟》 卷9 〈治膳〉 下 "造酒諸法" '燒酒多出方'(《農書》4, 175쪽).

사진89 여러 방법으로 내린 소주

23) 소주 내리는 여러 방법(소로잡법)

燒露雜法

좋은 꿀을 소주 받는 항아리바닥에 바르면 술의 독이 사라지고 맛이 좋아진다. 꿀이 많으면 너무 달고 적으면 효과가 없으니, 양을 잘 헤아려 쓴다. 《증보산림경제》[48]

用好蜜塗承露缸底, 則毒消味佳. 蜜多則太甘, 少則無效, 斟量用之. 《增補山林經濟》

소주를 받는 병아가리에 모시조각을 받치고 계핏가루·설탕가루를 모시 위에 두면 술맛이 달고 향기롭다. 색을 붉게 하려면 자초를 더하고, 누렇게 하려면 치자를 모시조각 위에 더한다. 《증보산림경제》[49]

承露瓶口, 安苧片, 以桂皮末、沙糖屑置苧上, 則酒味甘香. 欲色紫則加紫草, 欲色黃則加梔子於苧片上. 同上

새로 돋아난 좋은 당귀를 썰어서 병 안에 두고

以新好當歸剉, 置瓶內而

48 《增補山林經濟》 卷9 〈治膳〉 下 "造酒諸法" '露酒消毒方'(《農書》4, 176쪽).
49 《增補山林經濟》 卷9 〈治膳〉 下 "造酒諸法" '露酒消毒方'(《農書》4, 176쪽).

소주를 받으면 소주의 독한 성질이 조금 완화되고 맛도 좋다. 《증보산림경제》[50]

承露, 則烈性稍緩, 味亦佳. 同上

24) 맛이 간 황주(黃酒)[51]로 소주 고는 법(소번황주법)

燒翻黃酒法

상한 술을 노구솥에 넣고 빈 시루를 노구솥 위에 두고 곤다. 200근의 맛이 간 황주마다 100근의 좋은 소주[火酒]를 내릴 수 있다. 《고금비원》[52]

以壞酒入鍋, 空甑放鍋上, 燒之. 每二百觔翻黃酒, 可燒一百觔好火酒. 《古今秘苑》

좋지 않은 술로 노주를 내리려면 반드시 먼저 다른 노주 조금을 부어서 합친 뒤에 노구솥에 넣어 곤다. 이렇게 하면 소주맛이 상당히 독해지지만 사람이 심하게 취하지 않는다. 《증보산림경제》[53]

用劣酒燒露酒, 則必先以他露酒少許灌合, 然後入鍋燒之, 味頗烈, 不甚醉人. 《增補山林經濟》

50 《增補山林經濟》卷9 〈治膳〉 下 "造酒諸法"(《農書》4, 176쪽).

51 황주(黃酒) : 찹쌀과 누룩으로 빚은 술. 색이 누렇고 알코올 도수가 비교적 낮다. 절강성의 소흥주(紹興酒)가 대표적인 황주이다.

52 《古今秘苑》卷2 〈燒翻黃酒〉, 3쪽.

53 《增補山林經濟》卷9 〈治膳〉 下 "造酒諸法" '露酒消毒方'(《農書》4, 177쪽).

14. 술 고치는 여러 방법

醫酒諸法

1) 술이 괴지 않는 상태를 고치는 법(치주불배법)

술을 빚었다가 잘못으로 차게 두어 3~4일이 지나도 발효되지 않는 경우에는 밥 가운데를 헤쳐놓고 좋은 술을 부어넣으면 잠깐 사이에 바로 괸다. 《고사촬요》[1]

治酒不醅法

醸酒失冷, 有三四日不發[1]者, 卽撥開飯中央, 以好酒傾入, 須臾便發[2].《攷事撮要》

2) 시어진 술맛을 바로잡는 법(요산주법)

만약 겨울에 술을 빚었다가 저어주는 공정이 지연되어 시어지면 볶은 검정콩 1~2승, 석회 2~3승을 술의 양에 따라 더하거나 빼서 쓴다. 이때 석회는 따로 누렇게 볶는다. 2가지를 뜨거운 채로 항아리 안에 부어넣고 급히 저어준다. 1~2일 지나 거르면 술맛이 온전해질 것이다. 《식경》[2]

拗酸酒法

若冬月造酒, 打扒遲而作酸, 卽炒黑豆一二升, 石灰二升或三升, 量酒多少加減, 却將石灰另炒黃. 二件乘熱傾入缸內, 急將扒打[3]轉. 過一二日, 榨則全美矣.《食經》

또 다른 방법 : 술 1큰병마다 붉은팥 1승을 검게

又方 : 每酒一大甁, 用赤小

1 《攷事撮要》 卷下 〈雜方〉 "救酒法", 25쪽 ; 《山林經濟》 卷2 〈治膳〉 "醸酒" '救酒不沸法'(《農書》2, 341쪽).

2 출전 확인 안 됨 ; 《農政全書》 卷42 〈製造〉 "食物" '拗酸酒法'(《農政全書校注》中, 1221쪽) ; 《竹嶼山房雜部》 卷15 〈尊生部〉 3 "酒部" '拗酸酒法'(《文淵閣四庫全書》871, 298쪽).

[1] 發 : 《攷事撮要·雜方·救酒法》에는 "沸".

[2] 發 : 《攷事撮要·雜方·救酒法》에는 "沸".

[3] 扒打 : 저본에는 "打扒". 오사카본·규장각본·고대본·《農政全書·製造·食物》에 근거하여 수정.

볶아 주머니에 담은 뒤 술병 안에 넣어두면 바로 신맛이 풀린다. 《식경》[3]

豆一升炒焦, 袋盛, 放酒中卽解. 同上

술이 시어진 상태는 변화시킬 수 있다. 감주(甘酒) 5승에 흑석(黑錫)[4] 1근을 구워서 매우 뜨겁게 한 뒤 술 속에 넣어준다. 한나절이면 신맛을 제거할 수 있을 것이다. 황보송(皇甫松)[5] 《취향일월기(醉鄕日月記)[6]》[7]

酒之酸者, 可變. 使甘酒半斗, 黑錫一斤炙令極熱, 投中. 半日, 可去之矣. 皇甫松《醉鄕日月記》

소분(韶粉)[8]은 술의 신맛을 제거한다. 《물류상감지》[9]

韶粉去酒中酸味. 《物類相感志》

술 10승마다 날계란 1개, 석고 0.5냥【빻은 것】, 사인(砂仁) 7알을 넣고 3일간 봉하여 두면 좋아진다.

每酒一斗, 用生鷄子一箇、石膏半兩【擣碎】、砂仁七立, 封三日佳.

또는 납 2근을 달구어 넣는다.

又以鉛二斤燒熱投之.

또는 석회를 물에 개어 작은 떡을 만든 뒤 붉게 달구어 넣는다.

又以石灰和水爲小餠, 燒紅納之.

또는 콩비지[豆腐滓]를 주머니에 담아 넣는다. 《삼

又以豆腐滓袋盛納之. 《三

---

3 출전 확인 안 됨 ; 《農政全書》 卷42 〈製造〉 "食物" '拗酸酒法'(《農政全書校注》中, 1221쪽) ; 《竹嶼山房雜部》 卷15 〈尊生部〉 3 "酒部" '拗酸酒法'(《文淵閣四庫全書》871, 297~298쪽).

4 흑석 : 아연광을 제련한 백색 금속.

5 황보송(皇甫松) : ?~?. 중국 당나라의 문인. 일명 숭(嵩), 자는 자기(子奇), 호는 단란자(檀欒子). 황보식(皇甫湜, 777~835)의 아들. 목주(睦州) 신안[新安, 현재 절강성(浙江省) 순안현(淳安縣)] 사람. 소박한 일상을 사(詞)로 잘 표현했다. 《전당시(全唐詩)》·《당오대사(唐五代詞)》에 그의 사와 시 30여 수가 전한다.

6 취향일월기(醉鄕日月記) : 중국 당나라의 황보송이 지은 책. 당시의 음주 문화와 일화 등을 수록했다. 책은 전하지 않고 《說郛》·《類說》등에 일부 내용이 수록되어 있다.

7 《說郛》 卷94 上 〈酒譜〉 "性味十"(《文淵閣四庫全書》881, 347쪽).

8 소분 : 소주(韶州)에서 나는 연분(鉛粉).

9 《物類相感志》 〈飮食〉(《叢書集成初編》1344, 10쪽) ; 《說郛》 卷22 下 〈物類相感志〉 "飮食"(《文淵閣四庫全書》877, 291쪽).

산방》[10]

山方》

술 1단지마다 감초 1냥, 관계 0.5냥, 사인 0.5냥을 갈아서 술에 넣는다. 4~5일 단단히 봉하여두면 신맛이 바로 가신다. 《증보산림경제》[11]

每酒一罈, 甘草一兩、官桂五錢、砂仁五錢, 研碎入酒, 封固四④五日, 酸味即去. 《增補山林經濟》

3) 백주(白酒) 신맛 풀어주는 법(해백주산법)

解白酒酸法

석결명(石決明, 전복껍데기)을 양에 관계없이 여러 개 불에 달군 뒤 갈아서 곱게 가루 낸다. 술을 뜨겁게 데워 석결명가루를 술 안에 저어 넣고 덮어둔다. 2시간이 지나서 마시면 그 맛이 곧 시지 않다. 《본초강목》[12]

用石決明, 不拘多少數個, 以火煅過, 研爲細末. 將酒燙⑤熱, 以決明末攪入酒內, 蓋住. 一時取飮之, 其味即不酸. 《本草綱目》

4) 맛이 변한 술 고치기(치주미변방)

治酒味變方

술맛이 변하여 쓰거나 시어지면 나뭇재【나뭇재를 만들 때는 감탕나무나 동백나무[海石榴]·느티나무를 쓴다. 이를 태우고 재를 만들어 물을 부은 다음 시루방석으로 덮어 하룻밤 재운다. 이를 체로 쳐서 맑게 거르고 바람이나 볕을 쐬지 않게 한다】를 넣으면 곧 고쳐질 것이다. 다만 맛이 매우 달아지고 재 냄새가 약간 있다. 《화한삼재도회》[13]

酒味變, 或苦或酸, 則投木灰【木灰用橿或海石榴、欅木, 燒灰, 注水, 覆筵一宿, 篩淸, 不令風日】, 即治矣. 但其味甚甜而微有灰氣. 《和漢三才圖會》

---

10 출전 확인 안 됨.

11 《增補山林經濟》卷9 〈治膳〉下 "造酒諸法" '救酸酒法'(《農書》4, 184쪽).

12 《本草綱目》卷46 〈介部〉 "石決明", 2530쪽.

13 《和漢三才圖會》권105 〈造釀類〉 "酒"(《倭漢三才圖會》12, 297쪽).

④ 四 : 《增補山林經濟·治膳·造酒諸法》에는 "三".

⑤ 燙 : 《本草綱目·介部·石決明》에는 "蕩".

5) 시어진 박주 좋은 술로 고치는 법(치산박주작호주방)

관계·백복령【껍질을 제거한 것】·진피·백지·축사·양강【각 1냥】, 감초【0.5냥】, 백단【0.5냥】, 침향【약간】을 마련한다.

이상의 약미(藥味, 약의 종류)들을 생명주주머니 1개에 담은 뒤 단물 5큰승(升)를 끓여 10번 끓어오르면 명주주머니의 약미를 꺼낸다. 꿀 6냥을 달여 밀랍찌꺼기를 버린 뒤 앞의 약미 끓인 즙 안에 넣고 2~3번 끓어오르게 한다. 또 좋은 기름 4냥을 달여 향이 나도록 익힌다. 이를 앞의 약미 끓인 즙 안에 넣고 다시 2~3번 끓어오르게 한 다음, 자기에 담는다. 술의 양을 헤아려 적당량의 약을 넣고 맛본다. 《거가필용》[14]

治酸薄酒作好酒方

官桂·白茯苓【去皮】·陳皮、白芷·縮砂·良薑【各一兩】、甘草【五錢】、白檀【五[6]錢】、沈香【少許】.

右用生絹袋一箇, 盛前藥味在內, 用甜水五大升煮十沸, 將絹袋藥取出. 蜜六兩, 熬去蠟滓, 入前藥汁內, 滚二三沸. 又用好油四兩熬, 令香熟, 入前藥汁內, 再滚二三沸, 磁器盛之, 量酒多少, 入藥嘗之. 《居家必用》

6) 탁주를 청주로 바꾸기(변탁주위청주방)

대개 술이 아직 익지 않았는데 손을 대고 퍼 마시면 온 술이 다 탁해져서 청주를 뜰 수가 없다. 이럴 때는 거르지 않은 술을 체로 쳐서 탁주를 만든 뒤 도로 독 안에 넣는다.

따로 찹쌀 3승으로 밥을 짓고 고운 누룩 1승과 섞어 둥근 덩이 5~6개를 만든 뒤 독에 넣어준다. 3일이면 술이 맑아진다【이것은 10승의 쌀로 술을 빚

變濁酒爲清酒方

凡酒未熟而犯手取飮, 則全醅渾[7]濁, 不能取清矣. 卽篩其醅, 作濁酒, 還納甕中.

另用粘米三升作飯, 和細麴一升, 作團五六箇, 納甕, 三日清【此是一斗米所

---

14 《居家必用》己集〈酒麴類〉"治酸薄酒作好酒法"(《居家必用事類全集》, 241쪽).

[6] 五 : 저본에는 "三". 《居家必用事類全集·酒麴類·治酸薄酒作好酒法》에 근거하여 수정.

[7] 渾 : 《增補山林經濟·治膳·造酒諸法》에는 "濃".

은 경우이다. 이보다 많은 경우에는 이를 미루어 계산한다】.《증보산림경제》[15]

釀爲醅者也. 其[8]多者, 推此計之】.《增補山林經濟》

7) 묽은 술 고치는 법(치다수주법)

治多水酒法

와기조각을 달구어 술독에 넣는다. 또 술주자에 얹어 맑게 거르기를 5~6번 반복하여 찌꺼기가 없게 하면 오래되어도 변하지 않는다.《산림경제보》[16]

燒瓦片, 納甕. 又上槽倒淸五六次, 使無滓濁, 則久而不變.《山林經濟補》

8) 불 붙은 노주(露酒) 고치는 법(치노주화염법)

治露酒火焰法

술에 불이 붙었을 때는 청포(靑布)로 닦으면 저절로 꺼진다.《물류상감지》[17]

酒中火焰, 以靑布拂之, 自滅.《物類相感志》[9]

---

15 《增補山林經濟》卷9〈治膳〉下 "造酒諸法" '變濁酒爲淸酒法'(《農書》4, 183~184쪽).

16 출전 확인 안 됨.

17 《物類相感志》〈飮食〉(《叢書集成初編》1344, 6쪽).

[8] 其 :《增補山林經濟·治膳·造酒諸法》에는 "是".

[9] 오사카본에는 "〈의치류(醫治類)〉 에 옮겨 붙여야 한다(移付醫治類)."라는 두주(頭註)가 있다.

15. 술 보관할 때 주의사항

收酒宜忌

1) 술 상하지 않게 보관하는 법(수주불훼법)

收酒不毁法

먼저 좋은 누룩 1덩어리나 1근을 독바닥에 안치고 깨끗한 돌로 눌러둔다. 청주를 매우 조심스럽게 부어넣고 독아가리를 단단히 봉하면 그 맛이 오래도록 변하지 않는다. 《삼산방》[1]

先以好麴一塊或一斤, 安甕底, 用淨石鎭之. 將淸酒款款傾入, 堅封甕口, 則其味久不變. 《三山方》

2) 노주 보관하는 법(수노주법)

收露酒法

노주를 받은 뒤 단단히 봉하여 김이 새지 않게 한다. 늘 따뜻한 곳에 둔다. 일반적으로 노주 담은 병의 아가리는 생오이나 생비름으로 막아서는 안 된다. 이것들로 막아두고 밤이 지나면 술맛이 싱거워진다. 《증보산림경제》[2]

取露酒, 堅封, 勿泄氣, 常置溫處. 凡露酒甁口, 勿以生瓜及莧菜塞之. 經夜, 味淡. 《增補山林經濟》①

3) 여러 술 보관하는 법(수잡주법)

收雜酒法

각지에서 술을 보내와 진한 정도와 맛이 고르지 않은데, 한곳에 섞어두고 맑게 하려면 진피 3~4냥

人有各送酒而醇薄、美劣② 不齊, 欲共一處擇淸者, 將

---

1 출전 확인 안 됨.

2 《增補山林經濟》 卷9 〈治膳〉 下 "造酒諸法"(《農書》4, 177쪽).

① 오사카본에는 "이상은 〈술을 보관하는 여러가지 법〉 아래에 옮겨 붙여야 한다(以上當移下收雜法付)."라는 두주(頭註)가 있다.

② 醇薄美劣 : 《增補山林經濟·治膳·造酒諸法》에는 "其味美惡".

을 술에 넣고 단단히 봉한다. 3일이 지나 진피를 걸러내면 그 맛이 향기롭고 좋다. 《증보산림경제》[3]

陳皮三四[③]兩入酒, 封固. 三日, 漉去陳皮, 其味香美. 《增補山林經濟》[④]

4) 기타 금기(잡기)

雜忌

일반적으로 술을 빚을 때는 그 부산물인 쌀겨·쌀뜨물·술밥은 모두 사람이나 개·쥐가 먹지 않게 한다. 《제민요술》[4]

凡釀酒, 其米糠、瀋汁、饋[⑤]飯, 皆不用人及狗、鼠食之. 《齊民要術》

술 속에 가지대[茄子柴] 태운 재를 두면 술이 밤을 지나면서 물이 된다. 《물류상감지》[5]

酒中置茄子柴灰, 則酒到夜成水. 《物類相感志》

동기(銅器) 안에 술을 담아서 밤을 지나면 안 된다. 《물류상감지》[6]

銅器內, 不可盛酒過夜. 同上

---

3 《增補山林經濟》卷9〈治膳〉下 "造酒諸法" '收雜酒法'(《農書》4, 184쪽).

4 《齊民要術》卷7〈法酒〉第67 (《齊民要術校釋》, 525쪽).

5 《物類相感志》〈飮食〉(《叢書集成初編》1344, 7쪽).

6 《物類相感志》〈飮食〉(《叢書集成初編》1344, 8쪽).

③ 三四 : 《增補山林經濟·治膳·造酒諸法》에는 "二三".

④ 오사카본에는 "〈기타 금기〉 위에 옮겨 붙여야 한다(移付雜忌上)."라는 두주(頭註)가 있다.

⑤ 饋 : 저본에는 "饋". 《齊民要術·法酒》에 근거하여 수정.

16. 부록 약재로 빚는 술(약양제품)

附 藥釀諸品

【안 옛사람들은 술을 약으로 먹어서 수명을 늘리고, 술을 복용하여 병을 고쳤다. 그 방법은 전하는 기록에 여기저기 섞여 나와서 모두 들 수가 없다. 그러나 지금 그 중에서 가장 저명하여 거론할 만한 사항들을 다음과 같이 덧붙인다. 복식(服食, 음식)과 약이(藥餌, 약이 되는 음식)에 관한 여러 방법들 중에서 《보양지(葆養志)》에서 이미 보인 경우는 여기에 그 이름만 기록하여 독자들이 참고할 수 있도록 했다】

【案 古人餌酒延年, 服酒治[1]病. 其方雜出傳記, 不可殫[2]擧, 今撮其最著者, 附之如左. 若服餌諸方之已見《葆養志》者, 此只存其名目, 覽者可以互考也】

1) 도소주(屠蘇酒)

진연지(陳延之)[1] 소품방(小品方)[2][3] 이것은 화타(華佗)[4]의 처방이다. 설날 아침에 마시면 전염성 열병과 일체의 부정한 기운을 물리친다.

빚는 법 : 적출(赤朮, 창출)·계심(桂心) 각 0.75냥, 방풍 1냥, 발계(菝葜)[5] 0.5냥, 촉초(蜀椒, 천초)·도라지·대황 각 0.57냥, 오두 0.25냥, 붉은 팥 14개를 쓴다.

屠蘇酒

陳氏 小品方 此華佗方也. 元朝飮之, 辟疫癘、一切不正之氣.

造法: 用赤朮[3]·桂心七錢五分、防風一兩、菝葜五錢、蜀椒·桔梗·大黃五錢七分、烏

1 진연지(陳延之) : ?~?. 중국 남북조 시대의 의사. 《소품방(小品方)》의 저자.

2 소품방(小品方) : 중국 남북조 시대의 의학 교과서. 총 12권. 원서는 전하지 않고, 그 내용은 《비급천금요방(備急千金要方)》·《외대비요(外臺秘要)》등을 통해서 부분적으로 파악할 수 있다. 《경방소품(經方小品)》이라고도 한다.

3 《本草綱目》卷25 〈穀部〉 "酒" '屠蘇酒', 1561쪽.

4 화타(華佗) : ?~ 208?. 중국 한나라의 명의(名醫). 자(字)는 원화(元化). 화타(華佗)는 '선생'이라는 뜻의 존칭이었으나 의술로 유명해지면서 고유명사처럼 쓰였다. 부(旉)라는 이름으로도 알려져 있다.

5 발계(菝葜) : 청미래덩굴.

[1] 治 : 저본에는 "致". 오사카본·규장각본·고대본에 근거하여 수정.

[2] 殫 : 저본에는 "彈". 오사카본·규장각본·고대본에 근거하여 수정.

[3] 朮 : 《本草綱目·穀部·酒》에는 "木".

사진90 도소주

이상의 약미들을 삼각형의 진홍색주머니에 담은 뒤 선달 그믐날에 우물바닥에 매달아둔다. 설날 아침에 이를 꺼내다 술 안에 두고 달여서 여러 번 끓어 오르게 한다. 온 집안 식구들이 동쪽을 향하여 어린 이로부터 어른에 이르기까지 순서대로 마신다. 약재 찌꺼기가 담긴 주머니를 도로 우물 안에 던져넣고 한 해 동안 이 물을 마시면 평생토록 병이 없다.

頭二錢五分、赤小豆十四枚. 以三角絳[4]囊盛之, 除夜懸井底, 元朝取出, 置酒中, 煎數沸. 擧家東向, 從少至長, 次第飮之. 藥滓還投井中, 歲飮此水, 一世無病.

본초강목[6] 소회(蘇魄)는 귀신의 이름이다. 이 약은 귀신[鬼爽]을 잡아 죽이므로[屠] 이런 이름이 붙은 것이다. 어떤 이는 "초막[草庵]의 이름이다."라 했다.

本草綱目 蘇魄, 鬼名. 此藥屠割鬼爽, 故名. 或: "草庵名也."

【안 《준생팔전》에도 도소주 빚는 방법이 실려 있다. 그 재료는 다음과 같다. 대황 0.1냥, 도라지·천초 각 0.15냥, 계심 0.18냥, 오두 0.06냥(포제한

【案 《遵生八牋》載屠蘇酒方. 大黃一錢、桔梗·川椒各一錢五分、桂心一錢八

6 《本草綱目》, 위와 같은 곳.

[4] 絳 : 저본에는 "絳". 《本草綱目·穀部·酒》에 근거하여 수정.

것), 백출 0.18냥, 수유 0.12냥, 방풍 1냥.[7] 이는 진연지의 《소품방》과는 조금 다르다】

分、烏頭六分(炮)、白朮一錢八分、茱萸一錢二分、防風一兩. 與陳氏《方》小異】

2) 장춘주

長春酒

거가필용[8] 송나라 경정(景定) 연간(1260~1264)에 가사도(賈似道)[9]가 장춘주 1단지를, 빚는 방법과 함께 목릉관(穆陵關, 중국 산동성)에서 바쳤다.

居家必用 宋景定[5]間, 賈秋壑進長春酒一甕, 竝方于穆陵.

빚는 방법에서는 당귀·천궁·반하·청피·모과·백작약·황기(꿀물에 적셨다가 구운 것)·오미자·육계(거친 껍질을 제거한 것)·숙지황·감초(구운 것)·백복령·율무(구운 것)·백두구인(白荳蔻仁)[10]·축사·빈랑(檳榔)[11]·백출·귤홍(橘紅)[12]·비파잎(잎의 솜털을 제거하고 구운 것)·인삼·엿기름(볶은 것)·곽향(흙을 제거한 것)·침향·목향(木香)[13]·초과인(草果仁)[14]·두충(杜沖)[15](볶은 것)·신국(神麴)(볶은 것)·남향(南香)[16]·상백피(꿀물에 적셨다가 볶은 것)·후박(생강

方用當歸、川芎、半夏、青皮、木瓜、白芍藥、黃耆(蜜炙)、五味子、肉桂(去麤皮)、熟地黃、甘草(炙)、白茯苓、薏苡仁(炙)、白荳蔲仁、縮砂、檳榔、白朮、橘紅、枇杷葉(去毛炙)、人蔘、麥糵(炒)、藿香(去土)、沈香、木香、草果仁、杜沖[6](炒)、神麴(炒)、南香、

7 대황……1냥 : 《遵生八牋》 卷3 〈四時調攝牋〉 "正月事宜" '屠蘇酒方'(《遵生八牋校注》, 70쪽).

8 《居家必用》 己集 〈酒麴類〉 "長春法酒"(《居家必用事類全集》, 238쪽).

9 가사도(賈似道) : 1213~1275. 중국 남송의 관리. 호는 추학(秋壑). 남송인으로, 진회(秦檜)·한탁주(韓侂胄) 등과 함께 《송사(宋史)》 권474 〈열전(列傳)〉 "간신(姦臣)" 편에 수록되어 있다.

10 백두구인(白荳蔻仁) : 생강과의 여러해살이풀인 백두구의 씨.

11 빈랑(檳榔) : 야자나무과 빈랑나무의 여문 씨를 말린 것.

12 귤홍(橘紅) : 귤피의 안쪽 흰부분을 벗겨낸 껍질.

13 목향(木香) : 국화과 여러해살이풀인 당목향 또는 청목형의 뿌리.

14 초과인(草果仁) : 생강과의 여러해살이풀인 초과의 씨.

15 두충(杜沖) : 두충나무과 두충의 줄기껍질.

16 남향(南香) : 가남향(伽南香)의 이명. 침향 중에서 점성이 노고 향기가 가장 빼어난 부분을 선별해서 가남향이라 부른다.

[5] 景定 : 《居家必用·酒麴類·長春法酒》에는 "景定甲子五月". '갑자오월'은 1264년 5월이다.

[6] 沖 : 《居家必用·酒麴類·長春法酒》에는 "仲".

즙에 적셨다가 구운 것)·정향·창출(법제한 것)·석곡(石斛)[17](뿌리를 제거한 것)을 사용한다.

桑白皮(蜜炒)、厚朴(薑炙)、丁香、蒼朮(製)、石斛(去根).

이상의 약미들을 각각 깨끗하게 법제하여 0.3냥씩 등분하여 20포(包)를 만든다. 1포를 쓸 때마다 생명주주머니에 담아 10승의 술 안에 담가둔다. 봄에는 7일, 여름에는 3일, 가을에는 5일, 겨울에는 10일 동안 담가둔다. 매일 이른 새벽에 1잔, 정오에 1잔을 마시면 매우 효과가 있다.

右件各製了淨, 秤三錢等分作二十包. 每用一包, 以生絹袋盛, 浸於一斗酒內, 春七日, 夏三日, 秋五日, 冬十日. 每日清晨一杯, 午一杯, 甚有功效.

습기를 제거하고, 비장(脾臟)을 실하게 하며, 담음(痰飮)[18]을 제거하고, 막힌 기운을 운행하게 하며, 혈맥을 자양하고, 근골을 튼튼하게 하며, 속을 여유롭게 하고 가슴을 상쾌하게 하여 음식을 잘 넘긴다.

除濕實脾, 去痰飮, 行滯氣, 滋血脈, 壯筋骨, 寬中[7]快膈, 進飮食.

3) 신선주

神仙酒

거가필용[19] 중풍으로 팔다리가 마비되거나 사지가 오그라들어 펴지 못하는 증세를 전문적으로 치료한다. 풍습(風濕)에 걸려서 위중한 사람이 복용해야 한다. 오가피 2냥(심과 아울러 썰고 흙을 제거한 것), 자금피(뿌리심[骨] 함께 썰고 흙을 제거한 것)·당귀실뿌리 0.6냥(깨끗이 씻어 썬 것).

又 專醫癱瘓四肢拳攣. 風濕感搏重者, 宜服之. 五加皮二兩(幷心剉去土)、紫金皮(幷骨剉去土)、當歸鬚六錢(洗淨剉).

17 석곡(石斛) : 난초과의 여러해살이풀인 금채석곡.

18 담음(痰飮) : 혈액 등 정상적인 순환에 편입하거나 밖으로 배출되지 못하고 몸속에 군더더기로 남아 있는 진액.

19 《居家必用》己集 〈酒麴類〉 "神仙酒奇方"(《居家必用事類全集》, 238~239쪽).

[7] 中 : 저본에는 "平". 오사카본·규장각본·고대본·《居家必用·酒麴類·長春法酒》에 근거하여 수정.

이상의 약미들을 부저(㕮咀)[20]하여 술 1병에 담가 3일밤을 묵힌다. 여름에는 1일밤만 묵힌다. 다시 좋은 술 1병을 더 쓴다. 약재 담근 술 1잔을 약재 담그지 않은 술 1잔에 넣고서 매일 2잔을 따뜻하게 마시면 2병의 술이 다할 때쯤에는 저절로 신묘한 효과를 본다.

右件㕮[8]咀，用酒一[9]甁浸三宿，夏一宿．更用好酒一甁，取酒一盞入未浸酒一盞，每日兩盞煖服，兩甁酒盡[10]時，自有神效．

4) 고본주

固本酒

위생편(衛生編)[21][22] 피로를 치료하고 허증(虛症)을 보하며, 수명을 늘리고, 수염과 머리카락을 검게 하고, 용모를 아름답게 한다.

衛生編 治勞補虛，益壽延年, 烏鬚髮, 美容貌.

【안 빚는 방법은 《보양지》에 보인다[23]】

【案 方見《葆養志》】

5) 오수주

烏鬚酒

만병회춘(萬病回春)[24][25] 치료하는 증상과 효과는 고본주와 같다.

萬病回春 治效同固本酒.

【안 빚는 방법은 《보양지》에 보인다[26]】

【案 方見《葆養志》】

---

20 부저(㕮咀) : 원뜻은 씹는다는 뜻이지만, 여기서는 약미를 씹는 것처럼 잘게 자르고 빻고 가루 내는 것을 말한다.

21 위생편(衛生編) : 미상.

22 출전 확인 안 됨 ; 《東醫寶鑑》〈內景篇〉 卷1 "身形" '養生延年藥餌·固本酒'(《原本 東醫寶鑑》, 79쪽).

23 빚는……보인다 : 《보양지》 권5 〈복식(약 음식 복용)〉 "약주[酒醴, 주례. 약이 되는 술과 단술] 부록 약떡[糕餌, 고이. 약이 되는 떡]" '보약이 되는 여러 약주 빚는 방법(자보주례제방)·고본주'.

24 만병회춘(萬病回春) : 중국 명(明)나라 의학가인 공정현(龔廷賢, 1522~1619)이 지은 의서. 총론 및 각 병증의 원인·증상·치료법을 기술했다.

25 출전 확인 안 됨 ; 《東醫寶鑑》〈內景篇〉 卷1 "身形" '養生延年藥餌·烏鬚酒'(《原本 東醫寶鑑》, 79쪽).

26 빚는……보인다 : 《보양지》 권5 〈복식(약 음식 복용)〉 "약주[酒醴, 주례. 약이 되는 술과 단술] 부록 약떡[糕餌, 고이. 약이 되는 떡]" '보약이 되는 여러 약주 빚는 방법(자보주례제방)·오수주'.

8 㕮 : 저본에는 "咬". 규장각본·고대본·《居家必用·酒麴類·神仙酒奇方》에 근거하여 수정.

9 一 : 저본에는 없음. 오사카본·규장각본·고대본·《居家必用·酒麴類·神仙酒奇方》에 근거하여 보충.

10 盡 : 저본에는 "盞". 오사카본·규장각본·고대본·《居家必用·酒麴類·神仙酒奇方》에 근거하여 수정.

사진91 오수주

사진92 홍국주

6) 신선고본주

신선복식방(神仙服食方)[27][28] 백발을 검게 바꾸고, 노인을 돌려서 아이로 돌아가게 한다.

【안 빚는 방법은 《보양지》에 보인다[29]】

神仙固本酒

神仙服食方 變白髮, 返老還童.

【案 方見《葆養志》】

7) 준순주

본초강목[30] 허증과 기운을 보하고, 일체의 풍비(風痹)[31]와 습기를 제거한다.

【안 빚는 방법은 《보양지》에 보인다[32]】

逡巡酒

本草綱目 補虛益氣, 去一切風痹濕氣.

【案 方見《葆養志》】

8) 유학주(학질 치료하는 술)

제민요술[33] 여러 학질을 치료하므로 자주 따뜻하게

愈瘧酒

齊民要術 治諸瘧疾, 頻

---

27 신선복식방(神仙服食方) : 중국 진(晉)나라 갈홍(葛洪, 284~364)이 지은 의서.

28 출전 확인 안 됨 ; 《東醫寶鑑》〈雜病篇〉 卷9 "雜方" '諸法·神仙固本酒'(《原本 東醫寶鑑》, 598쪽).

29 빚는……보인다 : 《보양지》 권5 〈복식(약 음식 복용)〉 "약주[酒醴, 주례. 약이 되는 술과 단술] 부록 약떡[糕餌, 고이. 약이 되는 떡]" '보약이 되는 여러 약주 빚는 방법(자보주례제방)·신선고본주'.

30 《本草綱目》 卷25 〈穀部〉 "酒" '逡巡酒', 1562쪽.

31 풍비(風痹) : 몸과 팔다리가 마비되고 감각과 동작에 장애가 있는 병증.

32 빚는……보인다 : 《보양지》 권5 〈복식(약 음식 복용)〉 "약주[酒醴, 주례. 약이 되는 술과 단술] 부록 약떡[糕餌, 고이. 약이 되는 떡]" '보약이 되는 여러 약주 빚는 방법(자보주례제방)·준순주'.

33 《齊民要術》 卷7 〈笨麴幷酒〉 第66 "愈瘧酒法"(《齊民要術校釋》, 520쪽) ; 《本草綱目》 卷25 〈穀部〉 "酒" '愈瘧酒', 1561쪽.

해서 마신다.

4월 8일에 쌀 1석, 누룩 1근을 가루 낸 뒤 모두 물속에 빚어 넣는다. 시큼해지면 1석을 달여 70승을 얻는다. 식으면 여기에 누룩 4근을 넣는다. 이를 하룻밤 묵히면 위에 흰 거품이 인다. 찰기장쌀 1석으로 밥을 짓고 식혀서 앞의 술에 빚어 넣으면 3일 만에 술이 된다.

頻溫飮之.

四月八日, 米[11]一石、麴一斤爲末, 俱酘水中. 待酢, 煎之一石, 取七斗. 待冷, 入麴四斤. 一宿, 上生白沫起. 炊秫一石, 冷酘, 三日酒成.

9) 홍국주

본초강목[34] 뱃속의 어혈 및 산후의 어혈을 치료한다. 홍국(紅麴)을 술에 담갔다가 끓여 마신다.

紅麴酒

本草綱目 治腹中及産後瘀[12]血. 紅麴浸酒[13]煮飮.

10) 흑임자술(거승주)

본초강목[35] 풍허(風虛)[36]와 비약(痺弱)[37], 허리와 무릎이 쑤시고 아픈 증상을 치료한다.

【안 빚는 방법은 《보양지》에 보인다[38]】

【우안 《산가청공(山家淸供)》에 호마주(胡麻酒, 참깨술) 빚기가 있다.

방법 : 청마자(淸麻子)[39] 2승을 뜨겁게 달구어 살짝

巨勝酒

本草綱目 治風虛、痺弱、腰膝疼痛.

【案 方見《葆養志》】

【又案 《山家淸供》, 有胡麻酒方.

其法 : 淸麻子二升煎熱[14]

34 《本草綱目》卷25 〈穀部〉 "酒" '紅鞠酒', 1565쪽.
35 《本草綱目》卷25 〈穀部〉 "酒" '巨勝酒', 1565쪽.
36 풍허(風虛) : 풍사(風邪)가 침입하여 장부 기능이 약해져서 허해지는 병증.
37 비약(痺弱) : 외사(外邪)가 침입하여 몸과 팔다리가 마비되고 감각과 동작이 자유롭지 못한 병증.
38 빚는……보인다 : 《보양지》 권5 〈복식(약 음식 복용)〉 "약주[酒醴, 주례. 약이 되는 술과 단술] 부록 약떡[糕餌, 고이. 약이 되는 떡]" '보약이 되는 여러 약주 빚는 방법(자보주례제방)·거승주'.
39 청마자(淸麻子) : 참깨.
[11] 米 : 저본에는 "水". 《齊民要術·笨麴餠酒·愈瘧酒法》에 근거하여 수정.
[12] 瘀 : 저본에는 "痰". 오사카본·규장각본·고대본·《本草綱目·穀部·酒》에 근거하여 수정.
[13] 酒 : 저본에는 "水". 오사카본·《本草綱目·穀部·酒》에 근거하여 수정.
[14] 煎熱 : 《山家淸供·胡麻酒》에는 없음.

볶은 뒤 생강 2냥, 생용뇌잎 1줌을 더하여 함께 넣고 볶아서 곱게 갈아 넣는다. 달인 술 5승에 찌꺼기를 걸러내고 물을 빼서 담가둔다.

略炒, 加生薑二兩、生龍腦葉一撮, 同入炒[15]細研投. 以煮醞五升, 濾渣, 去水浸之.

한여름에 1큰잔을 마시면 몸속으로 맑은 바람이 솔솔 불어와 더운 기운이 모두 없어지고 크게 유익함이 있다[40]】

盛夏飮一巨觥, 淸風颯然, 絕無暑氣, 大有所益】

11) 오가피주

五加皮酒

본초강목[41] 일체의 풍습과 위비(痿痺)[42]를 제거하고, 근골을 튼튼하게 하며, 정수를 메워준다.

【안 빚는 방법은 《보양지》에 보인다[43]】

本草綱目 去一切風濕、痿痹, 壯筋骨, 塡精髓.

【案 方見《葆養志》】

12) 음양곽술(선령비주)

仙靈脾酒

식의심경(食醫心鏡)[44][45] 장부(丈夫)에게 좋고 양도(陽道)[46]를 일으키며, 허리와 무릎의 냉증을 다스린다.

【안 빚는 방법은 《보양지》에 보인다[47]】

【우안 《태평성혜방》에서 "반신불수를 치료하고,

食醫心鏡 益丈夫, 興陽, 理腰膝冷.

【案 方見《葆養志》】

【又案 《太平聖惠方》云 :

---

40 방법……있다 : 《山家淸供》〈胡麻酒〉(《文淵閣四庫全書》880, 178쪽).

41 《本草綱目》卷25〈穀部〉"酒" '五加皮酒', 1562쪽.

42 위비(痿痺) : 손과 발이 저린 증상.

43 빚는……보인다 : 《보양지》 권5 〈복식(약 음식 복용)〉 "약주[酒醴, 주례. 약이 되는 술과 단술] 부록 약떡[糕餌, 고이. 약이 되는 떡]" '보약이 되는 여러 약주 빚는 방법(자보주례제방)·오가피주'.

44 식의심경(食醫心鏡) : 중국 당나라의 의학자인 잠은(昝殷, ?~?)이 저술한 의서. 《식의심감(食醫心鑑)》이라고도 한다. 약물이나 침술이 아니라, 주로 음식을 통해 병을 치료하는 방법을 모아 놓은 서적이다.

45 출전 확인 안 됨 ; 《本草綱目》卷12〈草部〉"淫羊藿", 751~752쪽.

46 양도(陽道) : 남성의 생식 능력 혹은 생식기 그 자체.

47 빚는……보인다 : 《보양지》 권5 〈복식(약 음식 복용)〉 "약주[酒醴, 주례. 약이 되는 술과 단술] 부록 약떡[糕餌, 고이. 약이 되는 떡]" '보약이 되는 여러 약주 빚는 방법(자보주례제방)·선령비주'.

[15] 炒 : 《山家淸供·胡麻酒》에는 "砂器".

근골을 튼튼하게 한다."[48]라 했다】

"治偏[16]風不遂, 强筋堅骨"】

13) 율무술(의이인주)

薏苡仁酒

본초강목 [49] 풍습을 제거하고, 근골을 튼튼하게 하며, 비위(脾胃)를 건강하게 한다.

【안 빚는 방법은 《보양지》에 보인다[50]】

本草綱目 去風濕, 强筋骨, 健脾胃.

【案 方見《葆養志》】

14) 천문동주(天門冬酒)

天門冬酒[17]

비급천금요방 [51] 오장을 적셔주고, 혈맥을 조화롭게 한다. 오래 복용하면 오로칠상(五勞七傷)[52]과 전간(癲癎)[53]을 제거한다.

【안 빚는 방법은 《보양지》에 보인다[54]】

千金要方 潤五腸, 和血脈. 久服, 除五勞七傷、癲癎.

【案 方見《葆養志》】

---

48 반신불수를……한다 : 《太平聖惠方》 卷21 〈治偏風諸方〉(《太平聖惠方校注》3, 4쪽) ; 《本草綱目》 卷12 〈草部〉 "淫羊藿", 752쪽.

49 《本草綱目》 卷25 〈穀部〉 "酒" '薏苡仁酒', 1562쪽.

50 빚는……보인다 : 《보양지》 권5 〈복식(약 음식 복용)〉 "약주[酒醴, 주례. 약이 되는 술과 단술] 부록 약떡[糕餌, 고이. 약이 되는 떡]" '보약이 되는 여러 약주 빚는 방법(자보주례제방)·의이인주'.

51 《備急千金要方》 卷14 〈小腸腑〉 "風癲第五" '天門冬酒'(《孫思邈醫學全書》, 266쪽) ; 《本草綱目》 卷25 〈穀部〉 "酒" '天門冬酒', 1562쪽.

52 오로칠상(五勞七傷) : 오로는 오장(五臟)이 피로하고 허손(虛損)한 증상이며, 폐로(肺勞)·간로(肝勞)·심로(心勞)·비로(脾勞)·신로(腎勞)를 말한다. 칠상(七傷)은 피로가 쌓여서 병의 원인이 되는 7가지 증상을 말한다. 7가지 증상에 대해서는 의학서마다 다소 차이가 있다. 일반적으로 음낭(陰囊)이 차갑게 되는 음한(陰寒), 음경이 위축되는 음위(陰萎), 이질(痢疾)의 증상으로 대변을 참을 수 없는 이급(裏急), 정(精)이 새어나오는 정루(精漏), 정액이 적어지고 음낭 아래가 축축한 음하습(陰下濕), 정액이 묽은 정청(精淸), 소변을 시원하게 내보내지 못하는 소변고삭(小便苦數)의 증상을 말한다.

53 전간(癲癎) : 발작으로 의식장애가 오는 증상을 주증으로 하는 병증.

54 빚는……보인다 : 《보양지》 권5 〈복식(약 음식 복용)〉 "약주[酒醴, 주례. 약이 되는 술과 단술] 부록 약떡[糕餌, 고이. 약이 되는 떡]" '보약이 되는 여러 약주 빚는 방법(자보주례제방)·천문동주'.

16 偏 : 저본에는 "遍". 오사카본·규장각본·고대본·《太平聖惠方·治偏風諸方》에 근거하여 수정.

17 天門冬酒 : 저본에는 "百靈藤酒". 오사카본·규장각본·고대본에 근거하여 수정.

사진93 천문동주

사진94 당귀주

사진95 창포주

15) 백령등주(百靈藤酒)

태평성혜방[55] 여러 가지 풍을 치료한다. 백령등(百靈藤)[56] 10근을 물 1석이 30승이 되도록 달여 찹쌀 30승, 신국 9냥을 넣고 일반적인 방법대로 빚는다.

3~5일이 지나서 다시 찹쌀밥 10승을 짓고 식혀서 넣으면 바로 익는다. 맑게 가라앉혀 날마다 마시면서 땀을 내면 효험이 있다.

百靈藤酒

太平聖惠方 治諸風. 百靈藤十斤, 水一石煎汁三斗, 入糯米三斗、神麴九兩[18], 如常釀成.

三五日, 更炊一斗[19]糯飯, 候冷[20], 投之卽熟. 澄淸日飮, 以汗出爲效.

16) 차조기술(소자주)

삼산방[57] 차조기를 살짝 볶아 곱게 빻은 뒤, 명주 주머니에 담아 청주 속에 넣는다. 3일이 지나서 조금씩 마시면 주로 아픈 곳을 낫게 하고, 기를 내리

蘇子酒

三山方 蘇子微炒擣碎, 以絹袋盛, 納淸酒中. 三日, 小小飮之, 主銷疾下

---

55 《太平聖惠方》卷25〈治一切風通用浸酒藥諸方〉(《太平聖惠方校注》3, 158쪽); 《本草綱目》卷25〈穀部〉"酒" '百靈藤酒', 1562쪽.

56 백령등(百靈藤): 덩굴식물의 일종. 백릉등(百稜藤)이라고도 한다.

57 출전 확인 안 됨.

[18] 兩: 저본에는 "斤". 《太平聖惠方·治一切風通用浸酒藥諸方》에 근거하여 수정.

[19] 一斗: 저본에는 없음. 《太平聖惠方·治一切風通用浸酒藥諸方》에 근거하여 보충.

[20] 候冷: 저본에는 없음. 《太平聖惠方·治一切風通用浸酒藥諸方》에 근거하여 보충.

며, 속을 조화시키고, 허증을 보한다.

氣, 調中補虛.

17) 백출주

白朮酒

준생팔전[58] 병을 제거하고, 수명을 늘리며, 머리카락을 검게 하고, 치아를 단단하게 한다.

【안 빚는 방법은《보양지》에 보인다[59]】

遵生八牋 除病延年, 變髮堅齒.

【案 方見《葆養志》】

18) 지황주

地黃酒

준생팔전[60] 효과는 백출주와 같다.

【안 빚는 방법은《보양지》에 보인다[61]】

又 功效同前.

【案 方見《葆養志》】

19) 쇠무릎술(우슬주)

牛膝酒

본초강목[62] 근골을 튼튼하게 하고, 위비를 다스리며, 허손증을 보하고, 오래된 학질을 제거한다.

【안 빚는 방법은《보양지》에 보인다[63]】

本草綱目 壯筋骨, 治痿痹, 補虛損, 除久瘧.

【案 方見《葆養志》】

20) 당귀주

當歸酒

본초강목[64] 혈맥을 조화시키고, 근골을 튼튼하게 하며, 여러 가지 통증을 그치게 하고, 경수(經水, 월

又 和血脈, 堅筋骨, 止諸痛, 調經水. 當歸煎汁, 或

---

58 《遵生八牋》卷12〈飮饌服食牋〉中 "白朮酒"(《遵生八牋校注》, 460쪽).

59 빚는……보인다 :《보양지》권5〈복식(약 음식 복용)〉"약주[酒醴, 주례. 약이 되는 술과 단술] 부록 약떡[糕餌, 고이. 약이 되는 떡]" '보약이 되는 여러 약주 빚는 방법(자보주례제방)·출주'.

60 《遵生八牋》卷12〈飮饌服食牋〉中 "地黃酒"(《遵生八牋校注》, 460쪽).

61 빚는……보인다 :《보양지》권5〈복식(약 음식 복용)〉"약주[酒醴, 주례. 약이 되는 술과 단술] 부록 약떡[糕餌, 고이. 약이 되는 떡]" '보약이 되는 여러 약주 빚는 방법(자보주례제방)·지황주'.

62 《本草綱目》卷25〈穀部〉"酒" '牛膝酒', 1563쪽.

63 빚는……보인다 :《보양지》권5〈복식(약 음식 복용)〉"약주[酒醴, 주례. 약이 되는 술과 단술] 부록 약떡[糕餌, 고이. 약이 되는 떡]" '보약이 되는 여러 약주 빚는 방법(자보주례제방)·우슬주'.

64 《本草綱目》卷25〈穀部〉"酒" '當歸酒', 1563쪽.

경)를 조절한다. 당귀를 달여 즙을 낸 뒤 빚거나 담가서 만드는 법은 모두 위의 다른 방법들과 마찬가지로 한다.

釀或浸, 竝如他[21]法.

【안 당귀소주 빚는 법 : 당귀는 뿌리와 잎을 아울러 잘게 썬 뒤 소주 받는 항아리 안에 넣고 소주를 받는다. 다시 항아리에 흰꿀 약간을 넣고 아가리를 밀봉한다. 며칠 지나 열어서 마시면 매우 달고 향기롭다. 강원도 산간 고을의 당귀가 나는 곳에서 많이 만든다】

【案 當歸燒酒法 : 當歸幷根葉細剉, 入承露缸中以承露, 更入白蜜少許, 密封口. 數日開飮, 極甘香. 關東峽邑産當歸處, 多造之】

21) 창포주

菖蒲酒

본초강목 [65] 풍비를 치료하고, 혈맥을 잘 돌게 하며, 골위(骨痿)[66]를 치료하고, 눈과 귀를 밝게 한다.

【안 빚는 방법은 《보양지》에 보인다[67]】

又 治風痹, 通血脈, 治骨痿, 聰耳目.

【案 方見《葆養志》】

22) 구기자술(구기주)

枸杞酒

본초강목 [68] 허약증을 보하고, 정기를 북돋우며, 냉풍(冷風)을 제거하고, 양도(陽道, 성기능)를 튼튼하게 하며, 눈물을 그치게 하고, 허리와 다리를 건강하게 한다.

감주(甘州)[69]에서 나는 구기자를 푹 삶고 찧어서

又 補虛弱, 益精氣, 去冷風, 壯陽道, 止目淚, 健腰脚.

用甘州枸杞子煮爛, 擣汁,

---

65 《本草綱目》 卷25 〈穀部〉 "酒" '菖蒲酒', 1563쪽.

66 골위(骨痿) : 뼈가 약해져서 저린 현상.

67 빚는……보인다 : 《보양지》 권5 〈복식(약 음식 복용)〉 "약주[酒醴, 주례. 약이 되는 술과 단술] 부록 약떡[糕餌, 고이. 약이 되는 떡]" '보약이 되는 여러 약주 빚는 방법(자보주례제방)·창포주'.

68 《本草綱目》 卷25 〈穀部〉 "酒" '枸杞酒', 1563쪽.

69 감주(甘州) : 중국 감숙성(甘肅省)의 북서부에 있는 도시.

[21] 他 : 《本草綱目·穀部·酒》에는 "上".

즙을 낸 뒤 누룩과 쌀을 섞어서 술을 빚는다. 혹은 구기자와 생지황을 같이 주머니에 담은 뒤 술에 담가서 달여 마신다.

和麴、米釀酒. 或以子同生地黃袋盛, 浸酒煮飮.

【안 빚는 방법은 《보양지》에 상세하다[70]】

【案 方詳《葆養志》】

23) 인삼주

人蔘酒

본초강목[71] 속을 보하고, 기를 북돋운다.

又 補中益氣.

【안 빚는 방법은 《보양지》에 보인다[72]】

【案 方見《葆養志》】

24) 마술(서여주)

薯蕷酒

본초강목[73] 여러 가지 풍한(風寒, 풍사와 한사)과 현운(眩運)[74]을 치료하고, 정수를 북돋우며, 비위를 튼튼하게 한다.

又 治諸風寒眩運, 益精髓, 壯脾胃.

【안 빚는 방법은 《보양지》에 보인다[75]】

【案 方見《葆養志》】

25) 복령주

茯苓酒

본초강목[76] 오로칠상(五勞七傷)을 고친다.

又 治五勞七傷.

【안 빚는 방법은 《보양지》에 보인다[77]】

【案 方見《葆養志》】

---

70 빚는……상세하다 : 《보양지》 권5 〈복식(약 음식 복용)〉 "약주[酒醴, 주례. 약이 되는 술과 단술] 부록 약떡[糕餌, 고이. 약이 되는 떡]" '보약이 되는 여러 약주 빚는 방법(자보주례제방)·구기주'.

71 《本草綱目》 卷25 〈穀部〉 "酒" '人蔘酒', 1563쪽.

72 빚는……보인다 : 《보양지》 권5 〈복식(약 음식 복용)〉 "약주[酒醴, 주례. 약이 되는 술과 단술] 부록 약떡[糕餌, 고이. 약이 되는 떡]" '보약이 되는 여러 약주 빚는 방법(자보주례제방)·인삼주'.

73 《本草綱目》 卷25 〈穀部〉 "酒" '薯蕷酒', 1563쪽.

74 현운(眩運) : 정신이 아찔하여 어지러운 증상. 현훈(眩暈)이라고도 한다.

75 빚는……보인다 : 《보양지》 권5 〈복식(약 음식 복용)〉 "약주[酒醴, 주례. 약이 되는 술과 단술] 부록 약떡[糕餌, 고이. 약이 되는 떡]" '보약이 되는 여러 약주 빚는 방법(자보주례제방)·서여주'.

76 《本草綱目》 卷25 〈穀部〉 "酒" '茯苓酒', 1563쪽.

77 빚는……보인다 : 《보양지》 권5 〈복식(약 음식 복용)〉 "약주[酒醴, 주례. 약이 되는 술과 단술] 부록 약떡[糕餌, 고이. 약이 되는 떡]" '보약이 되는 여러 약주 빚는 방법(자보주례제방)·복령주'.

26) 국화주

菊花酒

본초강목[78] 두풍(頭風)[79]을 치료하고, 눈과 귀를 밝게 하며, 위비(痿痹)를 제거하고, 온갖 병을 없앤다.

又 治頭風, 明耳目, 去痿痹, 消百病.

감국화를 달여 즙을 낸 뒤 누룩과 쌀을 섞어 술을 빚는다. 혹은 지황·당귀·구기자와 같은 여러 가지 약재를 더해도 좋다.

用甘菊花煎汁, 同麴、米釀酒. 或加地黃、當歸、枸杞諸藥亦佳.

【안 빚는 방법은 《보양지》에 상세하다[80]】

【案 方詳《葆養志》】

27) 황정주

黃精酒

본초강목[81] 근골을 튼튼하게 하고, 정수를 보태며, 백발을 검게 바꾸어주고, 온갖 병을 치료한다.

又 壯筋骨, 益精髓, 變白髮, 治百病.

【안 빚는 방법은 《보양지》에 보인다[82]】

【案 方見《葆養志》】

28) 오디술(상심주)

桑椹酒

본초강목[83] 오장을 보하고, 눈과 귀를 밝게 하며, 수종(水腫, 부종)을 치료한다.

又 補五臟, 明耳目, 治水腫.

【안 빚는 방법은 《보양지》에 보인다[84]】

【案 方見《葆養志》】

---

78 《本草綱目》 卷25 〈穀部〉 "酒" '菊花酒', 1563쪽.

79 두풍(頭風) : 고질적인 두통이 수시로 발작했다가 멎고 하는 병증.

80 빚는……상세하다 : 《보양지》 권5 〈복식(약 음식 복용)〉 "약주[酒醴, 주례. 약이 되는 술과 단술] 부록 약떡[糕餌, 고이. 약이 되는 떡]" '보약이 되는 여러 약주 빚는 방법(자보주례제방)·국화주'.

81 《本草綱目》 卷25 〈穀部〉 "酒" '黃精酒', 1563쪽.

82 빚는……보인다 : 《보양지》 권5 〈복식(약 음식 복용)〉 "약주[酒醴, 주례. 약이 되는 술과 단술] 부록 약떡[糕餌, 고이. 약이 되는 떡]" '보약이 되는 여러 약주 빚는 방법(자보주례제방)·황정주'.

83 《本草綱目》 卷25 〈穀部〉 "酒" '桑椹酒', 1563쪽.

84 빚는……보인다 : 《보양지》 권5 〈복식(약 음식 복용)〉 "약주[酒醴, 주례. 약이 되는 술과 단술] 부록 약떡[糕餌, 고이. 약이 되는 떡]" '보약이 되는 여러 약주 빚는 방법(자보주례제방)·상심주'.

29) 꿀술(밀주) 蜜酒

천금방[85] 풍진(風疹)[86]과 풍선(風癬)[87]을 치료한다.

사밀(沙蜜, 벌꿀) 1근, 찹쌀밥 1승, 밀가루누룩 5냥, 끓인 물 5승을 병 안에 함께 넣고 7일 동안 봉하여 두면 술이 된다. 보통은 꿀을 술에 넣는 것으로 대신하는데, 그래도 좋다.

千金方 治風疹、風癬.

用沙蜜一斤、糯飯一升、麪麴五兩、熟水五升, 同入瓶內, 封七日, 成酒. 尋常以蜜入酒代之, 亦良.

30) 여뀌술(요주) 蓼酒

천금방[88] 눈과 귀를 밝게 하고, 비위를 건강하게 한다.

【안 빚는 방법은 《보양지》에 보인다[89]】

又 聰耳目, 健脾胃.

【案 方見《葆養志》】

31) 생강술(강주) 薑酒

식료본초[90] 반신불수와 중오(中惡)[91]와 주오(疰忤)[92], 가슴과 배의 냉통을 치료한다.

생강을 술에 담가서 따뜻하게 1사발 복용하면 그친다.

食療本草 治偏風, 中惡、疰忤, 心腹冷痛.

以薑浸酒, 暖服一椀卽止.

본초강목[93] 다른 방법 : 생강즙에 누룩을 섞은 뒤

本草綱目 一法 : 用薑汁

---

85 출전 확인 안 됨 ;《本草綱目》卷25〈穀部〉"酒" '蜜酒', 1564쪽.

86 풍진(風疹) : 풍사(風邪)를 받아 생긴 발진성 급성 피부 전염병.

87 풍선(風癬) : 풍사(風邪)를 받아 얼굴에 마른 버짐이 생기는 피부병.

88《備急千金要方》卷7〈風毒脚氣〉"酒醴第四" '蓼酒'(《孫思邈醫學全書》, 157쪽) ;《本草綱目》卷25〈穀部〉"酒" '蓼酒', 1564쪽.

89 빚는……보인다 :《보양지》권5〈복식(약 음식 복용)〉"약주[酒醴, 주례. 약이 되는 술과 단술] 부록 약떡[糕餌, 고이. 약이 되는 떡]" '보약이 되는 여러 약주 빚는 방법(자보주례제방)·요주'.

90《食療本草》卷下〈酒〉, 114쪽 ;《本草綱目》, 卷25〈穀部〉"酒" '姜酒', 1564쪽.

91 중악(中惡) : 중풍의 일종. 부정한 기운에 씌어 갑자기 손발이 싸늘해지고 어지러우며 심하면 이를 악물고 졸도한다.

92 주오(疰忤) : 중악과 비슷한 급성 유행병. 시체로부터 전염된다고 생각한 시주(尸疰)와 원인 불명의 위급한 증상인 객오(客忤)를 말한다.

93《本草綱目》, 위와 같은 곳.

보통 하는 대로 술을 빚어 복용하면 좋다.

和麴, 造酒如常, 服之佳.

32) 장송주

長松酒

한씨의통(韓氏醫通)[94][95] 장송(長松)[96]으로 빚은 술은 일체의 풍허(風虛)[97]를 자양시켜 보한다.

【안 빚는 방법은 《보양지》에 보인다[98]】

韓氏醫通 滋補一切風虛.

【案 方見《葆養志》】

33) 회향주

茴香酒

본초강목[99] 급작스러운 신기통(腎氣痛)[100]과 편추(偏墜)[101]로 인하여 당기는 증상 및 가슴과 배의 통증을 치료한다.

회향을 술에 담가 달여 마신다. 박회향(舶茴香)[102]을 쓰면 더욱 빼어나다.

【안 빚는 방법은 《보양지》에 보인다[103]】

本草綱目 治卒腎氣痛, 偏墜牽引及心腹痛.

茴香浸酒, 煮飮之. 舶茴尤妙.

【案 方見《葆養志》】

34) 축사주

縮砂酒

본초강목[104] 음식을 소화시켜 속을 조화시키며, 기

又 消食和中, 下氣, 止心

94 한씨의통(韓氏醫通) : 명나라 의학자 한무(韓懋, 1441~1522?)가 1522년에 지은 의서.
95 《韓氏醫通》 卷下 〈方訣無隱章第八〉 "長松酒方" ; 《本草綱目》 卷12 〈草部〉 "長松", 718쪽.
96 장송(長松) : 오래된 소나무 밑에서 자라는 약초. 선묘(仙茆)라고도 한다. 맛은 인삼과 비슷하다.
97 풍허(風虛) : 풍사(風邪)로 몸이 허약함, 또는 그러한 병.
98 빚는……보인다 : 《보양지》 권5 〈복식(약 음식 복용)〉 "약주[酒醴, 주례. 약이 되는 술과 단술] 부록 약떡[糕餌, 고이. 약이 되는 떡]" '보약이 되는 여러 약주 빚는 방법(자보주례제방)' '장송주'.
99 《本草綱目》 卷25 〈穀部〉 "酒" '茴香酒', 1564쪽.
100 신기통(腎氣痛) : 신기(腎氣) 부족으로 남자는 허리를 구부리고 펴지 못하며, 여자는 뱃속에 징가(癥瘕, 덩어리)가 생겨 갑자기 아픈 병증.
101 편추(偏墜) : 한쪽 고환이 처지는 증상.
102 박회향(舶茴香) : 팔각회향(八角茴香) 또는 대회향(大茴香)과 같다.
103 빚는……보인다 : 《보양지》 권5 〈복식(약 음식 복용)〉 "약주[酒醴, 주례. 약이 되는 술과 단술] 부록 약떡[糕餌, 고이. 약이 되는 떡]" '보약이 되는 여러 약주 빚는 방법(자보주례제방)' 및 《보양지》 전체에 보이지 않는다.
104 《本草綱目》 卷25 〈穀部〉 "酒" '縮砂酒', 1564쪽.

를 내려주고, 가슴과 배의 통증을 그치게 한다.

腹痛.

축사인을 볶아서 간 뒤 주머니에 담고 술에 담근 다음 달여 마신다.

砂仁炒研, 袋盛浸酒, 煮飮.

35) 향부자술(사근주)

莎根酒

본초강목[105] 가슴 속의 객열(客熱)[106], 방광과 갈빗대 아래의 기가 울결된 증상, 항상 우울하여 즐겁지 않은 증상을 치료한다.

又 治心中客熱, 膀胱、脅下氣鬱, 常憂不樂.

사근(莎根)[107] 1근을 잘라 향기 나게 볶은 뒤 주머니에 담아 술에 담근다. 밤낮으로 복용하여 항상 술 기운이 이어지도록 한다.

以莎根一斤切, 熬香, 袋盛浸酒. 日夜服之, 常令酒氣相續.

36) 인진쑥술(인진주)

茵蔯酒

본초강목[108] 풍질(風疾)[109], 근육과 뼈가 결리고 당기는 증상을 치료한다.

又 治風疾, 筋骨攣急.

인진쑥을 누렇게 구운 것 1근, 찹쌀 1석, 누룩 3근을 일반적인 방법대로 술을 빚어 마신다.

用茵蔯蒿炙黃一斤、秫米一石、麴三斤, 如常釀酒飮之.

37) 개똥쑥술(청호주)

青蒿酒

본초강목[110] 허로와 오래된 학질을 치료한다.

又 治虛勞、久瘧.

개똥쑥을 빻아 즙을 내고 달인 뒤 일반적인 방법

青蒿擣汁, 煎過, 如常釀酒

---

105 《本草綱目》 卷25 〈穀部〉 "酒" '莎根酒', 1564쪽.

106 객열(客熱) : 외부의 사기(邪氣)가 들어와 생기는 발열(發熱).

107 사근(莎根) : 사초(莎草)의 뿌리[根]. 사초는 향부자(香附子)라고도 한다. 기(氣)가 잘 통하게 하여 우울증·적취(積聚)·월경불순 등에 좋다.

108 《本草綱目》 卷25 〈穀部〉 "酒" '茵蔯酒', 1564쪽.

109 풍질(風疾) : 신경(神經)의 탈로 생기는 병의 총칭(總稱). 풍병(風病)·풍증(風症)·풍기(風氣)라고도 한다.

110 《本草綱目》 卷25 〈穀部〉 "酒" '青蒿酒', 1564쪽.

대로 술을 빚어 마신다. 飮.

38) 백부주(百部酒)

百部酒

본초강목[111] 오래되거나 최근에 생긴 일체의 해수(咳嗽, 기침)를 치료한다.

又 治一切久近咳嗽.

백부근(百部根)[112]을 잘라서 볶은 뒤 주머니에 담아 술에 담가두고 자주 마신다.

百部根切炒, 袋盛浸酒, 頻頻飮之.

39) 바닷말술(해조주)

海藻酒

본초강목[113] 영기(癭氣)[114]를 치료한다.

又 治癭氣.

바닷말 1근을 깨끗이 씻어 술에 담가두었다가 밤낮으로 조금씩 마신다.

海藻一斤洗淨, 浸酒, 日夜細飮.

40) 선묘주(仙茆酒)

仙茆酒

본초강목[115] 정기가 허하고 차며, 양위(陽痿, 발기부전) 증상이 있고, 무릎이 약하며, 요통(腰痛)과 비완(痹緩)[116] 같은, 몸이 허하여 생기는 여러 가지 병증을 치료한다.

又 治精氣虛寒, 陽痿膝弱, 腰痛、痹緩諸虛之病.

선묘(仙茆)[117]를 9번 찌고 9번 볕에 말린 다음 술에 담갔다가 마신다.

用仙茆九烝九曬, 浸酒飮.

---

111 《本草綱目》 卷25 〈穀部〉 "酒" '百部酒', 1564쪽.
112 백부근(百部根) : 백부과의 여러해살이풀인 백부(百部)의 뿌리[根].
113 《本草綱目》 卷25 〈穀部〉 "酒" '海藻酒', 1564쪽.
114 영기(癭氣) : 기혈이 응체되어 몸에 혹이 생기는 증상.
115 《本草綱目》 卷25 〈穀部〉 "酒" '仙茆酒', 1564쪽.
116 비완(痹緩) : 몸이 저리고 늘어지는 증상.
117 선묘(仙茆) : 장송(長松)과 같다. 위 '장송주' 항목 참조.

41) 으름술(통초주)

通草酒

본초강목[118] 오장의 기운을 이어주고, 십이경맥을 통하게 하고, 삼초(三焦)[119]를 잘 통하게 한다.

又 續五臟氣, 通十二經脈, 利三焦.

통초자(通草子, 으름)를 달여 즙을 낸 뒤 누룩·쌀과 함께 술을 빚어 복용한다.

通草子煎汁, 同麴、米釀酒服.

42) 마가목술(남등주)

南藤酒

본초강목[120] 풍허(風虛)를 치료하고, 냉기를 쫓아내며, 비통(痹痛, 마비통)을 제거하고, 허리와 다리를 튼튼하게 한다.

又 治風虛, 逐冷氣, 除痹痛, 强腰脚.

마가목[石南藤][121]을 달여 즙을 낸 뒤 누룩·쌀과 함께 술을 빚어 마신다.

石南藤煎汁, 同麴、米釀酒飮.

43) 붉나무술(천금주)

千金酒

산림경제보[122] 먼저 찹쌀볏짚을 노구솥에 넣고 진하게 달인 뒤에 짚을 제거한다. 다음으로는 천금목(千金木)[123]의 껍질을 넣고 다시 달여 1~2번 끓으면 식혀서 독에 넣는다. 양을 가늠하여 누룩가루와 섞는다. 다음날 쌀죽을 넣고 빚은 술이 익어 이를 맑게

山林經濟補 先以糯稈入鍋中, 濃煎後, 去稈. 次入千金木皮, 再煎一二沸, 待冷, 入甕, 斟酌和麴末. 次日, 入米粥, 醞釀成酒, 澄

118 《本草綱目》 卷25 〈穀部〉 "酒" '通草酒', 1564쪽.

119 삼초(三焦) : 몸의 체간부를 상초(上焦)·중초(中焦)·하초(下焦)의 3부위로 나누는데, 이를 합하여 삼초라고 한다. 상초는 목구멍에서 위장의 분문(噴門, 식도에서 위장으로 음식물이 들어가는 입구)까지에 해당하며, 중초는 위장의 분문에서 위장의 유문(幽門, 위에서 십이지장까지의 연결 부분)까지 해당하며, 하초는 위의 유문에서 전음과 후음까지, 즉 배꼽 아래 하복부에 해당한다. 삼초는 몸에서 기와 혈액 순환을 촉진하며 음식물을 소화시켜 영양물질을 온몸에 운반하며, 수도(水道)가 잘 통하게 하는 기능을 한다.

120 《本草綱目》 卷25 〈穀部〉 "酒" '南藤酒', 1564쪽.

121 마가목[石南藤] : 장미과의 낙엽 활엽 교목. 남등, 정공등(丁公藤)으로도 불린다.

122 출전 확인 안 됨 ; 《增補山林經濟》 卷10 〈救荒〉 "千金酒方"(《農書》4, 204쪽).

123 천금목(千金木) : 옻나뭇과의 낙엽 활엽 소교목. 《임원경제지 만학지(林園經濟志 晩學志)》 권4 〈나무류〉 "붉나무[膚木]" 참조.

가라앉히면 맛이 감미롭다.

복용하면 기종(飢腫, 굶주려 몸이 붓는 증상)을 없애는 데 신통한 효험이 있다. 일반적으로 물 2동이, 쌀 1승으로 죽을 쑤어 빚는다.

淸則甘美.

服之, 銷飢腫神驗. 凡水二盆、米一升, 作粥釀之.

44) 송진술(송액주)

松液酒

본초강목 [124] 일체의 풍비(風痹)와 각기(脚氣)를 치료한다.

【안 빚는 방법은《보양지》에 보인다[125]】

本草綱目 治一切風痹、脚氣.

【案 方見《葆養志》】

45) 송절주(松節酒)

松節酒

본초강목 [126] 송절(松節)[127]로 빚은 술은 냉풍과 허약증, 근육과 뼈의 경련과 통증, 각기(脚氣)와 완비(緩痹)[128]를 치료한다.

【안 빚는 방법은《보양지》에 보인다[129]】

又 治冷風、虛弱, 筋骨攣痛, 脚氣、緩痹.

【案 方見《葆養志》】

46) 측백잎술(백엽주)

柏葉酒

본초강목 [130] 풍비와 역절통(歷節痛)[131]을 치료한다.

【안 빚는 방법은《보양지》에 보인다[132]】

又 治風痹、歷節痛.

【案 方見《葆養志》】

124《本草綱目》卷25〈穀部〉"酒" '松液酒', 1564쪽.

125 빚는……보인다 :《보양지》권5〈복식(약 음식 복용)〉"약주[酒醴, 주례. 약이 되는 술과 단술] 부록 약떡[糕餌, 고이. 약이 되는 떡]" '보약이 되는 여러 약주 빚는 방법(자보주례제방)·송액주'.

126《本草綱目》卷25〈穀部〉"酒" '松節酒', 1564쪽.

127 송절(松節) : 소나무의 줄기나 가지의 송진이 침착된 마디.

128 완비(緩痹) : 몸이 늘어지고 저리는 증상. 비완(痹緩).

129 빚는……보인다 :《보양지》권5〈복식(약 음식 복용)〉"약주[酒醴, 주례. 약이 되는 술과 단술] 부록 약떡[糕餌, 고이. 약이 되는 떡]" '보약이 되는 여러 약주 빚는 방법(자보주례제방)·송절주'.

130《本草綱目》卷25〈穀部〉"酒" '柏葉酒', 1565쪽.

131 역절통(歷節痛) : 풍한습사가 경맥을 통해 뼈마디에 침입하여 생기는 통증.

132 빚는……보인다 :《보양지》권5〈복식(약 음식 복용)〉"약주[酒醴, 주례. 약이 되는 술과 단술] 부록 약떡[糕餌, 고이. 약이 되는 떡]" '보약이 되는 여러 약주 빚는 방법(자보주례제방)·백엽주'.

47) 송지주(松脂酒)

松脂酒

취향일월기(醉鄕日月記) [133] [134] 송지(松脂, 송진)는 온갖 병을 치유한다.

醉鄕日月記 松脂蠲百疾.

찹쌀 1곡(斛, 석)마다 송지 14냥을 마련한다. 따로 찹쌀 2승으로 죽처럼 끓여 약간 식힌 뒤 밀누룩[小麥麴] 1.5조각을 더한다. 밀누룩 1조각은 무게가 2~3냥이고, 불에 쬐어 말린 뒤 빻아서 가루 낸다. 죽과 밀누룩을 섞은 뒤 저어서 밑술을 만든다.

每糯米一斛, 松脂十四兩, 別以糯米二升煮如粥, 稍冷, 着小麥麴一片半. 每片重二三兩, 火曝乾, 擣爲末, 攪作酵.

5일 정도 지나서 발효정도를 봐가며 밥을 해서 준비하되 살짝 익혀야 한다. 다시 누룩 20조각을 불에 쬐어 말린 뒤 가루 낸다. 물 65승과 밑술 및 누룩 가루, 밥 등을 동시에 저어서 섞은 뒤 독에 넣는다. 독은 보통처럼 따뜻하게 하는데, 봄·겨울에는 4일, 가을·여름에는 3일이면 완성된다.

五日以來候起, 辨[22]炊飯來[23]須薄之. 更以麴二十片, 火焙[24]乾, 作末. 用水六斗五升、酵及麴末、飯等, 一時攪和, 入甕. 甕煖和如常, 春冬四日, 秋夏三日成.

48) 초백주

椒柏酒

본초강목 [135] 설날에 초백주를 마시면 일체의 전염성 열병과 부정한 기운을 쫓아낸다.

本草綱目 元朝飮之, 辟一切疫癘、不正之氣.

섣달 그믐에 산초 21알과 동쪽으로 뻗은 측백나뭇잎이 달린 가지 7개를 술 1병에 담갔다가 마신다.

除夕以椒三七粒、東向側柏葉七枝, 浸酒一瓶飮.

---

133 취향일월기(醉鄕日月記) : 중국 당(唐)나라 때 사(詞)에 조예가 깊었던 황보송(皇甫松, ?~?)이 지은 책. 술자리의 규칙, 행령, 벌주 등을 수록하고 있다.

134 《說郛》 卷94上 〈酒譜〉 "性味十"(《文淵閣四庫全書》881, 347쪽).

135 《本草綱目》 卷25 〈穀部〉 "酒" '椒柏酒', 1565쪽.

[22] 辨 : 저본에는 "辨". 《說郛·酒譜·性味十》에 근거하여 수정.

[23] 來 : 저본에는 "米". 오사카본·《說郛·酒譜·性味十》에 근거하여 수정.

[24] 焙 : 저본에는 "醅". 오사카본·《說郛·酒譜·性味十》에 근거하여 수정.

사진96 초백주

49) 댓잎술(죽엽주) 竹葉酒

본초강목 [136] 풍열(風熱)[137]을 치료하고 심장을 시원하게 하여 뜻을 화창하게 한다.

又 治風熱, 淸心暢意.

담죽엽(淡竹葉)[138]을 달여 즙을 낸 뒤 일반적인 방법으로 술을 빚어 마신다.

淡竹葉煎汁, 如常釀酒飮.

【안 죽엽춘(竹葉春) 빚기는 위에 보인다[139]】

【案 竹葉春方見上】

---

136 《本草綱目》 卷25 〈穀部〉 "酒" '竹葉酒', 1565쪽.

137 풍열(風熱) : 풍사와 열사가 겹친 증상.

138 담죽엽(淡竹葉) : 조릿대의 잎.

139 죽엽춘(竹葉春)……보인다 : 《정조지》 권7 〈술〉 "이류(酏類)" '죽엽춘(竹葉春) 빚기(죽엽춘방)' 참조.

50) 괴지주

槐枝酒

본초강목[140] 대마풍(大麻風)[141]과 위비(痿痹)를 치료한다.

又 治大麻、痿痹.

괴지(槐枝, 회화나무가지)를 달여 즙을 낸 뒤 일반적인 방법으로 술을 빚어 마신다.

槐枝煮汁, 如常釀酒飮.

51) 우엉술(우방주)

牛蒡酒

본초강목[142] 여러 가지 풍독(風毒, 풍사)을 치료하고, 허리와 다리를 부드럽게 한다.

又 治諸風毒, 利腰脚.

우엉뿌리를 편으로 자른 뒤 술에 담갔다가 마신다.

用牛蒡根切片, 浸酒飮之.

52) 마인주

麻仁酒

본초강목[143] 골수의 풍과 독통(毒痛, 독으로 인한 통증)으로 인하여 움직이지 못하는 사람을 치료한다.

又 治骨髓風, 毒痛不能動者.

대마자(大麻子, 아주까리) 속씨를 향이 나도록 볶은 뒤 주머니에 담아 술에 담갔다가 마신다.

取大麻子中仁炒香, 袋盛, 浸酒飮之.

53) 산뽕나무뿌리술(자근주)

柘根酒

태평성혜방[144] 이명(耳鳴)[145]이나 이롱(耳聾)[146]이 10~20년 된 사람을 치료하는 데는 산뽕나무뿌리술이

太平聖惠方 治耳鳴、耳聾一二十年者, 有柘根酒.

---

140 《本草綱目》 卷25 〈穀部〉 "酒" '槐枝酒', 1565쪽.
141 대마풍(大麻風) : 피부에 특이한 헌데가 생기는 만성 전염성 피부병. 한센병·나병·문둥병이라고도 한다.
142 《本草綱目》 卷25 〈穀部〉 "酒" '牛蒡酒', 1565쪽.
143 《本草綱目》 卷25 〈穀部〉 "酒" '麻仁酒', 1565쪽.
144 《太平聖惠方》 卷36 〈治耳久聾諸方〉(《太平聖惠方校注》 4, 237쪽) ; 《本草綱目》 卷36 〈木部〉 "柘", 2073쪽.
145 이명(耳鳴) : 어떤 종류의 소리가 연속적으로 울리는 것처럼 느껴지는 증상.
146 이롱(耳聾) : 귀가 먹어 들리지 않거나 귀가 몽롱한 상태가 계속되는 증상.

있다.

산뽕나무뿌리(자근) 20근, 창포 50승을 각각 물 1석에 달여서 즙 50승을 얻는다. 고철 20근을 붉게 달군 뒤 물 50승에 담가 맑은 물을 얻는다. 여기에 물 1.5석을 합하여 쌀 2석, 누룩 20승을 써서 일반적인 방법으로 술을 빚어 익힌다. 진자석(眞磁石, 좋은 자석) 3근을 가루 낸 뒤, 술 안에 담가서 3일을 묵힌다. 이를 밤낮으로 마시고, 약간 취하도록 하여 잠을 잔다. 사람 목소리가 들리면 복용을 그친다.

用柘根二十斤、菖蒲五斗, 各以水一石煮, 取汁五斗. 故鐵二十斤煆赤, 以水五斗浸取淸. 合水一石五斗, 用米二石、麴[25]二斗, 如常醸酒成. 用眞磁石三斤爲末, 浸酒中三宿. 日夜飮之, 取小醉而眠. 聞人聲乃止.

54) 산무애뱀술(화사주)

花蛇酒

[본초강목][147] 여러 가지 풍과 완비탄완(頑痺癱緩)[148], 연급동통(攣急疼痛)[149], 악창, 개라(疥癩, 옴)를 치료한다.

백화사(白花蛇)[150]고기 1가락을 주머니에 담아 누룩과 함께 항아리바닥에 놓고 찹쌀밥으로 덮어준다. 21일이 되면 술을 떠서 마신다.

【[안] 이무기술·누룩뱀술·살무사술 빚는 방법은 모두 《인제지》에 자세히 보인다[151]】

[本草綱目] 治諸風、頑痺癱緩、攣急疼痛、惡瘡、疥癩. 用白花蛇肉一條, 袋盛, 同麴置於缸底, 糯飯蓋之. 三七日, 取酒飮.

【[案] 蚺蛇酒、烏蛇酒、蝮蛇酒諸方, 竝詳見《仁濟志》】

---

147 《本草綱目》 卷25 〈穀部〉 "酒" '花蛇酒', 1565쪽.

148 완비탄완(頑痺癱緩) : 팔다리가 힘이 없고 마비되는 증상.

149 연급동통(攣急疼痛) : 근육이 경직되어 쑤시고 아픈 증상.

150 백화사(白花蛇) : 뱀과의 독이 없는 뱀으로, 갈색 바탕에 네 개의 검은 줄무늬가 꼬리까지 있다. 산무애뱀이라고도 한다.

151 이무기술……보인다 : 《인제지(仁濟志)》 권4 〈외인(外因)〉 "중풍(中風)" '탕액·염사주(蚺蛇酒)'; 《인제지》 권21 〈외과(外科)〉 "역양(瘧瘍)·전풍(癜風)" '탕액·오사주(烏蛇酒)'; 《인제지》 권21 〈외과〉 "나풍(癩風, 나병)" '탕액·복사주(蝮蛇酒)'.

[25] 麴 : 저본에는 "麪". 《太平聖惠方·治耳久聾諸方》에 근거하여 수정.

55) 호골주(호랑이정강이뼈술) 虎骨酒

본초강목 [152] 팔다리의 동통(疼痛, 쑤시는 통증)과 역절풍(歷節風)[153], 신허(腎虛)[154], 방광의 한통(寒痛)을 치료한다.

又 治臂脛疼痛、歷節風、腎虛、膀胱寒痛.

호랑이정강이뼈[虎脛骨] 1개를 누렇게 구운 뒤 두드려 부순다. 이를 누룩·쌀과 함께 일반적인 방법으로 술을 빚어 마신다. 술에 담가도 좋다.

虎脛骨一具炙黃, 搥碎, 同麴、米, 如常釀酒飮. 亦可浸酒.

【안 《인제지》에 자세히 보인다[155]】

【案 詳見《仁濟志》】

56) 미골주(고라니뼈술) 麋骨酒

본초강목 [156] 음허(陰虛)[157]와 신장이 허약한 증상을 치료한다. 오래 복용하면 사람을 기름지고 희게 만든다.

又 治陰虛、腎弱. 久服, 令人肥白.

고라니뼈[麋骨]를 달여 즙을 낸 뒤 누룩·쌀과 함께 일반적인 방법으로 술을 빚어 마신다.

麋骨煮汁, 同麴、米, 如常釀酒飮之.

57) 녹두주(사슴대가리술) 鹿頭酒

본초강목 [158] 허로부족(虛勞不足)[159], 소갈(消渴), 밤에 귀신 꿈을 꾸는 증상을 치료하고, 정기를 보하여 북돋운다.

又 治虛勞不足、消渴㉖、夜夢鬼物, 補益精氣.

---

152 《本草綱目》 卷25 〈穀部〉 "酒" '虎骨酒', 1566쪽.
153 역절풍(歷節風) : 온몸의 관절이 부어 구부리고 펴기 어렵고 통증이 심한 증상.
154 신허(腎虛) : 신장의 정기가 부족한 증상.
155 《인제지》에……보인다 : 《인제지》 권6 〈외인(外因)〉 "각기(脚氣)" '탕액·호골주'.
156 《本草綱目》 卷25 〈穀部〉 "酒" '麋骨酒', 1566쪽.
157 음허(陰虛) : 음분(陰分, 몸 안에서 음의 속성을 가진 부분)이 허해진 증상.
158 《本草綱目》 卷25 〈穀部〉 "酒" '鹿頭酒', 1566쪽.
159 허로부족(虛勞不足) : 정기와 기혈이 부족하여 허약해진 증상.
㉖ 渴 : 저본에는 "濁". 오사카본·규장각본·고대본에 근거하여 수정.

사슴대가리[鹿頭]를 푹 삶은 뒤 짓찧는다. 이를 즙과 함께 누룩·쌀과 섞고 술을 빚어 마신다. 파와 산초를 조금 넣는다.

鹿頭煮爛, 擣泥, 連汁和麴、米, 釀酒飲. 少入葱、椒.

58) 녹용주

鹿茸酒

[본초강목] [160] 양허위약(陽虛痿弱)[161]과 소변이 잦은 증상, 노손(勞損)[162]으로 인한 여러 가지 허한 증상을 치료한다.

[又] 治陽虛痿弱、小便頻數、勞損諸虛.

【[안] 빚는 방법은 《보양지》에 보인다[163]】

【[案] 方見《葆養志》】

59) 무술주

戊戌酒

[식료본초] [164] 원기를 크게 보한다.

[食療本草] 大補元氣.

【[안] 빚는 방법은 《보양지》에 보인다[165]】

【[案] 方見《葆養志》】

60) 양고주

羊羔酒

[선화화성전진방(宣和化成殿眞方)] [166] [167] 원기를 크게 보하고, 비위를 튼튼하게 하며, 허리와 신(腎)을 북돋운다.

[宣和化成殿眞方] 大補元氣, 健脾胃, 益腰腎.

---

160 《本草綱目》 卷25 〈穀部〉 "酒" '鹿茸酒', 1566쪽.

161 양허위약(陽虛痿弱) : 양허(陽虛)로 인해서 위축되고 연약한 증상.

162 노손(勞損) : 음허(陰虛)에 속하는 허로(虛勞) 및 허손(虛損).

163 빚는……보인다 : 《보양지》 권5 〈복식(약 음식 복용)〉 "약주[酒醴, 주례. 약이 되는 술과 단술] [부록] 약떡[糕餌, 고이. 약이 되는 떡]" '보약이 되는 여러 약주 빚는 방법(자보주례제방)·녹용주'.

164 《食療本草》 卷下 〈酒〉, 115쪽 ; 《本草綱目》 卷25 〈穀部〉 "酒" '戊戌酒', 1566쪽.

165 빚는……보인다 : 《보양지》 권5 〈복식(약 음식 복용)〉 "약주[酒醴, 주례. 약이 되는 술과 단술] [부록] 약떡[糕餌, 고이. 약이 되는 떡]" '보약이 되는 여러 약주 빚는 방법(자보주례제방)·무술주'.

166 선화화성전진방(宣和化成殿眞方) : '선화'는 중국 북송(北宋) 휘종(徽宗)의 연호(1119~1125)이고, '화성전'은 휘종이 머무른 궁전이다. 이 책은 휘종에게 올린 처방모음집으로 추정된다. 책은 남아 있지 않으나, 그 내용 중 일부가 《본초강목》에 전한다.

167 출전 확인 안 됨 ; 《本草綱目》 卷25 〈穀部〉 "酒" '羊羔酒', 1566쪽.

사진97 백화주

【안 빚는 방법은 《보양지》에 보인다[168]】

【案 方見《葆養志》】

61) 해구신술(올눌제주)

膃肭臍酒

본초강목[169] 양기를 돕고, 정수를 북돋우고, 징결(癥結)[170]과 냉기를 깨트려 사람의 몸을 크게 보하고 북돋운다.

本草綱目 助陽氣，益精髓，破癥結、冷氣，大補益人.

【안 빚는 방법은 《보양지》에 보인다[171]】

【案 方見《葆養志》】

62) 백화주(여러 종류의 꽃을 넣어 빚은 술)

百花酒

동의보감[172] 온갖 병을 주치하고 오래도록 살게 한다.

東醫寶鑑 主百病，長生.

【안 빚는 방법은 《보양지》에 보인다[173]】

【案 方見《葆養志》】

---

168 빚는……보인다 : 《보양지》 권5 〈복식(약 음식 복용)〉 "약주[酒醴, 주례. 약이 되는 술과 단술] 부록 약떡[糕餌, 고이. 약이 되는 떡]" '보약이 되는 여러 약주 빚는 방법(자보주례제방)·양고주'.

169 《本草綱目》 卷25 〈穀部〉 "酒" '膃肭臍酒', 1567쪽.

170 징결(癥結) : 적취의 일종. 뱃속에 덩어리가 생긴 증상.

171 빚는……보인다 : 《보양지》 권5 〈복식(약 음식 복용)〉 "약주[酒醴, 주례. 약이 되는 술과 단술] 부록 약떡[糕餌, 고이. 약이 되는 떡]" '보약이 되는 여러 약주 빚는 방법(자보주례제방)·올눌제주'.

172 《東醫寶鑑》 〈內景篇〉 卷1 "身形" '養性延年藥餌·單方·百草花'(《原本 東醫寶鑑》, 79쪽) ; 《本草綱目》 卷21 〈草部〉 "雜草九鍾" '百草花', 1416쪽.

173 빚는……보인다 : 《보양지》 권5 〈복식(약 음식 복용)〉 "약주[酒醴, 주례. 약이 되는 술과 단술] 부록 약떡[糕餌, 고이. 약이 되는 떡]" '보약이 되는 여러 약주 빚는 방법(자보주례제방)·백화주'.

63) 술에 약재 담그는 법

酒中漬藥法

동의보감[174] 일반적으로 술 속에 약재를 담글 때는 모두 잘게 자른 뒤 생명주주머니에 담아 술에 넣고 밀봉한다. 봄에는 5일, 여름에는 3일, 가을에는 7일, 겨울에는 10일이 지나 그 농도와 독한 정도를 보아 걸러낼 만하면 맑은 부분을 떠서 복용한다. 찌꺼기는 볕을 쬐어 말린 뒤 거칠게 가루 내어 다시 담가서 마신다. 1병의 술에 거친 가루 약재 3냥을 담그는 것이 정석이다.

東醫寶鑑 凡酒中漬藥, 皆細切, 生絹袋盛之, 入酒密封. 經春五, 夏三, 秋七, 冬十日, 視其濃烈, 便可漉出, 取淸服之. 滓可曝燥爲麤末, 更漬, 飮之. 一甁酒漬麤末藥三兩爲正.

고사십이집[175] 혹은 약재들로 함께 술을 빚으면 맛이 매우 독하다. 고아서 소주를 내리면 맛이 더욱 빼어나다.

攷事十二集 或藥料同釀酒, 味太辛. 燒作露酒, 尤妙.

174《東醫寶鑑》〈湯液篇〉卷1 "漬藥酒法"(《原本 東醫寶鑑》, 678쪽);《本草綱目》卷1〈序例〉"陶隱居名醫別錄合藥分劑法則", 56쪽.

175《攷事十二集》卷11〈戌集五六〉"酒齊造法" '服食類'(《保晚齋叢書》10, 522쪽).

17. 술 마시는 여러 방법(상음잡법) 觴飮雜法

1) 음주로 인한 병 막는 법(음주방병법) 飮酒防病法

밀가루음식을 먹은 뒤에 술을 마시려고 할 때는 알맹이를 제거한 한초(漢椒, 천초) 2~3알을 술로 삼키면 병이 나지 않는다. 《구선신은서》[1]

食麪後, 欲飮酒, 以酒嚥去目漢椒二三粒, 則不爲病. 《臞仙神隱書》

2) 술 마시고 취하지 않는 법(음주불취법) 飮酒不醉法

술을 마시고 취하지 않으려면 붕사(硼砂)[2]가루를 복용한다. 《물류상감지》[3]

飮酒欲不醉, 服硼砂末. 《物類相感志》[1]

술의 독은 치아에 남기 때문에 1잔 마실 때마다 물을 입에 넣고 씻어내면 취하지 않는다. 《지봉유설(芝峯類說)[4]》[5]

酒之毒在齒, 每飮一杯, 吸水嗽滌, 不醉. 《芝峯類說》

일반적으로 술 마시기 내기를 할 때 먼저 소금 1술을 삼키면 술을 반드시 2배는 마실 수 있다. 그러나

凡賭飮者, 先呑鹽一匙, 則飮酒必倍, 然恐損人. 《增

---

1 출전 확인 안 됨; 《增補山林經濟》 卷9 〈治膳〉 下 "造酒諸法" '飮酒防病法'(《農書》4, 185쪽).

2 붕사(硼砂) : 붕산나트륨의 결정체로, 천연에서 고체로 존재한다. 주로 외용약으로 쓰며 복용할 때는 주의를 요한다.

3 《物類相感志》 〈飮食〉 (《文淵閣四庫全書》877, 291쪽).

4 지봉유설(芝峯類說) : 1614년(광해군 6년)에 이수광(李睟光, 1563~1628)이 편찬한 한국 최초의 백과사전식의 저술.

5 《芝峯類說》 卷19 〈食物部〉 "酒"(한국고전종합DB).

[1] 오사카본에는 "《물류상감지》는 《지봉유설》의 위에 있다(相感志在類說上)."라는 두주(頭註)가 있다.

사람의 몸을 상하게 할 염려가 있다. 《증보산림경제》[6]

補山林經濟》

3) 술 마시고 바로 취하는 법(음주즉취법)

飮酒卽醉法

초과(草果)[7]가루 약간을 잔 안에 두면 바로 취한다. 《증보산림경제》[8]

以草果末少許置盞內, 卽醉. 《增補山林經濟》

4) 중국과 우리나라의 음주법(논화동음법)

論華東飮法[2]

우리나라 사람들은 술을 마시면 천하 사람들보다 독하게 마신다. 반드시 큰 사발로 들이키면서 이마를 찌푸리고는 한번에 비운다. 이것은 술을 들이붓는 것이지 마시는 것이 아니며, 배를 불리려는 것이지 흥취를 돋우려는 것이 아니다. 그러므로 한번 술을 마셨다 하면 반드시 취하게 되고, 취했다 하면 바로 술주정을 하게 된다.

東人飮酒, 毒於天下. 必以大椀蹙額一倒. 此灌也, 非飮也; 要飽也, 非要趣也. 故必一飮則醉, 醉則輒酗.

반면 중국 사람들은 술 마시는 법이 매우 우아하다. 비록 한여름이라도 반드시 데워서 마시고, 비록 소주라도 데운다. 살구만 한 술잔을 치아에 대어서 조금씩 홀짝이고, 남은 술은 탁자 위에 남겨 두었다가 잠시 뒤에 다시 홀짝인다. 우리처럼 거만하게 단번에 비우는 경우가 없다. 우리나라의 이른바 큰 종지나 큰 사발같이 큰 잔에 마시는 사람은 전혀 없다. 《열하일기》[9]

中國飮法甚雅, 雖盛夏必湯飮, 雖燒露亦湯. 杯如杏子, 掛齒細呷, 留餘卓上, 移時更呷, 未嘗健倒. 如我東所謂大鍾、大椀, 絕無飮者. 《熱河日記》

---

6 《增補山林經濟》 卷9 〈治膳〉 下 "造酒諸法" '飮酒防病法'(《農書》4, 186쪽).

7 초과(草果) : 생강과의 열대식물인 초두구(草豆蔻)의 일종.

8 《增補山林經濟》, 위와 같은 곳.

9 《燕巖集》 卷13 〈別集〉 "熱河日記" '還燕道中錄'(《韓國文集叢刊》252, 228쪽) ; 《燕巖集》 卷12 〈別集〉 "熱河日記" '太學留館錄'(《韓國文集叢刊》252, 216쪽).

[2] 法 : 저본에는 "酒". 오사카본·규장각본·고대본에 근거하여 수정.

5) 음저(飮儲, 안주)

몸속에서 술을 내려주는 음식을 '음저'라 한다. 그 종류는 다음과 같다.

① 청품(淸品, 맑은 종류) : 선합(鮮蛤)[10], 조감(糟蚶)[11], 주해(酒蟹)[12]와 같은 종류.

② 이품(異品, 색다른 종류) : 웅백(熊白)[13], 서시유(西施乳)[14]와 같은 종류.

③ 이품(膩品, 기름진 종류) : 새끼양구이, 거위새끼구이와 같은 종류.

④ 과품(果品, 과일 종류) : 잣, 살구속씨와 같은 종류.

⑤ 소품(蔬品, 채소 종류) : 신선한 죽순, 햇부추와 같은 종류.

그러나 시골의 가난한 선비가 어디서 이러한 안주들을 마련하겠는가? 다만 질동이에 푸성귀만 갖추더라도 어찌 그 높은 경지를 손상시키겠는가?《상정(觴政)[15]》[16]

論飮儲

下酒物色, 謂之"飮儲".

一淸品 : 如鮮蛤、糟蚶、酒蟹之類.

二異品 : 如熊白、西施乳之類.

三膩品 : 如羔羊、子鵞炙之類.

四果品 : 如松子、杏仁之類.

五蔬品 : 如鮮筍、早韭之類.

然下邑貧士, 安從辦此? 政使瓦盆蔬具, 亦何損其高致也?《觴政》

---

10 선합(鮮蛤) : 생 대합(大蛤) 혹은 백합(白蛤)의 회.

11 조감(糟蚶) : 술지게미에 담근 살조개.

12 주해(酒蟹) : 술에 담근 게.

13 웅백(熊白) : 곰의 심장 부위에 있는 옥처럼 하얀 지방. 웅지(熊脂).

14 서시유(西施乳) : 복어 수컷의 이리.

15 상정(觴政) : 중국 명나라 말기의 문인 원굉도(袁宏道, 1568~1610)가 지은 책. 술에 관한 내용을 16칙(則)으로 구성했다.

16 《觴政》14 〈飮儲〉.

- II -

절식(節食)[1] (절식지류)

節食之類

1. 설날[元朝]의 절식
2. 입춘(立春)의 절식
3. 정월대보름[上元, 상원]의 절식
4. 중화절(中和節, 음력 2월 1일)의 절식
5. 중삼절(重三節, 음력 3월 3일 삼짇날)의 절식
6. 등석(燈夕, 석가탄신일)의 절식
7. 단오(端午)의 절식
8. 유두(流頭, 음력 6월 15일)의 절식
9. 삼복(三伏)의 절식
10. 중구(重九, 음력 9월 9일)의 절식
11. 동지(冬至)의 절식
12. 납평(臘平, 납일)의 절식
13. **부록** 절식 보유(補遺, 빠진 것을 보충함)

---

1 절식(節食) : 절일(節日)에 만들어 먹는 음식. 명절식(名節食) 또는 세시음식(歲時飮食)이라고도 한다.

1. 설날[元朝]의 절식

元朝節食

1) 떡국[湯餠, 탕병] 만들기(탕병방)

湯餠方

멥쌀떡을 주물러서 가락으로 만든 뒤 적당하게 굳어지면 동전모양으로 가로로 자르고 끓여 조리한다. 꿩고기와 후춧가루는 세찬(歲饌, 설음식)에서 빠트릴 수 없는 음식이다. 나이를 보태는 것을 떡국이 몇 그릇째인지로 칭하게 되었다. 그래서 육유(陸遊)[2]의 시에 대한 주석을 보면 "민간에서 설날에는 반드시 떡국을 쓰는데, '동혼돈(冬餛飩)'[3]이나 '연박탁(年餺飥)'[4]이라 부른다."[5]라 했다. 《한양세시기(漢陽歲時記)[6]》[7]

粳米餠按摩成條，候硬，橫截如錢，烹調．雉肉、胡椒屑，爲歲饌之不可缺者．至稱添齒者爲餠湯第幾椀．案陸放翁詩註，"鄉俗歲日必用湯餠，謂之'冬餛飩'、'年餺飥'."《漢陽歲時記》

떡국 만드는 방법 : 멥쌀을 곱게 찧고 적당량을 깨끗한 물에 하룻밤 담갔다가 걸러내 살짝 말린다. 이를 방아에 넣어 쇠공이로 빻아 가루 낸 뒤, 고운 체로 쳐서 시루에 얹고 푹 찐다.

造湯餠方：精鑿粳米，不拘多少，淨水浸一宿，漉出略晾．下碓，用鐵杵擣爲粉，細羅過，上甑烝熟．

---

2 육유(陸遊) : 1125~1209. 중국 남송(南宋)의 시인. 자(字)는 무관(務觀), 호는 방옹(放翁). 일생 동안 1만 수에 달하는 시를 지었다고 하며, 중국 최다작가(最多作家)로 평가받는다.

3 동혼돈(冬餛飩) : 혼돈은 만두의 일종. 겨울에 먹는 혼돈이라는 뜻.

4 연박탁(年餺飥) : 박탁은 수제비의 일종. 새해에 먹는 박탁이라는 뜻.

5 민간에서……부른다 : 《劍南詩稿》 卷38 〈歲首書事〉(《文淵閣四庫全書》1162, 593쪽).

6 한양세시기(漢陽歲時記) : 조선 후기 영재(泠齋) 유득공(柳得恭, 1749~1807)이 기록한 한양의 세시풍속. 《경도잡지(京都雜志)》 내의 〈세시기〉를 가리킨다. 《경도잡지》는 서울의 풍습에 대해 상권에는 의복·음식·주택·시화(詩畫) 등 풍속을 19항으로 나누어 기술하고, 하권에서는 서울 지방의 세시를 19항으로 분류하여 기록했다.

7 출전 확인 안 됨 ; 《京都雜志》 卷2 〈歲時〉 "元日"(《조선대세시기》3, 63~69쪽).

찐 멥쌀을 떡판 위에 두고 한 사람은 머리가 넓고 자루가 가로로 된 떡메로 친다. 또 한 사람은 떡판머리에 앉아 그냥 두어 따뜻해진 끓인 물 1동이를 앞에 두고 1번 칠 때마다 바로 손에 물을 묻혀 떡을 문질러준다. 이렇게 1번 치고 1번 문질러주고 뒤집어 가는 식으로 쳐서 찰지고 기름지며 윤택하게 한다.

置案上, 一人以廣頭橫柄杵打之. 一人坐案頭, 置放溫湯水一盆于前, 每一打, 輒以手蘸水擦餠. 一打一擦, 反覆翻轉, 打得令粘膩滋潤.

매번 사발만 한 크기의 덩어리를 떡판 위에 놓은 다음 손으로 주물러가며 도끼자루 두께의 긴 가락으로 만든다. 다시 이 가락을 0.8~0.9척 정도의 길이로 잘라 끝부분이 가지런하고 짧은 가락으로 만든다. 여기에 참기름을 발라서 서로 들러붙지 않게 한다. 이어 깨끗한 그릇에 저장해 식도록 둔 다음 굳고 딱딱하게 한다【민간에서는 이를 '계략떡[權謀餠, 가래떡]'이라 한다】.

每用椀大塊就案上, 用手搓揉, 作斧柯大長條. 復刀切作八九寸, 齊頭短條. 用香油擦之, 令不相粘着. 淨器收貯, 放冷, 堅硬【俗呼"權謀餠"】.

손님 1사람을 대접하려면 2~3가락을 가져다가 잘 드는 칼로 가로로 잘라 편을 만든다. 편은 종이처럼 얇고 동전처럼 둥글게 한다. 먼저 쇠고기나 꿩고기를 달인 간장과 참기름에 재웠다가 한참 지나면 장물과 함께 노구솥에 넣고 끓인다. 몇 번 끓어오르고서야 고기를 꺼냈다가 잘라서 넣은 다음 떡을 넣는다. 여기에 참기름 1현각(蜆殼)[8]을 더하여 다시 끓인다. 국물이 흐려지려고 하면 떡국을 깨끗한 사발에 떠내고 다시 후춧가루와 익힌 꿩고기가루를 그 위에 뿌려준다. 《옹치잡지》[9]

欲供一客, 取二三條, 用利刀橫切作片, 其薄如紙, 其圓如錢. 先將牛肉、雉肉, 用煉醬、香油醃漬, 良久, 同醬水下鍋煮, 數沸乃取, 切過了, 餠投之, 添香油一蜆殼, 更煮. 候汁渾, 酌入淨盂內, 更以胡椒屑、熟雉肉屑, 糝其上. 《饔饎雜志》

---

8 현각(蜆殼) : 가막조개 껍질에 담길 정도의 양. 30밀리리터 정도.

9 출전 확인 안 됨.

사진1 떡국(굴이 들어가고 김가루를 뿌려 위의 방법과는 다름)

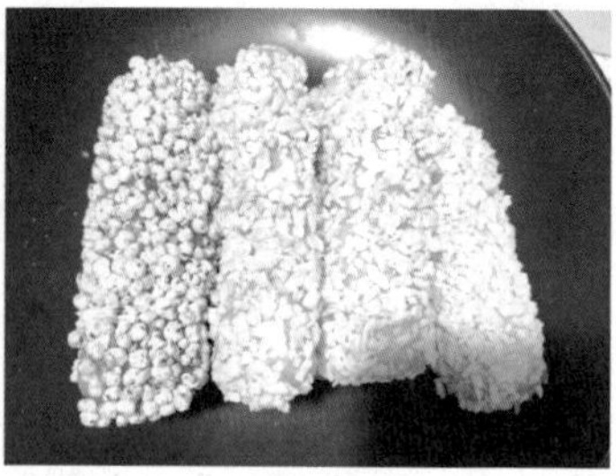

사진2 강정(시중에서 구입한 일반적인 강정)

2) 강정(饊飣) 만들기(강정방)

설날 이후에 세배하러 오는 손님이 있으면 반드시 술상을 봐서 대접하는데, 이를 '세찬(歲饌)'이라고 한다. 세찬에는 떡국이 주가 되지만 강정(餣飣)과 밀양시병(蜜釀柹餠, 수정과의 일종)도 과줄 중에서 빠트릴 수 없는 음식이다. 매번 연말이 되면 도읍의 저자거리에서는 붉은색, 누런색, 흰색의 여러 가지 강정을 판다. 삼남(三南, 충청도·전라도·경상도) 지방의 여러 읍에서는 시병(柹餠, 곶감)을 지인들에게 보낸다. 《금화경독기(金華耕讀記)[10]》[11]

饊飣方

元朝以後，凡有拜年之客，必設酒饌饋之，謂之"歲饌"。歲饌，湯餠爲主，餣飣、蜜釀柹餠爲菓飣之不可闕者。每當歲暮，都邑市肆，賣紅、黃、白諸色餣飣。三南列邑，饋送柹餠于知舊。《金華耕讀記》

강정 만드는 방법 : 찹쌀가루를 술과 섞어 편을 만든 다음 음지에서 말려 산자(饊子) 만드는 방법처럼 기름에 지진다. 그러면 모양은 자연히 둥글고 길면서 가운데는 비게 된다. 여기에 엿을 붓고 참깨가루

造餣飣法：以糯粉和酒作片，陰乾，油煎如造饊子法。自然圓長中空，沃以餹餳，傅之以芝麻屑或豆屑。

10 금화경독기(金華耕讀記) : 서유구(徐有榘, 1764~1845)가 지은 독서기로, "금화(金華)에서 농사를 지으며 독서를 한 기록"이라는 제목에서 표방하듯이, 단순한 독서의 기록이 아니라 밭갈고 농사지으며 실천한 기록이다. 수록 범위가 곡물농사, 건축, 생활용구, 음식, 기상 예측, 사냥, 정원꾸미기, 예술품 감상법, 집터 잡는 법, 팔도의 시장 등 《임원경제지》 전 영역에 걸쳐 있다. 농업전문서이면서 수필집이요, 산업기술서이면서 역사서이다. 번역본이 진재교 등에 의해 번역되어 《금화경독기》(2019, 자연경실)로 출간되었다.

11 《金華耕讀記》 卷4 〈傳坐〉, 20쪽.

나 콩가루를 덧붙인다. 그러면 제사나 잔치에서 좋은 음식이 된다. 절기나 명절에는 더욱 성하다. 《고사십이집》[12]

祭祀、宴饗爲上饌, 尤盛於歲時. 《攷事十二集》

3) 밀양시병(蜜釀柹餠, 수정과의 일종) 만들기(밀양시병방)

蜜釀柹餠方

생강은 껍질을 벗기고 잘라서 얇은 편을 만든 다음 후추를 거칠게 부수어 함께 노구솥에 넣는다. 단샘물을 써서 2~3번 끓도록 달여 사기항아리 안에 담아둔다. 여기에 흰가루(시상)가 많이 생긴 좋은 곶감을 넣고 아가리를 봉하여 하룻밤을 묵히면 먹을 수 있다. 먹을 때마다 백밀(白蜜, 흰꿀)을 타고 잣을 띄워 상에 올린다. 《옹치잡지》[13]

生薑去皮, 切作薄片, 胡椒麤碎, 同入鍋. 用甘泉水, 煎數三沸, 磁缸內盛貯. 以霜多好柹餠投之, 封口一宿, 可食. 每食, 調白蜜, 浮海松子仁, 供之. 《饔饎雜志》

전여성(田汝成)[14]의 〈희조락사(熙朝樂事)〉[15]를 살펴보면 "정월 초하루에 측백나무꼬챙이에 곶감을 꿰어 큰 귤[大橘]로 받들고 가서는, '모든 일이 크게 길[大吉]하라[百事大吉, 백사대길].'라고 말한다."[16]고 했다. 우리나라의 세시풍속에서는 남에게 음식을 보낼 때는 반드시 곶감을 쓰는데, 대개 여기에 근원을 두고 있다. 《금화경독기》[17]

案田汝成《熙朝樂事》, 云: "正月朔日, 簽柏枝於柹餠以大橘承之, 謂之'百事大吉'." 我東歲時, 饋人必用柹餠, 蓋源於此. 《金華耕讀記》

12 《攷事十二集》卷11 〈戌集五六〉 "寒具造法" '饊飣'(《保晩齋叢書》10, 462쪽).
13 출전 확인 안 됨.
14 전여성(田汝成) : 1503~1557. 중국 명나라의 문인. 자는 숙화(叔禾). 저서로 《서호유람지(西湖遊覽志)》·《서호유람지여(西湖遊覽志餘)》가 있다.
15 희조락사(熙朝樂事) : 전여성이 서호(西湖) 일대를 유람하며 느낀 감상을 적은 글. 그의 저서 《서호유람지여》권20에 수록되어 있다.
16 정월……말한다 : 《西湖遊覽志餘》 卷20 〈熙朝樂事〉(《文淵閣四庫全書》585, 543쪽).
17 출전 확인 안 됨.

2. 입춘(立春)의 절식

立春節食

1) 오신반(五辛盤) 만들기(오신반방)

입춘에 오신채(五辛菜)[1]를 가져다가 나물을 만들어 먹는데, 이는 대개 새해를 맞이하는 뜻을 취한 것이다. 당나라 때 안정군왕(安定郡王)[2]이 입춘에 처음 오신반(五辛盤)을 만들었다고 전해온다. 두보(杜甫)[3]의 시에서 이른바 "봄날 봄 소반에는 가는 생채라네."[4]라고 한 것이 이것이다. 《풍토기(風土記)[5]》에서는 "설날에 오신채를 먹었다."라 했고, 《형초세시기(荊楚歲時記)》[6]에서는 "인일(人日)[7]에는 7가지 종류의 채소가 들어간 국을 먹는다."[8]라고도 했으니, 이는 민간의

五辛盤方

立春取五種辛辣菜，作茹食之，蓋取迎新之義．相傳唐 安定郡王，立春日始作五辛盤．杜甫詩所謂"春日春盤細生菜"是也．《風土記》則云"元朝，食五辛"，《荊楚歲時記》則云"人日食七種菜羹"，亦俗習之不同也．

1 오신채(五辛菜) : 자극적인 성질이 있는 다섯 종류의 채소. 불가(佛家)에서는 마늘·달래·아위·파·부추, 도가(道家)에서는 부추·자총이·마늘·평지·파 등을 말하는데, 각각 포함되는 채소 종류가 다르다. 오훈채(五葷菜)라고도 한다.

2 안정군왕(安定郡王) : 중국 당나라의 무장 이광진(李光進, 751~815)의 별호. 원래 돌궐(突厥)족의 장수였으나 당나라 조정에서 관직을 받고 전쟁에 큰 공을 세워 이씨(李氏) 성을 왕실로부터 하사받았다.

3 두보(杜甫) : 712~770. 중국 당(唐)나라의 시인으로, 당송팔대가의 한 사람. 자는 자미(子美), 호는 소릉(少陵). 중국 최고의 시인으로서 시성(詩聖)이라 불렸으며, 시선(詩仙)으로 불리는 이백(李白, 701~762)과 병칭하여 이두(李杜)라 일컬어진다.

4 봄날……생채라네 : 《杜詩詳註》 卷18 〈立春〉.

5 풍토기(風土記) : 중국 동진(東晉)의 관리 주처(周處, 236~297)가 지방의 풍속을 기록한 글.

6 형초세시기(荊楚歲時記) : 중국 남조(南朝) 양(梁)나라의 문인 종름(宗懍, 502~565)이 6세기경에 지은 《형초기(荊楚記)》를 7세기 초 수(隋)나라의 문인 두공섬(杜公瞻, ?~?)이 증보하고 주석을 덧붙인 책. 중국의 양쯔강 중류 유역을 중심으로 한 형초(荊楚, 춘추전국 시대 초나라가 있던 지역)의 연중세시기가 수록되어 있다.

7 인일(人日) : 음력 1월 7일. 인날이라고도 한다.

8 인일(人日)에는……먹는다 : 《古今事文類聚前集》 卷6 〈七種菜羹〉.

풍습이 같지 않기 때문이다.

우리나라에서는 매번 입춘에 경기도 산간고을에서 움파[葱芽]와 산갓[山芥]과 승검초[辛甘菜]를 진상했고, 지인에게도 보냈다. 움파는 땅광에서 기른 어리고 누런 파이다. 산갓은 초봄에 눈이 녹을 때 산속에서 자생하는 갓이다. 움파와 산갓은 모두 끓는 물에 데쳐서 초간장[醋醬]에 버무려 먹는다. 승검초는 땅광에서 기른 당귀의 순이다. 희고 깨끗하기가 은비녀와 같다. 쪄서 간장[甘醬]에 찍어 먹으면 좋다. 꿀을 찍어 먹어도 좋다. 움파와 산갓과 승검초는 모두 생채 중에서 맵고 독한 재료이다.

我東每於立春日畿甸峽邑, 進葱芽、山芥、辛甘菜, 亦或饋遺知舊. 葱芽, 窖養嫩黃葱也. 山芥, 初春雪消時, 山中自生之芥也. 竝熟水淹之, 調醋醬[1]食之. 辛甘菜, 窖養當歸荀也. 白淨如銀釵, 以蒸甘醬食之, 蘸蜜食亦佳. 皆生菜之辛烈者也.

그러나 유독 오신채의 명목에 대해서는 그 설이 하나가 아니다. 어떤 이는 달래·부추·염교·유채·고수를 오신채라 하고, 어떤 이는 달래·마늘·부추·유채·고수를 오신채라 하며, 어떤 이는 마늘·달래·흥거(興渠, 아위)·자총(慈葱, 파의 일종)·각총(茖葱, 산마늘)을 오신채라고 한다. 또 어떤 이는 마늘과 염교를 제외하고 여뀌와 갓으로 대신하는 경우도 있다.

獨五辛之目, 說者不一. 或以小蒜、韭、薤、蕓薹、胡荽爲五辛, 或以小蒜、大蒜、韭、蕓薹、胡荽爲五辛, 或以大蒜、小[2]蒜、興渠、慈葱、茖葱爲五辛. 又或有去大蒜及薤而代以蓼、芥者.

우리나라의 오신채도 정해진 이름이 없다. 파·갓·승검초 외에 혹은 순무·무를 쓰기도 하고 혹은 생강·산초를 쓰기도 한다. 《금화경독기》[9]

我東五辛, 亦無定名. 葱、芥、辛甘菜之外, 或用蔓菁、蘿菔, 或用薑、椒. 《金華耕讀記》

9 출전 확인 안 됨.

[1] 醬 : 저본에는 "漿". 오사카본에 근거하여 수정.

[2] 小 : 저본에는 "大". 오사카본·규장각본·고대본에 근거하여 수정.

3. 정월대보름[上元, 상원]의 절식 上元節食

1) 잡과반(雜果飯, 약밥) 만들기(잡과반방) 雜果飯方

찹쌀로 밥을 짓고 대추살·곶감·찐밤·잣을 뒤섞은 다음 다시 벌꿀·참기름·묵은 간장을 치고 푹 찐다. '약반(藥飯, 약밥)'이라 부르며 정월대보름의 좋은 음식이다.

신라 시대의 옛 풍속이다. 《동경잡기(東京雜記)》[1]를 살펴보면 신라 소지왕(炤智王)[2] 10년 정월 15일에 천주사(天柱寺)[3]에 행차했다가 날아가는 새가 왕에게 경고해줘서 모반을 꾀했던 중을 활로 쏘아 죽였다고 한다. 나라의 풍속에서 정월대보름에 찹쌀밥을 지어 그 새의 은혜에 보답하는 제사를 지냈다. 《한양세시기》[4]

糯米爲飯, 揉以棗肉、柹餠、烝栗、海松子, 更調蜂蜜、芝麻油、陳醬, 烝熟. 號"藥飯", 爲上元佳饌.

新羅舊俗也. 案《東京雜記》, 新羅炤智王, 十年正月十五日, 幸天柱寺, 有飛鳥警告于王, 射殺謀逆僧. 國俗, 以上元作糯米飯, 祀鳥報賽.《漢陽歲時記》

1 동경잡기(東京雜記) : 동경(東京)은 고려 때 경주의 별칭으로, 경주의 지지(地誌)이다. 현행본은 주로 1845년(헌종 11) 성원묵(成原默)이 증보한 중간본이나, 서유구가 본 책은 1711년(숙종 37) 남지훈(南至熏)이 첨보(添補)한 재간본으로 추정된다.

2 소지왕(炤智王) : 신라 제21대 왕. 재위기간은 479~500년이다.

3 천주사(天柱寺) : 경상북도 경주시 인왕동에 있었던 절. 신라의 궁궐 안에 창건한 사찰로, 현재는 터만 남아 있다.

4 출전 확인 안 됨 ;《京都雜志》 卷2 〈歲時〉 "上元"(《조선대세시기》3, 75~81쪽) ;《金華耕讀記》 卷4 〈上元藥飯〉, 19쪽.

이수광(李睟光)[5]의 《지봉유설(芝峯類說)》[6]에서도 "우리나라의 약밥은 신라에서 까마귀에게 제사지내는 데서 처음 비롯되었다."[7]라 했다. 과연 그렇다면 우리나라 사대부들이 까마귀를 제사지내는 밥으로 조상제사를 모신다는 말이 되니, 이는 예가 아니다.[8]

李睟光《芝峯類說》, 亦謂"我東藥飯, 始自新羅祀烏①". 果爾則我東士夫, 以祀烏②之飯祀先, 非禮矣.

위거원(韋巨源)[9]이 저술한 《식보(食譜)》[10] 〈부장수미가(附張手美家)〉 에 수록된 절식 이름을 살펴보면 상원유반(上元油飯, 대보름에 먹는 기름밥)이 있는데, 이는 '유화명주(油畫明珠)[11]'라 불린다. 유반을 만드는 방법에 대해서는 비록 자세하지 않지만 대개 참기름을 써서 밥을 찌고 색은 명주(明珠, 진주)와 같아야 하는 것이 요점이다. 역시 우리나라의 약밥과 같은 종류이다. 약밥이 신라 시대에 처음 비롯되었다고 하는데, 정말로 그런지는 알지 못하겠다. 《금화경독기》[12]

案韋巨源《食譜·附張手美家》節食之名, 有上元油飯, 號爲"油畫明珠". 油飯之制, 雖未可詳, 而蓋用麻油蒸飯, 色如明珠則要. 亦我東藥飯之類耳. 謂藥飯始自新羅, 未知其信然也. 《金華耕讀記》

---

5 이수광(李睟光) : 1563~1628. 조선 중기의 문신·학자. 호는 지봉(芝峯), 시호는 문간공(文簡公)이다. 왕족의 후예로 태어났으나 그에 기대지 않고 실력으로 청현직(淸顯職)을 두루 거쳤다. 30세 때인 1592년 임진왜란이 발발하여 전란 수습에 힘썼고, 광해군 때인 1614년 계축옥사가 일어나자 사직한 뒤 1년 만에 《지봉유설(芝峯類說)》을 편찬했다.

6 지봉유설(芝峯類說) : 1614년(광해군 6)에 이수광이 편찬한 한국 최초의 백과사전. 총 25부문 182항목에 걸쳐 3,435조목을 해설했다. 권별로는 권1 천문·시령(時令)·재이(災異), 권2 지리·제국(諸國), 권3 군도(君道)·병정, 권4 관직, 권5~7 유도(儒道)·경서·문자, 권8~14 문장, 권15 인물·성행(性行)·신형(身形), 권16 어언(語言), 권17 인사·잡사, 권18 기예(技藝)·외도(外道), 권19 궁실(宮室)·복용(服用)·식물, 권20 훼목(卉木)·금충(禽蟲)으로 구성된다. 명나라를 3차례 다녀오면서 접한 서양문물과 천주교를 소개했다.

7 우리나라의……비롯되었다 : 《芝峯類說》 卷1 〈時令部〉 "節序"(한국고전종합 DB).

8 이수광(李睟光)의……아니다 : 《金華耕讀記》 卷4 〈上元藥飯〉, 19쪽. 이하의 내용은 확인되지 않는다.

9 위거원(韋巨源) : 631~710. 중국 당나라의 관료. 사빈소경(司賓少卿)과 재상 등을 역임했다. 저서로 《식보(食譜)》가 있다.

10 식보(食譜) : 중국 당나라 위거원이 편찬한 음식 관련 문헌. 《설부(說郛)》권95에 수록되어 있다.

11 유화명주(油畫明珠) : 각 절기에 먹는 음식 항목 중 정월대보름[上元]에 먹는 음식명. 《說郛》 卷95 〈食譜〉 "附張手美家".

12 출전 확인 안 됨.

① 烏 : 저본에는 "鳥". 《芝峯類說·時令部·節序》·《三國遺事·紀異·射琴匣》에 근거하여 수정.

② 烏 : 저본에는 "鳥". 《芝峯類說·時令部·節序》·《三國遺事·紀異·射琴匣》에 근거하여 수정.

사진3 약밥

약밥 만드는 법 : 가장 좋은 찹쌀 10승을 곱게 찧고 물에 담가 하룻밤 두었다가 건져서 시루에 얹어 찐다. 찹쌀고두밥이 7/10~8/10 정도 익으면 꺼내고 식어서 따뜻해지도록 둔다. 말린 대추는 씨를 제거하고, 삶은 밤은 껍질을 제거하여 거칠게 자른 대추와 밤 각각 2승, 곶감 잘게 자른 것 0.5승, 벌꿀 1승, 참기름 0.9승, 달인 간장[淸醬] 1작은잔을 찹쌀밥과 함께 뒤섞는데, 충분히 고르게 섞어서 자그마한 덩어리라도 지지 않게 한다. 섞은 것을 다시 시루에 얹어 다시 찌다가 두루 푹 익으면 꺼내서 쓴다【대추씨를 물에 넣고 즙을 낸 뒤 섞어서 찌면 색이 붉어져서 보기에도 좋다】. 《증보산림경제》[13]

造藥飯法：精鑿上好糯米一斗，水浸一宿，漉出上甑烝，至七八分熟，取出放溫．將乾棗去核，烹栗去皮，麤切各二升、乾柹細切五合、蜂蜜一升、麻油九合、煉過淸醬一小盞，同糯飯搜和，十分調均，不許有小塊．復上甑再烝，通熟取用【棗核水取汁，和烝，色赤佳】．《增補山林經濟》

2) 원소병(元宵餠)

元宵餠

찹쌀가루로 설탕과 대추살을 싸서 작고 둥근 덩이를 만든다. 그 모양은 새알과 같다. 이를 설탕물에 데쳐내어 설탕즙과 함께 상에 올린다. 북경의 식

糯粉包砂糖、棗肉，作小毬子，形如鳥卵．用砂糖水瀹過，拌汁供之．燕京食肆多

13 《增補山林經濟》 卷8 〈治膳〉 上 "飯粥諸品" '藥飯'(《農書》4, 19쪽).

당에서는 이것을 많이 판다. 근래에 우리나라 사람들이 종종 이를 흉내내서 해먹는다. 이름을 보고 뜻을 생각해보니, 아마 본래는 정월대보름의 절식일 것이다. 《옹치잡지》[14]

賣此, 近來東人往往倣爲之. 顧名思義, 疑本上元節食也. 《饔饎雜志》

3) 작율(嚼栗, 밤 깨물기)[15] 방법(작율방)

嚼栗方

새벽에 밤을 깨물고 "일년 열두 달 무사태평하게 해주십사!"라고 비는 풍속을 '부스럼 깨물기[嚼癤, 작절]'라 한다. 또 소주를 1잔 마시면 사람의 귀가 밝아진다고 한다. 섭정규(葉廷珪)[16]의 《해록쇄사(海錄碎事)》[17]를 살펴보면 "사일(社日)[18]에 치롱주(治聾酒)[19]를 마신다."라 했는데, 지금의 풍속에서는 정월대보름

淸晨嚼栗, 祝日"一年十二朔無事太平", 謂之"嚼癤". 又飮燒酒一盞, 令人耳聰. 案葉廷珪《海錄碎事》, "社日飮治聾酒", 今俗移於上元. 《漢陽歲時記》

사진4 밤 깨물기

14 출전 확인 안 됨.

15 작율(嚼栗, 밤 깨물기) : 작절(嚼癤)이라고도 하는데, 작절의 글자 그대로의 의미는 '부스럼을 깨문다'는 뜻. 정월대보름에 부럼을 깨물어 부스럼을 예방하는 풍속이다.

16 섭정규(葉廷珪) : ?~? 12세기경 중국 송나라의 문인. 자는 사충(嗣忠), 호는 취암(翠岩). 저서로 《해록쇄사(海錄碎事)》가 있다.

17 해록쇄사(海錄碎事) : 섭정규가 편찬한 유서(類書). 지리(地理)·기물(器物)·고사(古事) 등 여러 분야의 항목에 대한 짧은 해설과 연원이 기록되어 있다.

18 사일(社日) : 입춘이나 입추가 지난 뒤 다섯 번째의 무일(戊日). 춘사일(春社日)은 3월 17~26일에, 추사일(秋社日)은 9월 18~27일에 있다.

19 치롱주(治聾酒) : 귀가 어두운 증상을 고치는 술. 귀밝이술이라고 한다.

으로 옮겨왔다.《한양세시기》[20]

생밤은 껍질을 벗기고 물에 하룻밤 담가두었다가 건져내어 잘 드는 칼로 속껍질을 깎아낸다. 다시 물에 담가두었다가 나중에 꺼내 쓴다.《옹치잡지》[21]

生栗去殼, 水浸一宿, 漉出, 用利刀飛削去皮. 復水浸, 移時取用.《饔饎雜志》

20 출전 확인 안 됨 ;《京都雜志》卷2〈歲時〉"上元"(《조선대세시기》3, 80쪽).

21 출전 확인 안 됨.

4. 중화절(中和節, 음력 2월 1일)[1]의 절식 中和節節食

1) 송엽병(松葉餠, 솔잎떡) 만들기(송엽병방) 松葉餠方

2월 1일에는 송엽협병(松葉夾餠)을 만들어 노비들에게 나이만큼 대접하였다. 민간에서는 2월 1일을 '노비의 날[奴婢日]'이라고 한다. 농사[東作]가 이때 시작되기 때문에 이들을 대접하는 뜻이라 한다.《한양세시기》[2]

二月初一日作松葉夾餠, 饋奴婢如其齒數. 俗呼二月一日爲"奴婢日". 東作伊始, 故饗此屬云.《漢陽歲時記》

송엽병 만드는 법 : 멥쌀을 빻아 가루 낸 뒤 고운 체로 치고, 물을 축여 배합한 다음 손으로 반죽하여 작은 덩어리로 만든다. 덩어리를 그대로 다시 밀어서 얇은 피를 만들고 소는 팥가루【혹은 꿀에 볶은 팥가루, 혹은 소금에 볶은 팥가루, 혹은 찐 콩을 쓰며, 혹은 야채와 고기를 소로 쓰기도 한다】로 하여 싼다. 그 모양은 조각병(糙角餠)[3]과 같다.

松葉餠法 : 粳米擣粉, 細羅過, 水溲爲劑, 用手捏作小塊. 仍復捍開作薄皮, 餡以小豆屑【或蜜炒小豆屑, 或鹽炒小豆屑, 或用烝大豆, 或用菜、肉爲餡】而包之, 形如糙角餠.

그것을 시루에 쟁여넣을 때는 떡을 1켜 넣고 반드시 솔잎을 1켜 넣어 켜켜이 서로 떨어지게 해서 불을 때야 한다. 익은 뒤에 꺼내면 떡마다 솔잎모양

其裝入于甑也, 鋪餠一層, 必隔以松葉一層, 層層相隔而炊之. 旣熟出之, 箇箇印

1 중화절(中和節, 음력 2월 1일) : 중국에서 농사를 시작하는 날. '중화(中和)'란 중용(中庸)과 같은 의미로, 중국인들은 만물이 중화에서 시작된다고 여겼다. 임금이 재상과 시종신들에게 잔치를 베풀고 중화척(中和尺)이라는 자를 나누어주면서 이름붙여졌다.

2 출전 확인 안 됨 ;《京都雜志》卷2〈歲時〉"二月初一日"(《조선대세시기》3, 81쪽).

3 조각병(糙角餠) : 찹쌀가루를 송편처럼 빚어 기름에 지진 떡. 주악.

이 찍혀 있고 맛도 솔향이 난다.

대개 중국의 필라(饆饠)[4]와 같은 종류이다. 모양과 크기는 한결같지 않다. 혹은 지두(指頭, 손가락끝)만 한 크기의 작은 떡 3~5개를 만들어 큰 떡의 소 안에 쟁여넣기도 한다. 이는 남당(南唐)[5]의 자모만두(子母饅頭) 만드는 법과 같다. 이 또한 중화절 '헌생자(獻生子)'[6]의 뜻이다. 《옹치잡지》[7]

松葉文, 味亦有松香.

蓋中國饆饠之屬也. 形大小不一, 或作指頭大小餅三五個, 裝入大餅餡中, 如南唐子母饅頭之制. 亦中和節獻生子之義也. 《饔饎雜志》

---

4 필라(饆饠) : 고기나 야채, 대추 등을 소로 넣어 작은 떡을 만들고, 이 작은 떡들을 편편한 밀가루반죽에 다시 싸서 크게 떡을 만든 음식. 필라(畢羅)라고 쓰기도 한다.

5 남당(南唐) : 중국 5대10국(五代十國) 시기 937년에 건국한 나라. 남경에 수도를 두고 있었으나, 975년 송나라에 멸망당했다.

6 헌생자(獻生子) : 당나라 때 민간에서 푸른 주머니에 오곡백과(五穀百果)의 씨를 담아 주고받으며 덕담을 건네는 풍속.

7 출전 확인 안 됨.

5. 중삼절(重三節, 음력 3월 3일 삼짇날)의 절식

重三節食

1) 진달래지짐이(두견화고) 만들기(두견화고방)

杜鵑花糕方

두견화(杜鵑花, 진달래)를 딴 다음 찹쌀가루와 섞어 둥근 떡을 만든 뒤 참기름으로 지진다. 이를 '화전(花煎)'이라 부른다. 《한양세시기》[1]

采杜鵑花, 糅糯米粉, 作團糕, 煎以芝麻油, 號"花煎".《漢陽歲時記》

두견화고 만드는 법 : 찹쌀을 빻아 가루 낸 뒤 고운체로 쳐둔다. 두견화는 꽃술을 제거하고 꽃잎만을 찹쌀가루와 고루 섞는다. 여기에 물을 축여 배합하되, 반죽은 차라리 되게 할지언정 너무 질게 하지 말아야 한다. 반죽을 손으로 눌러서 국화꽃잎 모양으로 만든 다음 노구솥이나 쟁개비에 참기름을 두르고 지진다.

造花糕法 : 糯米擣粉, 細羅過, 杜鵑花去鬚取葉, 拌均. 水溲爲劑, 寧燥毋濕, 手捻作菊花瓣樣, 鐺銚內滾麻油煎之.

소를 넣을 경우에는 팥가루를 꿀과 섞어 볶아낸 뒤 이겨서 도토리크기의 둥근 덩이를 만든다. 찹쌀가루반죽으로 팥가루소를 싸면 모양이 아직 피지 않은 꽃술과 같다. 색을 녹색으로 하고 싶으면 당귀잎가루를 찹쌀가루와 섞고, 색을 붉게 하고 싶으면 붉은 대추살을 찹쌀가루와 섞는다. 《옹치잡지》[2]

其有餡者, 用小豆粉和蜜炒過, 捏作橡子大毬子. 以糯粉包之, 形如未開花蘂. 欲色綠則用當歸葉屑和糯粉, 欲色紅則用紅棗肉和糯粉.《饔饎雜志》

---

1 출전 확인 안 됨 ;《京都雜志》卷2 〈歲時〉"重三"(《조선대세시기》3, 82쪽).

2 출전 확인 안 됨.

2) 향애단자(香艾團餈) 만들기(향애단자방)

香艾團餈方

《송사(宋史)》[3] 〈고려전(高麗傳)〉 에서는 "상사일(上巳日, 삼짇날)에 푸른 쑥으로 떡을 물들인 음식을 반수(盤羞)[4]의 으뜸으로 삼았다."[5]라 했다.

《宋史·高麗傳》: "上巳日以青艾染餠, 爲盤羞之冠."

동월(董越)[6]의 《조선부(朝鮮賦)》[7]에 수록된 '산삼떡[山蔘之糕]'에 대한 주석에서는 "3월 3일에 햇쑥을 뜯어다 멥쌀가루【안 지금은 찹쌀을 쓴다. 멥쌀은 찹쌀로 고쳐야 한다】를 섞어 떡을 찌는데, 이를 '쑥떡[艾糕]'이라 한다."[8]라 했다. 아마 중국에는 없는 음식일 것이다.

董越《朝鮮賦》"山蔘之糕"注: "三月三日取嫩艾葉, 雜粳米粉①【案 今用糯米, 粳當作糯】烝爲糕, 謂之'艾糕'" 蓋中朝所無也.

【안 《준생팔전》의 종자(粽子) 만드는 방법에서는 "찹쌀을 깨끗이 일고 대추·밤·곶감·은행·팥을 넣은 뒤 줄풀잎이나 죽순겉껍질로 싼다. 혹은 쑥잎으로 쌀을 담그는데, 이를 '애향종자(艾香粽子)'라고도 한다."[9]라 했다. 따라서 중국에 이런 음식이 없다고는 말할 수 없다.

【案《遵生八牋》粽子造法: "用糯米淘淨, 夾棗、栗、柹乾、銀杏、赤豆, 以茭葉或箬葉裹之. 或以艾葉浸米, 謂之'艾香粽子'." 不可謂中國無此食品也.

우안 《군방보》에서는 "회양(淮揚)[10] 사람들은 2월 2일에 야생인진쑥의 싹을 뜯어서 밀가루와 섞은 뒤 떡을 만들어 먹고, 이를 절물(節物)[11]로 삼았

又案《群芳譜》: "淮揚人, 二月二日採野茵蔯苗, 和粉麪作餠食之, 以爲節物."

---

3 송사(宋史) : 중국 원나라 황제의 명으로 1345년에 완성된 북송과 남송의 역사서. 본기(本紀) 47권, 지(志) 162권, 표(表) 32권, 열전(列傳) 255권 등 전 496권이다.

4 반수(盤羞) : 소반에 놓는 음식의 총칭. 반손(盤飧)이라고도 한다.

5 상사일(上巳日, 삼짇날)에……삼았다 : 《宋史》 卷487 〈列傳〉 246 "外國"3 '高麗'.

6 동월(董越) : ?~?. 중국 명나라의 관료. 자는 상구(尙矩). 성화 연간(1465~1487년) 진사(進士)에 급제하였고 남경공부상서(南京工部尙書)를 역임했다. 1488년 명나라 효종(孝宗)이 즉위한 뒤 정사(正使)로서 조선에 파견되었고 이때 《조선부(朝鮮賦)》를 남겼다.

7 조선부(朝鮮賦) : 동월이 지은 부(賦) 형식의 조선견문 기록. 1488년 명나라 효종이 즉위한 뒤 동월은 조선에 사신으로 다녀갔는데 그때의 견문을 토대로 조선의 연혁과 풍속 및 산물 등에 대한 책을 저술했다.

8 3월……한다 : 《朝鮮賦》(《文淵閣四庫全書》 594, 114쪽).

9 찹쌀을……한다 : 《遵生八牋》 卷13 〈飮饌服食箋〉 下 "甜食類" '粽子法'(《遵生八牋校注》, 473쪽).

10 회양(淮揚) : 중국 양자강 하류 지역 일대. 양주(揚州) 일대를 포괄하는 넓은 지역이다.

11 절물(節物) : 철마다 나는 산물 또는 특정한 절일에 만드는 음식 또는 물건.

① 粉 : 저본에는 없음. 《芝峯類說·食物部·食餌》에 근거하여 보충.

다."[12]라 했다. 이 역시 우리나라의 쑥떡 종류이다】《지봉유설》[13]

亦我東艾糕之類也】《芝峰類說》

향애단자(香艾團餈) 만드는 법 : 찹쌀 3승을 빻아서 가루 내둔다. 향기로운 쑥을 잘 가리고 물에 씻어 촉촉한 채로 찹쌀가루 2승과 섞은 다음 절구에 넣고 쑥이 흐물흐물해지도록 잘 빻는다. 이를 꺼내어 손바닥 크기의 편으로 만들고 끓는 물속에서 삶는다. 이를 남은 찹쌀가루 1승에 건져 넣어 고루 치대준다. 여기에 꿀과 밤가루를 섞어 소를 만들어 넣고 다시 끓는 물 안에 넣어 데친다. 여기에 벌꿀을 바르고 잣가루나 참깨가루, 혹은 팥가루를 입힌다. 《증보산림경제》[14]

造香艾團餈法：糯米三升擣爲粉, 香艾精揀, 水洗帶濕, 和糯粉二升, 下臼爛擣. 取出[2]作掌大片, 滾湯內烹, 出投糯粉一升中, 打均. 以[3]蜜和栗屑爲餡, 復投湯水內瀹過, 塗以蜂蜜, 衣以海松子屑或芝麻屑或小豆屑. 《增補山林經濟》

3) 탕평채(蕩平菜) 만들기(탕평채방)

蕩平菜方

녹두유(綠豆乳)[15]【안 민간에서는 '청포(靑泡)'라 한다】·돼지고기·미나리싹을 잘게 잘라 초간장[醋醬]으로 버무린 음식이다. 매우 시원한 맛을 내며, 늦봄에 먹을 만하다. 《경도잡지(京都雜志)[16]》[17]

綠豆乳【案 俗名"靑泡"】、猪肉、芹苗, 縷切, 用醋醬衝之. 極涼, 春晚可食. 《京都雜志》

12 회양(淮揚)……삼았다 : 출전 확인 안 됨; 《本草綱目》 卷15 〈草部〉 "茵蔯蒿", 942쪽.

13 《芝峯類說》 卷19 〈食物部〉 "食餌"(한국고전종합DB).

14 《增補山林經濟》 卷8 〈治膳〉 上 "餠麪諸品" '香艾團子法'(《農書》4, 27~28쪽).

15 녹두유(綠豆乳) : 물에 불린 녹두를 갈아 전대에 담아 짜서 그 물로 쑨 묵. 청포묵 또는 제물묵이라고도 한다.

16 경도잡지(京都雜志) : 조선 후기 영재(泠齋) 유득공(柳得恭, 1749~1807)이 서울의 풍습에 대해 쓴 한국 최초의 세시풍속기. 상권에는 의복·음식·주택·시화(詩畫) 등 풍속을 19항으로 나누어 기술하고, 하권에는 서울 지방의 세시를 19항으로 분류하여 기록하였다.

17 《京都雜志》 卷1 〈風俗〉 "酒食"(《조선대세시기》3, 51쪽).

[2] 出 : 저본에는 "取". 오사카본·규장각본·고대본·《增補山林經濟·治膳·餠麪諸品》에 근거하여 수정.

[3] 以 : 저본에는 "裏". 《增補山林經濟·治膳·餠麪諸品》에 근거하여 수정.

6. 등석(燈夕, 석가탄신일)의 절식

燈夕節食

1) 느티떡[楡葉餠, 유엽병] 만들기(유엽병방)

楡葉餠方

4월 8일에는 집집마다 연등을 켜고 손님을 맞이하여, 느티떡, 삶은 콩, 삶은 미나리 같은 음식을 대접한다. 이것은 석가탄신일에 채식을 하는 것이다. 《한양세시기》[1]

四月八日家家點燈, 延客設饌楡葉餠、煮豆、烹芹[1]云, 是佛辰茹素[2]. 《漢陽歲時記》

《제경경물략(帝京景物略)》[2]에서는 "4월에 느티나무의 처음 나는 잎[錢]에 밀가루와 엿을 섞어 쪄 먹는 떡을 '유전고(楡錢糕)'라 한다."[3]라 했다. 우리나라에서 석가탄신일에 반드시 느티떡을 먹는 풍속은 대개 여기에서 유래한 것이다. 《금화경독기》[4]

《帝京景物略》云: "四月楡初錢, 麪和糖烝食之, 曰'楡錢糕'." 我東燈夕, 必食楡葉餠, 蓋緣於此. 《金華耕讀記》

느티떡 만드는 법 : 황유목(黃楡木)【민간에서는 느티라고 부른다】의 어린 잎을 따서 멥쌀가루와 섞고

造楡葉餠法 : 采黃楡木【俗呼늣희】嫩葉, 拌粳米

---

1 출전 확인 안 됨 ; 《京都雜志》 卷2 〈歲時〉 "四月八日"(《조선대세시기》3, 84쪽).

2 제경경물략(帝京景物略) : 중국 명나라의 문인 유동(劉侗, ?~?)이 우혁정(于奕正, ?~?)과 함께 저술한 책. 유동은 자(字)가 동인(同人)이고 마성(麻城) 사람이며, 우혁정은 자가 사진(司眞)이고 완평(宛平)사람이다. 이 책에는 북경의 여러 기물이 수록되어 있는데, 우혁정은 사적을 수집하고 유동은 문장을 쓰는 식으로 작업을 분담해서 완성하였다.

3 4월에……한다 : 출전 확인 안 됨 ; 《欽定日下舊聞考》 卷147 〈風俗〉2(《文淵閣四庫全書》499, 284쪽).

4 출전 확인 안 됨.

[1] 芹 : 저본에는 "斤". 오사카본·규장각본·고대본·《京都雜誌·歲時·四月八日》에 근거하여 수정.

[2] 素 : 저본에는 "索". 오사카본·규장각본·고대본·《京都雜誌·歲時·四月八日》에 근거하여 수정.

물을 축여 배합한다. 이를 체로 쳐가며 시루에 안치되, 두께 0.05~0.06척마다 쪄낸 팥을 고루 뿌려 옷을 입힌다. 푹 쪄서 네모난 편으로 자른 뒤 꿀에 찍어 상에 올린다. 《옹치잡지》[5]

粉, 水溲爲劑, 篩下甑內, 每厚五六分, 輒以烝過赤小豆均糝爲衣, 烝熟切作方片, 蘸蜜供之.《饔饌雜志》

2) 자두(煮豆, 삶은 콩) 만들기(자두방)

煮豆方

검은콩(서리태)에 소금을 넣고 푹 삶는다. 장원(張遠)[6]의 《오지(隩志)》[7]를 살펴보면 "경사(京師, 북경)의 풍속에 염불을 하는 사람들은 콩으로 그 횟수를 헤아렸다. 4월 8일 석가탄신일이 되면 그 콩을 삶아 소금을 살짝 친 다음 길에서 만나는 사람에게 먹기를 청하여 인연을 맺었다."[8]라 한다. 요즘 콩을 삶아 먹는 풍속은 대개 여기서 비롯된 것이다. 《한양세시기》[9]

黑大豆入鹽煮熟. 案張遠《隩志》: "京師俗念佛號者, 輒以豆識其數, 至四月八日佛誕生之辰, 煮豆, 微撒以鹽, 邀人于路, 請食之, 以爲結緣也." 今俗煮豆, 蓋昉於此.《漢陽歲時記》

5 출전 확인 안 됨.

6 장원(張遠) : ?~?. 중국 청나라의 문인. 저서로 《오지(隩志)》가 있다.

7 오지(隩志) : 장원(張遠)이 저술한 지리지. 중국 각 지역의 물산과 풍속을 기록한 책이다.

8 경사(京師, 북경)의……맺었다 : 출전 확인 안 됨.

9 출전 확인 안 됨 ; 《京都雜志》 卷2 〈歲時〉 "四月八日"(《조선대세시기》3, 84쪽).

7. 단오(端午)의 절식

端午節食

1) 수릿떡[車輪餠] 만들기(차륜병방)

車輪餠方

단오(端午)를 민간에서는 '수릿날[戌衣日]'이라고 한다. 수리[戌衣]란, 우리나라 말로 수레[車]이다. 이 날에는 수레바퀴모양으로 쑥떡을 만들어 먹기 때문에 '수릿날'이라고 한다.

端午俗名"戌衣日". 戌衣者, 東語車也. 是日作艾糕象車輪形, 食之, 故謂之"戌衣日".

쑥잎 중에 약간 둥글고 뒷면이 흰 쑥은 볕에 말리면 부수어 부싯깃[火鍼]을 만들 수 있다. 또 잘 빻아서 떡에 넣으면 떡이 녹색을 띤다. 이것으로 수레바퀴모양의 떡을 만들기 때문에 '수리취풀[戌衣翠草]'이라고 부른다.

艾葉微圓背白, 曝乾可碎作火鍼. 又可爛擣入糕, 發綠色, 以其作車輪糕, 故號"戌衣翠草".

천년애(千年艾)는 중국 사람들이 '구설초(狗舌草)'라 부르는 것이 이것이다. 무규(武珪)의 《연북잡지(燕北雜志)》[1]를 살펴보면 "요동 지방의 풍속에서는 5월 5일에 발해(勃海) 주방장이 쑥떡을 바쳤다."라 했으니, 이것이 우리나라 풍속의 기원이다. 《한양세시기》[2]

千年艾, 華人呼作"狗舌草"者是也. 案武珪《燕北雜志》, "遼俗五月五日, 勃海廚子進艾糕", 此東俗之所沿也. 《漢陽歲時記》

2) 제호탕(醍醐湯) 만들기(제호탕방)

醍醐湯方

오매【1근을 두드려 부수어 물 2큰사발이 1큰사

烏梅【一斤搥碎, 用水兩

1 연북잡지(燕北雜志) : 중국 명나라 무규(武圭)가 거란에 귀화하여 10여 년간 보고들은 것을 기록한 책으로 지금은 전하지 않고 각종 유설(類說)에서 단편적인 내용을 살필 수 있다.

2 출전 확인 안 됨 ;《京都雜志》 卷2 〈歲時〉 "四月八日"(《조선대세시기》3, 88쪽).

발이 될 때까지 달여 맑게 가라앉힌다. 이때 철기에 닿지 않게 한다】·축사【0.5근을 맷돌에 간다】·백단가루【0.2냥】·사향【1자(字)[3]】·꿀【5근】.

大椀熬作一椀, 澄淸, 不犯鐵器】、縮砂【半斤碾】、白檀末【二錢】、麝香【一字】、蜜【五斤】.

이상의 재료 중에 오매 달인 물과 축사와 꿀 3가지를 한곳에서 고루 섞어 사기나 석기에 넣고 붉은색이 되도록 달인다. 이를 식혀서 백단과 사향을 넣는다. 《거가필용》[4]

右將梅水、縮砂、蜜三件, 一處和均, 砂、石器內熬之, 候赤色爲度. 冷定, 入白檀、麝香.《居家必用》

내국(內局, 내의원)의 방법【안 내의원에서는 매년 5월 5일에 제호탕(醍醐湯)을 만들어 진상했고 의관들이 간혹 개인적으로 만들어 주고받기도 했다】: 오매육(따로 가루 낸 것) 1근, 초과(草果)[5] 1냥, 백단향·축사 각 0.5냥을 아울러 곱게 가루 낸 뒤 달구어 익힌 꿀 5근을 넣고 약간 끓어오르면 고루 섞어 자기 안에 담아둔다. 냉수를 타서 복용한다. 《동의보감》[6]

內局方【案 內醫院, 每於五月五日, 製進醍醐湯, 醫官或私相饋遺】: 烏梅肉(另末)一斤、草果一兩、白檀香·縮砂各五錢, 竝細末, 入煉蜜五斤, 微沸攪均, 磁器內盛, 冷水調服.《東醫寶鑑》

3 자(字) : 무게단위. 돈(錢)의 1/4.

4 《居家必用》己集〈諸品湯〉"醍醐湯"(《居家必用事類全集》, 224쪽).

5 초과(草果) : 초두구(草豆蔻)의 한 종류로 열매의 크기가 가지만 하고, 껍질이 검고 두꺼우며, 씨는 굵고 맛이 시다.

6 《東醫寶鑑》〈雜病篇〉卷3 "暑" '暑熱煩渴'(《原本 東醫寶鑑》, 411쪽).

8. 유두(流頭, 음력 6월 15일)의 절식 流頭節食

1) 수단(水團) 만들기(수단방) 水團方

6월 15일을 민간에서는 '유두절(流頭節)'이라 부른다【《고려사(高麗史)[1]》 희종(熙宗) 즉위년(1204)[2]에 "6월 병인(丙寅, 15일)에 시어사(侍御史)[3] 두 사람이 환관 최동수(崔東秀)와 함께 광진사(廣眞寺)[4]에 모여 유두음(流頭飮) 놀이를 하였다. 당시에 나라의 풍속에는 이달 15일에 동쪽으로 흐르는 물에서 머리를 감고, 상서롭지 못한 기운을 푸닥거리하여 없애고, 이를 계기로 모여서 술을 마셨다. 이것을 '유두음(流頭飮)'이라고 하였다."[5]라 했다】. 이날은 분단(粉團)[6]을 만들고 여기에 꿀물을 끼얹어 먹는데, 이를 '수단(水團)'이라고 불렀다. 《한양세시기》[7]

六月十五日, 俗稱"流頭節"【《高麗史》熙宗卽位"六月丙寅, 有侍御史二人, 與宦官崔東秀, 會于廣眞寺作流頭飮. 國俗以是月十五日, 浴髮東流水, 祓除不祥, 因會飮, 號'流頭飮'"】. 作粉團, 澆以蜜水食之, 號"水團". 《漢陽歲時記》

1 고려사(高麗史) : 1449년(세종 31)에 편찬하기 시작해 1451년(문종 1)에 완성된 기전체 고려시대 역사. 총 139권 75책으로, 세가(世家) 46권, 열전(列傳) 50권, 지(志) 39권, 연표(年表) 2권, 목록(目錄) 2권으로 되어 있다. 고려는 황제국이었으나 본기(本紀)를 두지 않았으며, 사실을 있는 그대로 서술하지 않고 유교적 사대주의에 근거하여 고려시대에 쓰던 용어를 개변하고 자료를 취사선택했다.

2 고려사……즉위년(1204) : 이 기록은 고려 명종(明宗) 15년(1185)에 나온다. 착오인 듯하다.

3 시어사(侍御史) : 고려시대 어사대(御史臺)의 종5품 관직. 대관(臺官)으로서, 시정의 논집(論執), 풍속의 교정(矯正), 규찰과 탄핵의 임무를 맡았다.

4 광진사(廣眞寺) : 고려시대 개성 장작감(將作監, 토목이나 영선 등의 일을 맡아보던 관청) 동쪽에 있던 절.

5 《高麗史》卷20 〈世家〉 20 "明宗"2 '乙巳十五年'(《국역고려사》6, 557쪽).

6 분단(粉團) : 쌀가루로 작은 덩이를 만든 뒤 물에 삶아낸 떡.

7 출전 확인 안 됨 ; 《京都雜誌》卷2 〈歲時〉 "六月十五日"(《조선대세시기》3, 89쪽).

수단 만드는 방법 : 멥쌀가루를 푹 쪄서 떡판 위에 놓고, 떡국떡을 만드는 방법대로 흐물흐물하게 쳐서 손으로 작은 가닥으로 주물러 만든다. 이를 다시 가로로 잘라 얇은 편으로 만든다. 여기에 쌀가루를 묻혀서 끓는 물속에 넣고 잠시 데친 뒤 바로 건진다. 여기에 꿀물을 끼얹어 적시고, 작은 얼음덩어리를 넣어 상에 올리면 매우 차고 부드럽다.

水團造法：粳米粉烝熟，置案上，打爛如湯餠劑法，手捻作小條子，復橫切作薄片．拌以米粉入湯水內，暫渫，卽控起．以蜜水澆淹，入小氷塊供之，極冷滑．

《세시잡기(歲時雜記)》[8]를 살펴보면 "단오에 수단을 만든다. '백단(白團)'이라고도 부른다. 혹 5가지 색의 사람과 짐승, 꽃과 과일의 모양을 섞는다. 그 중 가장 잘 된 것을 '적분단(滴粉團)'이라 한다."[9]라 했다. 우리나라에서는 날짜를 옮겨서 6월 보름의 절식으로 만들었고, 만드는 방법 또한 같지 않다. 《옹치잡지》[10]

案《歲時雜記》，"端午作水團，又名'白團'．或[1]雜五色人獸、花果之狀，最精者，名'滴粉團'．" 我東則移作六月望日節食，而制亦不同．《饔饎雜志》

2) 상화병(霜花餠) 만들기(상화병방)

霜花餠方

밀가루를 고운체로 쳐서 좋은 막걸리 0.02냥, 물 0.01냥으로 축여서 배합한 뒤 자기항아리에 저장해 따뜻한 곳에 둔다. 한나절[半日]이나 하루가 되어 밀가루반죽이 부풀어오르면 껍질 벗긴 팥을 푹 삶은 뒤 대나무체로 쳐서 팥가루를 받는다. 여기에 벌꿀을 고루 섞고 후춧가루와 계핏가루를 조금 넣은 다음 냄비에 붓고 푹 볶아낸다. 이를 꺼내어 둥근 덩

麩麪細羅過，用好醪二分、水一分溲爲劑，磁缸收貯，置溫處．半日或一日，待麪性發，小豆去皮煮熟，竹篩篩取粉．蜂蜜調均，入少胡椒屑、桂皮屑，下銚炒熟，取出，捏作毬子，用麪包

8 세시잡기(歲時雜記) : 중국 북송의 여희철(呂希哲, 1039~1116)이 지은 세시서이다. 여희철은 자는 원명(原明)이고, 정자(程子)와 장횡거(張橫渠)에게 사사하였다.

9 단오에……한다 : 《古今事文類聚》前集 卷9 〈天時部〉 "五月" '端午'(《文淵閣四庫全書》925, 150쪽).

10 출전 확인 안 됨.

[1] 或 : 저본에는 "武". 오사카본·규장각본·고대본에 근거하여 수정.

이로 만들고 밀가루피로 싸서 단자(團餈)모양과 같이 만든다. 이어서 대그릇에 얹어 찌면 밀가루가 부풀어올라 부드럽고 감미롭다.

裹, 如團餈樣. 上籠烝之, 則麪浮起脆美.

당나라 위거원(韋巨源)[11]의 소미(燒尾)[12] 식단[食帳]에는 바라문경고면(婆羅門輕高麪)이라는 음식이 있는데[13], 우리나라의 상화병이 그에 가깝다. 《옹치잡지》[14]

唐 韋巨源燒尾食帳, 有婆羅門輕高麪, 我東霜花餠近之. 《饔饎雜志》

3) 오이채만두(과사두) 만들기(과사두방)

瓜絲兜方

오이[黃瓜]는 껍질과 속을 제거하고 가락으로 잘라 실처럼 만든다. 돼지고기·쇠고기·표고버섯·석이버섯·파밑동(총백)을 모두 잘게 잘라서 저민다. 오이채와 졸인 간장, 참기름을 한곳에서 고루 섞는다. 따로 밀가루를 물에 축여 반죽한 뒤 이를 밀어 얇게 만든다. 이 얇은 피를 가지고 오이와 고기 등으로

黃瓜去皮瓤, 縷切爲絲. 猪肉、牛肉、蘑菰、石耳、葱白, 竝細切剁爛. 同瓜絲、煉醬、香油, 一處拌均. 另將麰麪水溲爲劑, 捍開作薄, 薄皮包卷瓜肉餡, 如糙

사진5 과사두

11 위거원(韋巨源) : 631~710. 중국 당나라의 관료. 예부상서(禮部尙書)와 재상 등을 역임했다.
12 소미(燒尾) : 중국 당나라 때 관리가 새로 고관에 임명되면 황제에게 음식을 바치던 풍속.
13 당나라……있는데 : 《說郛》 卷95上 《食譜》(《文淵閣四庫全書》881, 395쪽).
14 출전 확인 안 됨.

만든 소를 싸는데, 조각병(糙角餠)모양처럼 되게 한다. 이를 대그릇에 얹어 푹 찌고는 참기름을 바르고 잣가루를 뿌려서 초간장과 함께 상에 올린다.

角餠様. 上籠烝熟, 用香油擦刷, 糝海松子屑, 以醋醬供之.

대개 이는 중국의 담협(餤餄)[15] 종류이다. 우리나라 사람들은 유두 절식으로 만들어 먹는다. 방언에서는 '수기우(須嗜右, 수교의)'라고 하지만 무슨 뜻인지는 모르겠다. 《옹치잡지》[16]

蓋中國餤餄之類, 而東人用作流頭節食, 方言呼爲"須嗜右", 未詳何義. 《饔饎雜志》

15 담협(餤餄) : 소가 있는 떡 종류.

16 출전 확인 안 됨.

9. 삼복(三伏)의 절식

三伏節食

1) 개장국(구장) 만들기(구장방)

개고기에 파밑동을 섞어 흐물흐물하게 푹 찐다. 닭고기와 죽순을 넣으면 더욱 좋다. 이것을 '구장(狗醬)'이라고 한다. 혹은 국을 끓여 고춧가루[番椒屑]를 치고 흰밥을 말아서 먹으면 땀이 나면서 더위를 물리치고 허한 것을 보할 수 있다.

《사기(史記)》를 살펴보면 "진(秦)나라 덕공(德公) 2년(711년)에 처음으로 복날에 제사를 지내고 사대문에서 희생으로 바친 개고기를 찢어서 고재(蠱災)[1]를 막았다."[2]라 했다. 본래는 개고기를 찢는 것이 복날의 고사(故事)인데, 오늘날의 풍속에서는 마침내 먹게 되었다【안 복날제사와 납일제사에 개고기를 통째로 굽는 것은 전한(前漢) 시대부터 이미 이런 말이 있었다】. 《한양세시기》[3]

狗醬方

狗肉和蔥白爛烝, 入鷄、筍更佳, 號"狗醬". 或作羹, 調以番椒屑, 澆白飯食之, 發汗可以袪暑補虛.

案《史記》, "秦德公二年, 初作伏祠社[1], 磔狗四門以禦蠱[2]災." 磔狗卽伏日故事, 而今俗遂食之【案 伏、臘炰狗, 自前漢已有是語】. 《漢陽歲時記》

---

1 고재(蠱災) : 사람을 해치는 나쁜 기운.

2 진(秦)나라……막았다 : 《史記》 卷5 〈秦本紀〉 第5 "德公"(《二十四史》1, 51쪽) ; 《史記》 卷28 〈封禪書〉 第6(《二十四史》1, 346쪽).

3 출전 확인 안 됨 ; 《京都雜志》 卷2 〈歲時〉 "伏"(《조선대세시기》3, 89쪽).

[1] 社 : 저본에는 없음. 《史記·秦本紀·德公》에 근거하여 보충.

[2] 蠱 : 저본에는 "蟲". 《史記·秦本紀·德公》에 근거하여 수정.

10. 중구(重九, 9월 9일)의 절식

重九節食

1) 국화떡(국화고) 만들기(국화고방)

菊花糕方

국화를 따서 떡을 만든다. 중삼절(重三節, 음력 3월 3일)의 두견화고(杜鵑花糕) 만드는 법과 같으며, 이 또한 '화전(花煎)'이라 부른다. 《한양세시기》[1]

采菊花爲糕, 與重三之鵑花糕同, 亦稱"花煎". 《漢陽歲時記》

《건순세시기(乾淳歲時記)》[2]에서는 "중구절에 도읍의 사람들이 각각 국화떡으로 대접한다. 엿·고기·차조·밀가루를 섞어서 만든다. 위에는 채썬 고기와 압병(鴨餠)을 고명으로 얹고, 연이어 석류를 알알이 뿌려 무늬 있는 깃발처럼 표한다. 또 그 위에 곡물가루로 만왕(蠻王)[3]이나 사자(獅子)를 만든다."[4]라 했다.

《乾淳歲時記》, "重九, 都人各以菊糕爲饋. 以糖、肉、秫、麪雜物爲之. 上縷肉絲、鴨餠, 綴以榴顆, 標以綵旗. 又作蠻王、獅子于其上."

《제경경물략》에서는 "9월 9일에는 밀가루떡에 대추와 밤을 심으면 떡 표면이 별처럼 점점이 보인다. 이를 '화고(花糕)'라 한다."[5]라 했다.

《帝京景物略》: "九月九日, 麪餠種棗栗, 其面星星然, 曰'花糕'."

위의 두 가지 설은 모두 우리나라의 화고(花糕)를

二說俱與我東花糕之制

---

1 출전 확인 안 됨 ; 《京都雜志》 卷2 〈歲時〉 "重九"(《조선대세시기》3, 91쪽).

2 건순세시기(乾淳歲時記) : 중국 송(宋)나라 제남(濟南) 사람인 주밀(周密, 1232~1298)의 세시기. 저명한 작가이자 장서가인 주밀은 《제동야어(齊東野語)》도 저술했다.

3 만왕(蠻王) : 중국 남방 소수민족의 수령으로, 사자와 함께 중국 무관(武官)의 허리띠에 그 형상을 조각하여 장식하기도 했다.

4 중구절에……만든다 : 《說郛》 卷69上 〈乾淳歲時記〉(《文淵閣四庫全書》879, 718쪽).

5 9월……한다 : 출전 확인 안 됨 ; 《欽定日下舊聞考》 卷148 〈風俗〉 3(《文淵閣四庫全書》499, 290쪽).

사진6 국화떡

만드는 방법과 다르다. 《옹치잡지》[6]

異. 《饔饎雜志》

2) 꿀밤과자(밀오율니) 만들기(밀오율니방)

蜜熬栗泥方

밤을 삶아 껍질을 벗겨내고 대략 주물러 부수되, 곤죽이 되지는 않도록 한다. 이를 꿀물에 담가두었다가 냄비에 넣고 달여 물을 바짝 말린 뒤 다시 계핏가루와 후춧가루를 넣고 상에 올린다.

烹栗去殼皮, 略揉碎, 勿令糜. 用蜂蜜水漬淹, 下銚熬, 令水乾, 更入桂皮屑、胡椒屑供之.

《건순세시기》를 살펴보면 "중구절에 밤을 부수어 가루 내고 벌꿀과 섞은 뒤, 꽃무늬떡틀에 찍어 과이(果餌)를 만들었다."[7]라 했다. 이것 역시 우리나라의 졸인 밤 종류이다. 꽃모양을 모사해서 찍는 것도 우리나라의 다식(茶食) 제도와 비슷하다. 《옹치잡지》[8]

案《乾淳歲時記》, "重九糜栗爲屑, 合以蜂蜜, 印花脫餠, 以爲果餌." 亦我東熬栗[1]之類, 而模印花形則又似我東茶食之制矣. 《饔饎雜志》

3) 국화주(菊花酒) 빚기(국화주방)

菊花酒方

《서경잡기(西京雜記)》[9]에서는 "척부인(戚夫人)[10]의 시녀인 가패란(賈佩蘭)은 '궁궐 안에서는 9월 9일에 수유(茱萸)를 차고, 쑥떡[蓬餌]을 먹고, 국화주를 마셔 사람들이 장수하게 한다.'라 했다. 국화가 필 때 줄기와 잎을 모두 따서 기장쌀과 섞어 술을 빚은 뒤 다음해 9월 9일이 되어 익기 시작하면 마시므로 '국

《西京雜記》云 : "戚夫人侍兒賈佩蘭說'宮內九月九日, 佩茱萸, 食蓬餌, 飮菊花酒, 令人長壽.' 菊華舒時, 幷採莖葉, 雜黍米釀之, 至來年九月九日, 始熟就飮

---

6 출전 확인 안 됨.

7 중구절에……만들었다 : 《說郛》 卷69上 〈乾淳歲時記〉(《文淵閣四庫全書》879, 718쪽).

8 출전 확인 안 됨.

9 서경잡기(西京雜記) : 중국 진(晉)나라 갈홍(葛洪, 284~364)이 전한(前漢) 시대의 잡사(雜事)를 기록한 저서인데, 한나라 유흠(劉歆)이 원저자라고도 한다. 사고전서에는 '漢劉歆撰, 晉葛洪輯.(한나라 유흠 편찬, 진나라 갈홍 편집)'으로 밝히고 있다.

10 척부인(戚夫人) : ?~B.C.194?. 중국 한나라 고조(高祖)의 첩으로, 조왕(趙王)에 봉해진 여의(如意)의 어머니.

[1] 爲屑……熬栗 : 저본에는 19자 없음. 오사카본·규장각본·고대본에 근거하여 보충.

화주'라 한다."[11]라 했다. 이것이 중구절 국화주의 유래이다.

焉, 故謂之'菊花酒'." 此重九菊酒之緣起也.

우리나라의 풍속에는 단지 일반적인 방법으로 술을 빚고, 여기에 국화꽃만 띄워서 마신다. 이는 단지 국화주라는 이름을 달고 있을 따름이다. 《옹치잡지》[12]

東俗但用常釀, 泛菊花飲之, 只存菊酒之名而已. 《饔饎雜志》

11 척부인(戚夫人)의……한다 : 《西京雜記》 卷3(《文淵閣四庫全書》1035, 13~14쪽).

12 출전 확인 안 됨.

11. 동지(冬至)의 절식

冬至節食

1) 팥죽[赤豆粥] 만들기(적두죽방)

赤豆粥方

팥을 찌고 멥쌀을 갈아 죽을 쑨다. 찹쌀가루를 새알모양으로 만들어 그 속에 넣고 다시 끓인다. 끓어오르면 꿀을 타서 먹는다. 이날은 팥죽을 문짝에 뿌려 나쁜 기운을 쫓아낸다.

烝赤豆, 碎粳米, 熬作粥. 用糯米粉爲鳥卵狀, 投其中, 更煮沸, 和蜜食之. 是日潑豆粥於門板以辟惡.

종름(宗懍)[1]의 《형초세시기(荊楚歲時記)》[2]를 살펴보면 "공공씨(共工氏)[3]에게 못난 아들이 있었는데, 동지에 죽어서 역귀(疫鬼)가 되었다. 이 역귀는 팥을 무서워했기 때문에 동짓날에는 팥죽을 만들어서 푸닥거리를 했다."[4]라 했다.

案宗懍《荊楚歲時記》, "共工氏有不才子, 以冬至死爲疫鬼. 畏赤小豆, 故冬至日作赤豆粥以禳之."

【안】《풍토기》에서는 "동지[天正]에 해의 궤도가 제일 남쪽에 이르면, 긴 황종(黃鍾) 율관(律管)에 해당하는 동지가 된다.[5] 이날에 처음으로 만물의 움이 트기 시작하므로 진한 죽을 쑤어 어린 것을 기른다.

【案】《風土記》: "天正日南, 黃鍾踐長. 是日始牙動, 爲饘粥以養幼. 俗尚以赤豆爲糜, 所以象色也." 此說

1 종름(宗懍) : 502~565. 중국 남조(南朝)의 문인. 양나라 땅인 형주(荊州, 춘추전국 시대 초나라가 있던 지역)의 풍속과 고사에 대한 《형초기(荊楚記)》를 저술했다.

2 형초세시기(荊楚歲時記) : 종름(宗懍)이 저술한 《형초기》에 수(隋)나라 두공섬(杜公贍, ?~?)이 주를 더하여 지은 책.

3 공공씨(共工氏) : 중국 상고 시대의 임금. 복희씨(伏羲氏)와 신농씨(神農氏) 사이에서 수덕(水德)으로 세상을 다스렸다고 한다. 그 후손들은 물을 다스리는 관직인 공공(共工)을 대대로 역임하였다.

4 공공씨(共工氏)에게……하였다 : 《荊楚歲時記》(《文淵閣四庫全書》589, 25쪽).

5 동지[天正]에……된다 : 고대에 절기를 예측하기 위하여 갈대의 막을 태워 만든 재를 길이가 다른 12개의 율관에 넣고 막아놓으면 상응하는 달에 율관의 가루가 움직인다. 황종율은 음력 11월에 드는 절기인 동지와 상응한다.

사진7 팥죽

민간에서는 팥으로 죽을 쑤는 것을 높이 사는데, 이는 액운을 물리치는 붉은 색을 상징하기 때문이다."[6]라 하였다. 이 설이 바른 것이다】《한양세시기》[7]

爲正】《漢陽歲時記》

2) 전약(煎藥)[8] 만들기(전약방)

煎藥方

백강(白薑) 5냥, 계심(桂心) 2냥, 정향(丁香)과 후추 각 1.5냥. 위의 약미들을 따로 곱게 가루 낸다. 큰 대추를 쪄서 씨를 버리고 살을 취하여 만든 대추고 2사발【1사발은 3승이다】, 아교와 달구어 익힌 꿀 각 3사발.

白薑五兩、桂心二兩、丁香·胡椒各一兩半. 已上另爲細末. 大棗烝, 去核取肉爲膏二鉢【一鉢爲三升】, 阿膠、煉蜜各三鉢.

이상의 약미 중 먼저 아교를 녹이고 다음으로는 대추고와 꿀을 넣고 완전히 녹으면 맨 위의 4가지 약미가루를 넣고 고루 섞어준다. 이를 달인 다음 미지근해지면 체로 걸러 그릇에 담아두었다가 굳으면

右先熔膠, 次入棗蜜消化, 乃入四味藥末, 攪均. 煎, 微溫, 下篩貯器, 待凝取用.

---

6 동지[天正]에……때문이다 :《藝林彙考》〈飮食篇〉卷3 "粉饍類"(《文淵閣四庫全書》859, 203쪽).

7 출전 확인 안 됨 ;《京都雜志》卷2〈歲時〉"冬至"(《조선대세시기》3, 91쪽).

8 전약(煎藥) : 쇠가죽으로 아교를 만든 뒤, 한약재와 꿀을 넣고 끓여서 족편과 같은 모양으로 굳힌 음식.

꺼내다 쓴다.

【안 내의원에서 매년 동지에 만들어 진상했다. 민간에서도 개인적으로 만들어서 서로 주고받는 경우가 있었다】《동의보감》[9]

【案 內局, 每年冬至製進, 閭巷亦有私造相饋者】《東醫寶鑑》

9 《東醫寶鑑》〈雜病篇〉卷9 "雜方" '諸法'(《原本 東醫寶鑑》, 600쪽).

12. 납평(臘平, 납일)의 절식

臘平節食

1) 납일고기[臘肉] 만들기(납육방)

臘肉方

우리 조정(朝廷)에서는 동지 후 셋째 미일(未日)인 납일(臘日)의 옛 제도에 의해서 산간 고을에서 멧돼지·산토끼·노루 등을 공납(貢納)으로 바쳤는데, 이를 '납육'이라 했다. 지금은 폐지되었다.

本朝, 以未臘舊制, 山郡貢山猪、兔、麞等, 謂之"臘肉". 今罷.

【안 우리나라의 납육은 중국의 납육 만드는 방법과 다르다. 대개 중국의 납육은 단지 납월의 납일 전에 소금과 술지게미, 향료를 써서 여러 가지 고기를 절여둔다. 이는 납일의 기운을 얻어서 고기를 오래 두어도 상하지 않게 하기 위한 것이다. 하지만 우리나라의 납육은 이날에 고기를 삶아서 먹을 따름이다】《옹치잡지》[1]

【案 我東臘肉, 與中國臘肉法異. 蓋中國臘肉, 但於臘月臘日前, 用鹽、糟、香料, 醃藏諸肉. 爲其得臘之氣而久留不敗也. 我東臘肉則直於是日烹煮食之而已】《饔饎雜志》

납육 중에서 멧돼지고기가 가장 좋다. 털을 그슬리고 껍데기를 벗긴 다음 그 고기를 삶거나 굽는다. 어떻게 요리하든 모두 특별한 맛을 지니고 있다. 《증보산림경제》[2]

臘肉中山猪肉最佳, 燒毛去皮, 取其肉烹炙, 皆有異味. 《增補山林經濟》

---

1 출전 확인 안 됨.

2 《增補山林經濟》 卷8 〈治膳〉 上 "肉膳治法" '猪肉膳'(《農書》4, 108쪽).

2) 참새전[黃雀煎] 만들기(황작전방)

黃雀煎方

참새를 잡아서 아이에게 먹이면 천연두에 좋다. 도성에서는 사사로이 조총(鳥銃, 새총)을 쏠 수가 없었지만 납일만은 조총으로 참새 잡는 사냥을 허용했다. 《한양세시기》[3]

捕黃雀, 飼小兒, 善痘. 都城不得私放鳥銃, 是日許令捕雀. 《漢陽歲時記》

참새는 털과 창자·쓸개를 제거하고 껍데기도 벗겨낸다. 이를 칼등으로 대강 저며 기름소금에 담가 배어들게 한 뒤, 녹두가루를 묻혀서 참기름에 지진다【안 굽는 방법은 〈할팽지류(割烹之類)〉에 보인다[4]】. 《증보산림경제》[5]

黃雀去毛及腸、膽, 又剝去皮, 以刀背略剁, 以油鹽漬透, 菉豆粉拌之, 用麻油煎之【案 炙法見《割烹之類》】. 《增補山林經濟》

3 출전 확인 안 됨 ; 《京都雜志》 卷2 〈歲時〉 "臘平"(《조선대세시기》 3, 93쪽).

4 굽는……보인다 : 《정조지》권5 〈가르거나 삶아서 조리하는 음식(割烹之類, 할팽지류)〉 "번자(燔炙, 불에 구워 조리하는 음식)" '참새고기 굽기(자마작방).

5 《增補山林經濟》 卷8 〈治膳〉 上 "肉膳治法" '麻雀'(《農書》4, 122쪽).

13. 부록 절식 보유(補遺, 빠진 것을 보충함)

【안 절식이 만들어진 연유는 그 계절의 새로운 절물(節物, 절기의 산물)에 따라서 만들어지거나, 한 시대의 고사 때문에 만들어지기도 한다. 그러므로 지역마다 받드는 내용이 달라 일정한 규칙을 정할 수는 없다. 우리나라의 절식은 대체로 중국에서 본뜬 것이 많다. 간혹 본받을 만한데도 빠뜨린 것이 있어서 지금 대략 가리고 편집하여 권의 말미에 붙여둔다. 그 중에 교묘함을 뽐내고 재물을 낭비하기 때문에 산가에서 품위 있게 상에 올리는 데 적합하지 않은 절식은 버려두고 수록하지 않았다】

附 節食補遺

【案 節食之作, 或因時新節物, 或以一時故事, 地各異尙, 不可典要. 我東節食, 大抵多倣中州, 而亦或有可倣而闕遺者, 今略加採綴, 附于卷尾. 其鬪巧靡財, 不宜山家雅供者, 槪所不收】

1) 설날의 초백주(椒柏酒, 후추측백잎주)[1]

사민월령(四民月令)[2][3] 정월 초하룻날 아침에 자손들이 각기 가장에게 초백주[椒酒]를 올려 축배를 들고 장수를 빈다.

형초세시기[4] 설날에 초백주(椒柏酒)를 올린다.

【주 후추는 옥형성(玉衡星)[5]의 정화여서 복용하면 사람의 몸이 가벼워지고 노화를 견디게 한다. 측백

元朝椒柏酒

四民月令 正月之朝, 子孫各上椒酒於家長, 稱觴擧壽.

荊楚歲時記 元日進椒柏酒.

【注 椒是玉衡星精, 服之令人身輕能老. 柏是仙藥】

---

1 초백주(椒柏酒, 후추측백잎주) : 후추 7개와 동쪽으로 뻗은 가지에 난 측백(側柏) 잎 7개를 함께 술에 담가서 우린 술.

2 사민월령(四民月令) : 중국 전한(前漢)의 관료 최식(崔寔, 103~170)이 지은 농서. 작물의 재배·가축의 종류·수공업·방직·학교 등을 경영하는 일에 대한 농가력이다.

3 출전 확인 안 됨 ; 《山堂肆考》 卷7 〈時令〉 "元日" '椒酒'(《文淵閣四庫全書》974, 131쪽).

4 《荊楚歲時記》(《文淵閣四庫全書》589, 15쪽).

5 옥형성(玉衡星) : 북두칠성의 다섯 번째 별 또는 북두칠성.

나무는 선약(仙藥)이다】

2) 매화주(梅花酒)

사민월령[6] 매화주를 설날에 마시면 노화를 물리친다.

梅花酒

四民月令 梅花酒元日飮之, 却老.

3) 교아당(膠牙餳, 물엿)[7]

형초세시기[8] 설날에 교아당을 먹는다.

【주 끈끈하고 단단하게 결합하는 뜻을 취한 것이다】

膠牙餳

荊楚歲時記 元日食膠牙.

【注 取膠固之義】

4) 인일(人日)[9]의 칠종채갱(七種菜羹, 칠채국)

형초세시기[10] 1월 7일은 인일(人日)인데, 이날에는 7가지 종류의 채소로 국을 끓인다.

【안 7가지 종류의 항목은 자세하지 않지만 당연히 오신채(五辛菜) 외에 따로 2종류를 더한 것일 따름이다】

人日七種菜羹

荊楚歲時記 正月七日爲人日, 以七種菜爲羹.

【案 七種之目未詳, 要當於五辛之外, 更益之以二種耳】

5) 상원(上元)의 고죽(膏粥, 고기 없은 죽)

속제해기(續齊諧記)[11][12] 오현(吳縣)[13]의 장성(張成)[14]이

上元膏粥

續齊諧記 吳縣張成, 夜

6 출전 확인 안 됨 ; 《廣群芳譜》 卷2 〈天時譜〉 "正月", 29쪽.

7 교아당(膠牙餳, 물엿) : 엿기름과 곡아(穀芽, 싹을 내어 말린 벼)를 끓여서 만든 물엿.

8 《荊楚歲時記》(《文淵閣四庫全書》589, 15~16쪽).

9 인일(人日) : 음력 1월 7일로, 절일(節日, 한 철의 명절)의 하나.

10 《荊楚歲時記》(《文淵閣四庫全書》589, 16쪽).

11 속제해기(續齊諧記) : 중국 남조 양나라 때 오균(吳均, 469~520)이 지은 소설집.

12 《續齊諧記》(《文淵閣四庫全書》1042, 558쪽) ; 《荊楚歲時記》(《文淵閣四庫全書》589, 18쪽).

13 오현(吳縣) : 중국 강소성(江蘇省) 소주시(蘇州市) 일대의 옛 지명.

14 장성(張成) : 미상.

사진8 매화주 빚기

라는 사람이 밤에 한 부인이 자기 집의 동남귀퉁이에 있는 모습을 보았다. 그 부인이 장성에게 "이 땅은 당신 집의 잠실(蠶室)이고 나는 이 땅의 신이오. 내일 정월 대보름에 흰죽을 쑤고 그 위에 고기를 띄워 나를 제사지내면 당신 누에와 뽕을 100배로 늘려주겠소."라 말했다. 말한 대로 장성이 고죽(膏粥)을 쑤어 제사지냈더니, 해마다 누에와 뽕을 아주 많이 얻었다. 사람들이 이를 보고 정월 대보름에 죽을 쑤어 빌고는 그 위에 고기를 얹어 지붕에 올라가서 먹는다.

見一婦人立宅東南角. 謂成曰："此地是君家蠶室, 我卽此地之神. 明日正月半, 宜作白粥, 泛膏於上, 以祭我, 當令君蠶桑百倍." 成如言作膏粥, 年年大得蠶桑. 世人正月半, 作粥禱之, 加肉其上, 登屋食之.

6) 보당퇴(寶糖䭔)·오니당(烏膩糖)

寶糖䭔、烏膩糖

범성대(范成大)[15] 상원(上元) 시[16] 보당(寶糖)은 맛좋은 거여(粔籹)[17], 오니(烏膩)는 맛있는 이당(飴餳).

范石湖 上元詩 寶糖珍粔籹, 烏膩美飴餳.

【주 퇴박(䭔餺)은 오중(吳中)[18]에서는 '보당퇴(寶糖䭔)'라고 하는데, 특히 연하고 맛이 좋다. 오니당(烏膩糖)은 바로 백당(白餳, 흰엿)으로, 민간에서는 백당은 오니(烏膩, 기름때)를 제거할 수 있다고 한다】

【注 䭔餺, 吳中謂之"寶糖䭔", 特爲脆美. 烏膩糖卽白餳, 俗言能去烏膩】

【안 퇴박은 지금의 유과[饊子] 종류이고, 오니당은 지금의 시장에서 파는 백당(白糖)으로, 개성에서 나는 밤엿 종류이다】

【案 䭔, 今饊子之類, 烏膩糖, 今市賣白糖, 中京栗餹之類】

15 범성대(范成大) : 1126~1193. 중국 남송의 시인. 호는 석호(石湖). 오현(吳縣) 사람으로, 육유(陸游), 양만리(楊萬里), 우무(尤袤)와 함께 남송 4대 시인으로 꼽힌다.

16 《石湖詩集》 卷23 〈上元紀吳中節物俳諧體三十二韻〉(《文淵閣四庫全書》1159, 770쪽).

17 거여(粔籹) : 유밀과(油蜜菓)의 한가지로 중배끼라고도 한다.

18 오중(吳中) : 중국 춘추시대 오나라에 속했던 땅.

7) 춘사반(春社飯, 춘사일 고기덮밥)

준생팔전[19] 춘사일에 여러 가지 고기를 섞고 조미하여 밥 위에 편 것을 '사반(社飯)'이라 한다.

【안 만드는 방법은 추사반(秋社飯)의 주(注)에 상세히 나온다】

春社飯

遵生八牋 春社日, 以諸肉雜調和鋪飯上, 謂之"社飯".

【案 方詳秋社飯注】

8) 한식의 도화죽(桃花粥, 복숭아꽃죽)

금문세절(金門歲節)[20][21] 낙양의 인가에서는 한식에 도화죽(桃花粥)을 쑨다.

寒食桃花粥

金門歲節 洛陽人家, 寒食煮桃花粥.

9) 당죽(餳粥)

형초세시기[22] 한식에는 3일간 불을 금하므로 당대맥죽(餳大麥粥, 엿보리죽)을 쑨다.

【주 육홰(陸翽)[23]의 《업중기(鄴中記)[24]》에서는 "한식에는 3일간 예락(醴酪, 엿죽)을 먹는데, 또한 멥쌀과 보리를 끓여 진한 죽을 만들고 살구속씨를 찧어 죽을 쑨다."[25]라 했다.

《옥촉보전(玉燭寶典)》[26]에서는 "요즘 사람들은 보리죽을 쑬 때 살구속씨를 갈아 넣어 진한 죽을 만든

餳粥

荊楚歲時記 寒食禁火三日, 造餳大麥粥.

【注 陸翽《鄴中記》曰:"寒食三日醴酪, 又煮粳米及麥爲酪, 擣杏仁煮作粥."

《玉燭寶典》曰:"今人爲大麥粥, 研杏仁爲酪, 引餳沃

---

19 《遵生八牋》卷3〈四時調攝牋〉"春時逸事" '送社飯'(《遵生八牋校注》, 90쪽).

20 금문세절(金門歲節): 미상.

21 출전 확인 안 됨;《廣群芳譜》卷26〈花譜〉"桃花", 642쪽.

22 《荊楚歲時記》(《文淵閣四庫全書》589, 19~20쪽).

23 육홰(陸翽): ?~?. 진(晉)나라 국자조교(國子助教)라는 정보 외에는 미상.

24 업중기(鄴中記): 중국 진(晉)나라 국자조교(國子助教) 육홰(陸翽)가 업성(鄴城, 하남성 안양시 북쪽 교외)의 사적에 대해 기록한 역사서.

25 한식에는……쑨다:《鄴中記》(《文淵閣四庫全書》463, 314쪽).

26 옥촉보전(玉燭寶典): 중국 북제(北齊)의 두 대경(杜臺卿, ?~?)이 《예기(禮記)》〈월령(月令)〉의 체제를 따라 시속(時俗)에 대한 자료를 모아 1달에 1권씩 총 12권으로 쓴 책.

뒤, 엿을 가져다 넣는다.'"[27]라 했다.

손초(孫楚)[28]의 〈제자추문(祭子推文, 개자추를 제사지내는 제문)〉에서는 "기장밥 한 소반과 예락(醴酪) 두 사발이네."[29]라 했다. 이것들이 한식 때의 일이다】

之."

孫楚《祭子推文》云："黍[1]飯一盤, 醴酪[2]二盂." 是其事也】

10) 조고(棗糕, 대추떡)

[예원자황(藝苑雌黃)][30][31] 한식에는 밀가루로 증병모양을 만들어 대추고명을 붙인다. 이를 '조고(棗糕)'라 한다.

棗糕

[藝苑雌黃] 寒食, 以麪爲烝餠樣, 團棗附之, 名曰"棗糕".

11) 한구(寒具)

[옹치잡지][32] 한구는 지금의 유과[饊子]이다. 연기를 금하는 때에 쓰기 때문에 '한구'라고 부른다. 지금 사람들은 비록 겨울과 봄에 만들어서 항상 쓰는 과정(果飣)이 되었지만, 금연절(禁煙節, 한식)에는 더욱 이것을 빠뜨릴 수 없다. 이는 옛 뜻을 간직하는 일이기 때문이다.

【[안] 만드는 방법은 〈과정지류(菓飣之類)〉에 상세히 보인다[33]】

寒具

[饔饌雜志] 寒具卽今之饊子. 以其爲禁煙時用, 故謂之"寒具". 今人雖用作冬春, 常用之果飣, 而禁煙節尤不可闕此, 以存古義.

【[案] 造法, 詳見《菓飣之類》】

---

27 요즘……넣는다 : 출전 확인 안 됨 ;《鄴中記》(《文淵閣四庫全書》463, 314쪽).

28 손초(孫楚) : ?~293. 중국 서진(西晉)의 관리·문인. 자는 자형(子荊). 조위(曹魏)의 표기장군(驃騎將軍) 손자지(孫資之, ?~?)의 손자, 남양태수(南陽太守) 손굉지(孫宏之, ?~?)의 아들. 진(晉) 혜제(惠帝) 초기에 풍익태수(馮翊太守)를 지냈으며 저서로 문집 6권이 있다.

29 기장밥……사발이네 :《西晉文紀》卷11 〈西晉〉"祠介子推祝文"(《文淵閣四庫全書》1398, 227쪽).

30 예원자황(藝苑雌黃) : 중국 송(宋)나라 엄유익(嚴有翼, ?~?)이 지은 책이라고 전해지나, 후대인의 가탁으로 보인다.

31 출전 확인 안 됨 ;《格致鏡原》卷25 〈飮食類〉 5 "糕"(《文淵閣四庫全書》1031, 346쪽).

32 출전 확인 안 됨 ;《金華耕讀記》 卷4 〈寒具〉, 18~19쪽에 한구의 유래와 명칭에 대한 고증이 자세히 보인다.

33 만드는……보인다 :《정조지》권3 〈과줄(과정지류)〉 "점과(이장)" '산자(饊子) 만들기(산자방)'.

[1] 黍 : 저본에는 "干".《西晉文紀·西晉·祠介子推祝文》에 근거하여 수정.

[2] 醴酪 : 저본에는 "酪醴". 오사카본·규장각본·고대본·《西晉文紀·西晉·祠介子推祝文》에 근거하여 수정.

12) 중사(重四, 음력 4월 4일)의 맥병(麥餠, 밀가루 등으로 만든 떡)

重四麥餠

무사(蕪史) [34] [35] 4월 4일에는 불락협(不落夾)[36]을 진상하였는데, 갈대잎으로 찹쌀을 네모나게 싸되 길이는 0.4척, 폭은 0.1척으로 하며, 맛은 주악[粽]과 같다.

【안 불락협(不落夾)은 몽고어이다. 명나라 가정(嘉靖) 연간(1522~1566)에 그 명칭이 우아하지 못하다 하여 '맥병(麥餠)'으로 이름을 고쳤다】

蕪史 四月四日, 進不落夾, 用葦[3]葉方包糯米, 長可四寸, 闊一寸, 味與粽[4]同.

【案 不落夾卽元語也. 明嘉靖中, 以其名不馴雅, 改名"麥餠"】

13) 중오(重五, 음력 5월 5일)의 창포주(菖蒲酒)

重五菖蒲酒

천금월령(千金月令) [37] [38] 단오에는 창포를 가닥 내거나 가루 내어 술에 띄운다.

千金月令 端午, 以菖蒲或縷或屑, 以汎酒.

14) 각서(角黍, 주악)

角黍

풍토기 [39] 단오 하루 전에 줄풀의 잎으로 찹쌀을 싼 뒤, 밤·대추를 태운 잿물에 삶아 익혀서 절일에 먹는데, 일명 '주악[糉]'이라고도 한다. 대개 음양이 감싸고 도는 뜻을 취한 것이다.

風土記 端午前一日, 以菰葉裹黏米, 以栗棗灰汁煮令熟, 節日啖, 一名"糉". 蓋取陰陽包裹之義.

---

34 무사(蕪史) : 중국 명나라 환관 유약우(劉若愚, 1584~?)가 지은 궁중 역사서.

35 출전 확인 안 됨 ; 《御定月令輯要》 卷9 〈四月令〉 "初四日" '不落夾'(《文淵閣四庫全書》467, 332쪽).

36 불락협(不落夾) : 갈대잎에 찹쌀을 싸거나 오동나무잎에 밀가루를 싸고 쪄서 만든 음식. 초파일에 불공 드릴 때 쓰거나 조정에서 백관에게 하사했다.

37 천금월령(千金月令) : 중국 당(唐)나라의 의학자 손사막(孫思邈, 581~682)이 쓴 월령서. 그의 저서에는 《천금요방(千金要方)》·《천금익방(千金翼方)》 등도 있다.

38 출전 확인 안 됨 ; 《御定月令輯要》 卷10 〈五月令〉 "初五日" '菖蒲酒'(《文淵閣四庫全書》467, 362쪽).

39 출전 확인 안 됨 ; 《御定月令輯要》 卷10 〈五月令〉 "初五日" '角黍'(《文淵閣四庫全書》467, 361쪽).

[3] 葦 : 저본에는 "韋". 《御定月令輯要·四月令·初四日》에 근거하여 수정.

[4] 粽 : 저본에는 "糕". 오사카본·규장각본·고대본·《御定月令輯要·四月令·初四日》에 근거하여 수정.

금화경독기[40] 유몽인(柳夢寅)[41]의 《어우야담(於于野談)》[42]에서는 다음과 같이 말했다. "우리나라 사람들은 수단(水團)을 '각서(角黍)'라고 한다. 유두날에 먹어온 지 수백 년이 되었으나 다른 이름은 없다. 내가 경략(經略)[43] 송응창(宋應昌)[44]의 아문(衙門, 지휘소)에 있을 때 통판(通判)[45] 왕군영(王君榮)[46]이 나에게 각서를 대접하였다. 그 모양이 소뿔과 같았고 찹쌀밥에 대추와 꿀을 섞어 덩어리를 만들었다. 각서 만드는 방법을 물었더니 '나무를 파서 소뿔모양으로 틀을 만든 다음 찐 찹쌀과 대추, 벌꿀을 틀에 채워찍어 낸다.'라 했다."[47]

金華耕讀記 柳夢寅《於于野談》云："我國人以水團爲'角黍', 流頭日食之, 流傳累百年, 無有異名. 余在宋經略 應昌衙門, 通判王君榮餉余以角黍, 狀如牛角, 糯飯和棗實與蜜, 成塊. 問其法, '鑿木爲範如牛角形, 烝糯米、棗實、蜂蜜, 印範脫出'云."

수단이 각서가 아님을 살펴볼 때, 사람이라면 누구나 아는 사실이다. 통판 왕군영이 말한 각서의 제법 또한 의심스럽다. 대개 각서를 만드는 일은 본래 초나라의 풍속으로, 5월에 경도(競渡)[48]라는 놀이에서 물에 던져 굴원(屈原)[49]을 제사지냈던 음식이다.

案水團之非角黍, 夫人而知之矣. 王通判所云角黍之制亦可疑. 蓋角黍之作, 本爲楚俗, 五月競渡, 投水祭屈原. 故必以茭葉或箬

---

40 출전 확인 안 됨.

41 유몽인(柳夢寅) : 1559~1623. 조선 중기의 문신·문장가. 1589년 증광 문과에 장원 급제했고, 1592년 명나라에 다녀오다가 임진왜란을 맞아 선조를 평양까지 호종했다. 이후 전란 시기에 병조참의·황해감사·도승지 등으로 활약했고, 전란 후 광해군 시기에 폐모론에 동조하지 않고 1618년 사직하여 5년간 떠돌며《어우야담(於于野談)》을 집필했다.

42 어우야담(於于野談) : 조선 중기 문신인 유몽인(柳夢寅, 1559~1623)이 지은 설화집.

43 경략(經略) : 중국 명나라 군대의 직위. 총사령관.

44 송응창(宋應昌) : 1536~1606. 중국 명나라의 관리. 자는 시상(時祥), 호는 동강(桐岡). 임진왜란 때 조선에 파견된 명군의 총사령관인 경략을 역임했다.

45 통판(通判) : 중국 명나라 조정에서 군(郡)의 정치를 감독하기 위해 파견한 지방관.

46 왕군영(王君榮) : ?~?. 중국 명나라의 관리. 호는 혜천(惠泉)이고, 산동(山東)청주부(青州府) 익도현(益都縣) 사람이다. 원임 통판(通判)으로 송응창을 따라 조선으로 파견 나왔다가, 1593년 9월에 명나라로 돌아갔다.

47 우리나라……했다 : 《於于野談》〈學藝篇〉, 188쪽.

48 경도(競渡) : 굴원을 작은 배로 구한다는 뜻의 놀이로서 일종의 보트 레이스인 용선경도(龍船競渡)가 지금까지 전한다.

49 굴원(屈原) : B.C.343?~B.C.278?. 중국 초(楚)나라의 문인. 중국 문학사에서 북방의 《시경(詩經)》에 버금가는 남방의 《이소(離騷)》를 지어 초사의 원형을 완성하였다.

그러므로 반드시 줄풀잎이나 죽순겉껍질로 싼다. '주악[糉子]'이라고도 한다. 지금은 싸는 방식이 없고 다만 그 형태가 소뿔과 비슷하므로 '각서'라 한다. 그렇다면 그것이 반드시 그런지는 아직 모르겠다.

葉裹之, 亦呼"糉[5]子". 今無所包裹, 而但以其形類牛角, 謂之"角黍", 則未知其必然也.

15) 적분단(滴粉團, 오색수단)

세시잡기 [50] 단오에 수단을 만들고 또 '백단(白團)'이라 부른다. 5가지 색의 사람과 짐승, 꽃과 과일의 모양을 섞기도 한다. 또 물을 넣지 않는 건단(乾團)이 있다.

【안 장뢰(張耒)[51]의 단오사(端午詞)에 "수단에 얼음 담그고 설탕으로 감싸네."[52]라는 말이 있다. 적분단을 만드는 방법은 원소병(元宵餠)과 비슷하다. 다만 차가운 얼음에 담그는 것이 다를 뿐이다】

滴粉團

歲時雜記 端午作水團, 又名"白團", 或雜五色人獸、花果之狀. 又有乾團不入水者.

【案 張耒端午詞有"水團氷浸砂糖裹"之語. 其制似如元宵餠, 而特停冷氷[6]浸耳】

16) 하지의 건종(健糉)

오군지(吳郡志) [53] [54] 하지에 다시 각서를 만들어 제사 지낸 뒤, 주악을 묶었던 풀을 발에 묶어 건강을 기원한다. 이때 만든 각서의 이름을 '건종(健糉)'이라 한다. 건종은 사람을 건강하게 한다.

夏至健糉

吳郡志 夏至復作角黍以祭, 以束糉之草繫於足而祝之, 名"健糉"云. 令人健壯.

---

50 출전 확인 안 됨 ;《御定月令輯要》卷10〈五月令〉"初五日" '滴粉團'(《文淵閣四庫全書》467, 363쪽).

51 장뢰(張耒) : 1054~1114. 중국 북송의 관리·문인. 자는 문잠(文潛), 호는 가산(柯山). 저작랑(著作郎)·사관검토(史館檢討)를 역임했다. 저서로《柯山集》·《宛邱集》·《柯山诗餘》등이 있다.

52 출전 확인 안 됨 ;《御定月令輯要》卷10〈五月令〉"初五日" '滴粉團'(《文淵閣四庫全書》467, 363쪽).

53 오군지(吳郡志) : 중국 남송의 시인 범성대(范成大, 1126~1193)가 쓴 지방지. 평강부(平江府, 강소성 소주)를 다뤘으며 지방지의 명작으로 꼽힌다.

54《吳郡志》卷2〈風俗〉(《文淵閣四庫全書》485, 11쪽).

[5] 糉 : 저본에는 "椶". 규장각본·고대본에 근거하여 수정.

[6] 氷 : 저본에는 "水". 오사카본에 근거하여 수정.

형초세시기[55] 하짓날에 주악을 먹는다.

荊楚歲時記 夏至節日食糉.

【주 주처(周處)[56]가 "각서를 만드는데, 사람들 모두 햇대나무로 통종(筒糉)[57]을 만들고서 멀구슬나뭇잎을 꽂는다. 5가지 빛깔의 실을 팔에 묶고는 장명루(長命縷, 오래 살게 하는 실)라고 말한다."라 했다】

【注 周處謂"爲角黍, 人幷以新竹爲筒糉, 楝[7]葉插. 五綵繫臂, 謂爲長命縷."】

17) 중육(重六, 음력 6월 6일)의 은묘채(銀苗菜, 연뿌리싹)

重六銀苗菜

무사(蕪史)[58] 6월 6일에 먹는다. 은묘채(銀苗菜)는 연뿌리의 새싹[藕苗]이다.

蕪史 六月六日食. 銀苗菜卽藕苗也.

18) 복날 떡국(탕병)

伏日湯餠

형초세시기[59] 6월 복날 모두 떡국을 만드는데, 이를 벽악병(辟惡餠, 나쁜 기운을 물리치는 떡)이라 부른다.

荊楚歲時記 六月伏日, 幷作湯餠, 名爲辟惡餠[8].

19) 녹하포자(綠荷包子)

綠荷包子

선부록[60] 변중(汴中)[61]의 절식은 복날의 녹하포자(綠荷包子)이다.

膳夫綠 汴中節食, 伏日綠荷包子.

---

55 《荊楚歲時記》(《文淵閣四庫全書》589, 23쪽).

56 주처(周處) : 236~297. 중국 서진(西晉)의 관리. 자는 자은(子隱). 어사중승(御史中丞)·건위장군(建威將軍)을 역임했다. 저서로 《풍토기(風土記)》등이 있다.

57 통종(筒糉) : 줄풀 잎에 찹쌀을 싸서 찐 음식. 주악의 일종.

58 출전 확인 안 됨 ; 《御定月令輯要》 卷11 〈六月令〉 "初六日" '銀苗菜'(《文淵閣四庫全書》467, 387쪽).

59 《荊楚歲時記》(《文淵閣四庫全書》589, 23쪽).

60 《膳夫錄》〈汴中節食〉(《文淵閣四庫全書》881, 401쪽).

61 변중(汴中) : 중국 하남성(河南省)을 이름.

[7] 楝 : 저본에는 "練". 《荊楚歲時記》에 근거하여 수정.

[8] 餠 : 저본에는 없음. 《荊楚歲時記》에 근거하여 보충.

사진9 녹하포자

【안 녹하포자를 만드는 방법은 마땅히 어린 햇연잎으로 생선살·버섯·죽순 따위를 싸고 푹 쪄 상에 올리는데, 연방어포(蓮房魚包)[62] 만드는 법과 같다】

【案 綠荷包子之制, 當用嫩新荷葉, 包裹魚肉、蕈、筍之屬, 烝熟薦之, 如蓮房魚包法】

20) 칠석의 서미(黍糜, 기장미음)

七夕黍糜

풍토기[63] 어떤 사람이 동훈(董勛)[64]에게 "7월 7석은 좋은 날인데, 먹고 마시는 것이 옛날과 다른 이유는 무엇 때문이오?"라 물었다. 동훈이 "7월에는 기장이 익고 7일은 양수(陽數, 양의 수)이므로 미음을 진귀하게 여기기 때문이었소."라 대답했다. 오늘날은 이 날에 오직 떡국을 차릴 뿐 미음은 더 이상 없다.

風土記 或問董勛曰:"七月七夕爲良日, 飮食不同於古, 何也?" 勛云:"七月黍熟, 七日爲陽數, 故以糜爲珍." 今此日[9]唯設湯餅, 無復有糜.

62 연방어포(蓮房魚包):《정조지》 권4 〈볶거나[糗] 가루내어[麪] 만든 음식(구면지류)〉 "만두" '연방어포' 참조.

63 출전 확인 안 됨;《說郛》 卷60上 〈風土記〉(《文淵閣四庫全書》879, 263쪽).

64 동훈(董勛):?~?. 중국 후한(後漢)·조위(曹魏)·진(晉)의 관리. 의랑(議郎)을 역임했다. 저서로 《문예속(問禮俗)》 등이 있다.

[9] 此日: 저본에는 "北人".《說郛·風土記》에 근거하여 수정.

21) 화과(花瓜)

동경몽화록(東京夢華錄)[65][66] 칠석에는 오이를 조각하여 꽃모양을 만들고, 이를 '화과(花瓜)'라 부른다.

【안 유종원(柳宗元)[67]이 지은 〈걸교문(乞巧文)〉[68]의 "개의 어금니처럼 오이를 갈라놓고"[69]가 바로 이것을 가리킨다. 지금 사람들은 수박을 가로로 가른 다음 연꽃잎모양으로 조각하고 설탕가루를 뿌려 상에 올리는데, 이것도 화과 종류이다】

花瓜

東京夢華錄 七夕, 以瓜雕刻, 成花樣, 謂之"花瓜".

【案 柳子厚《乞巧文》, "剖瓜犬牙", 卽指此也. 今人用西果橫剖之, 刻作蓮花瓣樣, 糝以砂糖屑薦之, 亦花瓜之類也】

22) 중원(中元)[70]의 우란분병(盂蘭盆餠)

식보[71] 장수미(張手美)[72] 집안에는 중원에 우란분병(盂蘭盆餠)이 있다.

【안《형초세시기》에서는 "7월 15일에 중과 비구니, 도인과 속인이 모두 분(盆)에 온갖 음식을 담아 여러 절에서 공양한다."라 했다. 주에서는 다음과

中元盂蘭盆餠

食譜 張手美家中元盂蘭盆餠[10].

【案《荊楚歲時記》, "七月十五日, 僧尼、道俗悉營盆供諸佛." 注云: "《盂蘭

---

65 동경몽화록(東京夢華錄): 중국 남송(南宋)의 맹원로(孟元老)가 지은 유명한 필기. 북송(北宋)의 수도였던 변경(汴京)의 번성했을 당시의 상업과 문물 및 풍속을 기록했다.

66 《東京夢華錄》 卷7 〈七夕〉(《文淵閣四庫全書》589, 163쪽).

67 유종원(柳宗元): 773~819. 중국 당(唐)나라의 관리·문인. 당송팔대가의 한 사람. 자는 자후(子厚). 예부원외랑(禮部員外郎)·유주자사(柳州刺史) 등을 역임했다. 저서로 《하동선생집(河東先生集)》·《유하동집(柳河東集)》등이 있다.

68 걸교문(乞巧文): 칠월 칠석(七夕) 날 밤에 부녀자들이 견우성(牽牛星)와 직녀성(織女星) 두 별에게 길쌈과 바느질 솜씨가 늘게 해 달라고 기원하는 것을 걸교(乞巧)라 하는데, 유종원(柳宗元)이 이에 빗대어 자신의 졸렬함을 버리게 해달라고 견우성과 직녀성에게 기원한 문장.

69 개의……갈라놓고: 《柳河東集》 卷18 〈騷一十首〉 "乞巧文"(《文淵閣四庫全書》1076, 168쪽).

70 중원(中元): 7월 보름으로, 불교에서는 우란분절(盂蘭盆節)이라고 하고 도교에서는 중원이라고 한다.

71 《說郛》 卷95上 〈食譜〉 "附張手美家"(《文淵閣四庫全書》881, 397쪽).

72 장수미(張手美): 중국 오대(五代) 때 개봉(開封)에 살던 상점 주인. 중추절에 월병과 비슷한 식품을 만들어 '완월갱(玩月羹)'이라 하여 판 것으로 알려져 있다. 각 절기마다 알맞은 떡을 만들어 판 것으로 추정된다.

[10] 盆餠: 《說郛·食譜·附張手美家》에는 "餠餤".

같이 말했다. "《우란분경(盂蘭盆經)》[73]에서는 '목련비구(目連比邱)[74]가 7월 15일에 온갖 음식[百味]과 5가지 과일을 갖추고 분(盆)에 담아 시방대덕(十方大德)[75]을 공양했다.'라 한다. 그러므로 뒷사람들이 이에 따라 널리 화려하게 장식했다. 심지어는 나무를 깎고 대나무를 쪼개고, 밀랍을 먹이고 비단을 잘라 꽃잎의 모양을 본뜨고 정교한 솜씨를 다했다."[76]

盆經》云'目連比邱, 以七月十五日, 具百味、五果, 以著盆中, 供養十方大德.' 故後人因此, 廣爲華飾, 乃至刻木割竹, 飴蠟翦綵, 模花葉之形, 極工妙之巧."

이에 의하면 우리나라에서 말하는 백종절(百種節, 백중)은 백미(百味, 온갖 음식)의 와전이다. 이날의 절식으로는 마땅히 병이(餠餌)[77]·자고(餈糕)[78]·포석(脯腊)[79] 등의 온갖 음식을 그릇에 수북이 둘러 담아 바친다】

據此則我東所稱百種節, 卽百味之訛也. 是日節食, 當用餠餌、餈糕、脯腊等百味, 簇飣盆內薦之】

23) 추사반(秋社飯, 추사일의 고기덮밥)

秋社飯

동경몽화록[80] 8월 추사일(秋社日)[81]에 사람들이 각자 사고(社糕, 사일에 먹는 떡)와 사주(社酒, 사일에 마시는 술)를 서로 선물로 보낸다. 귀족들과 궁중에서는 돼지나

東京夢華錄 八月秋社, 各以社糕、社酒相賫送. 貴戚、宮院, 以猪羊肉·腰

73 우란분경(盂蘭盆經) : 효도에 관해서 설한 불교경전. 하안거(夏安居)가 끝나는 음력 7월 15일에 승려들에게 우란분공(盂蘭盆供)이라는 공양을 행하여 현재의 부모와 과거 일곱 생의 부모를 구제한다는 내용을 담고 있다.

74 목련비구(目連比邱) : B.C.6~B.C.5세기 경의 인도의 승려. 석가(釋迦)의 십대제자(十大弟子) 중의 한 사람으로 신통제일(神通第一)이라는 영예를 얻었다. 목건련(目犍連)·마가목건련(摩訶目犍連)·목련존자(目連尊者) 등으로도 불린다.

75 시방대덕(試放大德) : 시방대덕(十方大德). 전 시간과 전 공간 속에 편재(遍在)하는 부처. 시방은 불교에서 전세계를 가리키는 공간 구분개념으로, 사방(四方, 동서남북)과 사유(四維, 북서·남서·남동·북동)와 상하의 열 방향을 나타낸다. 시간의 구분인 삼세(三世, 과거·현재·미래)까지를 통칭하여 전 우주를 가리키기도 한다. 대승불교에서는 시방에 무수한 세계가 있으며, 그 안에는 수많은 부처가 두루 존재한다고 한다.

76 7월……다했다 : 《荊楚歲時記》(《文淵閣四庫全書》589, 24쪽).

77 병이(餠餌) : 밀가루를 반죽하여 만든 떡과 쌀가루를 쪄서 만든 떡.

78 자고(餈糕) : 인절미 종류와 가루떡 종류.

79 포석(脯腊) : 저미어 말린 고기인 건포(乾脯)와 건어(乾魚).

80 《東京夢華錄》 卷7 〈秋社〉(《文淵閣四庫全書》589, 164쪽).

81 추사일(秋社日) : 입추가 지난 뒤 5번째의 무일(戊日).

양의 고기·콩팥·젖·위·폐, 압병(鴨餠, 밀전병)·오이·생강과 같은 종류들을 장기알처럼 썰어서 양념을 적당히 한 다음 밥 위에 편다. 이를 '사반(社飯)'이라 한다.

子·嬭房·肚·肺、鴨餠、瓜、薑之屬, 切作碁子片, 滋味調和, 鋪於飯上, 謂之"社飯".

【안 요즘 사람들은 나물에 고기와 기름장을 섞어서 볶은 뒤에 흰밥을 비빈다. 이를 민간에서는 골동반(汩董飯, 비빔밥)이라고 부른다. 추사반을 만드는 방법은 골동반과 서로 비슷하지만, 추사반은 고기가 많고 나물이 적을 따름이다】

【案 今人用菜茹和肉油醬炒熟, 拌和白飯, 俗呼"汩董飯". 社飯之制, 與汩董飯相似, 而特肉多菜少耳】

24) 중추(中秋, 음력 8월 15일)의 월병(月餠, 둥근 과병)

中秋月餠

제경경물략[82] 8월 15일에 달에 제사지낼 때, 과병(果餠)은 반드시 둥글어야 한다. 그리고 제사상에 올렸던 월병을 물려 집안사람들에게 반드시 골고루 나누어 주어야 한다. 친척들은 서로 월병을 보내서 보답한다. 지름이 2척인 월병도 있다.

帝京景物略 八月十五日祭月, 果餠必圓. 旣徹, 散家人必遍. 月餠月果, 戚屬餽相報, 餠有徑二尺者.

희조락사[83] 추석에 민간에서는 월병을 서로 보내는데, 이는 친척들이 원만히 화합한다[團圓]는 뜻을 취한 것이다.

熙朝樂事 中秋, 民間以月餠相遺, 取團圓之義.

【안 전에 북경에 갔다 온 사람이 가져온 월병 1~2개를 보니, 그 모양이 동그랗고 형태는 보름달을 본떴으며 두께는 0.1척 남짓이 되고 지름은 1.5척 남짓이었다. 밀가루로 소를 싸서 기름에 지진 것이

【案 曾見赴燕還者齎來一二枚, 其制正圓, 象滿月之形, 厚可一寸餘, 徑可一尺五寸餘. 用麩麪包餡, 油

82 출전 확인 안 됨;《欽定日下舊聞考》卷148〈風俗〉3(《文淵閣四庫全書》499, 289쪽).
83 출전 확인 안 됨;《格致鏡原》卷25〈飮食類〉5 "餠"(《文淵閣四庫全書》1031, 348쪽).

다. 그 소는 호두살과 대추살, 잣 등에 벌꿀과 설탕을 섞고 잘게 저며 둥근 떡을 만들며, 꿀로 반죽한 밀가루로 싼다】

煎. 其餡用胡桃肉、棗肉、松子等, 和蜂蜜、砂糖, 剁爛作圓餠, 以蜜溲麪包之】

25) 중구(重九, 음력 9월 9일 중양절)의 마갈고(麻葛糕, 참깨칡가루떡)

重九麻葛糕

당육전(唐六典)·선부(饍部)[84][85] 절일의 식료로 9월 9일에는 마갈고(麻葛糕)가 있다.

【안 이를 만드는 방법은 자세하지 않으나, 대략 깨와 칡뿌리가루를 써서 찹쌀과 함께 떡을 만들 뿐이다】

唐六典·饍部 節日食料, 九日麻葛糕[11].

【案 其制未詳, 大要用胡麻、葛粉, 同糯米爲糕耳】

26) 춘란추국(春蘭秋菊)

春蘭秋菊

건순세시기[86] 9월 9일에 수도의 사람들이 차조기씨를 매실물에 살짝 담갔다가 설탕과 배, 등자나무열매(오렌지), 석류알과 섞은 것을 '춘란추국(春蘭秋菊)'이라고 한다.

乾淳歲時記 重九日, 都人以蘇子微漬梅滷, 雜和蔗霜、梨、橙、玉榴小顆, 名曰"春蘭秋菊".

27) 진세수(秦歲首, 진나라 설날) 서확(黍臛)[87]

秦歲首黍臛

형초세시기[88] 10월 1일에 끓이는 서확(黍臛)을 민간에서는 '진세수(秦歲首)'라고 한다.

荊楚歲時記 十月朔日, 黍臛, 俗謂之"秦歲首".

---

84 당육전(唐六典) : 중국 당나라 현종(玄宗)이 짓고, 이림보(李林甫)가 주해(註解)한 책으로 법률 및 관직 제도가 수록되어 있다.

85 《唐六典》 卷4 〈禮部〉 "膳部"(《文淵閣四庫全書》595, 51쪽).

86 《說郛》 卷69上 〈乾淳歲時記〉(《文淵閣四庫全書》879, 718~719쪽).

87 서확(黍臛) : 기장쌀을 넣고 끓인 일종의 고깃국.

88 《荊楚歲時記》(《文淵閣四庫全書》589, 25쪽).

[11] 糕 : 저본에는 "餠". 《唐六典·禮部·膳部》에 근거하여 수정.

【주 요즘 북쪽 사람들은 이날에 참깻국과 콩밥을 차리는데, 처음 익어가는 때를 맞아 새것을 맛보는 행사일 따름이다】

【注 今北人，此日設麻羹、豆飯，當爲其始熟，嘗新耳】

28) 증과(蒸裹)

蒸裹

어정월령집요(御定月令輯要)[89][90] 도가(道家)에서는 10월 1일을 민세랍(民歲臘)[91]이라 한다. 36,000의 신(神)이 그날의 액을 물리쳐서 사죄하고 장수를 빌 수 있다고 한다.

두보(杜甫)의 〈10월 1일〉이라는 시에서는 "증과(烝裹, 과증)가 천 여 채인 듯이 많고, 곤 엿은 한 쟁반이나 되네. 이때를 남국(南國)이 중요하게 여겨 옛 풍속을 서로 즐기는구나."[92]라 했다.

【안 증과(蒸裹)는 과증(裹蒸)이다. 〈취류지류(炊餾之類)〉에 보인다[93]】

月令輯要 道家，以十月一日爲民歲臘，三萬六千神，煞其日，可謝罪，祈求延年益壽.

杜甫《十月一日》詩："烝裹如千室，焦糖幸一柈. 玆辰南國重，舊俗自相歡."

【案 蒸裹卽裹蒸，見《炊餾之類》】

29) 개로병(開爐餠)

開爐餠

산가청공[94] 두보(杜甫)의 〈10월 1일〉 시에서는 '거여(粔籹)가 인정(人情)을 짓네.'[95]라는 구절이 있다. 《초

山家淸供 杜甫《十月一日》有"粔籹作人情"之句. 考

89 어정월령집요(御定月令輯要) : 중국 청나라 이광지(李光地, 1642~1718) 등이 칙명을 받아 《월령광의(月令廣義)》를 증보한 월령서이다. 총25권, 도설(圖說) 1권, 정문(正文) 24권으로 구성되었다.

90 《御定月令輯要》 卷18 〈十月令〉 "初一日" '歲臘'(《文淵閣四庫全書》467, 526쪽).

91 민세랍(民歲臘) : 도교 오랍(五臘)의 하나. 오랍은 1월 1일 천랍(天臘), 5월 5일 지랍(地臘), 7월 7일 도덕랍(道德臘), 10월 1일 민세랍(民歲臘), 12월 정랍[正臘, 동지 다음 3번째 술일(戌日)] 왕후랍(王侯臘)이다.

92 증과(烝裹, 과증)가……즐기는구나 : 촉(蜀)땅이 다시 진(秦)나라 옛 풍속을 따라 증과와 곤 엿을 먹는 풍속을 노래한 시이다. 《補注杜詩》 卷32 〈十月一日〉(《文淵閣四庫全書》1069, 602쪽).

93 증과(蒸裹)는……보인다 : 《정조지》권2 〈익히거나 찌는 음식(취류지류)〉 "떡" '과증(댓잎에 싼 찰떡) 만들기(과증방)'.

94 《說郛》 卷74上 〈山家淸供〉 "寒具"(《文淵閣四庫全書》880, 161쪽).

95 거여(粔籹)가……짓네 : 《補注杜詩》 卷32 〈戲作俳諧體遣悶二首〉(《文淵閣四庫全書》1069, 603쪽).

사(楚辭)》의 '거여(粔籹)와 밀이(蜜餌)에'[96]를 고찰해보면 거여는 밀면(蜜麪, 꿀에 반죽한 밀가루)을 말린 것으로, 10월의 개로병(開爐餠)이다.

《楚辭》"粔籹蜜餌", 粔籹, 乃蜜麪之乾者, 十月開爐餠也.

【안 거여는 지금의 산자이지 밀면은 아니다. 설명은 〈과정지류(菓飣之類)〉에 보인다.[97] 그러나 개로병이 밀면이라는 설명과 당송 시대 사람들이 개로병을 10월 1일의 절식으로 여긴 설명은 이것에 근거하여 나온 것이다】[98]

【案 粔籹卽今饊子, 非蜜麪. 說見《菓飣之類》. 然開爐餠之爲蜜麪及唐 宋人之以開爐餠爲十月朔日節食, 因此而得之矣】

30) 동지의 서고(黍糕, 기장떡)

冬至黍糕

사민월령[99] 동짓날에 서고(黍糕)를 바친다. 먼저 현명(玄冥)[100]에게 바치고서 조상에게도 바친다.

四民月令 冬至之日, 薦黍糕, 先薦玄冥以及祖禰.

31) 혼돈(餛飩)

餛飩

건순세시기[101] 동지에는 혼돈(餛飩)으로 조상에게 제사지낸다. '동지에는 혼돈, 새해에는 박탁(餺飥)'[102]이라는 말도 있다. 귀한 집에서 기이한 음식을 추구하는 경우에는, 한 그릇에 모두 10여 가지 색이 들어가는 음식을 만든다. 이를 '백미혼돈(百味餛飩, 온갖 맛의 혼돈)'이라고 부른다.

乾淳歲時記 冬至享先以餛飩, 有"冬餛飩, 年餺飥"之語. 貴家求奇, 一器凡十餘色, 謂之"百味餛飩".

96 거여(粔籹)와 밀이(蜜餌)에 : 《楚辭集注》 卷7 〈招魂〉(《文淵閣四庫全書》1062, 365쪽).
97 설명은……보인다 : 《정조지》권3 〈과줄(과정지류)〉 "점과(이장)" '산자(饊子) 만들기(산자방)'.
98 거여는……것이다 : 《金華耕讀記》 卷4 〈寒具〉, 18~19쪽에 개로병·한구·거여·산자에 대한 고증이 보인다.
99 출전 확인 안 됨 ; 《格致鏡原》 卷25 〈飮食類〉 5 "糕"(《文淵閣四庫全書》1031, 346쪽).
100 현명(玄冥) : 물의 신이자 겨울의 신.
101 《乾淳歲時記》(《文淵閣四庫全書》879, 719쪽).
102 동지에는……박탁(餺飥) : 《劍南詩稿》 卷38 〈歲首書事〉(《文淵閣四庫全書》1162, 593쪽).

32) 납오(臘五, 12월 5일)의 오두죽(五豆粥)

臘五五豆粥

택주지(澤州志)[103][104] 12월 5일에 벼와 기장, 과일과 콩을 섞고 끓여 죽을 쑨다. 이를 '오두죽(五豆粥)'이라고 한다.

澤州志 十二月初五日, 稻、黍、果、豆, 和煮爲粥, 曰"五豆粥".

33) 욕불일(浴佛日)의 납팔죽(臘八粥)

浴佛日臘八粥

사물기원(事物紀原)[105][106] 부처가 12월 8일에 육사(六師)[107]를 항복시켰으므로 이날에 불상을 목욕시킨다[浴佛].

事物紀原 佛臘月八日, 降伏六師, 故以是日浴佛.

건순세시기[108] 12월 8일에 절과 인가에서 호두와 잣, 유병(乳餅)과 버섯, 감과 밤 등의 종류를 써서 죽을 쑨다. 이를 '납팔죽(臘八粥)'이라고 한다.

乾淳歲時記 八日, 寺院及人家, 用胡桃、松子、乳餅[12]、蕈、柹、栗之類, 作粥, 謂之"臘八粥".

제경경물략[109] 12월 8일에 인가에서는 절을 본받아서 콩과 과일에, 쌀을 섞어 죽을 쑨 뒤 상에 올려 아침으로 먹는다. 이를 '납팔죽'이라 한다.

帝京景[13]物略 十二月八日, 人家效菴寺, 豆、果雜米爲粥, 供而朝食, 曰"臘八粥".

---

103 택주지(澤州志) : 중국 명나라 만력(萬曆) 연간(1573~1620)에 부숙훈(傅淑訓)이 편찬한, 진성시(晉城市)의 지방지.

104 출전 확인 안 됨 ;《御定月令輯要》卷20〈十二月令〉"初五日" '五豆粥'(《文淵閣四庫全書》467, 577쪽).

105 사물기원(事物紀原) : 중국 송(宋)나라 고승(高承, ?~?)이 사물의 시원을 고서를 통해 밝힌 유서(類書). 천문·지리·생물·풍속 등 55부문으로 분류하여 명칭·연기·유래를 기술하였다.

106《事物紀原》卷7〈舟車帷幄部〉40 "設浴"(《文淵閣四庫全書》920, 227쪽).

107 육사(六師) : 육사외도(六師外道). 기원전 5~3세기 인도《우파니샤드》철학의 영향을 받은 6명의 사상가. 불교의 관점에서 이들을 이단시했다.

108《說郛》卷69上〈乾淳歲時記〉(《文淵閣四庫全書》879, 720쪽).

109 출전확인 안 됨 ;《御定月令輯要》卷20〈十二月令〉"初七日" '臘八粥'(《文淵閣四庫全書》467, 578쪽).

[12] 餅 :《說郛·乾淳歲時記》에는 없음.

[13] 帝京景 : 저본에는 "京景京". 오사카본·규장각본·고대본에 근거하여 수정.

34) 입오(廿五, 25일)의 잠화죽(蠶花粥)

동양현지(東陽縣志)[110] [111] 12월 25일에 팥과 대추, 밤 등에 쌀을 섞어 끓인다. 이를 '잠화죽(蠶花粥)'이라 한다. 그것을 먹으면 누에를 치는 데 이롭다고 한다.

【안 범성대(范成大)의 〈촌전악부(村田樂府)〉의 서문에서는 "12월 25일에 팥을 끓여 미음을 만들고 밤에 문을 걸어 잠그고 함께 먹는다고 한다. 이 죽을 먹으면 염병[瘟]의 기운을 물리칠 수 있고, 비록 먼 데 나가서 돌아오지 않은 사람이라도 그 몫[口分]을 간직해 두니, 이를 '구수죽(口數粥)'이라고 이름 붙였다."[112]라 했다. 구수죽과 잠화죽 먹는 날이 같은 날이고 모두 팥죽이니, 이는 아마도 1가지 일의 2가지 해석일 것이다. 또 범성대의 시를 살펴보면 "생강고명 올리고, 계핏가루 뿌린 뒤 설탕 끼얹네."[113]라는 구절이 있으니, 아마도 구수죽에는 생강가루와 계핏가루, 설탕이 들어갈 것이다】

廿五蠶花粥

東陽縣志 廿五日, 以赤豆、棗栗之類, 和米煮之, 謂之"蠶花粥". 云食之, 利養蠶也.

【案 范成大《村田樂府》序云："二十五日, 煮赤豆作糜, 暮夜闔家同饗云. 能辟瘟氣, 雖遠出未歸者, 亦留貯口分, 故名'口數粥'." 口數粥與蠶花粥, 同在一日之內, 同是赤豆粥, 疑一事兩解. 又案范詩, 有"鍑薑屑桂澆蔗糖"之句, 疑口數粥, 入薑粉、桂屑、霜糖也】

정조지 권제7 끝

鼎俎志卷第七

---

110 동양현지(東陽縣志) : 중국 강소성(江蘇省) 우이현(盱眙縣) 동양성(東陽城)의 옛 지방지.

111 출전 확인 안 됨 ; 《御定月令輯要》 卷20 〈十二月令〉 "二十五日" '蠶花粥'(《文淵閣四庫全書》467, 584쪽).

112 12월……붙였다 : 《石湖詩集》 卷30 〈臘月村田樂府十首并序〉(《文淵閣四庫全書》1159, 817쪽).

113 생강고명으로……끼얹네 : 《石湖詩集》 卷30 〈口數粥行〉(《文淵閣四庫全書》1159, 819쪽).

《정조지》 4권 사진출처 및 재연자

술(온배지류)

사진1 독에 물 담아두기(풍석문화재단 음식연구소)

사진2 석임(풍석문화재단 음식연구소)

사진3 밀봉하여 빚는 법(풍석문화재단 음식연구소)

사진4 체와 쳇다리로 거르는 법(풍석문화재단 음식연구소)

사진5 재현된 정조지 속의 술(한국전통주연구소, 박록담)

사진6 백하주(한국전통주연구소, 박록담)

사진7 향온주(한국전통주연구소, 박록담)

사진8 유하주(한국전통주연구소, 박록담)

사진9 소국주(한국전통주연구소, 박록담)

사진10 소국주 빚기(풍석문화재단 음식연구소)

사진11 부의주 빚기(임원경제연구소, 정정기)

사진12 동정춘1, 동정춘2(한국전통주연구소, 박록담)

사진13 죽엽춘(한국전통주연구소, 박록담)

사진14 인유향(한국전통주연구소, 박록담)

사진15 석탄향(한국전통주연구소, 박록담)

사진16 벽매주(한국전통주연구소, 박록담)

사진17 하향주1, 하향주2(한국전통주연구소, 박록담)

사진18 향설주(한국전통주연구소, 박록담)

사진19 벽향주1, 벽향주2(한국전통주연구소, 박록담)

사진20 호산춘(한국전통주연구소, 박록담)

사진21 잡곡주(한국전통주연구소, 박록담)

사진22 무릉도원주(한국전통주연구소, 박록담)

사진23 잡곡주 빚기(풍석문화재단 음식연구소)

사진24 약산춘(한국전통주연구소, 박록담)

사진25 약산춘 빚기(임원경제연구소, 정정기)

사진26 구멍떡 만들기(김재광 제공)
사진27 구멍떡 삶기(김재광 제공)
사진28 삼해주(한국전통주연구소, 박록담)
사진29 춘주(한국전통주연구소, 박록담)
사진30 법주(한국전통주연구소, 박록담)
사진31 청명주(한국전통주연구소, 박록담)
사진32 당량주(한국전통주연구소, 박록담)
사진33 멥쌀술1(한국전통주연구소, 박록담)
사진34 멥쌀술2(한국전통주연구소, 박록담)
사진35 도화주 빚기(한국전통주연구소, 박록담)
사진36 도화주(한국전통주연구소, 박록담)
사진37 송화주(한국전통주연구소, 박록담)
사진38 송순주 빚기(풍석문화재단 음식연구소)
사진39 하엽청(한국전통주연구소, 박록담)
사진40 연밭이 아닌 항아리에서 발효 중인 연엽양(한국전통주연구소, 박록담)
사진41 연엽양 만드는 과정(풍석문화재단 음식연구소)
사진42 영주(한국전통주연구소, 박록담)
사진43 국화주(한국전통주연구소, 박록담)
사진44 만전향주(한국전통주연구소, 박록담)
사진45 밀온투병향(한국전통주연구소, 박록담)
사진46 화향입주법(한국전통주연구소, 박록담)
사진47 잣술(한국전통주연구소, 박록담)
사진48 도토리술(한국전통주연구소, 박록담)
사진49 포도주(한국전통주연구소, 박록담)
사진50 고구마술(한국전통주연구소, 박록담)
사진51 고구마술 빚기(한국전통주연구소, 박록담)
사진52 청서주(한국전통주연구소, 박록담)
사진53 지주(한국전통주연구소, 박록담)
사진54 일일주(한국전통주연구소, 박록담)

사진55 삼일주(한국전통주연구소, 박록담)
사진56 하삼청(한국전통주연구소, 박록담)
사진57 두강주(한국전통주연구소, 박록담)
사진58 칠일주(한국전통주연구소, 박록담)
사진59 사절칠일주(한국전통주연구소, 박록담)
사진60 급수청(한국전통주연구소, 박록담)
사진61 건창홍주(한국전통주연구소, 박록담)
사진62 백주(한국전통주연구소, 박록담)
사진63 이화주(한국전통주연구소, 박록담)
사진64 집성향(한국전통주연구소, 박록담)
사진65 추모주(한국전통주연구소, 박록담)
사진66 모미주(한국전통주연구소, 박록담)
사진67 왜미림주(한국전통주연구소, 박록담)
사진68 소줏고리로 증류하기(임원경제연구소, 정정기)
사진69 소줏고리 상부 냉각 중(임원경제연구소, 정정기)
사진70 내국향온·내국홍로(한국전통주연구소, 박록담)
사진71 붉은 빛을 내려고 소줏고리에서 떨어지는 술을 받을 때 지초를 병아가리에 둔 모양(풍석문화재단 음식연구소)
사진72 노주 20승(한국전통주연구소, 박록담)
사진73 관서 감홍로(한국전통주연구소, 박록담)
사진74 관서 계당주(한국전통주연구소, 박록담)
사진75 죽력고(한국전통주연구소, 박록담)
사진76 이강고(한국전통주연구소, 박록담)
사진77 이강고 빚기(풍석문화재단 음식연구소)
사진78 적선소주(한국전통주연구소, 박록담)
사진79 보리소주(한국전통주연구소, 박록담)
사진80 밀소주(한국전통주연구소, 박록담)
사진81 메밀소주(한국전통주연구소, 박록담)
사진82 귀리소주(한국전통주연구소, 박록담)

사진83 송순주(한국전통주연구소, 박록담)

사진84 소나무순(한국전통주연구소, 박록담)

사진85 과하주 빚기(한국전통주연구소, 박록담)

사진86 과하주(한국전통주연구소, 박록담)

사진87 오향소주(한국전통주연구소, 박록담)

사진88 고구마소주(한국전통주연구소, 박록담)

사진89 여러 방법으로 내린 소주(한국전통주연구소, 박록담)

사진90 도소주(한국전통주연구소, 박록담)

사진91 오수주(한국전통주연구소, 박록담)

사진92 홍국주(한국전통주연구소, 박록담)

사진93 천문동주(한국전통주연구소, 박록담)

사진94 당귀주(한국전통주연구소, 박록담)

사진95 창포주(한국전통주연구소, 박록담)

사진96 초백주(한국전통주연구소, 박록담)

사진97 백화주(한국전통주연구소, 박록담)

절식(節食)(절식지류)

사진1 떡국(임원경제연구소, 정정기)

사진2 강정(임원경제연구소)

사진3 약밥(제11차 간장포럼, 2018. 4. 24. 충북 단양)

사진4 밤 깨물기(평화가 깃든 밥상, 문성희)

사진5 과사두(임원경제연구소, 최시남)

사진6 국화떡(풍석문화재단 음식연구소)

사진7 팥죽(풍석문화재단 음식연구소)

사진8 매화주 빚기(한국전통주연구소, 박록담)

사진9 녹하포자(임원경제연구소, 최시남)

《정조지》 참고문헌 서목

경서류

《論語》, 《論語注疏》, 何晏 注, 邢昺 疏 (《十三經注疏整理本》 23, 北京大學出版社, 2000)

《禮記》, 《禮記正義》, 鄭玄 注, 孔穎達 疏 (《十三經注疏整理本》 14-15, 北京大學出版社, 2000)

《書經》, 《尙書正義》, 孔安國 傳, 孔穎達 疏 (《十三經注疏整理本》 3, 北京大學出版社, 2000)

《詩經》, 《毛詩正義》, 毛享 傳, 鄭玄 箋, 孔穎達 疏 (《十三經注疏整理本》 4-6, 北京大學出版社, 2000)

《爾雅》, 《爾雅注疏》, 郭璞 注, 邢昺 疏 (《十三經注疏整理本》 24, 北京大學出版社, 2000)

《周禮》, 《周禮正義》, 鄭玄 注, 賈公彥 疏 (《十三經注疏整理本》 7-9, 北京大學出版社, 2000)

《周易》, 《周易正義》, 王弼 注, 孔穎達 疏 (《十三經注疏整理本》 1, 北京大學出版社, 2000)

《春秋公羊傳》, 《春秋公羊傳注疏》, 何休 學, 徐彥 疏 (《十三經注疏整理本》 21, 北京大學出版社, 2000)

《春秋左氏傳》, 《春秋左氏傳正義》, 左丘明 傳, 杜預 注, 孔穎達 疏 (《十三經注疏整理本》 16, 北京大學出版社, 2000)

《毛詩草木鳥獸蟲魚疏》, 陸璣 撰 (《文淵閣四庫全書》 70, 臺灣商務印書館, 1968)

사서류

《宋史》, 托克托 等 撰 (《文淵閣四庫全書》 496, 臺灣商務印書館, 1983)

《史記》, 司馬遷 (中華書局, 1997)

자전과 운서류

《康熙字典》, 張玉書 等撰 (《國學基本叢書》, 臺灣商務印書館, 1968)

《康熙字典》, 《康熙字典 節本》, 張玉書 等 編纂, 張元濟 節選 (商務印書館, 2001)

《康熙字典》, 張玉書 等撰 (《文淵閣四庫全書》 231, 臺灣商務印書館, 1983)

《楚辭集注》, 劉向 撰 (《文淵閣四庫全書》 1062, 臺灣商務印書館, 1983)

《說文解字》, 許愼 著 (《文淵閣四庫全書》 223, 臺灣商務印書館, 1983)

《說文解字》, 《說文解字注》 段玉裁 注 (上海古籍出版社, 1981)

《說文解字》, 《說文解字今注》 宋易麟 編著 (江西教育出版社, 2004)

《廣韻》, 陳彭年 等著 (《文淵閣四庫全書》 236, 臺灣商務印書館, 1983)

《重修玉篇》, 重修玉 篇 (《文淵閣四庫全書》 224, 臺灣商務印書館, 1983)

《釋名》, 劉熙 (《文淵閣四庫全書》221, 臺灣商務印書館, 1983)

《輶軒使者絕代語釋別國方言》, 揚雄 撰 (《文淵閣四庫全書》 221, 商務印書館, 1983)

《洪武正韻》, 樂鳳韶 等撰 (《文淵閣四庫全書》 239, 臺灣商務印書館, 1983)

《說文繫傳》, 徐鍇 撰 (《文淵閣四庫全書》 223, 臺灣商務印書館, 1983)

《正字通》, 張自烈 撰 (《文淵閣四庫全書》 235, 臺灣商務印書館, 1983)

《通雅》, 方以智 撰 (《文淵閣四庫全書》 857, 臺灣商務印書館, 1983)

문집류

《曹子建集》, 曺植 著 (《文淵閣四庫全書》 857, 臺灣商務印書館, 1983)

《雲仙雜記》, 馮贄 (《文淵閣四庫全書》 1035, 商務印書館, 1983)

《藥泉集》, 南九萬 著 (한국고전번역원 한국고전종합DB)

《東坡全集》, 蘇軾 著 (《文淵閣四庫全書》 1107, 臺灣商務印書館, 1983)

《集千家註杜工部詩集》, 杜甫 撰 (《文淵閣四庫全書》 1069, 1983)
《補注杜詩》, 杜甫 撰 (《文淵閣四庫全書》 1069, 臺灣商務印書館, 1983)
《東雅堂昌黎集註》, 韓愈 撰 (《文淵閣四庫全書》 1075, 商務印書館, 1983)
《兩山墨談》, 陳霆 著 (《叢書集成初編》 0331, 商務印書館, 1936)
《燕巖集》, 朴趾源 (한국고전번역원 한국고전종합DB)
《燕巖集》, 朴趾源 (《韓國文集叢刊》 252, 2006)
《柳河東集》, 柳宗元 著 (《文淵閣四庫全書》 1076, 臺灣商務印書館, 1983)
《石湖詩集》, 范成大 撰 (《文淵閣四庫全書》 1159, 臺灣商務印書館, 1983)

유서류

《遵生八牋校注》, 高濂 撰, 趙立勛 等 校注 (人民衛生出版社, 1994)
《和漢三才圖會》, 寺島良安 撰 (《倭漢三才圖會》, 국학자료원, 2002)
《五洲衍文長箋散稿》, 李圭景 著 (한국고전번역원 한국고전종합DB)
《居家必用事類全集》, 작자미상 (《續修四庫全書》 1184, 上海古籍出版社, 1995)
《攷事撮要》, 魚叔權 撰 (한의학고전DB)
《攷事撮要》, 魚叔權 (서울대학교 규장각한국학연구원, 1613)
《夢溪筆談》, 沈括 著 (《新校正夢溪筆談》, 中華書局, 1987)
《說郛》, 陶宗儀 撰 (《文淵閣四庫全書》 881, 臺灣商務印書館, 1983)
《攷事十二集》, 徐命膺 (《保晩齋叢書》, 서울대학교 규장각한국학연구원, 2007)
《古今秘苑》, 曾慥 撰 (《古今秘苑全書》, 上海校經山房印行)
《芝峯類說》, 李睟光 (규장각한국학연구원 소장본)
《芝峯類說》, 李睟光 著 (국립중앙도서관 한古朝91-50)

의서류

《金匱要略方論》, 張仲景 著 (《張仲景全書》, 中醫古籍出版社, 2007)
《臞仙神隱書》, 朱權 著 (《四庫全書存目叢書》 260, 齊魯書社, 1996)
《東醫寶鑑》, 許浚 著 (《原本東醫寶鑑》, 南山堂, 2009)

《名醫別錄》, 陶弘景 著 (人民衛生出版社, 1986)
《本草綱目》, 李時珍 著, 劉衡如 校 (人民衛生出版社, 1982)
《圖經本草》, 蘇頌 撰 (安徽科學技術出版社, 1994)
《食療本草》, 孟詵 張鼎 撰 (人民衛生出版社, 1984)
《食鑑本草》, 石成金 編撰, 喻岳衡 校訂 (《傳家寶》, 岳麓書社, 2002)
《本草衍義》, 寇宗奭 攢 (人民衛生出版社, 1990)
《備急千金要方》, 孫思邈 著 (《孫思邈醫學全書》, 中國中醫藥出版社, 2015)
《三元延壽參贊書》, 李鵬飛 集 (《中華道藏》 23, 華夏出版社, 2004)
《西山群仙會眞記》, 施肩吾 撰 (《中華道藏》 19, 華夏出版社, 2004)
《傷寒論》, 張仲景 著 (《張仲景全書》, 中醫古籍出版社, 2007)
《巢氏諸病源候總論》, 巢元方 撰 (《文淵閣四庫全書》 734, 臺灣商務印書館, 1983)
《人事通》, 石成金 編撰, 喻岳衡 校訂 (《傳家寶》, 岳麓書社, 2002)
《神農本草經疏》, 繆希雍 著 (《繆希雍醫學全書》, 中國中醫藥出版社, 2015)
《醫學入門》, 李梴 撰 (人民衛生出版社, 2006)
《證類本草校注》, 唐愼薇 著, 郭君雙 等校注 (中國醫藥科技出版社, 2011)
《千金翼方》, 孫思邈 著 (《孫思邈醫學全書》, 中國中醫藥出版社, 2015)
《黃帝內經素問語譯》, 郭靄春 編 (人民衛生出版社, 1992)
《太平聖惠方校注》, 王懷隱 撰 (河南科学技术出版社, 2015)
《韓氏醫通》, 韓懋 著 (中國哲學書電子化計劃)
《太平惠民和劑局方》, 陳師文 篇 (人民衛生出版社, 2007)

기술과학서류

《格致鏡原》, 陳元龍 撰 (《文淵閣四庫全書》 1032, 臺灣商務印書館, 1983)
《傳家寶》, 石成金 編撰 喻岳衡 校訂 (岳麓書社, 2002)
《香乘》, 周嘉胄 撰 (《文淵閣四庫全書》 844, 臺灣商務印書館, 1983)
《游宦紀聞·舊聞證誤》, 張世南 撰 (中華書局, 1981)
《便民圖纂》, 鄺璠 著 (農業出版社, 1959)

《北山酒經》, 朱翼中 撰 (《文淵閣四庫全書》 844, 臺灣商務印書館, 1983)
《事物紀原》, 高承 撰 (《文淵閣四庫全書》 920, 臺灣商務印書館, 1983)

제자류

농서 및 음식서

《中饋錄》, 吳氏 著 (《叢書集成初編》 0881, 商務印書館, 1936)
《物類相感志》, 蘇軾 著 (《叢書集成初編》 1344, 商務印書館, 1936)
《農政全書校注》, 徐光啓 著 (上海古籍出版社, 1979)
《山家清供》, 林洪 著 (《叢書集成初編》 1473, 商務印書館, 1936)
《山林經濟》, 洪萬選 著 (《農書》 2, 亞細亞文化社, 1981)
《山林經濟》, 洪萬選 著 (한국고전번역원 한국고전종합DB)
《增補山林經濟》, 柳重臨 著 (《農書》 4, 亞細亞文化社, 1981)
《閨閤叢書》, 憑虛閣李氏 原著, 鄭良婉 譯註 (보진재, 2008)
《齊民要術》, 《齊民要術校釋》 繆啓愉 校釋 (中國農業出版社, 1998)
《齊民要術》, 《齊民要術譯注》 繆啓愉·繆桂龍 撰 (上海古籍出版社, 2006)
《朝鮮無雙新式料理製法》, 李用基 撰 (궁중음식연구원, 2001)
《五雜組》, 謝肇淛 撰 (上海書店出版社, 2001)
《王禎農書》, 王禎 著 (農業出版社, 1981)
《雲林遺事》, 倪瓚 著 (《叢書集成初編》 3446, 商務印書館, 1936)
《食譜》, 韋巨源 著 (《文淵閣四庫全書》 881, 臺灣商務印書館, 1983)
《杏蒲志》, 徐有榘 著 (《農書》 36, 亞細亞文化社, 1986)
《金華耕讀記》, 徐有榘 著 (東京都立日比谷圖書館, 1959)
《農桑衣食撮要》, 魯明善 著 (《文淵閣四庫全書》 730, 臺灣商務印書館, 1983)
《御定月令輯要》, 李光地 等 撰 (《文淵閣四庫全書》 467, 臺灣商務印書館, 1983)
《飯有十二合說》, 張英 著 (《叢書集成續編》 87, 上海書店, 1994)

그외원전

《雲仙雜記》, 馮贄 著 (《文淵閣四庫全書》 1035, 臺灣商務印書館, 1983)

《歸田錄》, 歐陽修 著 (《文淵閣四庫全書》 1036, 臺灣商務印書館, 1983)

《齊東野語》, 周密 著 (《文淵閣四庫全書》 865, 臺灣商務印書館, 1983)

《癸辛雜志》, 周密 著 (《文淵閣四庫全書》 1040, 臺灣商務印書館, 1983)

《廣群芳譜》, 汪灝 撰 (臺灣商務印書館, 1968)

《御定佩文齋廣群芳譜》, 王象晉 撰 (《文淵閣四庫全書》 845, 臺灣商務印書館, 1983)

《淸閟閣全集》, 倪瓚 著 (《文淵閣四庫全書》 1220, 臺灣商務印書館, 1983)

《西溪叢語·家世舊聞》, 姚寬 著 (中華書局, 2006)

《誠齋集》, 楊萬里 著 (《文淵閣四庫全書》 1160, 臺灣商務印書館, 1983)

《淸異錄》, 蘇廙 著 (《叢書集成初編》 2846, 商務印書館, 1936)

《楚辭集注》, 朱熹 著 (《文淵閣四庫全書》 1062, 臺灣商務印書館, 1983)

《劉賓客嘉話錄》, 韋絢 著 (《叢書集成初編》 2830, 商務印書館, 1936)

《杜詩詳註》, 杜甫 著, 仇兆鰲 注 (《文淵閣四庫全書》 1070, 臺灣商務印書館, 1983)

《古今事文類聚》, 祝穆 撰 (《文淵閣四庫全書》 925, 臺灣商務印書館, 1983)

《歸田錄》, 歐陽修 著 (《文淵閣四庫全書》 1036, 商務印書館, 1983)

《資暇集》, 李匡乂 著 (《文淵閣四庫全書》 850, 商務印書館, 1983)

《酉陽雜俎》, 段成式 撰 (《叢書集成初編》 276, 商務印書館, 1936)

《梁谿漫志》, 費衮 撰 (《文淵閣四庫全書》 864, 商務印書館, 1983)

《惺所覆瓿藁》, 許筠 著 (한국고전번역원 한국고전종합DB)

《太平御覽》, 李昉 撰 (《文淵閣四庫全書》 901, 臺灣商務印書館, 1983)

《博物志》, 張華 撰 (국립중앙박물관본)

《竹嶼山房雜部》, 宋詡 撰 (《文淵閣四庫全書》 871, 臺灣商務印書館, 1983)

《劍南詩稿》, 陸游 著 (《文淵閣四庫全書》 1162, 臺灣商務印書館, 1983)

《西湖遊覽志餘》, 田汝成 著 (《文淵閣四庫全書》 585, 臺灣商務印書館, 1983)

《帝京景物略》, 劉侗·於奕正 著 (北京古籍出版社, 2000)

《乾淳歲時記》, 周密 著 (《文淵閣四庫全書》 879, 臺灣商務印書館, 1983)

《欽定日下舊聞考》, 英廉 著 (《文淵閣四庫全書》 499, 臺灣商務印書館, 1983)
《西京雜記》, 劉歆 撰 (《文淵閣四庫全書》 1035, 臺灣商務印書館, 1983)
《荊楚歲時記》, 宗懍 著, 杜公瞻 注 (《文淵閣四庫全書》 589, 臺灣商務印書館, 1983)
《藝林彙考》, 沈自南 撰 (《文淵閣四庫全書》 859, 臺灣商務印書館, 1983)
《山堂肆考》, 彭大翼 著 (《文淵閣四庫全書》 974, 臺灣商務印書館, 1983)
《續齊諧記》, 吳均 著 (《文淵閣四庫全書》 1042, 臺灣商務印書館, 1983)
《鄴中記》, 陸翽 著 (《文淵閣四庫全書》 463, 臺灣商務印書館, 1983)
《西晉文紀》, 梅鼎祚 編 (《文淵閣四庫全書》 1398, 臺灣商務印書館, 1983)
《吳郡志》, 范成大 著 (《文淵閣四庫全書》 485, 臺灣商務印書館, 1983)
《膳夫錄》, 鄭望之 著 (《文淵閣四庫全書》 881, 臺灣商務印書館, 1983)
《東京夢華錄》, 孟元老 著 (《文淵閣四庫全書》 589, 臺灣商務印書館, 1983)
《唐六典》, 玄宗 著, 李林甫 註解 (《文淵閣四庫全書》 595, 臺灣商務印書館, 1983)
《筍譜》, 贊宁 撰 (《文淵閣四庫全書》 845, 臺灣商務印書館, 1983)
《輟耕錄》, 陶宗儀 撰 (《文淵閣四庫全書》 1040, 臺灣商務印書館, 1983)

사전과 도감류

《한국민족문화대백과사전》, 한국정신문화연구원편찬부 (한국정신문화연구원)
《大漢和辭典》, 諸橋轍次 著 (大修館書店, 1984)
《漢語大詞典》, 羅竹風 主編, 漢語大詞典編輯委員會, 漢語大詞典編纂處 編纂 (上海, 漢語大詞典出版社, 1990-93)
《중국역대인명사전》, 임종욱 외 1인 (이회문화사, 2010)
《한국고전용어사전》, 한국고전용어사전 편찬위원회 (세종대왕기념사업회, 2001)
《한국의식주생활사전-식생활》, 국립민속박물관 (국립민속박물관, 2018)

번역서

《증보산림경제 Ⅰ~Ⅲ》, 노재준·윤태순·홍기용 옮김 (고농서국역총서, 농촌진흥청, 2003)

《산가요록》, 전순의 저, 윤태순·홍기용 옮김 (고농서국역총서, 농촌진흥청. 2004)
《고사십이집 Ⅰ~Ⅲ》, 전순의 저, 윤태순·홍기용 옮김 (고농서국역총서, 농촌진흥청. 2011)
《어우야담》, 유몽인 지음, 신익철·이형대·조융희·노영미 옮김 (돌베개, 2006)
《임원경제지 본리지》, 서유구 지음, 정명현·김정기 외 옮김 (소와당, 2008)
《임원경제지 섬용지》, 서유구 지음, 정명현·이동인 외 옮김 (씨앗을 뿌리는 사람, 2017)
《식료본초》, 盧和 著, 구자훈, 한민섭 역 (《국역 식물본초》, 한국한의학연구원, 2018)
《천금식치》, 孫思邈 著, 정경훈 역 (《국역 천금식치》, 한국한의학연구원, 2016)
《국역 열하일기》, 박지원 저 (민족문화추진위원회, 1968)
《국역 성호사설》, 이익 저 (민족문화추진회, 1977)
《제민요술역주 1~5》, 가사협 저, 최덕경 역주 (세창출판사, 2018)
《제민요술》, 가사협 원저, 구자옥 등 역주 (농촌진흥청, 2006)
《풍석 서유구 선생의 생명밥상》, 풍석 서유구 지음, 문성희 복원 및 해설, 임원경제연구소(정정기) 번역 및 해설 (씨앗을 뿌리는 사람, 2014)
《조선셰프 서유구 : 요리하는 조선 사대부》, 곽미경 지음, 임원경제연구소(정정기) 옮김 (씨앗을 뿌리는 사람, 2017)
《조선셰프 서유구의 김치 이야기》, 서유구 원저, 풍석문화재단음식연구소(곽유경) 지음, 임원경제연구소(정정기) 번역 (자연경실, 2018)
《조선셰프 서유구의 포 이야기》, 서유구 원저, 풍석문화재단음식연구소(곽미경) 지음, 임원경제연구소(정정기) 번역 (자연경실, 2018)
《조선셰프 서유구의 떡 이야기》, 서유구 원저, 풍석문화재단음식연구소(곽유경) 지음, 임원경제연구소(정정기) 번역 (자연경실, 2019)
《조선셰프 서유구의 술 이야기》, 서유구 원저, 풍석문화재단음식연구소(박정익, 곽유경) 지음, 임원경제연구소(정정기) 번역 (자연경실, 2019)
《조선셰프 서유구의 꽃음식 이야기》, 서유구 원저, 풍석문화재단음식연구소

(곽미경) 지음, 임원경제연구소(정정기) 번역 (자연경실, 2019)
《임원경제지 속의 죽》, 서유구 원저, 조은자 편저 (광문각, 2007)
《(다시 보고 배우는)음식디미방》, 안동장씨 부인 지음, 한복려·한복선·한복진 엮음 (궁중음식연구원, 2000)
《(다시 보고 배우는)조선무쌍신식요리제법》, 이용기 지음 (궁중음식연구원, 2001)
《(다시 보고 배우는)산가요록》, 전순의 찬, 한복려 엮음 (궁중음식연구원, 2011)
《규합총서》, 빙허각이씨 원저, 정양완 역주 (보진재, 2008)
《동국세시기·열양세시기·경도잡지·동경잡기》, 홍석모·김매순·유득공·민주면 (대양서적, 1975)
《국역 고려사》, 동아대학교 석당학술원 저 (경인문화사, 2008)
《산당사고역주》, 김만원 표점·교감·역주 (역락출판사, 2014)
《임원십육지 정조지》, 서유구 저, 이효지 등 편역 (교문사, 2007)

연구논저

〈단행본류〉

《임원경제지: 조선 최대의 실용백과사전》, 정명현·민철기·정정기·전종욱 외 옮기고 씀 (씨앗을 뿌리는 사람, 2012)
《한국인의 보양식》, 강인희 (대한교과서, 1992)
《한국의 떡과 과줄》, 강인희 (대한교과서, 1997)
《한국의 맛》, 강인희 (대한교과서, 1987)
《고추이야기》, 권대영, 정경란, 양혜정, 장대자 지음 (도서출판 효일, 2011)
《맛있고 재미있는 한식 이야기》, 한식재단 지음 (한식재단, 2013)
《(식생활사 문헌연구)한국식경대전(韓國食經大典)》, 이성우 (향문사, 1981)
《한국의 전통주 주방문》, 박록담 (바름, 2015)
《한국의 전통명주》, 박록담 (코리아쇼케이스, 2016)
《장보 : 동아시아 장의 역사와 계보》, 이한창 저 (따비, 2016)

논문류

권정순, 《林園經濟志 鼎俎志의 飮淸類 硏究》, 원광대학교 일반대학원, 2018.

차경희, 〈《林園經濟志》속의 조선후기 飮食〉, 《진단학보》 108, 2009.

송윤진, 〈《임원십육지 정조지》중 식감촬요와 《동의보감》 탕액편의 비교 연구〉, 한양대학교 식품영양학과, 2006.

김현숙, 《《임원십육지 정조지》에 관한 고찰》, 한양대학교 식품영양학과, 2006.

검색사이트

Google (구글) http://www.google.com

DAUM(다음) http://www.daum.net/

NAVER(네이버) http://www.nave.com

유튜브 www.youtube.com

네이버 지식백과 terms.naver.com

고전용어 시소러스 (한국고전번역원)

고려대 해외한국학자료센터 http://kostma.korea.ac.kr/

국립중앙도서관 http://www.nl.go.kr/

서울대학교 중앙도서관 http://library.snu.ac.kr/

고려대학교 중앙도서관 http://library.korea.ac.kr/

연세대학교 학술정보원 http://library.yonsei.ac.kr/

국립중앙박물관 http://www.museum.go.kr/

규장각 한국학연구원 (서울대학교) http://kyujanggak.snu.ac.kr/

문화재청 국가문화유산포털 http://www.heritage.go.kr/

百度 (바이두) http://www.baidu.com

역사정보통합시스템 http://www.koreanhistory.or.kr/

異體字字典 (中華民國教育部) http://dict.variants.moe.edu.tw/

한국고전번역원 http://www.itkc.or.kr

한국한의학고전DB https://www.mediclassics.kr/

한국전통지식포탈http://www.koreantk.com/ktkp2014/

한국학중앙연구원 장서각 http://www.aks.ac.kr

박물관 포털 e뮤지엄 http://www.emuseum.go.kr/main

국사편찬위원회 조선왕조실록 sillok.history.go.kr

中國哲學書電子化計劃 https://ctext.org/

색인

주요용어

번호

12경맥 1권 169, 204, 218, 248, 269, 285
12월에 빚는 술 4권 78
7월 7일에 빚는 술 4권 79

ㄱ

가괄(歌括) 2권 24, 40, 3권 89, 125
가루차 2권 40
가밀방(假蜜方) 3권 262
가병(瘕病, 기생충병) 1권 140, 302
가복어갱(假鰒魚羹) 3권 57
가복어갱방(假鰒魚羹方) 3권 57
가수저라(加須底羅) 2권 98
가을보리술 4권 121
가전육방(假煎肉方) 2권 273
가지구이 2권 267
가지김치 2권 230, 231
가질(瘕疾) 1권 182, 183, 209
가초선방(假炒鱔方) 3권 85
가향라갱(假香螺羹) 3권 56
가향라갱법(假香螺羹法) 3권 56
각기병[脚氣] 1권 193, 220, 222, 275, 290, 308, 321
각아(角兒) 1권 419, 427
간석정좌(看席飣坐) 2권 133
간장[醬] 1권 195, 202, 345, 352, 389, 412, 434, 464, 465, 491, 492, 496, 498, 508, 511, 513, 516, 517, 518, 520
간황(肝黃) 1권 169
갈병(渴病, 소갈) 1권 169
갈분면(葛粉麪, 칡가루국수) 1권 493
갈분죽(葛粉粥, 칡가루죽) 1권 461
갈수(渴水) 2권 21, 51
감곡수(甘谷水) 1권 384
감람포 2권 108
감로병(甘露餠) 2권 94
감식초[柹醋] 3권 217, 218
감저갱자방(甘藷粳子方) 2권 140
감저소주방(甘藷燒酒方) 4권 141
감저자(甘藷子) 2권 140
감저장방(甘藷醬方) 3권 166
감저주방(甘藷酒方) 4권 94
감주방(甘酒方) 4권 124
감찰떡[糯柹餠] 1권 424
감충(疳蟲) 1권 223, 274, 330
감포여방(甘蒲茹方) 2권 257
강귤차(薑橘茶) 2권 47
강귤차방(薑橘茶方) 2권 47
강반(饇飯) 2권 135, 138
강분정방(薑粉錠方) 2권 115
강분죽(薑粉粥, 생강가루죽) 1권 461
강아저방(薑芽菹方) 2권 235

강유(薑乳) 1권 462
강정(饀飣) 1권 476, 2권 96
강정방(饀飣方) 4권 188
강죽차방(薑竹茶方) 2권 46
개라(疥癩) 4권 176
개로병(開爐餠) 2권 137, 4권 235, 236
개말가방(芥末茄方) 2권 220
개암씨기름[榛子油] 3권 232
개자장과방(芥子醬瓜方) 2권 221
개자장동과방(芥子醬冬瓜方) 2권 221
개자장방(芥子醬方) 3권 269
개자장숭방(芥子醬菘方) 2권 220
개제방(芥虀方) 2권 198
개채죽(芥菜粥, 갓죽) 1권 470
객기(客氣) 1권 161
객열(客熱) 1권 150, 159, 320, 4권 169
갱미주방(秔米酒方) 4권 77
갱미죽(粳米粥, 쌀죽) 1권 445
갱자(粳子) 2권 140
갱확(羹臛) 3권 20, 31
거승다식방(巨勝茶食方) 2권 113
거승죽(巨勝粥, 흑임자죽) 1권 452
거여(粔籹, 중배끼) 1권 420, 473,
2권 132, 134, 136, 137, 4권 223,
235, 236
거여목나물 2권 253
거위식해(아자) 3권 116
건개방(乾芥方) 2권 172
건과(乾菓) 2권 102
건과방(乾瓜方) 2권 179
건구(乾糗, 미숫가루) 1권 480
건구류(乾糗類) 2권 102
건궐방(乾蕨方) 2권 176
건나복방(乾蘿菔方) 2권 173
건누호방(乾蔞蒿方) 2권 174
건락법(乾酪法) 3권 238
건려방(乾藜方) 2권 177
건망증[忘] 1권 193, 201, 267, 275
건모과탕방(乾木瓜湯方) 2권 26
건복방(乾鰒方) 3권 103
건송이방(乾松茸方) 2권 182
건약채방(乾藥菜方) 2권 170
건율다식방(乾栗茶食方) 2권 108
건죽순방(乾竹筍方) 2권 175
건창홍주방(建昌紅酒方) 4권 110
건폐옹채방(乾閉甕菜方) 2권 149
건포도방(乾葡萄方) 2권 67
건함시(乾醎豉) 3권 98
건함시방(乾醎豉方) 3권 98
검실분죽(芡實粉粥, 가시연밥가루죽)
1권 468
검인죽(芡仁粥, 가시연밥죽) 1권 457
게 삶기 3권 55
게회 3권 87
겨자장[芥子醬] 2권 206, 220, 221,
3권 80, 82, 84, 86, 269, 270
경고(瓊餻) 1권 424
경단(瓊團) 1권 433
경대(經帶) 1권 503
경대면(經帶麪) 1권 503
경도(競渡) 4권 227
경락(經絡) 1권 136, 146, 208, 226, 234
경맥(經脈) 1권 169, 204, 206, 218,
231, 248, 259, 285
경소탕방(輕素湯方) 2권 31
경액춘방(瓊液春方) 4권 51
경지교방(璚枝膠方) 2권 278
경지제방(瓊芝虀方) 2권 205
계간죽(鷄肝粥, 닭간죽) 1권 472
계란장(계란장) 3권 121

계명주방(鷄鳴酒方) 4권 101, 107
계압란장방(鷄鴨卵醬方) 3권 121
계장방(桂漿方) 2권 34
계죽(鷄粥, 닭죽) 1권 464
계즙죽(鷄汁粥, 닭죽) 1권 472
계피장 2권 34
고(糕) 1권 490
고갱이[心] 1권 216, 217
고구마구이 2권 121
고구마산자 2권 140
고구마소주 4권 140, 141
고구마술 4권 94, 141
고구마쌀[藷米] 1권 386
고구마장[甘藷醬] 2권 141, 3권 166
고기떡(육병, 肉餠) 1권 414
고기식해(육자) 3권 107
고깃국 3권 20, 273
고려밤떡(고려율고, 高麗栗糕) 1권 425
고사리찜 2권 267
고수레 4권 24
고재(蠱災) 4권 210
고질(痼疾) 1권 145, 242, 256
고질병[痼疾] 1권 153, 184, 193, 197, 218, 219, 225, 234, 244, 288, 294, 298, 305, 306, 308, 319, 320
고창(蠱脹) 1권 164, 362
고추[蠻椒子] 2권 214, 223, 225, 227, 271, 272, 3권 59, 80, 86, 162, 164
고춧잎볶음 2권 271
고환(膏環) 2권 134, 136
곡류(穀類) 1권 143
곡식[穀] 1권 136, 143, 144, 147, 148, 154, 160, 163, 167, 190, 204, 262, 265, 286, 372, 374, 409, 444, 456, 480, 2권 186, 3권 225, 233, 247, 261, 4권 59, 95
곡아(穀芽) 1권 474
골마지 2권 80, 154, 3권 175, 194, 206, 221, 223, 4권 35, 114
골삽갱방(骨插羹方) 3권 35
골위(骨痿) 4권 164
곰팡이[黴] 1권 142, 428, 2권 130, 206, 210, 211, 3권 93, 158, 162, 164, 165, 171, 174, 176, 194, 210, 217, 255
공묘(孔廟) 2권 134
공물로 진상하는 잉어식해[貢御鮓, 공어자] 만들기[貢御鮓方] 3권 111
곶감[乾柹] 1권 253, 254, 386, 400, 401, 402, 412, 421, 439, 2권 105, 106, 115, 143, 4권 188, 189, 192, 194, 200
과(菓) 2권 62, 132, 133
과단(果單) 1권 485
과라(菓蓏) 2권 33, 3권 231
과라양(菓蓏釀) 4권 91
과류(果類) 2권 83
과류(瓜類) 1권 176, 240, 242, 278
과면(瓜麪, 오이국수) 1권 498
과면(菓麪) 2권 102
과병(菓餠) 2권 102, 4권 233
과사두방(瓜絲兜方) 4권 208
과소육방(鍋燒肉方) 3권 63
과시방(瓜豉方) 3권 193
과유(菓油) 2권 102
과일구이 2권 61, 117
과일꿀조림 2권 61, 62
과일떡(잡과고, 雜果餻) 1권 392
과일설탕절임 2권 61, 83
과일찰떡(잡과점병, 雜果黏餠) 1권 399, 400

과줄[菓飣] 1권 275, 405, 414, 2권 61, 103, 104, 105, 4권 188
과증(댓잎에 싼 찰떡, 裹蒸) 1권 427, 4권 235
과품(菓品) 2권 133, 4권 183
과하주방(過夏酒方) 4권 138
곽란(霍亂) 1권 146, 198, 238, 243, 277, 309, 319, 324, 346, 359
관서감홍로방(關西甘紅露方) 4권 130
관서계당주방(關西桂糖酒方) 4권 131
관장방(灌腸方) 3권 35
관폐방(灌肺方) 3권 34
광소병(光燒餠) 1권 416, 418
교맥노주방(蕎麥露酒方) 4권 135
교맥면(蕎麥麪, 메밀국수) 1권 486
교맥산자방(蕎麥饊子方) 2권 138
교맥화(蕎麥花) 2권 96
교백자방(茭白鮓方) 2권 193
교이(膠飴) 1권 474
교이(餃餌) 1권 389
구(糗) 1권 480
구규(九竅) 1권 202, 248
구기자국화차 2권 46
구기자나물 2권 237, 252
구기자죽(枸杞子粥) 1권 464, 470
구기자차 2권 44
구기죽(枸杞粥, 구기자죽) 1권 460
구기차방(枸杞茶方) 2권 44
구기채방(枸杞菜方) 2권 252
구련(拘攣) 1권 451
구련만두(龜蓮饅頭) 1권 514
구루만두(毬漏饅頭) 1권 514
구면(句麪, 무칼국수) 1권 504, 2권 102
구면지류(糗麪之類) 1권 479
구비당(求肥糖) 2권 97
구이(糗餌) 1권 399
구장방(狗醬方) 4권 210
구전단(九轉丹) 2권 123
구증구포(九蒸九曝) 1권 282, 452, 463
구채죽(韭菜粥, 부추죽) 1권 470
구치병(口齒病) 1권 184
구토(嘔逆) 1권 157, 362, 365
구황떡 2권 115
국[羹] 1권 48, 179, 181, 183, 190, 194, 202, 230, 237, 276, 328, 330, 338, 345, 373, 3권 29
국[臛] 1권 48, 179, 211, 230
국묘제(菊苗虀) 2권 196
국수[絲麪] 1권 493
국수틀[麪榨] 1권 491
국탕(菊湯) 2권 46
국화고방(菊花糕方) 4권 211
국화떡 4권 211, 212
국화싹 2권 245
국화주방(菊花酒方) 4권 86, 213
국화차방(菊花茶方) 2권 45
군달채죽(莙薘菜粥, 근대죽) 1권 469
굴젓갈(석화해) 3권 114, 165
굵은소금 3권 149, 150
궂은살[惡肉] 1권 186, 321
권전병(卷煎餠) 1권 411, 412, 413, 414, 429
귀리소주 4권 135, 136
규채죽(葵菜粥, 아욱죽) 1권 470
규화만두(葵花饅頭) 1권 514
근골(筋骨) 1권 208, 452, 4권 156, 160, 161, 163, 166
근맥[筋脈] 1권 193, 451
근저방(芹菹方) 2권 231
근채죽(芹菜粥, 미나리죽) 1권 469

금(金) 1권 151, 160, 251, 259, 283, 2권 16
금강산석이버섯떡(풍악석이병, 楓嶽石耳餠) 1권 424
금경로국방(金莖露麴方) 3권 253
금반(金飯) 1권 384
금분탕방(金粉湯方) 2권 29
금산사시방(金山寺豉方) 3권 187
금연절(禁煙節) 4권 225
금제옥회방(金虀玉膾方) 3권 82
금창(金瘡) 1권 193, 249, 297
금화주(金花酒) 3권 189
급수청방(急需淸方) 4권 106
급초만초장방(急造蠻椒醬方) 3권 164
급취마유방(急取麻油方) 3권 227
기(氣) 1권 136, 146, 170, 264, 311, 327, 362, 2권 127
기가 치밀어 오르는 증상[上氣] 1권 165
기교병(起膠餠) 1권 390
기국차방(杞菊茶方) 2권 46
기당로법 2권 90
기면(起麪) 1권 390, 2권 75, 80, 100, 129, 150, 199, 246
기병(氣病) 1권 170, 2권 37, 157
기육(肌肉, 피부와 살) 1권 168, 274, 297
길경초방(桔梗醋方) 3권 219
김치[菹] 1권 190, 217
김치[菹菜] 2권 223
깨소금[配鹽麻屑] 3권 272
깻묵[麻枯餠, 마고병] 3권 179
깻묵장[麻滓醬] 3권 179
꽃소금 3권 149, 150
꿀밤과자 4권 213
꿀식초[蜜醋] 3권 221
꿀타래 2권 96
꿩고기육포 3권 99

ㄴ

나단탕병(糯團湯餠, 찹쌀새알심국) 1권 498
나미초(糯米麨, 찹쌀미숫가루) 1권 480
나미초방(糯米醋方) 1권 480, 3권 201
나복갱방(蘿菔羹方) 3권 36
나복저방(蘿菔菹方) 2권 223
나복죽(蘿菖粥, 무죽) 1권 469
나화(剌花, 나화국수) 1권 495
낙숫물 1권 176
낙태[墮胎] 1권 188, 325
난면(卵麪, 계란국수) 1권 491
날미죽(辣米粥, 산갓죽) 1권 471
날화만두(捺花饅頭) 1권 514
남과자방(南瓜炙方) 2권 264
남초장방(南椒醬方) 3권 162
남초초방(南椒醬方) 2권 271
납육(臘肉, 12월의 고기) 3권 129, 130, 131
납육방(臘肉方) 3권 129, 4권 218
납일고기 4권 218
납주방(臘酒方) 4권 78
납평(臘平) 4권 218
내국홍로방(內局紅露方) 4권 128
내부(內府) 2권 90
내부비전국방(內府秘傳麴方) 3권 252
내유(柰油) 1권 485
내의원(內醫院) 1권 447, 462
내초(柰麨, 사과미숫가루) 1권 484
내치(內痔) 1권 205
내포방(奈脯方) 2권 105
내한(內翰) 2권 40
냉담(冷痰) 1권 196, 253

냉병(冷病) 1권 151, 152, 172, 197, 199, 206, 207, 213, 275, 277
넘나물 2권 251
노른자[內汁] 2권 98, 100, 3권 48, 56, 76, 78, 141
노배계법(爐焙鷄法) 3권 45
노분면(蘆粉麪, 갈대가루국수) 1권 494
노손(勞損, 허로와 허손) 1권 284, 472, 4권 178
노주이두방(露酒二斗方) 4권 128
녹각죽(鹿角粥, 사슴뿔죽) 1권 467
녹각초방(鹿角炒方) 2권 272
녹갱방(鹿羹方) 3권 43
녹두가루다식 2권 114
녹두분다식방(綠豆粉茶食方) 2권 114
녹두죽(綠豆粥) 1권 449, 450, 468
녹두차방(綠豆茶方) 2권 49
녹락방(漉酪方) 3권 240
녹운탕방(綠雲湯方) 2권 31
녹육포방(鹿肉脯方) 3권 95
녹파주방(綠波酒方) 4권 43
논화동음법(論華東飮法) 4권 182
농(醲) 4권 27
뇌공율(雷公栗) 2권 118
뇌수[髓腦] 1권 173, 467, 2권 29
뇌차방(擂茶方) 2권 40
누영춘방(漏影春方) 2권 43
눈병[患眼] 1권 185, 268, 308
느릅나무열매장[楡仁醬] 3권 179
느티떡 4권 202
능과채방(菱科菜方) 2권 256
능금갈수 2권 52
능금단 2권 123
능실죽(菱實粥, 마름죽) 1권 458

ㄷ

다시마지짐 2권 271
다식(茶食) 2권 102, 143, 4권 213
단석(丹石) 1권 161, 187, 197, 245, 348, 350, 452
단오(端午) 4권 204, 207, 226, 228
단자(團餈) 1권 391
단자방(團餈方) 1권 432
단전(丹田) 1권 148
달마은(達磨隱) 2권 88
담(餤) 1권 390
담근다[漬] 2권 148
담금[淹菹] 2권 150
담벽(痰癖) 1권 191
담복자방(薝蔔鮓方) 2권 195
담수(淡水) 2권 150
담수장방(淡水醬方) 3권 165
담시방(淡豉方) 3권 184
담열(痰熱) 1권 147, 244, 269
담음(痰飮) 1권 192, 260, 271, 364, 4권 156
담채죽(淡菜粥, 홍합죽) 1권 465
담체(痰滯) 2권 47
당궤(餹饋) 1권 388, 391, 430
당궤류(餹饋類) 1권 430
당귀떡(당귀병, 當歸餠) 1권 422
당귀차방(當歸茶方) 2권 48
당노[餳] 1권 473
당두방(糖豆方) 2권 89
당량주방(當梁酒方) 4권 76
당로(糖滷) 1권 414, 2권 87, 90, 93, 94, 96, 97, 116
당비방(糖榧方) 2권 141
당소모과방(糖蘇木瓜方) 2권 86
당전감방(糖纏柑方) 2권 88

당전과(糖纏菓) 2권 61, 83, 90
당전비방(糖纏榧方) 2권 87
당전우방(糖煎藕方) 2권 86
당증가법(糖烝茄法) 2권 191
당초가법(糖醋茄法) 2권 189
당초과법(糖醋瓜法) 2권 189
당초매방(糖椒梅方) 2권 84
당취매방(糖脆梅方) 2권 84
당화(糖花) 2권 100, 101
대내고(생토란에 소를 넣은 떡, 大耐糕) 1권 435
대료물방(大料物方) 3권 266
대마풍(大麻風) 4권 175
대맥장방(大麥醬方) 3권 177
대맥초방(大麥酢方) 3권 205
대변(大便) 1권 146, 224, 232, 253, 256, 280, 285, 321
대붕란(大鵬卵) 3권 141
대붕란방(大鵬卵方) 3권 141
대소두천세고주방(大小豆千歲苦酒方) 3권 216
대장(大腸) 1권 148, 169, 173, 197, 204, 209, 215, 216, 256, 265, 293, 295, 366, 439, 468, 470, 516
대초방(大酢方) 3권 196
대추꿀조림 2권 68
대추식초[棗醋] 3권 218
대추탕 2권 28
대추포 2권 104
대하(帶下) 1권 165, 289, 341, 342, 2권 83, 133, 267
대합젓갈(합해) 3권 113
대합회 3권 86
더덕구이 2권 264
도가(道家) 1권 185, 189, 214, 291, 302, 373, 379, 459
도구수(到口酥) 만들기 1권 416
도꼬마리씨기름[蒼耳子油] 3권 230
도라지구이 2권 264
도라지꿀조림 2권 78
도라지식초[桔梗醋] 3권 219
도미죽(荼蘼粥, 궁궁이죽) 1권 459
도아(稻芽, 벼싹) 1권 474
도초방(桃酢方) 3권 216
도토리다식 2권 114
도토리떡(상자병, 橡子餠) 1권 422, 423
도토리술 4권 92
도포방(桃脯方) 2권 104
도화주방(桃花酒方) 4권 81
독(䆉) 1권 445
독기(毒氣) 1권 208, 223
독사[惡蛇] 1권 226, 242
독충[惡蟲] 1권 226
동과갱방(冬瓜羹方) 2권 247
동국장법(東國醬法) 3권 153
동국추모초방(東國秋麰醋方) 3권 207
동국침해법(東國沈蟹法) 3권 126
동물성기름떡(육유병, 肉油餠) 1권 406
동미명주방(冬米明酒方) 4권 80
동부죽[豇豆粥] 1권 450
동상(凍傷) 1권 147
동아국 2권 247
동아꿀조림 2권 79
동양온자법(東陽醞煮法) 4권 97
동정춘방(洞庭春方) 4권 51
동지(冬至) 4권 215, 216, 217, 218, 235, 236
동치회방(凍雉膾方) 3권 86
동치회방(凍鯔膾方) 3권 83
동통(疼痛) 1권 471, 4권 177

동파주방(東坡酒方) 4권 63
동호채방(東坡酒方) 2권 250
돼지고기수정회 3권 81
돼지고기육포 3권 95
두(酘) 4권 27
두강주방(杜康酒方) 4권 103
두강춘방(杜康春方) 4권 61
두견화고방(杜鵑花糕方) 4권 199
두구숙수방(荳蔻熟水方) 2권 57
두릅나물 2권 254, 264
두백면(頭白麪, 두면) 1권 408, 440, 503
두부[豆腐] 1권 138, 190, 465, 510, 511
두시(豆豉) 3권 100, 184, 190, 191, 192, 193, 194, 195
두유방(豆油方) 3권 176
두텁떡(후병, 厚餠) 1권 420, 421
두풍(頭風) 1권 315, 465, 4권 166
두황방(豆黃方) 3권 194
드렁허리 젓갈[鱓鮓] 1권 201
드렁허리회처럼 썬 양고기찜 3권 85
들깨지짐 2권 270
등석(燈夕) 4권 202
딸꾹질 1권 172
땅광 2권 35, 37, 48, 225, 254, 263
떡[餠餌] 1권 387
떡국 2권 237, 4권 186, 187, 188, 207, 229, 230

ㄹ
라류(蓏類) 2권 83
령(醽) 4권 27
로(醪) 4권 26
료(醪) 4권 26
리(醨) 4권 27

ㅁ
마고채(표고버섯채) 2권 280
마늘종구이 2권 263
마다식 2권 114
마락효방(馬酪酵方) 3권 240
마름나물 2권 256
마방전방(麻房煎方) 2권 270
마자죽(麻子粥, 삼씨죽) 1권 471
마재장방(麻滓醬方) 3권 179
마치현죽(馬齒莧粥, 쇠비름죽) 1권 469
마탕 2권 31
만년초방(萬年醋方) 3권 222
만능요리(일료백당) 3권 140
만두(饅頭) 1권 390, 509
만두과(饅頭果) 2권 143
만산향방(滿山香方) 3권 267
만생종(晩生種) 1권 144
만왕(蠻王) 4권 211
만전향주방(滿殿香酒方) 4권 87
만청증방(蔓菁烝方) 2권 266
말린 모과탕 2권 26
말장(末醬) 2권 107, 212
맛조개식해(정자) 3권 115
망우제방(忘憂虀方) 2권 204
매수(梅水) 1권 501, 2권 66
매실설탕천초절임 2권 84
매실식초[梅酢] 3권 196, 216, 217
매실장 2권 37, 3권 216, 217
매실탕 2권 24
매우(梅雨) 1권 142
매월(梅月) 2권 130
매장방(梅漿方) 2권 37
매죽(梅粥, 매화죽) 1권 459
매초방(梅酢方) 3권 216
매포방(梅脯方) 2권 103

매화산자방(梅花饊子方) 2권 139
매화탕 2권 22
매화포방(梅花脯方) 2권 108
맥국법(麥麴法) 3권 247
맥도(脈道) 1권 136
맥류(麥類) 1권 489, 517
맥문동꿀조림 2권 78
맥얼(麥蘖) 1권 474
맥장(麥醬) 1권 355
맥혼법(麥麫法) 3권 255
맥황초(麥黃醋) 3권 208
메밀강정 2권 96
메밀산자 2권 138
메밀소주 4권 135, 136
메추라기장(암장) 3권 118
멥쌀산자 2권 140
멥쌀술 4권 77, 78
면(麪) 1권 394, 489
면견(麪牽) 1권 513, 514, 516, 517
면국방(麪麴方) 3권 250
면장(麪醬) 1권 517, 2권 161, 203, 3권 125, 140
면탕(麪湯) 2권 34
명(茗) 2권 39
명화(明花) 1권 401
모과갈수방 2권 52
모과구이 2권 120
모과꿀조림 2권 70
모과장방(木瓜漿方) 2권 36
모과환법(木瓜丸法) 2권 87
모랫돌[沙石] 2권 140
모미소주방(麰米燒酒方) 4권 134
모투(醐) 3권 180
목(木) 1권 160, 187, 245, 250, 251, 255, 279, 356
목두채방(木頭菜方) 2권 254
목부용꽃국 2권 14
무국초방(無麴醋方) 3권 210
무김치 2권 223, 226, 227
무떡(내복병, 萊菖餠) 1권 393, 2권 268
무릉도원주방(武陵桃源酒方) 4권 61
무술당(戊戌餹, 수수엿) 1권 477
무시루떡[萊菖甑餠] 1권 393, 394
무이장방(蕪荑醬方) 3권 180
무진탕방(無塵湯方) 2권 27
묵은 병[宿疾] 1권 217
문기록(聞奇錄) 1권 293
물[水] 1권 136, 137, 138, 139, 140, 141, 142
물쑥 2권 174, 255
물쑥나물 2권 255
물이끼포 2권 178
미국방(米麴方) 3권 251
미나리국 2권 241
미나리김치 2권 231, 232
미맥초방(米麥醋方) 3권 204
미숫가루[糜食] 1권 480
미우(黴雨) 1권 142
미초방(米醋方) 3권 199
미친개[狂犬] 1권 217, 302
밀가루발효떡(백숙병자, 白熟餠子) 1권 440
밀가루의 독[麪毒] 1권 191, 281
밀가루장[麪醬] 1권 355, 3권 175, 176, 179
밀건조방(蜜乾棗方) 2권 68
밀기울두시[麩豉] 3권 192
밀기울식초[麩醋] 3권 212, 213
밀기울장[麩醬] 1권 355, 3권 178
밀누룩[麪麴] 3권 196

밀면(蜜麪) 2권 137
밀병(蜜餠) 1권 391, 420
밀소주 4권 134
밀식초[小麥醋] 3권 208
밀양시병방(蜜釀柹餠方) 4권 189
밀오율니방(蜜熬栗泥方) 4권 213
밀온투병향방(蜜醞透甁香方) 4권 88
밀이(蜜餌) 1권 420, 473, 2권 134, 136, 137, 4권 236
밀전감자방(蜜煎柑子方) 2권 72
밀전강방(蜜煎薑方) 2권 75
밀전과(蜜煎菓) 2권 61, 62
밀전길경방(蜜煎桔梗方) 2권 78
밀전도방(蜜煎桃方) 2권 65
밀전동과방(蜜煎冬瓜方) 2권 79
밀전리방(蜜煎梨方) 2권 68
밀전맥문동방(蜜煎麥門冬方) 2권 78
밀전모과방(蜜煎木瓜方) 2권 70
밀전복분자방(蜜煎覆盆子方) 2권 71
밀전산사방(蜜煎山査方) 2권 69
밀전서과방(蜜煎西瓜方) 2권 80
밀전앵도방(蜜煎櫻桃方) 2권 66
밀전오미자방(蜜煎五味子方) 2권 77
밀전우방(蜜煎藕方) 2권 73
밀전유방(蜜煎柚方) 2권 72
밀전죽순방(蜜煎竹荀方) 2권 78
밀전행방(蜜煎杏方) 2권 64
밀주방(蜜酒方) 4권 89
밀초방(蜜醋方) 3권 221
밋갓 2권 257
밑술[酒本] 4권 42, 44, 45, 53, 55, 58, 59, 60, 68, 69, 70, 82, 86, 89, 103, 104, 124, 129, 133, 136, 137, 143, 173

ㅂ

바라문경고면(婆羅門輕高麪) 1권 390, 4권 208
박고지[瓠蓄] 2권 180
박금방(煿金方) 2권 272
박만두(薄饅頭) 1권 515
박병(薄餠) 1권 411
박씨기름[瓠犀油] 3권 231
박찜 2권 265
박탁(餺飥) 1권 388, 500, 506, 4권 236
박호축법(剝瓠蓄法, 호축 벗겨 저장하는 법) 3권 104
반도반(蟠桃飯) 1권 383
반수(盤羞) 2권 174, 4권 200
반위(反胃) 1권 221, 275, 304, 468
발석당(浡石糖) 2권 99, 100, 101
발폭(發暴) 1권 220
밤구이 2권 118
밤단자[栗子團餈] 1권 432
밤말랭이 2권 107
밤송이숙수 2권 59
밥[飯] 1권 372
밥 쉬지 않게 하기(반불수법, 飯不法) 1권 378
방검병방(防儉餠方) 2권 115
방풍죽(防風粥, 병풍나물죽) 1권 460
배(醅) 3권 178, 4권 27
배구이 2권 117
배꿀조림 2권 68
배말랭이 2권 105
배염마설방(配鹽麻屑方) 3권 272
배추김치 2권 227, 228
배추산[白菜蒜] 2권 220
배추장 2권 34
배추찜 2권 266

배탈[破腹] 1권 198, 199, 275
배포법(焙脯法) 3권 91
백국방(白麴方) 3권 251
백당(白餹) 1권 474
백대두(白大豆) 1권 451
백두구숙수 2권 57
백로절(白露節) 2권 84
백료주방(白醪酒方) 4권 122
백리(白李) 2권 103
백매(白梅) 1권 305, 2권 45, 63, 74, 103, 125
백매감초탕(白梅甘草湯) 1권 435
백밀떡 2권 94
백산자(白饊子) 2권 135
백설향(白雪香) 4권 119
백시(白柹) 2권 105
백엽차방(柏葉茶方) 2권 49
백엽초(柏葉麨, 측백나뭇잎미숫가루) 1권 483
백윤(白閏) 2권 94, 95
백익병(百益餠) 2권 115
백주(白酒) 1권 153
백주방(白酒方) 4권 112, 113, 117
백출창포떡(신선부귀병, 神仙富貴餠) 1권 425
백탁(白濁) 1권 165, 259
백탕방(栢湯方) 2권 31
백하주방(白霞酒方) 4권 39
백합병(百合餠, 백합칼국수) 1권 500
백합분죽(百合粉粥) 1권 469
백합죽(百合粥) 1권 454
백화춘방(白花春方) 4권 102
뱃병[瘕] 1권 202, 271
버들잎부추나물 2권 254
번갈(煩渴) 1권 150, 2권 34
번자(燔炙) 3권 61
번철[熬盤] 1권 405, 408, 413, 416, 440, 504
범제(泛齊) 4권 26
법장(法醬) 3권 126
법제(法製) 2권 122
법제간장 3권 126
법제간장에 담근 게장 3권 126
법제강방(法製薑方) 2권 124
법제게장[法蟹, 법해] 3권 124
법제과(法製菓) 2권 61, 122
법제과일 2권 61, 122
법제과자방(法製瓜子方) 2권 129
법제귤피방(法製橘皮方) 2권 126
법제모과방(法製木瓜方) 2권 123
법제비자방(法製榧子方) 2권 128
법제어장 3권 122
법제오이씨 2권 129
법제콩가루 2권 129
법주방(法酒方) 4권 73, 75
법주붕어 숙회 3권 83
법즉방(法鯽方) 3권 83
벽간갱방(碧澗羹方) 2권 241
벽매주방(辟霾酒方) 4권 53
벽향주방(碧香酒方) 4권 44, 56
변(籩) 1권 399
변씨만두(卞氏饅頭) 1권 510
변탁주위청주방(變濁酒爲淸酒方) 4권 149
별작면(別作麪) 1권 496
병(餠) 1권 489, 509, 2권 132, 133
보당퇴(寶糖餢) 4권 223
보리누룩[麥麴] 3권 170, 250
보리밥 잘 익히기(취맥이숙법, 炊麥易熟法) 1권 377

보리소주 4권 134
보리식초[大麥酢] 3권 205
보리장[大麥醬] 1권 355, 3권 177
보약(補藥) 1권 194
복령분죽(茯苓粉粥, 복령가루죽) 1권 470
복령죽(茯苓粥, 풍냉이죽) 1권 454
복로소병(復爐燒餠) 1권 418
복분자꿀조림 2권 71
복분자초(覆盆子麨, 복분자미숫가루) 1권 487, 488
복숭아꿀조림 2권 65
복숭아떡[桃餠] 1권 395
복숭아식초[桃酢] 3권 216
복숭아포 2권 104
복식(服食) 1권 262, 4권 86, 153
복약가[服餌家] 2권 122
복어국 3권 54
복월(伏月) 2권 124
복저방(鰒菹方) 2권 223, 234
복통[腹痛] 1권 165, 233, 248
복회방(鰒膾方) 3권 86
본초서(本草書) 1권 137, 138, 146, 148, 149, 154, 157, 158, 161, 170, 174, 183, 184, 191, 201, 215, 238, 262, 263, 440
봉래춘방(蓬萊春方) 4권 96
봉선포방(鳳仙脯方) 2권 179
봉선화포 2권 179
봉수탕방(鳳髓湯方) 2권 25
봉숭아씨기름[鳳仙子油] 3권 232
봉양법(封釀法) 4권 34
부들김치 2권 233, 258
부들나물 2권 257
부류(稃) 2권 136
부시방(麩豉方) 3권 192
부의주방(浮蟻酒方) 4권 49
부자(附子) 1권 152, 335
부장방(麩醬方) 3권 178
부저(㕮咀) 4권 157
부초방(麩醋方) 3권 212
부투(餢飳) 1권 390, 391, 439
부투류(餢飳類) 1권 441
부풍(浮風) 1권 169
북오미자(北五味子) 2권 53
분각(粉角) 1권 389
분골어(粉骨魚) 3권 51
분국백료주방(笨麴白醪酒方) 4권 122
분국상락주방(笨麴桑落酒方) 4권 79
분묘(墳墓) 4권 23
분자(粉餈) 1권 387, 399
분정(粉錠) 2권 115
분피(粉皮) 1권 517, 518, 519, 3권 56, 57
불떡[화병, 火餠] 1권 396
불탁(不托) 1권 281, 388
불한제방(不寒虀方) 2권 205
비라면(飛羅麪) 1권 162
비병(脾病) 1권 147
비약(痺弱) 4권 159
비완(痺緩) 4권 170
비위(脾胃) 1권 192, 439, 468, 487, 2권 28, 4권 161, 165, 167, 178
비자기름[榧子油] 3권 233
비자설탕절임 2권 87
비장(脾臟) 1권 462, 4권 156
빈파량 2권 105
빙사당(氷沙糖) 2권 100

ㅅ
사과포 2권 105
사기(邪氣) 1권 359, 451, 459, 487, 501

사당밀(沙糖蜜) 2권 100
사당원(砂糖元) 2권 89
사면(絲麪, 실국수) 1권 492
사슴고기육포 3권 95, 96
사염법(死鹽法) 3권 151
사음지물(四飮之物) 2권 33
사일(社日) 2권 157, 4권 195
사절병오초방(四節丙午醋方) 3권 210
사절칠일주방(四節七日酒方) 4권 106
사주(事酒) 4권 26
삭면(索麪, 기름 손국수) 1권 502
삭병(索餠) 1권 489, 493, 501, 509
산가방(蒜茄方) 2권 218
산갓김치 2권 233
산개저방(山芥菹方) 2권 233
산과방(蒜瓜方) 2권 217
산대자방(蒜薹炙方) 2권 263
산동과방(蒜冬瓜方) 2권 218
산매방(蒜梅方) 2권 218
산밤포 2권 108
산사고방(山査膏方) 2권 85
산사주방(山査酒方) 4권 92
산삼떡(산삼병, 山蔘餠) 1권 410, 4권 200
산약다식방(山藥茶食方) 2권 114
산약면(山藥麪, 마칼국수) 1권 504
산약발어(山藥撥魚) 1권 508
산약장(山藥漿) 2권 141
산우죽(山芋粥, 마죽) 1권 453
산자 2권 132, 133, 134, 135, 136, 137, 138, 139, 140, 141
산자방(饊子方) 2권 133, 138, 139
산적(算炙) 3권 68
산적방(算炙方) 3권 68
산조인죽(酸棗仁粥, 멧대추죽) 1권 470
산초씨기름[椒子油] 3권 231
산해두(山海兜, 산나물생선만두) 1권 518
산행증궐방(山行烝蕨方) 2권 267
산후(産後) 1권 206, 4권 159
살구꿀조림 2권 64
살구떡[杏餠] 1권 395
살구탕 2권 25
살구포 2권 102
살반유료방(撒拌油料方) 3권 228
삼구주방(三九酒方) 4권 75
삼길자방(蔘桔炙方) 2권 264
삼두음(三豆飮) 1권 450, 451
삼미죽(三米粥) 1권 449
삼백자방(三白鮓方) 2권 192
삼복(三伏) 4권 210
삼씨기름[麻蕡油] 3권 229
삼일노주방(三日露酒方) 4권 133
삼일주방(三日酒方) 4권 101
삼주(三酒) 4권 26, 27, 74
삼초(三焦) 1권 275, 439, 4권 171
삼취갱방(三脆羹方) 2권 237
삼해주방(三亥酒方) 4권 68
삼화채방(三和菜方) 2권 246
삼황초방(三黃醋方) 3권 203
상공(相公) 2권 198
상공제방(相公虀方) 2권 198
상단방(爽團方) 2권 122
상루여방(蔏蔞茹方) 2권 255
상만염방(常滿鹽方) 3권 150
상식(常食) 1권 451, 467
상실주방(橡實酒方) 4권 92
상자다식방(橡子茶食方) 2권 114
상자죽(橡子粥, 도토리죽) 1권 461, 462
상조법(上槽法) 4권 35

상추꽃대나물 2권 250
상화병(霜花餠) 1권 387, 436, 4권 407
상화병방(霜花餠方) 4권 207
새우젓갈(자하해) 3권 115
생강가루떡 2권 115
생강계피떡(노랄병, 老辣餠) 1권 423
생강과방(生薑果方) 2권 76
생강귤차 2권 47
생강꿀조림 2권 75
생강싹김치 2권 235
생강조림 2권 76
생강죽(生薑粥) 1권 471
생강죽력차 2권 46
생강즙[薑汁] 1권 207, 433, 449, 482
생강지짐 2권 273
생력료물방(省力料物方) 3권 267
생선 비린내[魚腥] 1권 189
생선식해(어자) 3권 107, 108, 109, 111
생선장(어장) 3권 118
생선포 만들기 3권 102
생선회 만들기 3권 102
생육(生育) 1권 144
생채(生菜, 생채소) 1권 193, 288, 308, 2권 280, 3권 84
생황장방(生黃醬方) 3권 174
서(醑) 4권 27
서면(黍麪, 기장국수) 1권 497
서미법주방(黍米法酒方) 4권 75
서여죽(薯蕷粥, 마죽) 1권 468
석류분(石榴粉, 석류면) 1권 497, 501
석임[腐本] 4권 32, 33, 34, 39, 43, 54, 91
석주(昔酒) 4권 26
석탄향방(惜呑香方) 4권 53
석화김치 2권 233
석화저방(石花菹方) 2권 233
석화해방(石花醢方) 3권 114
선밥[饍] 1권 372
선지내장국 3권 35
선초방(仙醋方) 3권 210
선초율자법(旋炒栗子法) 2권 118
선출탕방(仙朮湯方) 2권 27
설사[泄痢] 1권 148, 155, 163, 164, 165, 219, 220, 229, 241, 250, 254, 256, 262, 271, 276, 277, 284, 287, 294, 296, 300, 313, 314, 324, 328, 334, 337, 340, 346, 349, 359, 362, 434, 468
설암채방(雪盦菜方) 2권 265
설하갱방(雪霞羹方) 2권 243
설하멱방(雪下覓方) 3권 64, 65
설화병(雪花餠) 1권 408
설화수(雪花酥) 2권 92, 93
섬라주(暹羅酒) 4권 131
성도부시즙방(成都府豉汁方) 3권 191
세료물(細料物) 1권 516, 517, 2권 272
세살(歲殺) 3권 168
세찬(歲饌) 4권 186, 188
소가방(燒茄方) 2권 267
소갈(消渴, 당뇨병) 1권 168, 201, 4권 177
소갈비구이 3권 68
소공(素供) 1권 397
소과(蔬菓) 2권 206
소국주방(少麴酒方) 4권 46
소나무껍질떡(송피병, 松皮餠) 1권 400, 401
소두장방(小豆醬方) 3권 174
소로잡법(燒露雜法) 4권 144
소루쟁이국 2권 253
소리(燒梨) 2권 117
소리방(燒梨方) 2권 117

소만(小滿) 1권 219
소맥노주방(小麥露酒方) 4권 134
소맥면장방(小麥麪醬方) 3권 176
소맥초방(小麥醋方) 3권 208
소미(燒尾) 4권 208
소번황주법(燒翻黃酒法) 4권 145
소변(小便) 1권 159, 161, 168, 213, 222, 224, 232, 235, 259, 261, 270, 275, 279, 362, 467, 4권 178
소분(韶粉) 1권 245, 504, 3권 124, 128, 4권 147
소양(瘙痒) 1권 188, 481
소육총법(燒肉總法) 3권 62
소은(燒銀) 2권 41
소자죽(蘇子粥, 차조기씨죽) 1권 471
소장(小腸) 1권 173, 197, 202, 206, 209, 215, 295, 2권 291
소주다취로법(燒酒多取露法) 4권 143
소주총방(燒酒總方) 4권 127
소채(巢菜) 2권 244
소채(素菜) 1권 504, 509
소품(蔬品) 4권 153, 155, 183
속[瓤] 2권 72
속미주방(粟米酒方) 4권 71
속얼(粟糵, 조싹) 1권 474
송로양방(松露釀方) 4권 81
송순주방(松筍酒方) 4권 83, 136
송엽병방(松葉餠方) 4권 197
송이구이 2권 262
송이자방(松茸炙方) 2권 262
송자인죽(松子仁粥, 잣죽) 1권 470
송자주방(松子酒方) 4권 91
송자해라간(松子海囉) 2권 93
송초전방(松椒煎方) 2권 270
송편[松餠] 1권 437
송편지짐떡(조각병, 糙角餠) 1권 403, 404, 510, 511
송풍병(松風餠) 1권 430
송화가루다식 2권 109
송화주방(松花酒方) 4권 82
송황다식방(松黃茶食方) 2권 109
송황병(松黃餠) 2권 111
쇄(碎) 2권 197
쇄산방(曬蒜方) 2권 171
쇄운대방(曬蕓薹方) 2권 174
쇄하불변홍색방(曬蝦不變紅色方) 3권 105
쇠고기육포 3권 91, 92, 93, 94
쇠고기육회 3권 80
쇠꼬리찜 3권 29
쇠비름 1권 203, 469, 2권 177
수(水) 1권 151, 167, 245, 247, 269, 271, 279
수골어법(酥骨魚法) 3권 52
수교이(水餃餌) 1권 389
수기(水氣) 1권 183, 196
수납조법(收臘糟法) 3권 259
수노주법(收露酒法) 4권 151
수단방(水團方) 4권 206
수대구(壽帶龜) 1권 514
수도(水道, 소변이 나오는 길) 1권 213, 222, 320
수두시방(水豆豉方) 3권 189
수락(酥酪) 1권 495, 2권 83, 275
수류(水類) 1권 136, 291
수리[戌衣] 4권 204
수릿떡 4권 204
수면(水麪, 국수) 1권 489
수명송편(수명각아, 水明角兒) 1권 436, 437

수문탕(須問湯) 2권 24
수문탕방(須問湯方) 2권 24
수밀병(酥蜜餠) 1권 415
수밀죽(酥蜜粥, 수유꿀죽) 1권 472
수박꿀조림 2권 80
수박씨기름[西瓜子油] 3권 231
수비(水飛) 1권 490, 494, 495, 2권 111, 163
수아화(酥兒花) 1권 410
수유떡(수병, 酥餠) 1권 415
수유방(酥油方) 3권 243
수유죽(茱萸粥, 산수유죽) 1권 471
수인(水引) 1권 489
수인병(水引餠) 1권 489
수잡주법(收雜酒法) 4권 151
수장초법(收藏醋法) 3권 222
수정과(水正果) 2권 62, 4권 188, 189
수정냉도회방(水晶冷淘膾方) 3권 85
수정총(水晶葱) 2권 215
수종(水腫) 1권 171, 188, 270, 354, 364, 451, 467, 472, 4권 166
수주법(收酒法) 4권 35, 37, 150
수주불훼법(收酒不毁法) 4권 151
수중양법(水中釀法) 4권 35
수지탕방(水芝湯方) 2권 26
수채(酥菜) 2권 275, 279
수태포방(水苔脯方) 2권 178
수행인방(酥杏仁方) 2권 269
수호도방(酥胡桃方) 2권 269
수활면(水滑麪, 손국수) 1권 501, 502
수황우방(酥黃芋方) 2권 274
숙관우법(熟灌藕法) 2권 74
숙매탕방(熟梅湯方) 2권 24
숙수(熟水) 2권 21, 56
숙음(宿飮) 1권 181
숙황장방(熟黃醬方) 3권 173
순(醇) 4권 26
순궐혼돈(죽순고사리혼돈, 筍蕨餛飩) 1권 434
순내양(旬內釀) 4권 100
순무씨기름[蔓菁子油] 3권 229
순여방(蓴茹方) 2권 256
순일장방(旬日醬方) 3권 163
순주(醇酒) 1권 362, 437, 3권 38, 50
순차방(蓴茶方) 2권 49
순채나물 2권 256
순채차 2권 49
술[酒] 1권 360
술독[酒毒] 1권 197, 249, 253, 257, 258, 271, 283, 2권 127, 4권 45, 59, 66, 75, 78, 82, 99, 137, 138, 150
술밥[饙] 1권 372, 4권 30, 74, 79, 80, 117, 152
술지게미식초[糟醋] 3권 211
술지게미에 담근 게장 3권 125
숭저방(菘菹方) 2권 227
숭제방(菘虀方) 2권 200
숭증방(菘烝方) 2권 266
숭채만두(菘菜饅頭, 절인배추만두) 1권 510
습기[濕] 1권 162, 228, 237, 251, 278, 361, 363, 378, 481, 2권 27, 41, 4권 156, 158
습비(濕痺) 1권 451
습비[濕] 1권 278, 451
습사(濕邪) 1권 158, 162, 173
승검초단자[辛甘草團餈] 1권 432
승련옥로상방(升煉玉露霜方) 2권 129
승상도(升霜圖) 2권 129, 130, 131
시건방(柹乾方) 2권 105

시경(詩經) 1권 372, 480, 3권 61, 231
시루떡[甑餠] 1권 391, 392, 393, 394
시루떡 쉽게 찌는 법(炊甑餠易熟法) 1권 391, 392
시방대덕(十方大德) 4권 232
시병(柹餠) 2권 105, 106, 115, 4권 188
시상(柹霜) 1권 254, 2권 105, 106, 115
시양(時釀) 4권 66
시초방(柹醋方) 3권 217
식물성기름떡(소유병, 素油餠) 1권 406, 407
식적(食積) 2권 47, 4권 93
식초[醋] 1권 142, 182, 195, 223, 233, 237, 250, 292, 305, 339, 353, 356, 357, 412, 413, 501, 508, 513, 514, 516, 517
식향가방(食香茄方) 2권 189
식향곡채방(食香穀菜方) 2권 186
식향과방(食香瓜方) 2권 187
식향나복방(食香蘿菔方) 2권 185
식향숭개방(食香菘芥方) 2권 186
신기통(腎氣痛) 4권 168
신선벽도춘방(神仙碧桃春方) 4권 97
신선병[神仙餠] 1권 426
신장(腎臟, 콩팥) 1권 147, 148, 167, 171, 172, 234, 245, 246, 250, 260, 261, 267, 269, 283, 298, 323, 348, 352, 364, 365, 439, 454, 462, 468, 470, 472, 3권 28
신허(腎虛) 4권 177
심기(心氣) 1권 177, 178, 182, 192, 252, 280, 2권 26
심력(心力) 1권 178
심성[志性] 1권 178
심자(心子) 2권 31
심장[心] 1권 160, 161, 180, 192, 204, 205, 224, 246, 248, 249, 254, 267, 271, 280, 282, 299, 303, 304, 305, 309, 350, 352, 362, 363, 454, 470, 472, 3권 28, 4권 174
십향두시방(十香豆豉方) 3권 190
쌀겨식초[糠醋] 3권 214
쌀누룩[米麴] 3권 251
쌀밥[稻飯] 1권 145, 197, 376, 377, 519
쌀식초[米醋] 3권 110, 199, 205, 223
쑥갓나물 2권 250
쑥떡(봉연고, 蓬糕) 1권 397

ㅇ

아가위꿀조림 2권 69
아가위설탕절임 2권 85
아두자(鵝兜子, 거위고기만두) 1권 516
아류평당(阿留平糖) 2권 99, 101
아안석(鵝雁腊) 3권 100
아안석방(鵝雁腊方) 3권 100
아욱국 2권 240
아자방(鵝鮓方) 3권 116
아저증방(兒猪烝方) 3권 37
악즙(惡汁) 2권 170
악창(惡瘡) 1권 243, 246, 256, 307, 314, 330, 344, 4권 176
암내[胡臭] 1권 185, 193
암반법(盦飯法) 1권 383, 384
암순가법(鵪鶉茄法) 2권 191
암작토어장방(鵪雀兔魚醬方) 3권 118
암향탕방(暗香湯方) 2권 22
압각갱방(鴨脚羹方) 2권 240
압즙죽(鴨汁粥, 오리죽) 1권 472
앙(醠) 4권 26
앙제(盎齊) 4권 26

앵두꿀조림 2권 66
앵속판(罌粟板) 1권 430
앵유어방(罌乳魚方) 2권 281
약과방(藥果方) 2권 141
약산춘방(藥山春方) 4권 66
약용설탕 2권 89
약이(藥餌) 4권 86, 153
약채소 2권 170
약초(藥草) 1권 373, 2권 128
얇은설탕떡(당박취, 糖薄脆) 1권 403
양(釀) 4권 26
양간숙수(粱稈熟水) 2권 56
양간죽(羊肝粥) 1권 472
양갈비탕 3권 35
양갱병(羊羹餠) 1권 427, 428
양고기무국 3권 36
양고기육회 3권 80
양골적방(羊骨炙方) 3권 69
양귀비씨 1권 430, 452, 2권 281
양귀비치즈 2권 281
양념[和齏] 1권 214, 224, 275, 301, 303, 305, 329, 338, 344, 352, 353, 464, 465, 510, 511, 513, 2권 103, 126, 177, 181, 184, 185, 214, 215, 222, 226, 227, 228, 231, 239, 244, 261, 266, 267, 273, 4권 233
양도(陽道) 1권 148, 298, 301, 317, 318, 4권 160, 164
양릉국방(襄陵麴方) 3권 253
양식[糧] 1권 143, 458, 485, 2권 105
양신죽(羊腎粥, 양콩팥죽) 1권 471
양어잡법(釀魚雜法) 3권 122
양원죽(養元粥, 원기보양죽) 1권 448
양육회방(羊肉膾方) 3권 80
양제갱방 2권 253
양즙죽(羊汁粥, 양죽) 1권 472
양지(釀池) 4권 79
양해잡법(釀蟹雜法) 3권 123
양행교법(羊䯒膠法) 3권 33
양허위약(陽虛痿弱) 4권 178
양홍간방(羊紅肝方) 3권 97
어겸병(禦歉餠) 2권 114
어만두(魚饅頭, 생선만두) 1권 511
어미죽(御米粥, 양귀비죽) 1권 452, 468
어방갈수방(御方渴水方) 2권 51
어부삼선(漁夫三鮮) 1권 520
어생회방(魚生膾方) 3권 81
어애옥관폐(御愛玉灌肺) 1권 397
어열(瘀熱) 1권 223
어육장(魚肉醬) 3권 119
어육장방(魚肉醬方) 3권 119
어장(魚醬) 3권 118
어장방(魚鮓方) 3권 118
어포자(魚包子, 생선포자) 1권 515
얼린 꿩회 3권 86
얼린 숭어회 3권 83
엄(醃) 2권 148
엄동채방(醃冬菜方) 2권 153
엄압란법(醃鴨卵法) 3권 136
엄어방(醃魚方) 3권 137
엄염구방(醃鹽韭方) 2권 155
엄와거방(醃萵苣方) 2권 164
엄장어육(醃藏魚肉) 3권 129
엄장웅소방(醃藏熊蔬方) 2권 168
엄장채(醃藏菜) 2권 148
엄조백채방(醃糟白菜方) 2권 166
엄함압란방(醃鹹鴨卵方) 3권 136
여국방(女麴方) 3권 253
여뀌누룩[蓼麴] 3권 253
여두(黎豆, 서목태) 1권 172, 374,

2권 142, 164
여러 죽의 효능(제죽식치, 諸粥食治) 1권 467
여복자(蘆菔鮓) 2권 196
여지장방(荔枝漿方) 2권 35
여지탕방(荔枝湯方) 2권 28
역절통(歷節痛) 4권 172
역절풍(歷節風) 4권 177
연계증법(軟鷄烝法) 3권 48
연근꿀조림 2권 73
연근설탕절임 2권 86
연근조림[煎藕] 2권 74
연급동통(攣急疼痛) 4권 176
연꽃누룩[蓮花麴] 3권 252
연꽃식초[蓮花醋] 3권 218
연밥설탕절임 2권 85
연밥탕 2권 26
연방어포(蓮房魚包, 연밥생선만두) 1권 520, 4권 230
연방포방(蓮房脯方) 2권 178
연엽양방(蓮葉釀方) 4권 84
연잎귤잎떡(동정의, 洞庭饐) 1권 426
연자분죽(蓮子粉粥, 연밥가루죽) 1권 468
연자전방(蓮子纏方) 2권 85
연자죽(蓮子粥, 연밥죽) 1권 456
연지(臙脂) 1권 501, 2권 77, 114, 4권 130
연첨만두(撚尖饅頭) 1권 514
연초법(研椒法) 3권 268
연화국방(蓮花麴方) 3권 252
연화초방(蓮花醋方) 3권 218
열구자탕(悅口子湯) 3권 57
열구자탕방(悅口子湯方) 3권 57
열기[熱] 1권 191, 202, 346, 363, 378, 4권 56, 63
열독(熱毒) 1권 162, 202, 256, 468
열병(熱病) 1권 181, 183, 258, 268, 279, 295, 302, 304, 305, 355, 4권 153, 173
열사[熱] 1권 209, 328
열탕(熱湯) 2권 22
열풍(熱風) 1권 164
염격방(鹽墼方) 3권 152
염두(捻頭) 2권 135
염탕(鹽湯) 1권 392, 467
엿[餳] 1권 473, 476
엿식초[餳餹醋] 3권 221
영(癭, 혹) 1권 141, 235
영기(癭氣) 4권 170
영롱박탁(玲瓏餺飥) 1권 507
영롱발어(玲瓏撥魚) 1권 507
영약(靈藥) 2권 122
영위(榮衛) 4권 28
영위(營衛, 영혈과 위기) 1권 146, 170, 171, 191, 196, 248, 265
영주방(酃酒方) 4권 86
영혈(榮血) 1권 136, 146
예(醴) 4권 27
예제(醴齊) 4권 26
오곡(五穀) 1권 143, 144, 163
오니당(烏膩糖) 4권 223
오두음(五豆飮) 1권 451
오랄초방(五辣醋方) 3권 271
오랑캐마떡(산약호병, 山藥胡餅) 1권 416
오로칠상(五勞七傷) 1권 280, 282, 301, 4권 161, 165
오리알장(압란장) 3권 121
오매탕 2권 28

오미(五味) 1권 257, 282, 283, 352, 353, 386, 450, 464, 492, 493, 495, 498, 500, 501
오미갈수방(五味渴水方) 2권 53
오미자갈수 2권 53
오미자꿀조림 2권 77
오미포방(五味脯方) 3권 100
오반(烏飯) 1권 373, 380, 381
오신반방(五辛盤方) 4권 190
오신채(五辛菜) 1권 185, 4권 190, 191, 221
오육방(奧肉方) 3권 132
오이김치 2권 228, 229
오이채만두 4권 208
오장(五臟) 1권 161, 292, 352, 4권 161, 166, 171
오제(五齊) 4권 26, 27, 74
오향당두(五香糖豆) 2권 89
오향소주방(五香燒酒方) 4권 140
오향채(五香菜) 2권 152
오호주방(五壺酒方) 4권 54
옥관폐(玉灌肺) 1권 397
옥산자(沃饊子) 1권 476
옥삼근갱방(玉糝根羹方) 2권 239
옥설탕방(沃雪湯方) 2권 31
옥수수떡(옥고량병, 玉高粱餠) 1권 440, 441
옥연병(玉延餠) 2권 115
옥연삭병(玉延索餠, 마국수) 1권 500, 504
옥이(玉珥) 1권 381, 387
옥정반(玉井飯) 1권 384
옥형성(玉衡星) 4권 220
온역(瘟疫) 2권 28
온조탕방(溫棗湯方) 2권 28
옹창(癰瘡) 1권 186
와만두(臥饅頭) 1권 514
와사(窩絲) 2권 96
와순구이 2권 261
와순자방(萵筍炙方) 2권 261
와순채방(萵筍菜方) 2권 250
완두(豌豆) 1권 481
완두장방(豌豆醬方) 3권 175
완두죽(豌豆粥) 1권 450
완두초(豌豆麨, 완두미숫가루) 1권 481
완비(緩痹) 4권 172
완비탄완(頑痹癱緩) 4권 176
완자탕(碗子湯) 3권 57
완자탕방(碗子湯方) 3권 57
완증양방(碗蒸羊方) 3권 36
왜미림주방(倭美淋酒方) 4권 125
왜백주방(倭白酒方) 4권 117
왜사당(倭絲糖) 2권 99
왜소주방(倭燒酒方) 4권 142
왜예주방(倭醴酒方) 4권 124
외감저방(煨甘藷方) 2권 121
외과(煨菓) 2권 61, 117
외랑병(外郎餠) 1권 428
외모과방(煨木瓜方) 2권 120
외율방(煨栗方) 2권 118
외죽순방(煨竹筍方) 2권 261
외증채(煨烝菜) 2권 260
요국방(蓼麴方) 3권 253
요산주법(拗酸酒法) 4권 146
요화산자(蓼花饊子) 2권 135
우갱제법(牛羹制法) 3권 28
우두초방(牛肚炒方) 3권 30
우란분병(盂蘭盆餠) 4권 231
우묵 2권 159, 168, 278
우미증방(牛尾烝方) 3권 29

우박탁(芋餺飥) 1권 506
우방포방(牛蒡脯方) 2권 177
우분죽(藕粉粥, 연근가루죽) 1권 457, 458, 461
우엉포 2권 177
우유죽(牛乳粥) 1권 446, 466, 472
우육과제(牛肉瓜虀) 3권 139
우육과제방(牛肉瓜虀方) 3권 139
우육증방(牛肉烝方) 3권 29
우육포방(牛肉脯方) 3권 91
우육회방(牛肉膾方) 3권 80
우장(芋漿) 2권 141
우죽(芋粥, 토란죽) 1권 468
우초자방 2권 194
우행교방(牛䯒膠方) 3권 30
우협적(牛脅炙, 소갈비구이) 만들기 (牛脅炙方) 3권 68
욱리인죽(郁李仁粥, 이스라지씨죽) 1권 471
원기[眞元] 1권 448
원소병(元宵餠) 1권 391, 4권 194, 228
위기(衛氣) 1권 136
위비(痿痹) 4권 160, 163, 166, 175
위장(胃腸) 1권 136, 144, 145, 147, 148, 152, 155, 158, 159, 166, 170, 171, 180, 187, 189, 202, 204, 205, 213, 215, 216, 222, 224, 225, 227, 230, 237, 244, 248, 251, 252, 253, 254, 264, 268, 271, 273, 277, 279, 282, 284, 289, 293, 301, 308, 330, 331, 340, 348, 356, 357, 363, 376, 381, 469, 471, 482, 2권 89
유(醹) 4권 27
유감설탕절임 2권 88
유과 2권 61, 132, 4권 223, 225
유단(乳團) 3권 246
유두(流頭) 4권 206
유두음(流頭飮) 4권 206
유두절(流頭節) 4권 206
유밀과(油蜜菓) 2권 132, 133
유병(乳餠, 치즈) 1권 519, 2권 265, 3권 36, 245, 4권 237
유병(油餠) 1권 276, 277, 388, 397, 420
유병류(油餠類) 1권 419
유부방(乳腐方) 3권 245
유선(乳線) 3권 246
유식(乳食, 유층떡) 1권 482
유엽구방(柳葉韭方) 2권 254
유엽병방(楡葉餠方) 4권 202
유음(流飮) 1권 216
유인장방(楡仁醬方) 3권 179
유자꿀조림 2권 72
유자장 2권 37
유자차방(柚子茶方) 2권 48
유자포 2권 107
유전(乳田) 1권 481
유전고(楡錢糕) 4권 202
유전채(油煎菜) 2권 268
유즙[酪] 1권 206, 304, 520
유채 2권 174, 175
유채씨기름[蕓薹油] 3권 229
유채죽(油菜粥) 1권 469
유포방(柚脯方) 2권 107
유하주방(流霞酒方) 4권 46
유행성 질환[天行病] 1권 217
유협아(油餗兒) 1권 414
유화명주(油畫明珠) 4권 193
육병(肉餠) 1권 414
육생방(肉生方) 3권 79
육선죽(六仙粥, 여섯재료죽) 1권 458

육음(六飮) 2권 22
육자방(肉鮓方) 3권 107
육장(肉醬) 3권 117
육장방(肉醬方) 3권 117
육조방(六條方) 3권 272
육청(六淸) 2권 22
육포총방(肉脯總方) 3권 89
육향초(六香麨, 6향미숫가루) 1권 482
율건방(栗乾方) 2권 107
율당(栗餹) 1권 477
율면(栗麪, 밤국수) 1권 495
율자죽(栗子粥, 밤죽) 1권 455, 468
율추숙수방(栗皺熟水方) 2권 59
음료[飮淸] 1권 277, 486, 487, 2권 21, 22, 33, 40, 51, 52, 56, 70
음물(陰物) 1권 175, 240, 327, 2권 55
음부 질환[癀疾] 1권 234
음식[調鼎] 2권 103
음저(飮儲) 4권 183
음주방병법(飮酒防病法) 4권 181
음주불취법(飮酒不醉法) 4권 181
음주즉취법(飮酒卽醉法) 4권 182
음핵(陰核, 음낭 부위) 1권 178
음허(陰虛) 1권 221, 4권 177
음혈(陰血) 1권 223
의(饐) 1권 426
의가(醫家) 1권 162
의이인죽(薏苡仁粥, 율무죽) 1권 468
의이죽(薏苡粥, 율무죽) 1권 451
의장실미방(醫醬失味方) 3권 166
의초실미법(醫醋失味法) 3권 223
이(酨) 4권 26, 27
이(酏) 1권 445, 4권 26
이(餌) 1권 387, 388, 391, 2권 132
이(粦) 1권 445
이강고방(梨薑膏方) 4권 132
이건방(李乾方) 2권 103
이과(餌菓) 2권 136
이당(飴餳) 1권 414, 473, 2권 71, 4권 223
이당초방(餳餹醋方) 3권 221
이롱(耳聾) 4권 175
이류(餌類) 1권 398
이명(耳鳴) 4권 175
이모노주방(耳麰露酒方) 4권 135
이빨자국무늬[齒花] 1권 410
이식(酏食) 1권 390
이양(異釀) 4권 96
이자방(鯉鮓方) 2권 262, 3권 110
이즙죽(鯉汁粥, 잉어죽) 1권 472
이초(李麨, 자두미숫가루) 1권 486
이품(異品) 4권 183
이품(膩品) 4권 183
이화방(梨花方) 2권 105
인삼당(人蔘糖) 2권 99, 101
인염방(印鹽方) 3권 149
인유향방(麟乳香方) 4권 52
인절미[引切餠] 1권 147, 391, 398, 399, 4권 109
일료백당방(一了百當方) 3권 140
일일주방(一日酒方) 4권 100
임금갈수방(林檎渴水方) 2권 52
임금초(林檎麨, 능금미숫가루) 1권 486
임두(飠今頭) 2권 132
임산부[孕婦] 1권 224, 2권 249
입냄새[口臭] 1권 193, 257
잉어수정회(鯉魚水晶膾) 3권 84
잉어수정회방(鯉魚水晶膾方) 3권 84
잉어식해(鯉鮓, 이자) 3권 110, 111
잉어젓갈[鯉魚鮓] 1권 169, 216, 329

ㅈ

자(餈) 1권 387, 391, 490
자가방(煮茄方) 2권 246
자개람방(煮芥藍方) 2권 257
자개방(煮芥方) 2권 243
자건납채방(煮乾臘菜方) 2권 171
자견육방(煮犬肉方) 3권 38
자결명방(煮決明方) 2권 256
자경어이연법(煮硬魚易軟法) 3권 27
자경육이연법(煮硬肉易軟法) 3권 25
자계방(炙鷄方) 3권 73
자계방(煮鷄方) 3권 44
자계압란방(炙鷄鴨卵方) 3권 76
자국묘방(煮菊苗方) 2권 245
자궁(子宮) 1권 219, 349
자납두채방(煮臘豆菜方) 2권 258
자녹육방(炙鹿肉方) 3권 71
자녹육방(煮鹿肉方) 3권 42
자두말랭이 2권 103
자두방(煮豆方) 4권 203
자려마육방(煮驢馬肉方) 3권 44
자류(餈類) 1권 402
자리방(煮鯉方) 3권 50
자마작방(炙麻雀方) 3권 75
자밤 1권 451, 2권 46, 118
자복방(炙鰒方) 3권 77
자사단(煮沙團) 1권 436
자소숙수방(紫蘇熟水方) 2권 57
자소채방(煮巢菜方) 2권 244
자순방(炙鶉方) 3권 75
자심방(煮蕈方) 2권 238
자아압방(煮鵝鴨方) 3권 49
자아저방(炙兒猪方) 3권 70
자안방(煮鴈方) 3권 50
자압안방(炙鴨雁方) 3권 76
자양육방(炙羊肉方) 3권 69
자양육방(煮羊肉方) 3권 31
자어총법(炙魚總法) 3권 64
자어총법(煮魚總法) 3권 26
자염두방(煮鹽豆方) 2권 258
자우방(煮芋方) 2권 247
자우육방(炙牛肉方) 3권 64
자우육방(煮牛肉方) 3권 28
자웅장법(煮熊掌法) 3권 43
자육총법(煮肉總法) 3권 22
자잡채(煮牒菜) 2권 236
자장육방(炙獐肉方) 3권 72
자저엽방(煮藷葉方) 2권 249
자저육방(炙猪肉方) 3권 70
자저육방(煮猪肉方) 3권 37
자제방(煮薺方) 2권 242
자주법(煮酒法) 4권 37
자즉방(炙鯽方) 3권 76
자즉방(煮鯽方) 3권 51
자진육방(煮陳肉方) 3권 25
자진육불염법(煮陳肉不蘞法) 3권 25
자채(鮓菜) 1권 233, 2권 192
자청어방(炙青魚方) 3권 77
자치방(炙雉方) 3권 74
자토육방(炙兎肉方) 3권 72
자토육방(煮兎肉方) 3권 43
자하해방(紫蝦醢方) 3권 115
자합방(炙蛤方) 3권 78
자해방(炙蟹方) 3권 78
자해방(煮蟹方) 3권 55
자해염방(煮海鹽方) 3권 147
작율방(嚼栗方) 4권 195
작절(嚼癤) 4권 195
잔(醆) 4권 26
잔소육방(剗燒肉方) 3권 63

잡곡밥[雜飯] 1권 373
잡곡주방(雜穀酒方) 4권 59
잡과반방(雜果飯方) 4권 192
잡함두자(雜餡兜子) 1권 516
잣기름[海松子油] 3권 232
잣떡(송자병, 松子餅) 1권 414, 415
잣밀떡 2권 93
잣술 4권 91, 92
잣호두탕 2권 25
잣후추지짐 2권 270
장(漿) 2권 21, 22, 33, 40, 51, 140
장(腸) 1권 215, 296
장·식초 등에 담근 게장 3권 125
장강순방(醬薑筍方) 2권 214
장개방(藏芥方) 2권 158
장과가방(醬瓜茄方) 2권 206
장만초방(醬蠻椒方) 2권 214
장벽(腸澼, 이질) 1권 161, 253
장복조법(長鰒造法) 3권 104
장사삼방(醬沙參方) 2권 215
장수(漿水, 좁쌀죽 웃물) 1권 145, 231, 243, 335
장수방(漿水方) 2권 33
장아찌[香物] 2권 193, 195, 3권 157, 260
장염방(藏鹽方) 3권 152
장위(腸胃, 장과 위) 1권 148, 155, 156, 157, 162, 165, 172, 175, 192, 194, 197, 211, 230, 239, 246, 256, 257, 261, 262, 266, 289, 301, 334, 361, 451, 468, 3권 25
장유(醬油) 2권 107, 124, 3권 178, 228
장자총방(醬紫蔥方) 2권 215
장초해(醬醋蟹) 3권 125
장포법(醬脯法) 3권 93
장학(瘴瘧) 1권 140
장해(醬蟹) 3권 126
장해내국법(醬蟹內局法) 3권 127
장황(餦餭, 엿) 1권 473, 2권 134, 137, 206, 207, 208, 209
저반(藷飯, 고구마밥) 1권 385
저신죽(猪腎粥, 돼지콩팥죽) 1권 471
저육수정회방(猪肉水晶膾方) 3권 81
저육포방(猪肉脯方) 3권 95
저장채(菹藏菜) 2권 150
저채 2권 223
적괴(積塊) 1권 159
적두죽방(赤豆粥方) 4권 215
적병(積病) 4권 131
적선소주방(謫仙燒酒方) 4권 133
적소두죽(赤小豆粥, 팥죽) 1권 467
적체(積滯) 1권 146, 165
적취(積聚) 1권 147, 213, 224, 229, 240, 256, 306, 309, 328, 2권 127
전간(癲癎) 1권 302, 304, 4권 161
전병(煎餅) 1권 402, 429, 504
전복김치 2권 234
전복맛을 낸 우렁이국 3권 57
전복포(건복) 3권 103, 104
전복회 3권 86
전약방(煎藥方) 4권 216
전염병[天行病] 1권 223, 224, 296, 299, 305, 328, 349, 2권 28
전오지류(煎熬之類) 1권 443
전주(全州) 2권 210, 212
전천초방(煎川椒方) 2권 268
절구질 1권 162, 402
절물(節物) 4권 200, 220
절식(節食) 2권 137, 4권 185, 186, 190, 192, 193, 195, 197, 199, 202, 204, 206, 207, 209, 210, 211, 215, 218,

220, 229, 232, 236
절주방(切酒方) 4권 129
점과(黏果) 2권 132, 133
정(錠) 2권 41, 87, 106, 115, 3권 151
정(飣) 2권 133
정각아(水晶角兒) 1권 515
정과(正果) 2권 62
정기(精氣) 1권 194, 232, 288, 298, 304, 308, 326, 347, 363, 457, 468, 4권 164, 170, 177
정수(精髓, 골수) 1권 171, 208, 277, 301, 317, 318, 357, 2권 26, 4권 160, 165, 166, 179
정염방(錠鹽方) 3권 151
정자방(蟶鮓方) 3권 115
정향숙수방(丁香熟水方) 2권 58
제(醍) 4권 27
제(齏) 2권 196, 197, 223
제라각아(饠角兒) 1권 419
제수방(齏水方) 2권 34
제제(醍齊) 4권 26
제채(齏菜) 2권 196, 223
제채죽(薺菜粥, 냉이죽) 1권 469
제호방(醍醐方) 3권 244
제호탕방(醍醐湯方) 4권 204
조각(糙角) 1권 403
조강방(糟薑方) 2권 157
조강초방(造糠醋方)
조고(棗膏) 2권 104
조고반(凋菰飯) 1권 383
조과가방(糟瓜茄方) 2권 161
조교(棗膠) 2권 104, 115
조나복방(糟蘿菔方) 2권 159
조락방(造酪方) 3권 233
조림[煎果] 2권 72
조만두(糟饅頭, 술지게미만두) 1권 518
조무이법(造蕪荑法) 3권 268
조미죽(棗米粥, 대추죽) 1권 454
조밥[粟飯] 1권 376, 384, 2권 33
조부본방(造腐本方) 4권 32
조산방(糟蒜方) 2권 165
조생종(早生種) 1권 144
조양(棗瓤) 2권 104
조얼방(造糱方) 3권 261
조열(躁熱) 1권 163
조유(棗油, 대추미숫가루) 1권 483, 487, 2권 104, 115
조유떡 2권 115
조유정방(棗油錠方) 2권 115
조자즙(燥子汁) 1권 508
조장금충방(造醬禁蟲方) 3권 181
조장물료방(造醬物料方) 3권 160
조장채방(糟藏菜方) 2권 154
조장치염법(造醬治鹽法) 3권 180
조제(造齏) 2권 198
조주본방(造酒本方) 4권 32
조죽(棗粥) 1권 455
조증저두법(糟烝猪肚法) 3권 37
조청(造淸) 3권 263
조청[飴] 1권 473, 474
조초방(棗醋方) 3권 218
조초방(糟醋方) 3권 211
조초의기(造醋宜忌) 3권 223
조포(棗脯) 2권 104
조포방(棗脯方) 2권 104
조해(糟蟹) 3권 125, 127
조화(造化) 1권 144, 155, 156, 163, 169, 170, 171, 177, 196, 198, 204, 205, 209, 212, 224, 242, 248, 257, 267, 274, 275, 279, 284, 320, 329,

330, 347, 352, 359, 363, 463, 469, 470, 486, 488, 4권 28, 29, 65, 161, 163, 168
족미차방(足味茶方) 2권 40
졸심통(卒心痛) 1권 145
주(酎) 4권 27
주기(疰氣) 1권 223
주두시방(酒豆豉方) 3권 189
주령(酒令) 4권 64
주배(酒醅) 1권 404, 440, 4권 49
주성(酒星) 4권 22, 24
주어포방(酒魚脯方) 3권 103
주엄하방(酒醃蝦方) 3권 128
주오(疰忤) 4권 167
죽(鬻) 1권 444
죽기(竹器) 1권 214
죽대떡 2권 116
죽력고방(竹瀝膏方) 4권 131
죽력생강 2권 126
죽순구이 2권 261, 272
죽순꿀조림 2권 78
죽순자방(竹筍鮓方) 2권 193
죽실반(竹實飯) 1권 386
죽엽청방(竹葉淸方) 4권 84
죽엽춘방(竹葉春方) 4권 52
죽엽탕죽(竹葉湯粥) 1권 471
죽통주방(竹筒酒方) 4권 98
준순장방(逡巡醬方) 3권 165
준치 삶기 3권 53
중계(中桂) 2권 143
중구(重九) 4권 211, 234
중국장방(中國醬方) 3권 168
중삼절(重三節) 4권 199, 211
중생종(中生種) 1권 144
중오(中惡) 4권 167, 226
중월(仲月) 1권 500
중화(中和) 1권 144, 149
중화절(中和節) 4권 197, 198
즉어죽(鯽魚粥, 붕어죽) 1권 465
증건무청방(蒸乾蕪菁方) 2권 173
증건채방(烝乾菜方) 2권 169
증병(蒸餠) 1권 391, 437, 439, 440
증시방(蒸鰣方) 3권 53
지마장방(芝麻醬方) 3권 178
지주방(地酒方) 4권 99
지짐떡(유전병, 油煎餠) 1권 402, 403
지황고자탕방(地黃膏子湯方) 2권 30
지황죽(地黃粥) 1권 464
지황탕 2권 30
진감병(眞甘餠) 1권 408, 409
진군죽(眞君粥, 살구죽) 1권 456
진액(津液) 1권 168, 245, 248, 252, 254, 255, 288, 446, 447, 495
진자죽(榛子粥, 개암죽) 1권 463
진주면(眞珠麪) 1권 497
진한 우유즙[牛乳酪] 1권 224
진한 유즙[酪] 1권 206, 303, 304, 503, 520
집성향방(集聖香方) 4권 120
징가(癥瘕) 1권 274, 275, 344, 2권 127
징결(癥結) 4권 179

ㅊ

차(茶) 2권 21, 39
차(醝) 4권 27, 118
차고(搽糕) 1권 394, 395
차륜병방(車輪餠方) 4권 204
차싹 2권 39, 170
차조기숙수 2권 56
차조기씨기름[紫蘇子油] 3권 230

차조기탕 2권 29
차좁쌀신초[秫米神酢] 3권 197, 198
착지마유방(榨脂麻油方) 3권 226
참깨장[芝麻醬] 3권 178
참깨즙[麻泥汁] 1권 520
참깨즙장탕[芝麻汁醬湯] 1권 496
참새식해(황작자) 3권 116
참새장(작장) 3권 118
참새전 4권 219
참외씨기름[甜瓜子油] 3권 231
참조개장 3권 121
찹쌀떡[糯餠] 1권 420, 423
찹쌀식초[糯米醋] 3권 201
찹쌀튀밥[糯花] 2권 139
창(瘡, 종기) 1권 187, 241, 270, 314, 320, 333, 363
창개(瘡疥) 1권 168, 223, 236, 315, 329, 342, 362
창면(暢麪, 녹두국수) 1권 493
창병(瘡病) 1권 184, 219, 222, 224
창출탕 2권 27
창포식초[菖蒲醋] 3권 219
창포초방(菖蒲醋方) 3권 219
채과두시[瓜豉] 3권 193
채상방(菜羹方) 2권 184
채소(채류, 菜類) 1권 175, 176, 179, 185, 190, 193, 196, 198, 204, 205, 216, 218, 219, 230, 235, 265, 325, 350, 374, 383, 389, 405, 412, 419, 467, 489, 496, 498, 504, 511
채탕(菜湯) 2권 240
천계(天癸) 4권 28
천금초(千金麨, 천금미숫가루) 1권 483
천리육(千里肉) 3권 98
천리육방(千里肉方) 3권 98
천리주방(千里酒方) 4권 142
천리초방(千里醋方) 3권 222
천리포방(千里脯方) 3권 91
천지(天地) 1권 144, 311
천초지짐 2권 268
천추고(千搥膏) 2권 43
천태홍주방(天台紅酒方) 4권 109
천화면(天花麪, 하늘타리국수) 1권 494
첨면장(甜麪醬) 3권 177
첨식(甜食) 2권 90, 92
첨취포(甜脆脯) 3권 98
첨취포방(甜脆脯方) 3권 98
청각지짐 2권 272
청감주방(淸甘酒方) 4권 124
청과정(靑瓜丁) 2권 186
청두장방(靑豆醬方) 3권 161
청량음료 2권 21, 51
청량죽(靑粱粥, 차조죽) 1권 448
청명주방(淸明酒方) 4권 73, 75
청모죽(靑麰粥, 푸른쌀보리죽) 1권 452
청서주방(淸暑酒方) 4권 96
청어젓갈(청어해) 3권 112, 113
청어해방(靑魚醢方) 3권 112
청정건석신반법(靑精乾石餛飯法) 1권 379
청정반(靑精飯) 1권 373, 379, 381
청주(淸酒) 2권 104, 4권 26, 36, 37, 96, 121, 128, 149, 151, 162
청즙(淸汁) 1권 501
청천백석차방(淸泉白石茶方) 2권 44
청포방(靑泡方) 2권 277
청품(淸品) 4권 183
초(麨) 1권 480
초강방(醋薑方) 2권 216
초계법(炒鷄法) 3권 47

초과방(醋瓜方) 2권 216
초면법(炒麪法) 2권 92
초산방(醋蒜方) 2권 216
초저방(椒菹方) 3권 268
초포방(蕉脯方) 2권 177
촌백충(寸白蟲) 1권 212, 295, 315
촌충[寸白蟲] 1권 153
총계탕법(蔥鷄湯法) 3권 47
총시죽(蔥豉粥, 파된장죽) 1권 470
총자방(蔥炙方) 2권 263
추(餢) 1권 439
추모주방(秋麰酒方) 4권 121
추사(秋社) 2권 75
추사반(秋社飯) 4권 224, 232, 233
추사일(秋社日) 3권 201, 204, 4권 232
춘견(春繭) 1권 514
춘근혼돈(참죽나무뿌리혼돈, 椿根餛飩) 1권 434
춘병(春餠) 1권 405
춘사반(春社飯) 4권 224
춘주방(春酒方) 4권 70
출미신초방(秫米神酢方) 3권 197
충닉(蟲䘌, 벌레 먹는 병) 1권 206
충치[䘌齒] 1권 193, 248, 249, 251, 263, 273, 314, 365
취루면(翠縷麪, 회화나무잎칼국수) 1권 505
취류지류(炊餾之類) 1권 510, 4권 235
취팔선 만들기 3권 84
취팔선방(聚八仙方) 3권 84
취포방(脆脯方) 3권 101
측백잎차 2권 49
측백탕 2권 31
치건방(雉乾方) 3권 99
치노주화염법(治露酒火焰法) 4권 150
치다수주법(治多水酒法) 4권 150
치만두(雉饅頭, 꿩만두) 1권 511
치산박주작호주방(治酸薄酒作好酒方) 4권 149
치주미변방(治酒味變方) 4권 148
치주불배법(治酒不醅法) 4권 146
치질[病痔] 1권 186, 187, 205, 227, 231, 238, 265, 266, 269, 289, 230, 314, 316, 321, 364
칠보권전병(七寶捲煎餠) 1권 413
칠석주방(七夕酒方) 4권 79
칠일주방(七日酒方) 4권 104
칠초방(七醋方) 3권 202
칠향계법(七香鷄法) 3권 47
침제(沈齊) 4권 26
침향숙수방(沈香熟水方) 2권 57

ㅋ

카스테라 2권 98
콩경단[黃豆瓊團] 1권 433
콩기름[黃白大豆油] 3권 229
콩설탕절임 2권 89
콩자반 2권 269
콩장[豆醬] 1권 305, 318, 355

ㅌ

타봉각아(駝峯角兒) 1권 418
탁장면(托掌麪) 1권 503
탕(湯) 2권 21, 22, 40, 51
탕면(湯麪) 1권 500
탕면(盪麪) 1권 440, 500
탕병(湯餠) 1권 388, 391, 498, 500, 501, 509
탕병방(湯餠方) 4권 186
탕음(湯飮) 2권 56

탕중뢰환(湯中牢丸) 1권 389, 391
탕탄매(湯綻梅) 2권 22
탕평채방(蕩平菜方) 4권 201
탕폐방(湯肺方) 3권 35
태(胎, 태반) 1권 224, 3권 32
토(土) 1권 160, 170, 271, 279, 329, 365
토끼장(토장) 3권 118
토란구이 2권 120
토란떡(우병, 芋餠) 1권 410, 411
토란떡(토지병, 土芝餠) 1권 409
토용(土用) 2권 180, 3권 272
토율아(土栗雅) 2권 120
토장(土醬) 1권 496
토지단방(土芝丹方) 2권 120
통신병방(通神餠方) 2권 273

ㅍ
파구이 2권 263
파릉채죽(菠薐菜粥, 시금치죽) 1권 469
파죽(破粥) 1권 447
파초포[蕉脯] 2권 177, 178
팔미차(八味茶) 1권 386
팥경단[小豆瓊團] 1권 433
팥고물꿀떡(함밀병, 餡蜜餠) 1권 420, 421, 423
팥단자[小豆團餈] 1권 432
팥시루떡[小豆甑餠] 1권 393
팥장[小豆醬] 3권 174, 175
팥죽 1권 467, 4권 215, 216, 238
팽리법(烹鯉法) 3권 50
편추(偏墜) 4권 168
평사(評事) 2권 111
평수법(抨酥法) 3권 241
평좌대만두(平坐大饅頭, 발효만두) 1권 512, 515
평좌소만두(平坐小饅頭) 1권 514
폐(肺) 1권 352, 397
포(脯) 2권 102, 169, 3권 88
포(餔) 1권 473
포과(脯菓) 2권 61, 102
포도갈수방(葡萄渴水方) 2권 54
포도꿀조림 2권 67
포도소주방(葡萄燒酒方) 4권 141
포도주방(葡萄酒方) 4권 93
포도차방(葡萄茶方) 2권 48
포석(脯腊) 3권 88, 4권 232
포순자방(蒲筍鮓方) 2권 194
포양방(抱釀方) 4권 99
포어(鮑鰛) 1권 390
포육(苞肉, 풀로 싸놓은 고기) 3권 133
포육방(苞肉方) 3권 133
포자(包子) 1권 515
포황(蒲黃) 2권 112, 113
풍(風) 1권 146, 149, 164, 298, 313, 2권 252
풍기(風氣) 1권 144, 161, 162, 163, 168, 191, 192, 217, 225, 313, 337, 346, 506, 2권 106
풍랭(風冷) 1권 188, 267
풍병(風病) 1권 147, 300, 313, 329, 334
풍비(風痹) 4권 158, 164, 172
풍사(風邪) 1권 173, 209, 267, 328, 361, 4권 84, 165, 175
풍사[風] 1권 146, 173, 201, 209, 267, 313, 328, 361
풍선(風癬) 4권 167
풍소병(風消餠) 1권 404, 405
풍어방(風魚方) 3권 102
풍열(風熱) 1권 328, 4권 174

풍진(風疹) 4권 167
풍질(風疾) 4권 169
풍채방(風菜方) 2권 171
풍토병[水土病] 1권 190, 2권 266
풍허(風虛) 1권 284, 4권 159, 168, 171
피첨(皮尖) 2권 25, 28, 35
필라(饆饠) 1권 510, 4권 198

ㅎ

하고(河鼓) 4권 23
하눌타리씨기름[瓜蔞子油] 3권 231
하늘[天] 1권 136, 143, 144, 277, 311, 346, 374
하돈갱(河豚羹) 3권 54
하돈갱방(河豚羹方) 3권 54
하동이백주방(河東頤白酒方) 4권 112
하삼청방(夏三淸方) 4권 102
하어순두(鰕魚筍兜) 1권 518
하연두자(荷蓮兜子, 연만두) 1권 519
하엽청방(荷葉淸方) 4권 84
하월수육법(夏月收肉法) 3권 134
하월작어자방(夏月作魚鮓方) 3권 109
하지(夏至) 1권 189
하추죽(河樞粥, 말린생선죽) 1권 465, 466
하추포(河樞脯) 1권 465
하향주방(荷香酒方) 4권 54
하화만두(荷花饅頭) 1권 514
학병(瘧病) 1권 223
한구(寒具) 2권 132, 133, 134, 135, 136, 137, 138, 4권 225
한림원(翰林院) 2권 56
한습(寒濕) 2권 28
한식(寒食) 2권 137, 4권 123, 224, 225
한열(寒熱) 1권 148, 171
한정록(閑情錄) 2권 261
함시방(鹹豉方) 3권 186
함채(鹹菜) 2권 171
합해방(蛤醢方) 3권 113
합회방(蛤膾方) 3권 86
해대전방(海帶煎方) 2권 271
해백주산법(解白酒酸法) 4권 148
해백죽(薤白粥, 염교죽) 1권 470
해생방(蟹生方) 3권 87
해송자죽(海松子粥, 잣죽) 1권 459
해아향차방(孩兒香茶方) 2권 41
해자(醢鮓) 3권 106, 112, 117
해황두자(蟹黃兜子, 게살만두) 1권 517
핵도주방(核桃酒方) 4권 92
햅쌀밥의 독 제어하기(취신도제독법, 炊新稻制毒法) 1권 377
햇곡식[新穀] 1권 145
행락탕방(杏酪湯方) 2권 25
행인지짐 2권 269
행주두부방(行廚豆腐方) 2권 277
행초(杏麨, 살구미숫가루) 1권 485
행포방(杏餔方) 2권 102
향당갈수방(香糖渴水方) 2권 54
향두방(香頭方) 3권 267
향설주방(香雪酒方) 4권 55
향소탕방(香蘇湯方) 2권 29
향애단자방(香艾團餈方) 4권 200
향약(香藥) 2권 22, 33, 51, 56, 122, 169, 184
향양(香釀) 4권 81
향온주방(香醞酒方) 4권 43
향을 낸 우렁이국 3권 56
향채(香菜) 2권 152, 184, 280
향포저방(香蒲菹方) 2권 233
향화숙수방(香花熟水方) 2권 58

허로(虛勞) 1권 211, 253, 283, 331, 332, 339, 464, 472, 3권 33, 4권 169
허로부족(虛勞不足) 4권 177
허손(虛損) 1권 338, 347, 452, 472
허종(虛腫) 1권 223
허창(虛脹, 헛배가 부른 증상) 1권 220
헌생자(獻生子) 4권 198
현각(蜆殼) 2권 76, 242, 4권 187
현명(玄冥) 4권 236
현벽(痃癖) 1권 294, 332, 2권 127
혈맥(血脈) 1권 144, 153, 163, 194, 196, 198, 267, 294, 297, 301, 309, 354, 361, 4권 156, 161, 163, 164
혈식(血食) 1권 381
혈장갱(血臟羹) 3권 35
협아(兒) 1권 414
형개당방(荊芥糖方) 2권 87
형개설탕절임 2권 87
형개수탕 2권 31
혜즙동과방(醯汁冬瓜方) 2권 222
호(餬) 1권 445
호과저방(胡瓜菹方) 2권 228
호귀(豪貴) 2권 60, 83
호도죽(胡桃粥, 호두죽) 1권 463
호두기름[胡桃仁油] 3권 232
호두술 4권 92
호두지짐 2권 269
호라복자방(胡蘿菔鮓方) 2권 192
호라복제방(胡蘿菔虀方) 2권 202
호라복죽(胡蘿菖粥, 당근죽) 1권 469
호로(葫蘆) 2권 179
호로가건방(葫蘆茄乾方) 2권 179
호마죽(胡麻粥, 참깨죽) 1권 471
호박구이 2권 264
호박당(琥珀糖) 2권 99
호산춘방(壺山春方) 4권 58
호시(弧矢) 4권 23
호유제방(胡荽虀方) 2권 201
호증방(壺烝方) 2권 265
호초죽(胡椒粥, 후추죽) 1권 471
혼돈(餛飩) 1권 389, 391, 434, 4권 236
혼돈류(餛飩類) 1권 437
혼돈반(渾沌飯) 1권 382
혼돈병(渾沌餅) 1권 430, 431
혼백[魂魄] 1권 183, 280
홍국방(紅麴方) 3권 257
홍귤꿀조림 2권 72
홍릉담(紅綾餤) 1권 390
홍사면(紅絲麪, 새우국수) 1권 505, 506
홍산자(紅饊子) 2권 135
홍염두방(紅鹽豆方) 3권 194
홍옥병(紅玉餅) 2권 114
홍합리장방(紅蛤蜊醬方) 3권 121
홍화씨기름[紅藍子油] 3권 230
홍화자방(紅花子方) 3권 271
화(火) 1권 160, 255, 258, 260, 271, 279, 311, 324, 329, 358, 363, 364, 365, 2권 129
화갱(花羹) 1권 496
화고(花糕) 1권 391, 4권 211
화기(火氣) 1권 184, 185, 188, 222, 249, 265, 268, 271
화면(花麪, 진달래국수) 1권 498, 499
화염방(花鹽方) 3권 149
화전고(花煎糕) 1권 402
화초죽(花椒粥, 산초죽) 1권 471
화향입주법(花香入酒法) 4권 89
환병(環餅) 2권 132, 136
환자(宦者) 4권 23
황달(黃疸) 1권 222, 275, 299

황미주(黃米酒) 1권 154
황밀떡 2권 94
황옥떡(황옥병, 黃玉餠) 1권 427
황윤(黃閏) 2권 94
황작만두(黃雀饅頭, 참새고기만두) 1권 518
황작자방(黃雀鮓方) 3권 116
황작전방(黃雀煎方) 4권 219
황적병(黃積病) 1권 149
황정병방(黃精餠方) 2권 116
황정죽(黃精粥, 죽대뿌리죽) 1권 463
황증(黃烝) 3권 170, 171, 172, 187, 254, 255, 256
황화채방(黃花菜方) 2권 251
회남왕(淮南王) 2권 276
회향죽(茴香粥) 1권 471
회회(回回) 해라시(海螺厮) 3권 140
회회권전병(回回捲煎餠) 1권 412, 413
회회해라시방(回回海螺廝方) 3권 140
효면(酵麪) 1권 440
훈채(葷菜) 1권 193, 504, 505, 509
흉격(胸膈, 가슴 부위) 1권 196, 198, 206, 213, 217, 243, 244, 256, 448, 469, 471, 2권 46, 47, 60
흉년[歉歲] 2권 114, 116, 278
흑당(黑餹) 1권 474, 477
흑두당(黑豆餹, 검은콩엿) 1권 477
흑두초방(黑豆炒方) 2권 269
흑밀떡 2권 94
흑윤(黑閏) 2권 94
흑임자다식 2권 113

인명

ㄱ

가공언(賈公彦) 1권 390
가규(賈逵) 1권 445
가사도(賈似道) 4권 155
가사협(賈思勰) 2권 136
가패란(賈佩蘭) 4권 213
고야왕(顧野王) 1권
공공씨(共工氏) 4권 215
공영달(孔穎達) 1권 444, 3권 61
관휴(貫休) 2권 59, 254
구양수(歐陽修) 1권 388
굴원(屈原) 4권 227
기모민(綦毋旻) 2권 39
김씨(金氏) 2권 249
김장순(金長淳) 1권 385, 3권 166

ㄴ

나원(羅願) 1권 154
나천익(羅天益) 1권 196
노심(盧諶) 1권 487
노화(盧和) 1권 171

ㄷ

단성식(段成式) 1권 389
도잠(陶潛) 2권 111
도제(道濟) 2권 272
도홍경(陶弘景) 1권 272, 379, 2권 231, 3권 153
도화(陶華) 1권 167
동노(東魯) 2권 251
동봉(董奉) 1권 456
동월(董越) 4권 200
동훈(董勛) 4권 230

두강(杜康) 4권 23, 24
두백(杜伯) 4권 24
두보(杜甫) 1권 383, 2권 59, 137, 241, 254, 4권 190, 235
두평(竇苹) 4권 25, 26

ㅁ
맹선(孟詵) 1권 154, 166
명찬(明瓚) 2권 260
목련비구(目連比邱) 4권 232
묘제화상(妙齊和尙) 1권 447
무규(武珪) 4권 204
무이군(武夷君) 1권 465
무제(武帝) 4권 24
문익점(文益漸) 2권 83

ㅂ
방덕원(方德遠) 3권 66
방이지(方以智) 1권 379
백거이(白居易) 2권 196, 241
범성대(范成大) 4권 223, 238

ㅅ
사경휴(謝景休) 2권 39
사마광(司馬光) 1권 490
상민중(向敏中) 1권 435
상항설(向杭雪) 1권 435
서개(徐鍇) 1권 387, 399
서광계(徐光啓) 4권 95, 141
서광계(徐光啟) 3권 151, 172
서성(徐渻) 4권 66
서유구(徐有榘) 1권 138, 145, 150, 374, 400, 491, 2권 291
석성금(石成金) 1권 145, 164, 166, 169, 176, 183, 190, 192, 193, 217, 220, 222, 226, 233, 245, 250, 255, 261, 266, 273, 288, 329, 348, 357
선왕(宣王) 4권 24
섭정규(葉廷珪) 4권 195
소곡(巢谷) 2권 244
소공(蘇恭) 2권 111
소송(蘇頌) 1권 164, 263
소식(蘇軾) 1권 272, 2권 24, 39, 236, 239, 242, 244, 3권 182, 4권 65
소자진(蕭子眞) 1권 225
소지왕(炤智王) 4권 192
소철(蘇轍) 2권 239
손사막(孫思邈) 1권 160, 221, 260, 494
손초(孫楚) 4권 225
송우(宋宇) 2권 148
송응창(宋應昌) 4권 227
숙사(宿沙) 3권 146
신농(神農) 2권 39, 104, 247, 4권 23
심괄(沈括) 1권 379, 2권 40

ㅇ
안돈복(晏敦復) 1권 423
안영(晏嬰) 2권 39
안정군왕(安定郡王) 4권 190
안주(顔籀) 1권 444
양만리(楊萬里) 1권 459, 2권 66
양수(羊琇) 4권 99
여두눌(勵杜訥) 1권 374
여여경(呂餘慶) 2권 260
오복고(吳復古) 1권 448
오서(吳瑞) 1권 492
왕계선(王繼先) 1권 394
왕군영(王君榮) 4권 227
왕석(王碩) 2권 128
왕정(王禎) 2권 70, 103, 105, 251

왕호고(王好古) 4권 29
요(堯) 4권 22
요관(姚寬) 2권 59
우(禹) 4권 22
원강(元絳) 1권 426
위거원(韋巨源) 1권 390, 4권 193, 208
유기(劉跂) 2권 128
유몽인(柳夢寅) 4권 227
유안(劉安) 2권 276
유우석(劉禹錫) 1권 434, 2권 196
유종원(柳宗元) 4권 231
유희(劉熙) 1권 473, 2권 180, 3권 79
육가(陸賈) 2권 134
육기(陸璣) 2권 255
육우(陸羽) 1권 139
육유(陸遊) 4권 186
육홰(陸翽) 4권 224
의적(儀狄) 4권 22, 23
이광예(李匡乂) 1권 388
이백(李白) 3권 44
이붕비(李鵬飛) 1권 153, 337, 345
이수광(李晬光) 4권 193
이시진(李時珍) 1권 492, 2권 134, 3권 254
이천(李梴) 2권 50
인종(仁宗) 2권 56, 127
임홍(林洪) 1권 394, 2권 111, 136, 137, 3권 33

ㅈ

장기(張機) 1권 136, 294
장뢰(張耒) 1권 447, 4권 228
장성(張成) 4권 221, 223
장수미(張手美) 4권 231
장영(張英) 1권 374, 375
장예재(章藝齋) 1권 384
장원(張遠) 4권 203
장자열(張自烈) 1권 373
전순의(全循義) 1권 496
전여성(田汝成) 4권 189
절암(節菴) 1권 167
정현(鄭玄) 1권 160, 3권 61, 88
제갈량(諸葛亮) 1권 391, 509
조밀부(趙密夫) 2권 237
조식(曹植) 1권 156, 3권 21, 29
종름(宗懍) 4권 215
주굉(朱肱) 4권 29
주옹(周顒) 2권 148
주진형(朱震亨) 1권 175, 311, 324
주처(周處) 4권 229
주희(朱熹) 2권 273
지지사(止止師) 3권 72
진언화(陳彦和) 1권 458
진연지(陳延之) 4권 153, 155
진장기(陳藏器) 1권 358, 3권 254
진평(陳平) 1권 159
진평사(陳評事) 2권 111

ㅊ

척부인(戚夫人) 4권 213
최동수(崔東秀) 4권 206
최식(崔寔) 3권 179
최표(崔豹) 2권 204

ㅌ

태극진인(太極眞人) 1권 379

ㅍ

편작(扁鵲) 1권 220, 244
풍도(馮道) 2권 123

ㅎ
한도소(韓道昭) 1권 373
한효언(韓孝彦) 1권 373
허신(許愼) 1권 160, 387, 2권 136, 4권 25
형병(邢昺) 1권 444
형화박(邢和璞) 2권 127
혜강(嵇康) 2권 204
화타(華佗) 4권 153
화타(華佗) 1권 193
환담(桓譚) 2권 134
황보송(皇甫松) 4권 147
황승(黃昇) 3권 42
황제(黃帝) 1권 201, 444, 3권 146
회남왕(淮南王) 2권 276

지명

ㄱ
간성(杆城) 1권 461
감주(甘州) 4권 124, 147, 164
갑산(甲山) 1권 481
강서(江西) 2권 240, 255
강주(江州) 3권 129, 137
개골산(皆骨山) 2권 48, 262
개성(開城) 1권 433, 477, 4권 223
건창(建昌) 4권 110, 112
계(薊) 1권 441
고창(高昌) 4권 141
관동(關東) 4권 164
광동성(廣東省) 1권 481
광주(廣州) 1권 477, 2권 29
광진사(廣眞寺) 4권 206
금강산(金剛山) 1권 424
금산사(金山寺) 3권 187

ㄴ
나가사키[長崎] 2권 101
낙양(洛陽) 4권 224
남당(南唐) 4권 198
남악(南嶽) 2권 240
남양(南陽) 1권 384
노수(瀘水) 1권 391, 509

ㄷ
당(唐) 4권 22, 173, 190, 226, 231
덕청현(德淸縣) 1권 384
동정호(洞庭湖) 1권 426
두류산(頭流山, 지리산) 1권 386

ㅁ
명(明) 4권 131, 157
목릉(穆陵) 4권 155
묘향산(妙香山) 2권 262
무이육곡(武夷六曲) 3권 72
무주(婺州) 3권 131, 2권 90, 92, 97
문기록(聞奇錄) 1권 293

ㅂ
발해(勃海) 4권 204
변중(汴中) 4권 229
빈주(蘋州) 1권 459

ㅅ
산동(山東) 2권 85, 104
삼남(三南) 4권 188
상(商) 4권 24
서역(西域) 4권 141
성도부(成都府) 3권

소양(韶陽) 1권 481
송(宋) 4권 211, 225, 237
수원부(水原府) 2권 142
시경(詩經) 3권 61, 231
신라(新羅) 4권 192, 193
심양(瀋陽) 1권 395
심주(潯州) 1권 139

ㅇ

아라비아[回回國] 1권 412, 3권 140
약현(藥峴) 4권 66
여당서원(驪塘書院) 2권 240
여산(礪山) 4권 58
연(燕) 1권 441, 4권 233
연경(燕京) 2권 83, 4권 188
연안(延安) 1권 399
염주(炎州) 4권 64
영남 2권 83, 106
영변(寧邊) 1권 463
영취산(靈鷲山) 1권 459
오군(吳郡) 3권 82
오사카[坂陽] 2권 101
오중(吳中) 4권 223
오현(吳縣) 4권 221
요(遼) 4권 204
요동(遼東) 1권 395, 4권 204
용인(龍仁) 2권 228
원(元) 4권 226
위(魏) 4권 93
인도[西方] 2권 105
일남(日南) 3권 106
일본(日本) 1권 188, 427, 428, 429, 461
임장(臨漳) 2권 239

ㅈ

전주(全州) 1권 463, 2권 210, 212
전한(前漢) 4권 210
중경(中京) 4권 223
중국(中國) 1권 136, 137, 138, 139, 145, 148, 149, 152, 153, 154, 157, 159, 160, 161, 162, 164, 167, 170, 171, 174, 175, 176, 178, 182, 183, 184, 185, 188, 191, 193, 196, 197, 203, 205, 207, 214, 220, 225, 228, 238, 240, 241, 245, 256, 257, 262, 263, 272, 273, 276, 278, 286, 287, 293, 299, 302, 327, 335, 338, 344, 350, 353, 354, 355, 358, 359, 360, 372, 373, 374, 375, 379, 383, 384, 385, 387, 388, 389, 390, 391, 394, 395, 404, 419, 423, 425, 426, 434, 435, 441, 444, 445, 447, 448, 456, 458, 459, 465, 473, 474, 481, 483, 484, 485, 486, 487, 489, 490, 492, 493, 500, 504, 506, 509, 518
진(晉) 4권 24, 158, 213, 224, 225, 230
진(秦) 1권 500, 4권 22, 23, 210, 235

ㅊ

창해(漲海) 3권 106
천주사(天柱寺) 4권 192
천축(天竺) 2권 184, 239
천태(天台) 4권 109
청주(青州) 2권 104
초(楚)나라 1권 500, 4권 227
촉(蜀) 1권 439, 2권 244

ㅌ

태화봉(太華峯) 1권 385

ㅍ
평안도[關西] 1권 463
표훈사(表訓寺) 1권 424
풍기(豐基) 2권 106

ㅎ
하내(河內) 3권 146
하동(河東) 1권 480, 4권 112
한(漢) 3권 148, 4권 22, 24
함경도[關北] 1권 481, 493
형주(荊州) 2권 217
호광(湖廣) 3권 110
황해도[海西] 1권 164, 399
회남(淮南) 3권 127
회양(淮揚) 4권 200
회양(淮陽) 2권 113, 3권 74
흡주(歙州) 2권 260

서명

ㄱ
가숙사친(家塾事親) 2권 154
가우본초(嘉祐本草) 1권 174, 196, 199, 204, 234, 275, 316, 318, 332, 348, 349, 522
가일기(暇日記) 1권 458
감저보(甘藷譜) 2권 249
감저소(甘藷疏) 4권 95, 141
감저신보(甘藷新譜) 1권 385, 3권 166
강희자전(康熙字典) 1권 372
개보본초(開寶本草) 1권 203, 218, 224, 252, 256, 260, 261, 262, 263, 266, 283, 330, 331, 334, 452
거가필용(居家必用) 1권 413, 416, 418, 419, 440, 457, 458, 464, 502, 503, 504, 505, 506, 507, 508, 515, 516, 517, 520, 2권 24, 25, 26, 31, 33, 34, 35, 36, 40, 41, 43, 45, 52, 53, 54, 55, 57, 58, 63, 64, 75, 80, 84, 86, 118, 124, 125, 126, 127, 170, 172, 185, 188, 198, 203, 207, 218, 220, 280, 3권 28, 31, 32, 33, 34, 35, 36, 37, 42, 43, 44, 51, 52, 57, 62, 63, 64, 69, 70, 71, 72, 75, 76, 81, 82, 85, 86, 89, 90, 91, 95, 96, 97, 98, 100, 103, 108, 111, 112, 116, 118, 121, 122, 123, 124, 125, 126, 139, 141, 174, 175, 176, 177, 179, 181, 182, 186, 187, 189, 192, 193, 194, 204, 205, 207, 209, 212, 214, 215, 221, 222, 223, 244, 257, 259, 267, 269, 272, 4권 36, 37, 38, 88, 97, 108, 110, 116, 149, 155, 156, 205
건순세시기(乾淳歲時記) 4권 211, 213, 234, 236, 237
경도잡지(京都雜志) 3권 65, 4권 201
계신잡지(癸辛雜識) 3권 141
계척집(鷄跖集) 1권 465
고금비원(古今秘苑) 4권 142, 145
고금의통대전(古今醫統大全) 3권 151
고금주(古今注) 2권 205
고려사(高麗史) 4권 206
고사신서(攷事新書) 1권 493
고사십이집(攷事十二集) 1권 440, 2권 40, 135, 192, 197, 277, 4권 130, 131, 180, 189
고사촬요(攷事撮要) 3권 208, 217, 218, 4권 41, 43, 55, 96, 124, 146

공양전(公羊傳) 3권 88
공총자(孔叢子) 4권 23
관서구속지(關西舊俗志) 3권 156
광아(廣雅) 2권 136
광운(廣韻) 3권 22, 61
광지(廣志) 2권 105
구선신은서(臞仙神隱書) 1권 286, 288, 378, 453, 454, 455, 458, 464, 466, 507, 2권 32, 46, 57, 63, 64, 65, 66, 74, 78, 79, 116, 157, 176, 194, 195, 216, 238, 3권 24, 25, 26, 28, 37, 39, 44, 47, 49, 50, 54, 62, 135, 137, 181, 239, 243, 244, 245, 246, 253, 259, 4권 89, 90, 117, 181
군방보(群芳譜) 1권 279, 449, 455, 506, 507, 2권 36, 38, 45, 46, 69, 72, 74, 84, 85, 118, 119, 124, 125, 141, 154, 155, 156, 158, 159, 160, 162, 163, 165, 167, 168, 172, 174, 175, 177, 178, 181, 186, 189, 199, 200, 201, 204, 206, 207, 208, 216, 217, 241, 243, 246, 248, 250, 267, 4권 93, 200
귀전록(歸田錄) 1권 388, 3권 127
균보(菌譜) 1권 228
금궤요략방론(金匱要略方論) 1권 176, 177, 182, 189, 226, 241, 325, 326
금릉기(金陵記) 3권 66
금문세절(金門歲節) 4권 224
금화경독기(金華耕讀記) 4권 188, 189, 191, 193, 202, 227
급총주서(汲冢周書) 1권 372
기재방(寄齋方) 3권 162

ㄴ

난호어목지(蘭湖漁牧志) 3권 113
논어집주(論語集註) 2권 273
농상의식촬요(農桑衣食撮要) 2권 179
농상촬요(農桑撮要) 2권 167
농정전서(農政全書) 1권 483, 2권 257, 258, 3권 150, 151
뇌공약대(雷公藥對) 1권 201

ㄷ

다능비사(多能鄙事) 2권 23, 73
다능집(多能集) 2권 89, 153, 154, 164, 165, 171, 258, 259, 3권 183, 201
당본초(唐本草) 1권 184, 190, 199, 202, 211, 220, 237, 238, 247, 251, 262, 267, 268, 269, 274, 284, 305, 336, 381, 2권 111, 3권 244, 256
당육전(唐六典) 4권 234
대업습유기(大業拾遺記 3권 83
도경본초(圖經本草) 1권 164, 183, 189, 190, 203, 217, 228, 260, 263, 289, 307, 313, 315, 333, 336, 338, 347, 355, 381, 2권 34, 3권 148, 149
동경몽화록(東京夢華錄) 4권 231, 232
동경잡기(東京雜記) 4권 192
동양현지(東陽縣志) 4권 238
동의보감(東醫寶鑑) 1권 339, 340, 474, 2권 90, 3권 166, 167, 187, 4권 31, 32, 179, 180, 217
동천보생록(洞天保生錄) 1권 205
동파잡기(東坡雜記) 1권 462, 2권 30
등진은결(登眞隱訣) 1권 379

ㅁ

만병회춘(萬病回春) 4권 157
명의록(名醫錄) 1권 220
명의별록(名醫別錄) 1권 149, 150, 151,

153, 159, 160, 161, 163, 168, 171, 173, 178, 180, 183, 184, 190, 199, 201, 203, 207, 211, 213, 216, 232, 235, 236, 242, 243, 246, 249, 250, 252, 253, 257, 264, 265, 266, 281, 283, 286, 287, 289, 293, 297, 300, 303, 307, 308, 309, 315, 317, 319, 320, 329, 333, 336, 337, 341, 342, 347, 350, 353, 354, 356, 364, 448
모시초목조수어충소(毛詩草木鳥獸魚蟲疏) 2권 255
모전(毛傳) 4권 71
몽계필담(夢溪筆談) 1권 379
무본신서(務本新書) 2권 182
무사(蕪史) 4권 226, 229
문견방(聞見方) 4권 81, 92, 99, 128, 135
문기록(聞奇錄) 1권 293
문연각사고전서(文淵閣四庫全書) 1권 490
물류상감지(物類相感志) 1권 245, 259, 263, 265, 278, 286, 335, 2권 75, 82, 158, 164, 248, 3권 22, 24, 26, 27, 34, 49, 55, 62, 91, 109, 121, 132, 135, 223, 261, 270, 4권 147, 150, 152, 181

ㅂ
박물지(博物志) 1권 276, 358, 2권 279
반유십이합설(飯有十二合說) 1권 374, 375
방언(方言) 1권 388, 473, 489
백달수(白獺髓) 1권 481
벌다음서(伐茶飮序) 1권 272
본리지(本利志) 1권 164, 384, 3권 63, 69, 156
본초(本草) 1권 158, 163, 166, 166, 167, 168, 171, 173, 176, 178, 180, 182, 185, 186, 188, 189, 189, 190, 190, 192, 193, 194, 195 196, 197, 198, 199, 200, 201, 201, 202, 204, 205, 206, 207, 208, 209, 210, 211, 212, 213, 215, 217, 218, 219, 220, 224, 225, 226, 227, 234, 244, 245, 247, 256, 266, 278, 280, 281, 282, 285, 288, 312, 320, 323, 333, 336, 342, 345, 347, 348, 359, 360, 361, 379, 381
본초강목(本草綱目) 1권 138, 139, 141, 142, 144, 147, 148, 150, 151, 154, 155, 156, 158, 160, 162, 163, 165, 166, 168, 170, 171, 172, 186, 187, 189, 192, 194, 195, 196, 198, 200, 205, 207, 210, 211, 212, 217, 220, 222, 223, 224, 225, 227, 229, 230, 231, 232, 242, 243, 246, 249, 251, 254, 255, 258, 260, 263, 264, 268, 270, 273, 274, 276, 277, 279, 282, 285, 286, 287, 294, 300, 302, 305, 314, 320, 321, 322, 323, 333, 334, 335, 337, 340, 341, 344, 346, 354, 355, 356, 358, 360, 363, 365, 382, 439, 448, 451, 452, 458, 472, 473, 474, 482, 485, 492, 2권 69, 104, 105, 107, 139, 252, 276, 278, 279, 3권 28, 34, 38, 49, 56, 128, 147, 173, 175, 176, 177, 178, 179, 180, 185, 186, 194, 201, 216, 226, 245, 248, 250, 251, 254, 258, 260, 261, 272, 4권 93, 128, 141, 148, 154, 158, 159, 160, 161, 163, 164, 165, 166,

167, 168, 169, 170, 171, 172, 173, 174, 175, 176, 177, 178, 179
본초경집주(本草經集註) 2권 231
본초도경(本草圖經) 1권 164, 183
본초몽전(本草蒙筌) 1권 474
본초습유(本草拾遺) 1권 148, 157, 158, 160, 162, 166, 169, 193, 206, 209, 213, 218, 226, 227, 230, 233, 234, 237, 238, 239, 255, 256, 269, 284, 294, 309, 317, 318, 325, 329, 334, 341, 342, 347, 348, 350, 356, 357, 358, 361, 480, 3권 245, 257
본초연의(本草衍義) 1권 148, 2권 102, 3권 245
본초연의보유(本草衍義補遺) 1권 221, 252, 258, 279, 329, 358, 359, 361, 365
본초회편(本草會編) 1권 205, 305, 338
북산주경(北山酒經) 4권 29, 63
비급천금요방(備急千金要方) 1권 178, 180, 183, 188, 213, 241, 244, 291, 292, 295, 301, 325, 328, 350, 4권 161

ㅅ

사기(史記) 2권 236, 4권 210
사물기원(事物紀原) 1권 391, 4권 237
사민월령(四民月令) 3권 179, 4권 220, 221, 236
사성본초(四聲本草) 1권 191, 206
사시양생론(四時養生論) 1권 179
사시찬요(四時纂要) 3권 160, 4권 44, 59, 84, 100, 101, 120, 129
사시찬요보(四時纂要補) 3권 182, 4권 59, 84, 120, 129
산가요록(山家要錄) 1권 496
산가청공(山家清供) 1권 383, 384, 385, 394, 397, 398, 426, 434, 435, 449, 456, 459, 460, 466, 500, 501, 504, 518, 520, 2권 23, 66, 78, 108, 111, 116, 118, 120, 136, 177, 205, 237, 239, 240, 241, 242, 244, 245, 250, 253, 255, 261, 262, 266, 272, 273, 274, 281, 3권 33, 45, 53, 72, 267, 4권 159, 235
산림경제(山林經濟) 3권 24, 25, 26, 27, 28, 33, 37, 39, 40, 43, 44, 47, 49, 50, 54, 57, 62, 64, 65, 69, 71, 72, 75, 76, 81, 82, 84, 126, 131, 154, 167, 238, 239
산림경제보(山林經濟補) 1권 410, 411, 424, 461, 464, 465, 467, 475, 476, 495, 2권 67, 168, 233, 277, 3권 24, 27, 40, 47, 50, 57, 91, 126, 127, 136, 154, 167, 217, 232, 249, 262, 264, 268, 4권 39, 49, 59, 69, 82, 138, 150, 171
삼분(三墳) 4권 23
삼산방(三山方) 1권 493, 494, 495, 496, 497, 498, 2권 214, 227, 3권 39, 76, 78, 209, 210, 211, 218, 219, 4권 30, 31, 32, 34, 46, 51, 52, 53, 61, 68, 84, 86, 92, 97, 98, 101, 102, 106, 121, 130, 135, 147, 151, 162
삼원연수참찬서(三元延壽參贊書) 1권 197, 202, 207, 218, 219, 238, 257, 258, 259, 267, 269, 277, 314, 319, 344
상정(觴政) 4권 183
생생편(生生編) 1권 152, 219, 224, 230, 344

서경(書經) 3권 247
서경잡기(西京雜記) 4권 213
서계총어(西溪叢語) 2권 59
서원방(西原方) 3권 65
석명(釋名) 1권 200, 373, 387, 473, 485, 2권 22, 33, 180, 196, 223, 3권 79, 184, 225, 4권 25
선부록(膳夫綠) 4권 229, 3권 83
선화화성전진방(宣和化成殿眞方) 4권 178
설문해자(說文解字) 1권 372, 489, 2권 136, 3권 20, 22, 61, 146, 184, 4권 25, 26, 27
성호사설(星湖僿說) 4권 75
세본(世本) 4권 23
세설신어(世說新語) 1권 506
세시잡기(歲時雜記) 4권 207, 228
소식첩(蘇軾帖) 1권 448
소품방(小品方) 4권 153, 155
소흥본초(紹興本草) 1권 394
속수제의(涑水祭儀) 1권 490
속제해기(續齊諧記) 4권 221
손진인식기(孫眞人食忌) 1권 191
송사(宋史) 4권 200
쇄쇄록(瑣碎錄) 1권 214, 250, 254, 296, 299, 305, 327
순보(筍譜) 1권 214, 2권 175, 182, 193, 237, 238, 261
순소(筍疏) 2권 272
시경(詩經) 1권 372, 480, 3권 61, 231, 4권 24, 71, 227
식감본초(食鑑本草) 1권 145, 164, 166, 169, 174, 176, 183, 190, 192, 193, 213, 217, 220, 222, 226, 233, 245, 250, 255, 256, 261, 266, 273, 288, 329, 348, 357
식경(食經) 1권 295, 487, 2권 104, 132, 247, 3권 39, 138, 208, 216, 4권 79, 122, 146, 147
식금방(食禁方) 1권 154, 178, 179, 181, 257, 304, 307, 326, 328, 330, 332
식료본초(食療本草) 1권 145, 149, 150, 151, 153, 162, 165, 166, 167, 169, 172, 174, 177, 181, 183, 184, 186, 187, 188, 190, 191, 193, 194, 197, 201, 202, 206, 207, 208, 209, 211, 213, 216, 217, 218, 221, 223, 224, 227, 231, 233, 234, 235, 236, 237, 242, 244, 245, 247, 249, 250, 253, 257, 265, 267, 274, 275, 279, 281, 285, 287, 288, 289, 290, 294, 298, 301, 306, 307, 308, 313, 315, 316, 317, 319, 320, 322, 325, 326, 328, 330, 331, 332, 333, 336, 340, 341, 349, 350, 355, 356, 360, 2권 118, 3권 180, 4권 167, 178
식물본초(食物本草) 1권 137, 139, 140, 141, 142, 143, 146, 147, 148, 149, 150, 151, 154, 155, 156, 158, 162, 167, 170, 174, 175, 177, 179, 182, 188, 191, 204, 224, 231, 232, 240, 245, 269, 270, 277, 281, 291, 312, 320, 322, 323, 324, 346, 351, 353, 356, 360, 363, 366, 4권 29, 131
식물지(食物志) 1권 389
식보(食譜) 2권 206, 4권 193, 231
식성본초(食性本草) 1권 137, 163, 168, 173, 197, 199, 233, 321, 357
식의심경(食醫心鏡) 1권 152, 195, 4권 160

식치통설(食治通說) 1권 175, 241, 303
식품(食品) 1권 315, 389, 397
신농본초(神農本草) 2권 39, 4권 22, 23
신농본초경(神農本草經) 1권 146, 147
신론(新論) 2권 134
신선복식방(神仙服食方) 4권 158

ㅇ
안성기(安成記) 3권 42
안자춘추(晏子春秋) 2권 39
약성본초(藥性本草) 1권 225, 234, 235, 280, 281, 283, 284, 2권 252
약천집(藥泉集) 2권 234
약총결(藥總訣) 1권 207, 216, 235, 237, 253, 288, 298, 306, 308, 309, 314, 317, 320, 329, 334, 341, 343, 345, 353, 355, 356
양명집(陽明集) 4권 35
양생집(養生集) 1권 149
어림(語林) 4권 99
어우야담(於于野談) 1권 386, 2권 49, 262, 4권 227
어정월령집요(御定月令輯要) 4권 235
업중기(鄴中記) 4권 224
연북잡지(燕北雜志) 4권 204
연익이모록(燕翼詒謀錄) 1권 390
열하일기(熱河日記) 4권 182
예기(禮記) 1권 295, 308, 311, 321, 322, 323, 342, 444, 2권 262, 3권 21, 88
예원자황(藝苑雌黃) 4권 225
오군지(吳郡志) 4권 228
오씨본초(吳氏本草) 1권 154, 238
오음편해(五音篇海) 1권 373
오잡조(五雜組) 1권 350, 2권 99, 119
오지(隩志) 4권 203
옥촉보전(玉燭寶典) 4권 224
옥편(玉篇) 1권 372, 2권 133, 3권 88, 225, 4권 26
옥해(玉海) 2권 133
옹치잡지(饔饎雜志) 1권 374, 376, 378, 383, 386, 391, 394, 395, 399, 402, 403, 409, 421, 422, 423, 427, 433, 441, 445, 448, 449, 450, 451, 453, 455, 456, 458, 461, 463, 474, 477, 480, 481, 482, 483, 488, 490, 492, 493, 495, 498, 500, 509, 510, 511, 2권 22, 33, 37, 47, 51, 56, 60, 62, 65, 66, 69, 70, 72, 73, 77, 78, 82, 84, 87, 102, 106, 108, 113, 114, 115, 117, 120, 121, 122, 126, 133, 137, 138, 139, 140, 149, 169, 182, 184, 197, 209, 214, 215, 222, 223, 227, 236, 245, 260, 265, 268, 270, 271, 272, 275, 3권 22, 31, 34, 53, 60, 61, 66, 68, 69, 71, 73, 78, 79, 80, 84, 86, 89, 93, 107, 118, 119, 129, 147, 153, 184, 196, 225, 226, 247, 250, 266, 273, 4권 106, 135, 187, 189, 195, 196, 198, 199, 203, 207, 208, 209, 213, 214, 218, 225
왕정농서(王禎農書) 1권 486, 2권 70, 103, 105
왜한삼재도회(倭漢三才圖會) 2권 97, 98, 101, 180, 183, 279
외대비요방(外臺秘要方) 2권 25
용약법상(用藥法象) 1권 185, 248
우란분경(盂蘭盆經) 4권 232
운림유사(雲林遺事) 1권 518, 519
운림일사(雲林逸事) 2권 44, 74, 257, 265, 3권 55

운회(韻會) 3권 243
월사집(月沙集) 2권 252
위생보감(衛生寶鑑) 1권 484
위생편(衛生編) 4권 157
유빈객가화록(劉賓客嘉話錄) 2권 136
유양잡조(酉陽雜俎) 1권 176
유환기문(游宦紀聞) 3권 152
음선요람(飮饍要覽) 4권 54, 83, 103, 133, 134
음선정요(飮膳正要) 1권 196, 212, 230, 252, 322
음선정요(飮饍正要) 3권 33, 238
음선표제(飮饍標題) 4권 27
의학입문(醫學入門) 1권 340, 2권 50
이간방(易簡方) 2권 128
이씨방(李氏方) 2권 27, 28, 29, 30
이씨식경(李氏食經) 1권 402, 2권 104, 3권 130, 131, 134, 135, 136, 137
이아(爾雅) 1권 444, 3권 106
인사통(人事通) 1권 375, 377, 447
일용본초(日用本草) 1권 170, 189, 193, 213, 228, 231, 236, 246, 256, 258, 265, 277, 306, 321, 337, 338, 492
일화본초(日華本草) 1권 161, 173, 188, 212, 236, 242, 244, 246, 248, 256, 257, 262, 267, 282, 283, 289, 293, 301, 303, 306, 315, 319, 322, 323, 329, 349, 2권 247
임원경제지 본리지 3권 63, 69, 70, 156, 157, 161

ㅈ

자가록(資暇錄) 1권 388
자휘(字彙) 1권 373
장문잠죽기(張文潛粥記) 1권 447
전가보(傳家寶) 1권 375
정문보방(鄭文寶方) 1권 484
정운(正韻) 1권 381
정자통(正字通) 1권 373, 389, 390
제경경물략(帝京景物略) 4권 202, 211, 233, 237
제동야어(齊東野語) 1권 228
제민요술(齊民要術) 1권 389, 439, 485, 486, 2권 67, 103, 132, 136, 152, 173, 202, 3권 99, 102, 110, 133, 134, 172, 182, 197, 198, 199, 207, 211, 223, 238, 239, 240, 243, 254, 255, 256, 261, 4권 70, 71, 73, 75, 76, 77, 78, 80, 86, 101, 113, 123, 152, 158
제법(祭法) 1권 411, 420, 487, 2권 88, 198, 202
제서(齊書) 1권 390
제세인술(濟世仁術) 3권 219
제요록(提要錄) 3권 83
조선부(朝鮮賦) 4권 200
종저보(種藷譜) 2권 249
주경(酒經) 4권 65
주례(周禮) 1권 315, 2권 22, 33, 196, 197, 257, 3권 88, 89, 106, 4권 27
주보(酒譜) 4권 25, 26
주사의(酒食議) 4권 105
주역(周易) 1권 138
준생팔전(遵生八牋) 1권 405, 406, 408, 411, 412, 414, 415, 416, 418, 425, 427, 436, 3권 52, 70, 91, 95, 103, 107, 109, 110, 124, 127, 128, 251, 252, 253, 271, 2권 85, 86, 87, 90, 93, 94, 96, 116, 127, 128, 129, 131, 141, 4권 56, 57, 63, 78, 87, 93, 111, 141, 154, 163, 200, 224

중궤록(中饋錄) 1권 404, 410, 415, 2권 92, 149, 155, 157, 158, 160, 161, 170, 172, 176, 181, 187, 188, 191, 192, 193, 201, 202, 204, 216, 217, 218, 220, 246, 3권 22, 25, 26, 37, 45, 55, 80, 87, 102, 105, 115, 116, 117, 119, 127, 189, 190, 195, 228, 270
증보도주공서(增補陶朱公書) 1권 454, 2권 178, 179, 195, 253, 256, 3권 178, 191
증보산림경제(增補山林經濟) 1권 331, 332, 377, 378, 382, 392, 393, 396, 397, 399, 400, 401, 424, 430, 439, 446, 452, 455, 459, 461, 465, 491, 492, 494, 511, 2권 37, 46, 47, 48, 49, 71, 75, 76, 109, 111, 113, 142, 143, 211, 212, 213, 221, 224, 225, 228, 229, 230, 231, 234, 235, 247, 248, 250, 251, 252, 253, 254, 262, 263, 264, 266, 267, 269, 272, 3권 24, 25, 27, 29, 30, 31, 38, 40, 42, 48, 51, 52, 55, 56, 64, 65, 71, 73, 74, 75, 77, 78, 82, 87, 93, 99, 104, 113, 114, 115, 120, 121, 122, 152, 160, 162, 163, 164, 165, 166, 183, 202, 210, 221, 223, 227, 229, 230, 231, 249, 250, 251, 262, 265, 271, 4권 31, 35, 44, 45, 49, 70, 86, 90, 91, 98, 99, 100, 103, 104, 106, 122, 124, 132, 133, 134, 137, 139, 140, 143, 144, 145, 148, 150, 151, 152, 182, 194, 201, 218, 219
지봉유설(芝峯類說) 2권 233, 4권 181, 193
집운(集韻) 1권 373, 388, 2권 132, 150, 3권 21

ㅊ

척독(尺牘) 2권 242
천금식치(千金食治) 1권 161, 164, 168, 169, 185, 192, 195, 201, 206, 208, 209, 216, 246, 248, 250, 252, 253, 260, 262, 275, 283, 297, 304, 314, 323, 343, 359, 364
천금월령(千金月令) 4권 226
청이록(清異錄) 2권 43, 123
초사(楚辭) 1권 473, 2권 134, 3권 20, 4권 235
촉본초(蜀本草) 1권 474
춘추위운두추(春秋緯運斗樞) 4권 25
취향일월기(醉鄉日月記) 4권 147, 173

ㅌ

탕액본초(湯液本草) 4권 28
탕약본초(湯藥本草) 4권 29
태평성혜방(太平聖惠方) 1권 456, 3권 44, 4권 160, 162, 175
태평혜민화제국방(太平惠民和劑局方) 2권 28
택주지(澤州志) 4권 237
통아(通雅) 1권 379, 3권 21

ㅍ

편민도찬(便民圖纂) 3권 203
편해(篇海) 2권 132
풍토기(風土記) 4권 190, 215, 226, 230

ㅎ

한서(漢書) 1권 444

한씨의통(韓氏醫通) 1권 299, 4권 168
한양세시기(漢陽歲時記) 4권 186, 192, 196, 197, 199, 202, 204, 206, 210, 211, 216, 219
한정록(閑情錄) 2권 261
해록쇄사(海錄碎事) 4권 195
해약본초(海藥本草) 1권 157, 263, 266, 268
행포지(杏蒲志) 2권 107, 3권 229, 230, 231, 232
형초세시기(荊楚歲時記) 4권 190, 215, 220, 221, 224, 229, 231, 234
홍무정운(洪武正韻) 1권 381
화한삼재도회(和漢三才圖會) 1권 188, 229, 278, 337, 338, 351, 377, 379, 428, 429, 430, 447, 2권 88, 97, 98, 99, 100, 106, 107, 119, 139, 179, 181, 182, 183, 279, 280, 3권 103, 105, 217, 222, 223, 224, 233, 260, 268, 270, 272, 4권 118, 125, 126, 143, 148
황제내경(黃帝內經) 1권 160, 161, 311, 324, 327, 352, 354, 4권 22, 23
황제내경소문(黃帝內經素問) 1권 160, 161, 311, 324, 327, 352, 354
회암어록(晦庵語錄) 1권 186
후청록(候鯖錄) 2권 223
희조락사(熙朝樂事) 4권 189, 233

물명

ㄱ

가는 비름[細莧] 1권 203
가물치[鱧] 1권 211, 237, 333
가물치[鱧魚] 1권 211
가시연밥[芡實] 1권 288, 457, 468, 519
가오리[鱝魚] 1권 340
가자미[鰈魚] 1권 340
가지[茄] 1권 138, 151, 153, 160, 167, 215, 218, 219, 224, 315, 335, 344, 359, 361, 363, 374, 377, 380, 397, 402, 420, 428, 440, 482, 490, 496, 504, 2권 156
가지꽃 3권 24
각서(角黍) 4권 226, 227, 228, 229
각총(茖葱) 1권 177, 4권 191
간장[淸醬] 2권 107, 163, 169, 176, 177, 178, 186, 191, 197, 203, 204, 205, 206, 208, 209, 211, 212, 214, 215, 233, 244, 245, 246, 247, 248, 250, 252, 253, 254, 259, 262, 263, 264, 266, 267, 268, 269, 270, 271, 272, 274, 277, 280, 3권 160, 162, 165, 4권 194
갈대[蘆] 1권 295, 328, 383, 494, 2권 173, 188
갈분(葛粉) 1권 461, 493
갈포 4권 63
갈화채(葛花菜) 1권 229
감[柹] 1권 253
감국(甘菊) 2권 45, 46, 170, 196, 246, 4권 89
감꼭지 3권 55
감나무[柹] 1권 382
감람열매[橄欖] 2권 86, 108
감람열매씨[欖仁] 2권 86
감로(甘露) 1권 277, 2권 81, 240
감로자(甘露子) 1권 212

감송(甘松) 2권 54, 126, 189
감수(甘水) 3권 150, 151
감염(鹻鹽) 3권 146
감자(柑子) 1권 256, 2권 72
감장(甘醬) 3권 41, 48, 50
감저주(甘藷酒) 4권 94
감주(甘酒) 4권 124, 147
감천수(甘泉水) 1권 445, 2권 224, 227, 229, 3권 120
감초(甘草) 1권 89, 305, 335, 384, 435, 450, 460, 483, 516, 2권 24, 26, 27, 31, 36, 40, 41, 122, 125, 126, 127, 128, 152, 166, 171, 172, 184, 191, 203, 204, 246, 3권 52, 108, 110, 188
감초[國老] 2권 273
감초가루[粉草末] 2권 24, 127
감초탕(甘草湯) 1권 305, 384, 2권 171
감홍로(甘紅露) 4권 130, 131
갑오징어[烏賊魚] 1권 336
강반(䭗飯) 2권 135, 138
강심수(江心水, 강 가운데에 흐르는 물) 3권 120
강정(䭗飣) 1권 476, 2권 96, 4권 188
강차(江茶) 2권 44
개[犬] 1권 292, 296, 301,302, 314, 328
개[狗] 1권 300
개구리자리[石龍芮] 2권 101
개똥쑥술 4권 169
개람(芥藍) 2권 257
개로병(開爐餠) 2권 137, 4권 235, 236
개암[榛] 1권 261, 412, 463, 2권 86
개암[榛子] 3권 232
개장(芥醬) 2권 206, 217
갯다슬기[螄] 1권 233
거여(粔籹) 1권 420, 473, 2권 132, 134, 136, 4권 223, 235, 236
거여목[苜蓿] 1권 201
거위[鵝] 1권 265, 270, 319, 320, 497, 516, 3권 36, 49, 63, 100, 116, 119, 121
건종(健粽) 4권 228
건채(乾菜) 2권 169, 179
건태(乾苔) 1권 235, 236
건화어(乾夻魚, 말린 대구) 1권 466
검은목두루미[鶬] 3권 100
검인(芡仁) 1권 457, 458, 482, 484
검인[鷄頭] 1권 484
검정콩[黑大豆] 1권 166, 450, 477, 483, 2권 171, 4권 146
게[蟹] 1권 345, 3권 55, 56, 78, 120, 123, 124, 125, 126, 127, 161, 230
겨[糠] 1권 159
겨울부추 3권 84
겨자[芥] 1권 186, 187, 188, 309, 314, 330, 343, 364, 2권 171, 206, 220, 221, 241, 250
겨자식초 3권 81, 84, 85
겨자장 3권 80, 82, 84, 86, 269, 270
겨잣가루 3권 76, 270
견우화(牽牛花) 2권 125
결명자[決明] 2권 170, 256, 257
경지(璚枝) 2권 278, 280
경지(瓊芝) 2권 205
계당주(桂糖酒) 4권 131, 132
계란(鷄卵) 1권 300, 307, 312, 313, 314, 343, 464, 491, 497, 2권 91, 98, 100, 3권 76, 120, 121, 222, 245
계란노른자 3권 48
계란즙 3권 140
계란지단 3권 52

계란 흰자 3권 57, 59, 77, 78
계명주(鷄鳴酒) 4권 101, 107
계소엽(鷄蘇葉) 2권 31
계심(桂心) 4권 153, 154, 216
계장초(鷄腸草) 1권 201
계피[桂] 1권 328, 423, 2권 34, 35, 184, 3권 43, 4권 28
계화(桂花) 2권 51
고(膏) 1권 428, 449, 2권 25, 28, 45, 100, 116, 270
고[膏子] 2권 29
고거(苦苣) 1권 204, 205
고구마[甘藷] 1권 279, 385, 386, 2권 114, 121, 140, 141, 249, 4권 94, 140, 141
고구마가루[甘藷粉] 2권 114
고구마잎[甘藷葉] 2권 249
고두밥 3권 57, 59, 77, 78
고량(膏粱) 1권 143, 211
고량강(高良薑) 3권 38
고매(苦蕒) 1권 205
고본(藁本) 2권 124
고본주(固本酒) 4권 157
고비[薇] 1권 209
고사리[蕨] 1권 208, 434, 518, 2권 97, 114, 176, 267
고사리가루 2권 97, 114
고삼(苦蔘) 2권 40
고속(苦藚) 2권 172, 173
고수풀[胡荽] 1권 193, 194, 3권 81
고욤[君遷子] 1권 255, 2권 208
고욤나무열매[群千子] 2권 208
고죽(膏粥) 4권 221, 223
고추[番椒] 1권 188, 3권 59, 80, 86
고추장[南椒醬] 3권 162, 164
고춧가루 3권 40, 41, 119, 162, 163, 164
곤포(昆布) 1권 235
골로추(骨魯槌) 3권 85
곰[熊] 1권 306
곰발바닥 3권 43, 44
곰방메[耰] 1권 400
곰취[熊蔬] 2권 168, 249
곰팡이[黴] 1권 142, 361, 428
공대[豆稭] 1권 446
공수(空水) 4권 62
곶감[柹乾] 1권 253, 254, 386, 400, 401, 402, 412, 421, 439, 2권 105, 106, 115, 143, 4권 188, 189, 192, 194, 200
과루근(瓜蔞根) 2권 31
과하주(過夏酒) 4권 138
곽향(藿香) 2권 54, 124, 4권 87, 113, 155
관(罐) 1권 464
관계(官桂) 2권 35, 51, 64, 89, 118, 124, 170, 172, 174, 176, 187, 188, 206, 207, 258, 276
관중(管衆) 4권 142
광령령향(廣苓苓香) 4권 87
광채(廣菜) 2권 251
괴이(槐耳) 1권 227
괴지주(槐枝酒) 4권 175
교아당(膠牙餳) 4권 221
교요(翹搖) 1권 209
구기자[枸杞] 1권 449, 464, 470, 2권 40, 44, 46, 170, 237, 245, 252, 253, 4권 164, 165, 166
구기자술 4권 164, 165, 166
구맥(瞿麥) 1권 424
구병(糗餠) 4권 79
구수죽(口數粥) 4권 238

구장(狗醬) 4권 210
구전단(九轉丹) 2권 123
구황(韭黃) 1권 181, 262, 2권 115
국묘제(菊苗虀) 2권 196
국의(麴衣) 2권 83, 101, 242, 4권 125
국자[漏杓] 1권 421, 2권 90, 91, 138, 258, 4권 115
국화(菊花) 1권 204, 300, 335, 384, 402, 520, 2권 40, 45, 46, 72, 245
국화싹[菊苗] 2권 245
국화주(菊花酒) 4권 86, 87, 166, 213, 214
군천자(君遷子) 1권 255
굴[牡蠣] 1권 347
굴젓갈 3권 114, 165
굼벵이[蠐螬] 1권 481
귀리[雀麥] 1권 166, 424, 4권 135, 136
균(菌) 1권 230
귤[橘] 1권 256, 2권 47, 72, 88, 126, 127, 169, 185, 192, 194, 202, 246, 270, 271
귤껍질채[橘絲] 2권 185, 192, 194, 202, 246, 270, 271, 3권 56, 80, 103
귤병(橘餠) 2권 47
귤자(蓄子) 3권 170
귤피(橘皮) 1권 513, 516, 517, 519, 2권 88, 126, 127, 3권 32, 52, 55, 95, 98, 186, 267
귤홍(橘紅) 2권 47, 4권 155
근(芹) 2권 241
근대[莙薘] 1권 199, 469
금앵(金櫻) 2권 86
금제옥회(金虀玉膾) 3권 82, 83
급수청(急需淸) 4권 106, 107
기러기[雁] 1권 323
기름간장 3권 29, 37, 38, 40, 48, 52, 65, 66, 68, 71, 73, 74, 75, 76, 77, 78, 93, 99, 117, 119
기름꿩[膏雉] 3권 75
기름종이[油紙] 1권 214, 396, 494, 496, 502, 2권 34, 35, 37, 74, 118, 211, 227, 4권 66, 88, 96, 137
기장[黍稷] 1권 455
기장쌀[黍米] 1권 383, 497
까치콩[藊豆] 1권 171, 172
깜부기불 3권 39
껍질[孚甲, 종자의 외피] 1권 160
꿀[蜜] 1권 359, 360, 3권 55, 118, 141, 221, 253, 264, 270, 271
꿀물[蜜水] 2권 46, 48, 65, 80, 230
꿀술 4권 89, 167
꿩[雉] 1권 315
꿩고기 3권 37, 57, 59, 65, 74, 89

ㄴ

나귀[驢] 1권 225, 366
나륵(羅勒) 1권 195, 196
나무공이[木杵] 2권 30
나무주걱[木爬] 2권 90, 92, 97
나초(糯蕉) 2권 178
나팔꽃[牽牛花] 2권 125
낙지[八梢魚] 3권 120
낙지[石距] 1권 337
난향(蘭香) 1권 196
남천촉(南天燭) 1권 379
남촉목(南燭木) 1권 379, 380, 381
남촉초(南燭草) 1권 379
남향(南香) 4권 155
납매(蠟梅) 4권 90
납설수(臘雪水) 3권 156, 175

납육(臘肉) 3권 25, 129, 130, 131, 132, 4권 218
남인(欖仁, 올리브) 1권 412
납조(臘糟) 3권 259
납채(臘菜) 2권 171
납팔죽(臘八粥) 4권 237
납함채(臘鹹菜) 2권 171
내(柰) 1권 252, 484, 485
내국홍로(內局紅露) 4권 128
내금(來禽) 2권 123
내장 3권 28, 35, 37, 40, 41, 53, 56, 57, 80, 81
냉도(冷淘, 전분 경단이나 국수) 3권 86
냉수(冷水) 1권 361, 413, 416, 419, 475, 481, 483, 492, 493, 496, 497, 507, 515, 2권 33, 64, 71, 4권 96, 205
냉이[薺] 1권 199
냉이씨[薺實] 1권 199
너새 3권 100
네가래[蘋] 1권 238
노각오이[黃瓜] 1권 503, 2권 156, 162
노구솥[鍮鐺] 1권 334, 401, 408, 410, 419, 428, 445, 449, 455, 2권 36, 40, 45, 51, 89, 90, 91, 92, 93, 94, 96, 97, 99, 100, 118, 119, 129, 131, 141, 272, 280, 3권 22, 24, 25, 26, 27, 28, 30, 31, 32, 43, 45, 47, 51, 52, 54, 56, 63, 65, 79, 85, 243, 4권 107, 111, 129, 141, 142, 145, 171, 187, 189, 199
노근(蘆根, 갈대뿌리) 1권 494
노란콩 1권 167
노루[麞] 1권 308, 2권 241, 3권 70, 72, 89, 98, 119, 4권 218
노수(滷水) 3권 156
노장(滷醬) 2권 161
녹각(鹿角) 1권 467
녹각채(鹿角菜) 1권 233, 2권 225, 227, 272
녹곽(鹿藿) 1권 210
녹두(綠豆) 1권 168, 210, 265, 364, 393, 436, 449, 450, 468, 488, 491, 492, 493, 497, 3권 178, 248, 249, 250, 252, 253
녹두유(綠豆乳) 4권 201
녹두주(鹿頭酒) 4권 177
녹둣가루[綠豆粉] 2권 46, 65, 70, 74, 78, 114, 245, 246, 3권 51, 57, 252
녹용(鹿茸) 1권 397
녹용주(鹿茸酒) 4권 178
녹죽(鹿竹) 2권 239
녹총(鹿蔥) 2권 205
녹하포자(綠荷包子) 4권 229, 230
놋쟁반[鍮盤] 2권 67, 106, 3권 31
놋칼[鍮刀] 2권 36
농어[鱸] 1권 331, 332, 3권 82, 83, 108
농어회 3권 82
뇌분(牢盆) 3권 148
누룩[麴] 1권 153, 160, 3권 247
누룩가루[麴末] 2권 35, 150, 152, 211
누룽지[焦飯] 2권 56
누린내 3권 25, 34, 38, 39, 40
누에콩(蠶豆) 1권 170, 2권 244
누총(樓蔥) 1권 177
누호(蔞蒿) 2권 174
눈썹[眉] 1권 164, 166, 244, 260, 419, 2권 119
눈탕(嫩湯) 4권 142
느릅나무씨장 3권 81
느릅나무열매[蕪荑仁] 3권 96, 97, 153, 179

늙은 난초잎[婆蘭葉] 1권 214
능금[林檎] 1권 252, 484, 486, 2권 52, 123
능미(菱米) 2권 75
능에[鴇] 1권 322

ㄷ
다듬잇돌[帛石] 2권 43
다래[獼猴桃] 1권 284
다리미[熨斗] 2권 118
다시마[海帶] 1권 234, 235, 2권 269, 270, 271, 3권 163, 167
다완[碗] 2권 45
닥나무열매 3권 22, 25
닥나무열매가루 3권 51, 52
단극(丹棘) 2권 205
단사(丹砂) 1권 361, 380, 2권 123
단사가루[丹砂末] 2권 123
단석(丹石) 1권 161, 187, 197, 245, 348, 350, 452
단술[醴] 3권 247, 4권 22, 27, 124
단풍나무[楓木] 1권 226
단향(檀香) 2권 30, 38, 85, 4권 131
단향가루[檀香末] 2권 52, 54
단향목(檀香木) 2권 126
달래 1권 178, 179, 185, 193, 402, 498
닭[鷄] 1권 201, 305, 309, 312, 313, 314, 326, 330, 341, 411, 464, 472, 497, 503, 511, 2권 113, 122, 134, 197, 223, 248, 3권 31, 36, 37, 44, 45, 47, 48, 57, 59, 73, 74, 84, 100, 119, 120, 183, 264, 4권 88, 101, 210
닭고기 3권 31, 37, 44, 45, 47, 57, 59, 73
담죽엽(淡竹葉) 4권 174
담협(餤飴) 4권 209
당고(糖膏) 2권 100
당과(糖菓) 1권 441
당귀(當歸) 1권 399, 422, 426, 432, 433, 2권 48, 4권 113, 144, 155, 156, 162, 163, 164, 166, 191, 199
당귀순(當歸筍) 2권 48
당귀주(當歸酒) 4권 162, 163
당근[胡蘿菔] 1권 469, 2권 192, 202
당로(糖滷) 1권 414, 2권 87, 90, 93, 94, 96, 97, 116
당밀(餳蜜, 벌꿀) 1권 429
당상(糖霜) 2권 83, 92
당전(糖纏) 2권 61, 83, 86, 87, 88, 90
당죽(餳粥) 4권 224
대광주리[竹籠] 1권 421, 496, 2권 29, 3권 258
대구[夻魚] 1권 339, 466
대그릇[竹器] 1권 389, 436, 441, 512, 515, 517, 2권 52, 85, 106, 170, 246, 265, 4권 208, 209
대꼬챙이[簽] 3권 39, 64, 68, 71, 116, 246, 2권 36, 81
대나무껍질 3권 22
대나무꼬챙이 3권 37, 62, 78, 108, 134
대나무쥐[竹鼺] 3권 34
대나무칼[竹刀] 1권 453, 2권 22, 36, 246, 255
대두황권(大豆黃卷) 1권 167
대맥[大麥] 1권 517
대산(大蒜) 1권 179
대추[棗] 1권 178, 246, 247, 248, 249, 382, 383, 394, 397, 399, 401, 402, 403, 421, 439, 441, 454, 455, 487, 2권 24, 27, 28, 29, 68, 104, 115,

143, 209, 3권 59, 218, 244, 264, 4권 61, 70, 140, 192, 194, 199, 200, 211, 216, 225, 226, 227, 234, 238
대하(大蝦) 2권 83, 133, 267, 3권 128, 161
대하[大紅鰕] 1권 165, 289, 341, 342
대합(大蛤) 1권 348, 349, 2권 196, 3권 78, 86, 107, 113
대합조개 3권 86
대회향(大茴香) 1권 195, 2권 124, 128, 189, 192, 195, 202, 3권 190
댓잎[箬葉] 1권 427, 435, 450, 2권 58, 157, 163, 189, 216, 261
댓잎술 4권 174
더덕[沙蔘] 2권 79, 264
도가니 3권 30, 33
도꼬마리[蒼耳] 1권 145, 2권 138, 3권 173, 174, 176, 187, 203, 230, 255
도꼬마리씨[蒼耳子] 3권 230
도라지[桔梗] 1권 300, 335, 2권 78, 215, 264, 3권 47, 66, 160, 219, 220, 4권 153, 154
도소주(屠蘇酒) 4권 141, 153, 154
도인(桃仁, 복숭아속씨) 1권 138, 412
도토리[橡] 1권 262, 422, 423, 433, 439, 461, 477
도토리[橡子] 1권 262, 422, 461, 2권 114, 278, 4권 92, 199
도화죽(桃花粥) 4권 224
독두산(獨頭蒜) 1권 179
돈박(豚拍) 2권 196
돌가루 1권 162, 163
돌절구[石臼] 1권 380, 484, 2권 30, 87
돌피[穇子] 1권 155
동권(銅圈) 1권 414, 2권 94, 106
동기(銅器) 1권 304, 2권 30, 54, 64, 4권 152
동미명주(冬米明酒) 4권 80
동부[豇豆] 1권 170, 171, 450
동아[冬瓜] 1권 220, 221, 226, 2권 79, 80, 81, 88, 213, 217, 218, 221, 222, 224, 226, 247, 3권 38, 39, 56, 231
동아씨[冬瓜子] 3권 231
동청(銅青) 2권 64
동총(凍蔥) 1권 177
동호(茼蒿) 2권 250
돼지[猪] 1권 296
돼지고기[猪肉] 1권 164, 167, 191, 295, 297, 298, 299, 300, 303, 308, 334, 341, 343, 361, 405, 411, 506, 510, 511, 513, 517
돼지뇌수[猪腦] 2권 29
된장[末醬] 2권 107, 117
두강주(杜康酒) 4권 103, 104
두견화(杜鵑花) 4권 199
두견화고(杜鵑花糕) 4권 199, 211
두부(豆腐) 1권 138, 190, 465, 510, 511, 2권 153, 179, 208, 214, 243, 244, 275, 276, 277, 3권 37, 120, 163, 233, 245, 248, 272
두 산 사이의 물[兩山夾水] 1권 141
두시(豆豉) 1권 166, 322, 2권 203, 3권 184
두시즙(豆豉汁) 3권 101, 191
두장(豆醬) 1권 318, 3권 153
두초(頭醋) 3권 193, 205, 214, 215
두충(杜沖) 4권 155
두황(豆黃) 3권 169, 170, 194
둥구미[篅] 2권 140

드렁허리[鱔] 1권 198, 201, 3권 85
들국화[野菊花] 2권 46
들깨[荏子] 1권 174, 2권 270
들오리[野鴨] 1권 322, 3권 76
등나무꽃[藤花] 2권 51
등심초(燈心草) 1권 228
등자(橙子, 오렌지) 1권 411
등화(藤花) 2권 51
땅광[土窖] 2권 35, 37, 48, 225, 254, 263, 4권 191
땔감[薪] 1권 375, 376, 378, 408, 3권 130
떡메[槌] 1권 400, 2권 268, 4권 187
떡찌는 틀[蒸餠機] 1권 437
떡판[餠案] 1권 398, 409, 410, 2권 268, 4권 187, 207

ㄹ

라해(蠃醢, 소라 젓갈) 3권 106
류이(柳耳) 1권 227

ㅁ

마[山藥] 1권 453, 3권 36
마[薯蕷] 2권 114
마가목[石南藤] 4권 171
마가목술 4권 171
마갈고(麻葛糕) 4권 234
마고(蘑菰) 1권 230, 2권 250, 280
마근(馬芹) 2권 200, 203, 3권 52, 83, 89, 116, 122, 140, 267
마늘[大蒜] 1권 179, 204, 217, 302, 313, 314, 330, 364, 503, 2권 165, 171, 172, 197, 214, 216, 217, 218, 220, 224, 228, 231, 241, 263, 264, 267, 3권 37, 47, 68, 80, 86, 98, 128, 188, 267, 271, 4권 191
마늘쪽[蒜瓣] 3권 188
마름[菱角] 1권 458, 2권 75, 93, 256
마술 4권 94, 141, 165
마인주(麻仁酒) 4권 175
마즙[山藥漿] 2권 141
마치현(馬齒莧) 1권 469, 2권 177
마포(삼베) 2권 157
막지밀[莫知麥] 1권 164
만년초(萬年草) 2권 127, 3권 222
만전향주(滿殿香酒) 4권 87
만초(蠻椒) 2권 214, 215
말고기[馬肉] 1권 145
말똥[馬糞] 2권 211, 212
말린 생강가루 3권 34, 36, 37, 192
말린 전복 3권 59, 103
말장(末醬) 2권 107, 212, 3권 120, 154
말향(末香) 3권 26
맛조개[蟶] 1권 348, 3권 115
망미(莔米) 1권 157
망우채(忘憂菜) 1권 217, 218
매괴(玫瑰) 2권 164
매실[梅] 1권 244, 245, 282, 303, 305, 308, 309, 501
매우(梅雨) 1권 142
매화(梅花) 2권 108
매화꽃[梅花] 2권 22, 23
매화주(梅花酒) 4권 221, 222
매화편뇌(梅花片腦) 2권 27, 42
맥국(麥麴) 3권 170
맥문동(麥門冬) 1권 330, 2권 78, 79
맥병(麥餠) 4권 226
맥아(麥芽) 1권 474, 475, 2권 212
맥황(麥黃) 3권 116, 121, 122, 124, 208, 211, 256

맥황가루 3권 121, 122, 124
맹회(猛灰) 3권 115
머루[山葡萄] 2권 48
머루[蘡薁] 1권 284
멀건 술[小酒] 2권 167
메기[鮎] 1권 333
메기장[黍] 1권 152, 153, 154, 155, 2권 150, 152
메기장[黍米] 1권 153, 154, 497
메밀[蕎麥] 1권 164, 165, 278, 300, 305, 315, 396, 397, 430, 490, 491, 494, 495, 510, 511, 2권 96, 97, 105, 106, 138, 4권 135, 136
메밀쌀[蕎麥米] 2권 138
메밀짚[蕎麥稭] 2권 105, 106
메벼[粳] 1권 143
메주[末醬] 3권 154
메주콩[大豆] 1권 355, 393, 476, 497, 2권 89, 116, 187, 188, 200, 210, 258, 275, 277, 278, 3권 153, 166
메추라기[鶉] 1권 299, 316, 2권 191, 3권 75, 100, 118
멥쌀[粳米] 1권 143, 144, 145, 157, 378, 381, 382, 383, 385, 386, 393, 394, 396, 398, 401, 420, 422, 428, 437, 448, 449, 450, 451, 452, 455, 456, 457, 459, 460, 461, 463, 464, 465, 474, 480, 481, 482, 495, 519, 2권 140, 141, 194, 195, 3권 36, 162, 201, 256, 258, 4권 46, 59, 63, 77, 78, 81, 105, 123, 127, 128, 133, 135, 136, 143, 186, 187, 197, 200, 202, 207, 215, 224
멥쌀밥[粳米飯] 2권 194, 195, 3권 111, 270
멧돼지[野猪] 1권 305, 334, 4권 218
멧비둘기[斑鳩] 1권 318
면근(麪觔) 2권 153
면장(麪醬) 1권 517, 2권 161, 203, 3권 125, 140, 175
명아주[藜] 1권 210, 211, 2권 177, 249
명유(明油) 2권 37
명주[絹] 1권 482, 483, 486, 495, 496, 2권 43, 51, 52, 116, 129, 130, 150, 281
명태[北薧魚] 1권 339
모과[木瓜] 1권 250, 251, 254, 2권 26, 29, 36, 52, 53, 70, 71, 86, 87, 120, 121, 123, 124, 4권 155
모란(牡丹) 1권 194
모란[木瓜] 1권 194
모래사장의 물[沙河中水] 1권 141
모랫돌[沙石] 2권 140
모루[鐵砧] 2권 108
모시[夏布] 2권 124, 133, 134, 181, 255, 4권 144
목권(木圈) 2권 108, 109, 113, 143
목두채(木頭菜) 2권 254, 264
목료(木蓼) 2권 170
목서(木犀) 2권 57, 3권 84
목숙(苜蓿) 2권 253, 264
목염(木鹽) 3권 147
목이버섯[木耳] 1권 225, 226, 315, 322, 519, 3권 85
목향(木香) 2권 24, 3권 190, 4권 87, 113, 140, 155
못 안에 고인 물[澤中停水] 1권 140
무[蘿蔔] 1권 190, 3권 30, 36, 37, 59, 66, 80, 81, 86, 115, 260
무릉도원주(武陵桃源酒) 4권 60, 61
무술주(戊戌酒) 4권 178

무이(蕪荑) 1권 465, 2권 178, 203, 3권 72, 140, 180, 266, 268
무이인(蕪荑仁) 3권 266
묵은쌀 1권 144, 145, 377, 447
문기록(聞奇錄) 1권 293
문어[章魚] 1권 337
물감[水柹] 2권 106
물엿[濕飴] 2권 98, 4권 221
물오리 3권 100
미골주(麋骨酒) 4권 177
미꾸라지[鰍魚] 1권 340
미나리[楚葵] 1권 333, 469, 510, 2권 224, 231, 232, 241, 242, 3권 41, 54, 59, 66, 4권 201, 202
미뇌(米腦) 2권 42
미료(味料) 2권 74, 220, 3권 145
미숫가루[涼] 1권 159, 480, 481, 482
미역[山藿] 1권 233, 2권 249, 3권 163
미우(黴雨) 1권 142
미향(米香) 3권 26
민강(閩薑) 2권 47
민물생선 3권 26
밀[小麥] 1권 159
밀가루[白麪] 1권 404, 406, 408, 411, 413, 414 , 415, 416, 427, 507, 508, 512, 515
밀가루누룩[麪麴] 3권 179, 250, 4권 41, 44, 105, 167
밀가루풀[麪湯] 1권 412, 2권 34, 89, 205
밀기울[麩] 1권 160, 355, 2권 210, 212, 273, 3권 178, 187, 188, 191, 192, 212, 213, 249, 4권 36, 105, 135
밀누룩[小麥麪] 3권 205, 255, 4권 173
밀누룩[麥麪麪] 2권 150, 152
밀대[骨櫓椎] 1권 416, 419, 440, 502, 503, 510, 2권 93, 94
밀랍종이[蠟紙] 2권 35, 4권 37
밀양시병(蜜釀柹餠) 4권 188, 189
밀온투병향(蜜醞透甁香) 4권 88, 89
밀이(蜜餌) 1권 420, 473, 2권 134, 136, 4권 236
밀주(蜜酒) 4권 89, 167

ㅂ
바다생선 3권 26
바닷말술 4권 170
바위산 샘물[山巖泉水] 1권 139, 140
박(瓠) 1권 219
박고지[瓠蓄] 2권 180
박병(薄餠) 1권 411
박씨[瓠子] 1권 152
박씨[瓠犀] 3권 231
박초(朴硝) 2권 62
박탁(餺飥) 1권 388, 389, 391, 500, 506, 4권 236
박하[薄] 2권 129
박하상(薄荷霜) 2권 85, 128
박하잎[薄荷葉] 2권 41, 42
박회향(舶茴香) 2권 128, 4권 168
반수(礬水) 2권 174
반장(盤腸) 3권 35
발계(菝葜) 4권 153
발제(葧薺) 1권 484
밤[栗] 1권 246, 247
밤송이[栗皺] 2권 59, 119
밥알[飯粒] 1권 231, 373, 375, 475, 476, 3권 112, 115, 4권 49, 55, 61, 67, 70, 100, 102, 118, 125, 138
방국(方麴) 4권 122

방망이[古轤槌] 2권 92, 3권 37, 95, 101
방아[藿香] 1권 457, 2권 116
방어[魴魚] 3권 260
방풍(防風) 1권 458, 460, 4권 153, 155
배[梨] 1권 249, 250, 3권 239
배롱(焙籠) 1권 466, 3권 92
배추[菘] 1권 188, 189, 510, 2권 34, 148, 150, 166, 167, 168, 186, 198, 200, 201, 205, 220, 226, 227, 228, 231, 266
배추[蘴] 3권 59
백거(白苣) 1권 205, 206, 2권 196, 241
백단(白檀) 2권 26, 43, 55, 126, 4권 87, 111, 149, 205, 207, 228
백당상(白糖霜) 2권 85, 4권 140
백두구(白荳蔻) 2권 26, 37, 41, 51, 57, 122
백두구인(白荳蔻仁) 4권 155
백량(白粱) 1권 449
백량미(白粱米) 1권 149, 150, 151
백령등(百靈藤) 4권 162
백령등주(百靈藤酒) 4권 162
백료주(白醪酒) 4권 122
백매(白梅) 1권 305, 435, 2권 45, 63, 74, 103, 125, 3권 49
백밀(白蜜) 2권 34, 48, 49, 67, 69, 70, 71, 76, 77, 81, 94, 108, 114, 115, 117, 120, 143, 4권 131, 132, 133, 189
백반(白礬) 1권 166, 231, 453, 500, 2권 75, 85, 125, 162, 163, 195, 207, 217, 218, 3권 51, 54, 109, 123, 124, 195
백반가루[白礬末] 2권 85, 163
백부근(百部根) 3권 182, 4권 170
백부주(百部酒) 4권 170
백설탕가루[白糖霜] 2권 85, 92, 113
백시(白柹) 2권 105
백양나무[白楊] 1권 382
백염화(白鹽火) 2권 128
백엽(百葉) 3권 58, 80
백정향(白丁香) 2권 137
백조[天鵝] 1권 322
백지(白芷) 2권 124, 125, 189, 246, 3권 81, 124, 128
백출(白朮) 1권 194, 243, 246, 318, 425, 426, 474, 477, 2권 31, 170, 4권 87, 113, 155
백출주(白朮酒) 4권 163
백하주(白霞酒) 4권 39, 42
백합(百合) 1권 281, 454, 469, 484, 500, 2권 170
백화사(白花蛇) 4권 176
백화주(百花酒) 4권 179
백화춘(白花春) 4권 102
백효(白酵) 4권 89
밴댕이 3권 82, 114
뱀장어[鰻鱺魚] 1권 258, 337, 338
뱅어(白魚) 1권 340
뱅어[鱌魚] 3권 260
버드나무[柳木] 1권 228, 304, 2권 276, 279, 3권 201, 262, 263
버섯[菌蕈] 1권 315, 497, 511
버섯[蕈] 2권 237, 3권 36, 51, 57
번가루[粰] 1권 404, 405, 502, 503, 505, 507, 515
번루(繁縷) 1권 200
벌꿀[蜂蜜] 1권 359, 421, 2권 37, 62, 64, 94, 97, 106, 123, 138, 142, 270, 3권 117, 162, 4권 130, 167, 192, 194, 201, 207, 213, 227, 234

법주(法酒) 3권 83, 4권 73, 74, 76, 79
벽악병(辟惡餠) 4권 229
볏짚[稻藁] 2권 106, 120, 224, 3권 25, 26, 73, 120, 133, 155, 185, 187, 193
병옹(甁甕) 2권 52
병이(餠餌) 2권 40, 106, 132, 196, 4권 154, 181, 232
보리[大麥] 1권 163, 164, 356, 377
보리[麥] 1권 377, 480
보리누룩[麥麲] 3권 170, 247
보리쌀[大麥米] 1권 378, 483
보리쌀[麥米] 1권 278, 483, 490
보리엿기름가루[麥芽末] 3권 262, 264
복령(茯苓) 1권 356, 454
복령주(茯苓酒) 4권 165
복분자(覆盆子) 1권 283, 487, 488, 2권 71, 72
복숭아[桃] 1권 138, 241, 245, 246, 278, 383, 395, 396, 412
복어[河豚] 1권 334, 335, 3권 54
복어알 3권 54
볶은 참깨 3권 30, 31, 41
볶은 참깻가루 3권 29, 40, 68, 73, 93, 162, 163, 227
봉래춘(蓬萊春) 4권 96
봉선(鳳仙) 2권 179
봉선화씨 3권 27
봉숭아씨[鳳仙子] 3권 232
봉염(蓬鹽) 3권 147
봉적(棒炙) 3권 133
봉초미(蓬草米) 1권 157
부들[蒲] 2권 150, 182, 188, 194, 233, 257, 258
부들순[蒲筍] 2권 194, 233
부추[韭] 1권 180, 181, 182, 295, 313, 363, 449, 470, 2권 148, 155, 156, 178, 224, 254, 255, 3권 59, 86, 4권 191
부추꽃[韭花] 2권 156
북어[北薨魚] 1권 339, 466
북훙어(北薨魚, 북어) 1권 466
분국(笨麴) 3권 170, 4권 71, 79, 112, 122
분국상락주(笨麴桑落酒) 4권 79
분단(粉團) 4권 206
분사(粉絲, 당면) 3권 56
분즙(糞汁) 1권 231, 335
분피(粉皮) 1권 517, 518, 519, 3권 56, 57
불수감(佛手柑) 2권 88
붉나무술 4권 171
붉은 비름[赤莧] 1권 202, 203, 343
붕사(硼砂) 4권 181
붕어[鯽] 1권 188, 191, 211, 237, 274, 300, 329, 336, 465, 3권 51, 52, 53, 59, 76, 77, 83, 119, 122, 123
붕어[鯽魚] 1권 188, 191, 211, 274, 300, 325, 329, 330, 465
비계[脂] 1권 265, 269, 406, 408, 411, 415, 464, 514
비둘기[鴿] 1권 316
비름[莧] 1권 202, 203, 333, 469, 522
비름나물[莧菜] 1권 343, 378
비린내 3권 26, 27, 50, 53, 64, 81, 83, 108, 113, 135, 137
비미(粃米) 1권 158, 159
비상(砒霜) 4권 28
비석(脾析) 2권 196
비자(榧子) 1권 265, 273, 2권 86, 87, 128, 141, 244, 274, 3권 233
비해(蠯醢, 깃맛 젓갈) 1권 143, 2권 96,

149, 258, 3권 106, 114, 147, 238
빈랑(檳榔) 4권 155
빈파(頻婆) 2권 105
빗물[雨水] 1권 139, 142
빙사당(氷沙糖) 2권 100
뽕나무[桑樹] 1권 225
뽕나무뿌리껍질 3권 25, 38
뽕나무잎[桑葉] 2권 211, 3권 185

ㅅ
사고(社糕) 4권 232
사과[柰] 1권 252, 484, 485, 2권 105
사근(莎根) 4권 169
사기(砂器) 2권 30
사기동이[砂盆子] 1권 487, 2권 25, 3권 84
사기항아리[砂缸] 2권 37, 3권 32, 47, 219, 4권 68, 189
사단(沙檀) 2권 38, 43
사당밀(沙糖蜜) 2권 100
사밀(沙蜜) 4권 167
사삼뿌리[沙參根] 2권 215
사슴[鹿] 1권 210, 307, 308, 330, 334, 467
사슴고기국[鹿羹] 3권 28
사슴꼬리요리[鹿尾] 2권 173
사인(砂仁) 3권 80, 108, 190, 266, 4권 147
사절칠일주(四節七日酒) 4권 106, 107
사주(社酒) 4권 26, 232
사초미(葤草米) 1권 157
사탕수수[蔗] 1권 265, 274, 335, 2권 83
사향(麝香) 1권 276, 277, 2권 29, 30, 41, 42, 52, 54, 74, 123, 3권 267, 4권 205
사호(邪蒿) 1권 193, 194
산(鏟) 3권 69
산가(蒜茄) 2권 23, 66, 78, 108, 111, 116, 118, 120, 136, 177, 205, 217, 218, 237, 239, 240, 241, 242, 244, 245, 250, 253, 255, 260, 261, 262, 266, 272, 273, 274, 281
산갓[葻] 1권 196, 197, 471, 2권 233, 4권 191
산내(山奈) 2권 189
산대(蒜薹) 2권 172, 263
산락(蒜酪) 3권 85
산마늘 1권 177
산묘(蒜苗) 2권 171
산무애뱀술 4권 176
산반(山礬) 2권 275
산밤[山栗] 2권 108
산뽕나무[柘木] 1권 225, 227
산뽕나무뿌리술 4권 175
산사(山査) 1권 251, 252, 2권 69, 85, 120, 3권 27, 48
산사주(山査酒) 4권 92
산삼(山蔘) 1권 410, 3권 160
산약장(山藥漿) 2권 141
산양(山羊) 1권 306, 307
산우(山芋, 마) 1권 453, 506
산자(饊子) 2권 132, 133, 134, 135, 136, 137, 138, 139, 140, 141, 4권 188, 236
산적(算炙) 3권 68
산초[椒] 1권 163, 266, 344, 345, 404, 410, 449, 465, 471, 514, 2권 24, 88, 117, 122, 169, 178, 184, 193, 205, 208, 214, 215, 222, 247, 266, 277,

3권 30, 32, 33, 44, 45, 48, 51, 57, 70, 81, 83, 98, 110, 111, 186, 189, 4권 173, 178, 191
산초씨[椒子] 3권 231
산초 양념 3권 28
산촛가루 3권 56, 76, 111
살구[杏] 1권 138, 148, 241, 243, 244, 246, 295, 302, 395, 396, 456, 485, 486, 492, 513
살구씨 3권 186
살구즙 3권 34, 35
삼껍질 3권 102, 125
삼나무버섯[杉菌] 1권 228
삼발이솥[鐺] 2권 65, 71, 76, 81, 114, 138, 3권 47, 48, 53, 56, 227, 235, 239, 240, 263, 266
삼백초[蕺] 1권 207, 208
삼시충(三尸蟲) 3권 180
삼씨[麻蕡] 3권 229
삼일노주(三日露酒) 4권 133
삼일주(三日酒) 4권 101, 102
삼즙[麻泥] 3권 34
삼충(三蟲) 1권 265, 381
상당(霜糖) 2권 68, 181, 250
상도(霜桃) 2권 65, 69, 129, 130, 131
상루(蔏蔞) 2권 255
상륙(商陸) 1권 302, 2권 170
상백피 4권 155
상수리[橡子] 1권 262
상수리나무잎 3권 126
상어[沙魚] 1권 336
상원유반(上元油飯) 4권 193
상이(桑耳) 1권 226, 2권 106, 143
상추[萵苣] 1권 206, 207, 288, 308, 359, 2권 164, 165, 198, 199, 250, 261
상화병(霜花餠) 1권 391, 440, 4권 207, 208
새끼줄[繩] 2권 81
새우[鰕] 1권 342, 3권 21, 105, 112, 120, 128, 140
새우살[蝦肉] 2권 266
새우즙 3권 57
생강(生薑) 1권 185, 186, 189, 192, 207, 212, 215, 231, 287, 289, 295, 300, 309, 344, 364, 412, 413, 423, 449, 461, 462, 463, 465, 471, 476, 477, 482, 483, 498, 508, 511, 512, 514, 516, 517, 519, 2권 24, 26, 27, 28, 35, 36, 46, 47, 48, 49, 54, 70, 71, 75, 76, 77, 84, 86, 88, 115, 117, 120, 122, 124, 125, 126, 157, 158, 170, 175, 177, 178, 185, 187, 188, 189, 191, 192, 194, 197, 198, 202, 203, 205, 214, 215, 216, 217, 222, 225, 227, 235, 242, 244, 245, 247, 250, 256, 264, 266, 270, 271, 272, 273, 278, 280, 3권 30, 31, 32, 34, 35, 36, 37, 47, 48, 51, 55, 57, 59, 68, 78, 80, 81, 82, 85, 87, 88, 93, 103, 107, 109, 111, 115, 116, 117, 118, 120, 125, 138, 140, 186, 187, 188, 189, 190, 192, 266, 267, 271
생강[薑] 1권 185, 186, 4권 28, 63, 132, 155, 160, 167, 189, 191, 233, 238
생강가루[薑屑] 1권 231, 412, 413, 423, 461, 463, 476, 477, 483, 519, 3권 93
생강술 4권 167
생강즙[薑汁] 2권 24, 28, 35, 36, 46, 48, 49, 71, 117, 120

생강채[薑絲] 2권 84, 185, 187, 188, 191, 192, 194, 202, 217, 244, 270, 271, 280, 3권 57, 68, 78, 81, 85, 103, 107, 111, 115, 116, 125, 186, 190
생꿀[生蜜] 1권 197, 360
생밤[生栗] 1권 455, 495, 2권 40, 107, 4권 196
생배[生梨] 2권 234
생선 3권 24, 26, 27, 51, 57, 64, 79, 89, 100, 101, 103, 106, 107, 108, 109, 110, 111, 112, 118, 120, 123, 129, 137, 138, 161, 163, 260
생선국 3권 26
생염(生鹽) 3권 108
생유자(生柚子) 2권 37
생율(生栗) 2권 109
생지(生脂, 비계) 1권 507
생지황(生地黃) 2권 30, 4권 165
생참기름 3권 108
생채(生菜) 1권 193, 288, 308, 2권 150, 169, 280, 3권 84, 86, 4권 190, 191
생철(生鐵) 1권 382
서고(黍糕) 4권 236
서미(黍糜) 4권 230
서시유(西施乳) 4권 183
서여(薯蕷) 2권 170
서자유(西子乳) 3권 54
서확(黍臛) 4권 234
석결명(石決明) 1권 347, 2권 227, 233, 4권 148
석고(石膏) 2권 275
석곡(石斛) 4권 156
석기(石器) 2권 28, 29, 30, 35, 53, 66, 4권 132, 205
석록(石綠) 2권 164
석류(石榴) 1권 255, 501, 2권 48, 4권 211, 234
석명(菥蓂) 1권 200, 373, 387, 473, 485, 2권 22, 33, 180, 196, 223
석밀(石蜜) 2권 83
석염(石鹽) 3권 147
석이(石耳) 1권 231, 232, 424, 497, 511, 2권 246, 250, 271, 4권 208
석이버섯[石耳] 1권 424, 497, 511
석자[漏杓] 1권 410
석청[石蜜] 2권 48
석탄향(惜呑香) 4권 52, 53
석화(石花, 굴) 2권 233, 234, 278, 280, 3권 114
석회 4권 28, 29, 38, 146, 147
석회면(石灰綿) 3권 83
석회수(石灰水) 2권 88, 174
선(膳) 2권 217
선묘주(仙茆酒) 4권 170
선합(鮮蛤) 4권 183
설탕[沙糖] 1권 249, 274, 330, 395, 403, 405, 406, 409, 410, 411, 412, 413, 414, 416, 423, 425, 427, 428, 429, 436, 441, 476, 482, 484, 3권 37, 82, 267, 268, 287
세발마름[芰實] 1권 286, 287
세신(細辛) 2권 124, 3권 270, 4권 107
소[牛] 1권 293
소고기[牛肉] 1권 153, 181, 511
소금[鹽] 1권 167, 171, 182, 273, 276, 277, 286, 292, 305, 321, 323, 331, 342, 353, 354, 355, 391, 392, 404, 410, 412, 413, 416, 419, 449, 452, 459, 464, 465, 467, 477, 489, 495, 498, 501, 503, 505, 508, 510, 513,

514, 516, 517, 518, 3권 21, 22, 25, 27, 28, 30, 32, 34, 35, 36, 38, 39, 43, 45, 47, 51, 52, 53, 55, 56, 57, 62, 63, 64, 68, 70, 73, 74, 75, 77, 82, 83, 84, 87, 89, 90, 91, 92, 93, 95, 96, 97, 98, 99, 100, 102, 103, 105, 106, 107, 108, 109, 110, 111, 112, 113, 114, 115, 116, 117, 118, 120, 121, 122, 123, 124, 125, 126, 127, 128, 129, 130, 131, 132, 133, 134, 135, 136, 137, 139, 140, 146, 147, 148, 149, 150, 151, 152, 154, 156, 159, 160, 162, 163, 164, 165, 166, 167, 170, 171, 172, 173, 174, 175, 176, 177, 178, 179, 180, 181, 184, 186, 187, 188, 189, 190, 192, 193, 194, 195, 196, 216, 222, 223, 245, 259, 260, 268, 269, 272, 287
소금꽃[鹽花] 1권 142
소금물[滷水] 2권 45, 73, 103, 124, 125, 138, 149, 150, 152, 153, 154, 155, 158, 159, 160, 161, 164, 165, 166, 168, 170, 172, 173, 176, 187, 188, 189, 191, 198, 199, 200, 202, 207, 216, 220, 221, 224, 230, 231, 234, 258, 259
소나무[松] 1권 228, 229, 356, 400, 401
소라(小螺) 1권 176, 233, 3권 106
소라[螺] 1권 350, 351
소라살[海螺] 2권 226
소루쟁이[羊蹄] 1권 215, 2권 253
소루쟁이잎 3권 54
소목(蘇木) 3권 195
소방목(蘇方木) 2권 279
소병(燒餠) 1권 416
소분(韶粉) 1권 245, 504, 3권 124, 128, 4권 147
소산(小蒜) 1권 178, 179
소은(燒銀) 2권 41
소젖[牛乳] 3권 233, 243, 245, 246
소주(燒酒) 4권 37, 70, 93, 122, 125, 127, 128, 129, 130, 131, 132, 133, 134, 135, 136, 137, 138, 139, 140, 141, 142, 143, 144, 145, 147, 153, 154, 164, 180, 182, 195, 221, 228
소 천엽살[牛膍肉] 3권 58
소회향(小茴香) 1권 195, 2권 149, 186, 189, 192, 195, 202, 3권 107, 178, 186, 189, 190
소흑두(小黑豆) 1권 167
속황(粟黃) 1권 449
송당(鬆糖) 2권 54
송로양(松露釀) 4권 81
송복양(松腹釀) 4권 97
송어(松魚) 1권 339
송엽병(松葉餠) 4권 197
송엽협병(松葉夾餠) 4권 197
송이버섯[松蕈] 1권 228, 229, 2권 262
송절(松節) 4권 172
송절주(松節酒) 4권 172
송지주(松脂酒) 4권 173
송진술 4권 172
송화(松花) 2권 109, 111, 113, 4권 81, 82
솥[鍋] 1권 207, 334, 376, 408, 410, 446, 449, 455, 493, 498, 502, 513, 207
솥뚜껑[鍋蓋] 1권 375, 376, 475
쇠고기 3권 28, 29, 31, 48, 51, 57, 64, 65, 68, 69, 80, 90, 91, 92, 93, 94, 117, 140, 161

쇠귀나물[慈姑] 1권 484
쇠꼬리 3권 29, 30
쇠망치[鐵槌] 3권 105
쇠무릎술 4권 163
쇠부뚜막[鐵行竈] 2권 131
쇠비름[馬齒莧] 1권 203, 469, 2권 177
수강(水薑, 생강의 일종) 3권 87
수단(水團) 4권 206, 227
수락(酥酪) 1권 495, 2권 83, 275
수마석(水磨石) 2권 230
수박[西瓜] 1권 277, 278, 2권 80, 81, 82, 3권 157, 4권 231
수박씨[西瓜子] 3권 231
수세미[絲瓜] 1권 223
수수[蜀秫] 1권 455, 474
수수[蜀黍] 1권 155
수염[鬚] 1권 164, 166, 192, 200, 210, 244, 260, 324, 326, 333, 341
수유(茱萸) 3권 109, 4권 213
수유(酥油) 1권 316, 366, 403, 404, 410, 414, 464, 466, 2권 40, 44, 46, 87, 92, 93, 94, 117, 121
수유병(酥油餠) 1권 418, 2권 40
수정당상(水晶糖霜) 2권 27
수정총(水晶蔥) 2권 215
수조(水藻) 1권 238
수타(酥酡) 2권 184, 239, 3권 153
수태(水苔) 2권 178
숙밀(熟蜜) 2권 25, 36, 64, 124
숙유(熟油) 1권 406, 518, 2권 177, 178, 193, 194, 199, 250, 3권 34, 111, 115, 118, 191, 192
숙저(宿猪) 3권 132
순료(醇醪) 3권 89
순무[蔓菁] 1권 189
순무 시래기[靑菜] 1권
순무씨[蔓菁子] 3권 229
순여(蓴茹) 2권 256
순주(醇酒) 1권 362, 437, 3권 38, 50
순채(蓴菜) 2권 49
순채[蓴] 1권 236
숟가락[匙] 2권 64, 142, 257
술밑[酒酵] 1권 512, 2권 139, 141, 3권 189, 4권 32, 39, 43, 78, 91, 107, 111, 117
술장군[尊缶] 2권 22
술주자 4권 35, 36, 37, 41, 42, 43, 44, 45, 51, 54, 59, 70, 81, 84, 96, 103, 116, 138, 139, 141, 150
술지게미[糟] 1권 333, 518, 519, 2권 120, 148, 154, 155, 156, 157, 158, 159, 160, 161, 162, 163, 164, 165, 166, 167, 169, 250, 256, 3권 37, 44, 80, 84, 97, 124, 125, 129, 130, 131, 136, 137, 138, 140, 196, 211, 259, 260, 4권 64, 65, 110, 111, 116, 118, 125, 126, 127, 141, 142, 218
숭어[鯔] 1권 330, 331, 511, 3권 59, 82, 83, 112, 114, 120
습이(濕飴) 2권 98
시건(柹乾) 2권 105
시경(詩經) 1권 372, 480, 3권 61, 231
시금치[菠薐] 1권 197, 469
시라(蒔蘿, 소회향) 1권 397, 2권 152, 166, 169, 174, 177, 184, 185, 186, 188, 189, 191, 193, 205, 271, 3권 52, 89, 95, 100, 103, 107, 108, 111, 116, 118, 122, 123, 137, 138, 181, 183, 190, 194, 267
식수유(食茱萸) 1권 267, 268

식초[醋] 1권 142, 195, 223, 233, 237, 292, 305, 338, 353, 356, 357, 413, 501, 508, 513, 514, 516, 517, 2권 84, 170, 175, 178, 185, 186, 188, 189, 191, 197, 200, 201, 202, 203, 205, 206, 216, 217, 218, 241, 242, 245, 246, 250, 251, 253, 255, 256, 257, 259, 263, 267, 275, 277, 278, 279, 280, 281, 3권 28, 32, 36, 37, 38, 41, 43, 45, 47, 49, 51, 52, 53, 55, 62, 80, 81, 82, 85, 86, 87, 89, 90, 91, 98, 111, 125, 131, 132, 134, 135, 137, 139, 140, 157, 168, 191, 193, 194, 196, 197, 201, 202, 203, 204, 205, 206, 207, 208, 209, 210, 211, 212, 213, 214, 215, 216, 217, 218, 219, 221, 222, 223, 228, 237, 245, 247, 257, 258, 259, 260, 269, 271, 4권 141
식향채(食香菜) 2권 184
신(蜃) 2권 196
신국(神麴) 3권 118, 122, 170, 193, 4권 34, 61, 62, 71, 155, 162
신선고본주(神仙固本酒) 4권 158
신선벽도춘(神仙碧桃春) 4권 97
신선주(神仙酒) 4권 156
신해(蜃醢, 대합조개 젓갈) 3권 107
심포(深蒲) 2권 196
쌀[米] 1권 229, 286, 374, 376, 377, 380, 381, 387, 388, 389, 391, 399, 444, 445, 446, 447, 464, 465, 466, 474, 475
쌀겨 1권 158, 159, 430, 2권 120, 121, 211, 3권 39, 163, 196, 211, 212, 214, 250, 4권 77, 152
쌀겨불[稻糠火] 1권 430, 2권 211
쌀뜨물[米泔水] 1권 376, 383, 425, 2권 27, 78, 176, 205, 210, 280, 3권 27, 57, 73, 130, 132, 198, 4권 57, 77, 152
쌀새우젓[白蝦醯汁] 2권 247
쌍륙(雙陸) 2권 268
쏘가리[鱖] 1권 331, 515, 3권 82
쑥[蓬] 1권 397
쑥갓[同蒿] 1권 192, 2권 250
쑥술 3권 52

ㅇ

아가위[山柤] 1권 251
아가위[山査] 2권 69, 85, 4권 92, 93
아관석(鵝管石) 2권 30
아리(鵝梨) 4권 132
아리(鵞梨) 2권 41, 68, 160
아미(蛾眉) 1권 419
아욱[葵] 1권 153, 216, 217, 274, 300, 328, 470, 2권 150, 196, 240, 241, 3권 172
안반(案盤) 2권 98
안해(雁醢, 기러기 젓갈) 2권 81, 106, 3권 107
알토란[芋魁] 2권 182, 184
압각(鴨脚) 2권 43, 240
압병(鴨餠) 1권 519, 4권 211, 233
애염(崖鹽) 3권 146
앵두[櫻桃] 1권 257, 258, 2권 66, 67, 4권 142
앵두나무잎 3권 49
앵속(罌粟) 281
앵속미(鸎粟米, 양귀비씨) 1권 452
야녹두(野鹿豆) 1권 210

약반(藥飯) 4권 192
양(羊) 1권 303
양강(良薑) 3권 98, 266, 4권 88, 107, 149
양고기[羊肉] 1권 164, 170, 191, 222, 303, 304, 305, 308, 412, 413, 507, 512, 519, 3권 25, 31, 33, 34, 36, 69, 80, 85, 91, 92, 97, 119, 131, 139, 140
양고주(羊羔酒) 4권 178, 179
양념[物料] 1권 214, 224, 275, 301, 303, 305, 329, 338, 344, 352, 353, 464, 465, 510, 511, 513, 2권 103, 126, 177, 181, 184, 185, 214, 215, 222, 226, 227, 228, 231, 239, 244, 261, 266, 267, 273, 4권 233
양념[飪料] 3권 28, 29, 30, 32, 34, 35, 38, 39, 40, 41, 44, 47, 48, 49, 51, 52, 53, 55, 56, 57, 62, 63, 65, 68, 70, 71, 76, 78, 86, 93, 102, 109, 112, 116, 124, 132, 133, 134, 139, 140, 266, 267, 271
양로이(楊櫨耳) 1권 227
양매인(楊梅仁, 소귀나무 열매) 1권 519
양산[日傘] 1권 229, 358
양제(羊蹄, 소루쟁이) 2권 253
어(菸) 2권 238
어석(魚腊) 3권 101
어해(魚醢, 물고기 젓갈) 3권 107
언(蔫) 2권 238
엄개채(醃芥菜) 2권 173
여곽(藜藿) 1권 211
여뀌꽃[蓼花] 2권 135
여뀌술 4권 167
여뀌즙[蓼汁] 3권 179, 250, 251, 253
여름 얼음[夏氷] 1권 142
여복자(蘆菔鮓) 2권 196
여지(荔枝) 1권 262, 263, 2권 28, 35, 43, 70, 72, 96, 135
연근(蓮根) 1권 285, 286, 384, 385, 412, 457, 484, 520
연근[藕] 1권 285, 286, 384, 385, 412, 457, 484, 2권 73, 74, 75, 86, 114
연꽃[蓮花] 1권 286, 385, 412, 520, 3권 218, 252, 4권 85, 87, 88, 231
연꽃꽃받침 3권 22
연년초(延年草) 2권 128
연밥[蓮子] 1권 285, 384, 456, 458, 468, 482, 484, 520, 2권 26, 31, 85
연방어포(蓮房魚包) 1권 520, 4권 230
연뿌리채 3권 85
연실(蓮實) 1권 456
연어(鰱魚) 1권 339
연어[鮭魚] 3권 120, 260
연엽양(蓮葉釀) 4권 84, 85
연유[酥] 1권 316, 404, 3권 141, 236, 4권 220
연육(蓮肉) 1권 412, 449
연잎[荷葉] 1권 379, 426, 429, 2권 195, 3권 109, 248, 4권 84, 85, 86
연자(蓮子) 1권 285, 456, 468, 2권 31, 85, 3권 188, 248
연자육(蓮子肉) 2권 31
연지(臙脂) 1권 501, 2권 77, 114, 4권 130
연포(蓮脯) 2권 177
연포(軟泡) 2권 277
염교[薤] 1권 182, 183, 295, 470, 2권 254, 4권 191
염교잎 3권 53
염두시(鹽豆豉) 3권 193

염반(鹽槃) 3권 148
염상매(鹽霜梅) 3권 195
염통(심장) 3권 28, 34, 48, 68
염화(鹽花) 1권 276, 2권 122
엽전[錢] 2권 187, 200, 209, 221, 258
엿[餳] 1권 473, 476, 4권 107
엿[餳餹] 3권 221, 261, 247
엿[餹] 1권 365, 473,474
엿기름[糵] 3권 247
영령향(苓苓香) 4권 113
영릉향(零陵香) 2권 125
영주(郢酒) 4권 86, 87
영지[芝菌] 1권 229
오가피주(五加皮酒) 4권 160
오동나무[桐木] 1권 228
오두(烏頭) 4권 28
오두죽(五豆粥) 4권 237
오디술 4권 166
오랄초(五辣醋) 1권 412, 3권 57, 271
오렌지 3권 55
오렵송(五鬣松) 2권 113
오리[鴨] 1권 357, 497, 3권 36, 49, 63, 100, 119
오리알 3권 56, 76, 78, 84, 120, 121, 136, 141, 260
오매(烏梅) 1권 300, 305, 2권 28, 35, 3권 222, 4권 204, 205
오미자(五味子) 1권 282, 283, 386, 450, 492, 493, 496, 498, 500, 501, 2권 49, 53, 77, 90, 114, 3권 56, 128, 4권 155
오미자즙(五味子汁) 2권 49, 77, 114
오미초 3권 63
오반수(烏飯樹) 1권 380
오반초(烏飯草) 1권 380
오수주(烏鬚酒) 4권 157, 158
오신반(五辛盤) 4권 190
오신채(五辛菜) 1권 185, 4권 190, 191, 221
오우(烏芋) 1권 289
오이[胡瓜] 1권 222, 223, 398, 498
오이[苽] 1권 398, 2권 129, 156, 161, 162, 163, 164, 179, 181, 186, 187, 188, 189, 191, 204, 206, 207, 208, 210, 211, 212, 213, 214, 215, 216, 217, 221, 224, 225, 226, 228, 229, 3권 59, 80, 115, 186, 189, 231, 254, 260, 4권 208, 231, 233
오이[靑瓜] 2권 187, 228
오향소주(五香燒酒) 4권 140
옥구슬[瓊玉] 1권 433
옥설탕[玉沙糖] 1권 428, 2권 31, 97, 98
옥수수[玉蜀黍] 1권 155, 440, 441, 2권 139
옥연(玉延) 1권 500, 504, 2권 115
온천수(溫泉水) 1권 141
옹기(甕器) 2권 78, 105, 155, 166, 3권 47, 113, 133, 162
옹채(蕹菜) 1권 198, 2권 149
와관(瓦罐) 2권 45
와송주(臥松酒) 4권 98
와순(萵筍) 2권 250, 261
와합(瓦合) 1권 414
왕겨[粗糠] 1권 446, 475, 2권 256, 3권 131, 4권 142
왜미림주(倭美淋酒) 4권 125
왜백주(倭白酒) 4권 117
왜소주(倭燒酒) 4권 142, 143
왜예주(倭醴酒) 4권 124, 125
외씨[瓜子] 2권 129

외제(煨製) 3권 32, 39, 81, 209
요사(硇砂) 3권 25, 69, 70
요사물 3권 70
용뇌(龍腦) 2권 30, 31, 52, 54, 129, 184, 4권 89
용수채(龍鬚菜) 2권 279
용안(龍眼) 1권 264
용연향(龍涎香) 2권 122
우내가(牛嬭茄) 2권 191
우렁이 3권 56, 57
우렁이살 3권 56
우무채(盂蕪菜) 2권 278
우물물[井水] 1권 137, 138, 2권 79, 81, 240, 3권 105, 176, 247, 4권 116
우백엽(牛百葉) 2권 196
우슬(牛膝) 2권 170, 4권 163
우엉[牛蒡] 1권 218, 2권 170, 177, 4권 175
우엉술 4권 175
우유(牛乳) 1권 224, 277, 361, 366, 446, 453, 466, 467, 472, 2권 83, 91, 281, 3권 238, 4권 122
우장(芋漿) 2권 141
우족 3권 30, 31
우초(藕梢) 2권 194, 204
우해(芋荄) 2권 248
우화(牛花) 2권 125, 158
운대(蕓薹) 1권 184, 2권 174, 3권 229
울외[菜瓜] 1권 225
울외[越瓜] 1권 224, 225
웅백(熊白) 4권 183
웅어 3권 109
원소병(元宵餠) 1권 391, 4권 194, 228
원수(芫荽) 3권 81, 85
원추리 1권 217, 218
월과(越瓜) 2권 179, 3권 93, 168, 171, 235
월병(月餠) 4권 233
위장살 3권 28
위포(胃脯) 2권 236
유감(乳柑) 2권 88
유당(乳糖) 2권 83, 90
유락(乳酪) 1권 326, 332
유병(乳餠) 1권 519, 2권 265, 3권 36, 245, 4권 237
유수(流水) 1권 415
유이(楡耳) 1권 227
유인장(楡仁醬) 3권 125, 179, 180
유자[柚] 1권 256, 257
유자껍질[柚子皮] 2권 107, 234
유장(柚漿) 2권 37
유채(油菜) 1권 184, 469, 2권 174, 175, 3권 229, 230
유학주(愈瘧酒) 4권 158
유혈수(乳穴水) 1권 141
육반차(六班茶) 2권 196
육심(肉蕈) 1권 228
육회(肉膾) 3권 79
율무(薏苡米) 1권 158, 159, 449, 451, 468, 482
율무[薏苡] 1권 158, 402, 449, 451, 482
율무술 4권 161
율추(栗皺) 2권 59
으름술 4권 171
은기(銀器) 2권 28, 29, 30, 35, 42, 53, 66, 78
은묘채(銀苗菜) 4권 229
은비녀[銀簪] 1권 228, 4권 191
은행(銀杏) 1권 258, 259, 260, 338,

412, 2권 119, 122, 123, 267, 4권 200
음양곽술 4권 160
음지에 흐르는 샘물[陰地流泉] 1권 140
이강고(梨薑膏) 4권 132, 133
이당(飴餳) 2권 71, 4권 223
이맥(耳麥, 귀리) 1권 424
이백주(頤白酒) 4권 112
익지(益智) 2권 124, 209, 3권 70, 168, 207, 223
익힌 무 3권 37
익힌 죽순 3권 57, 85
인삼(人蔘) 1권 350, 351, 386, 2권 99, 101, 4권 140, 155, 165
인삼주(人蔘酒) 4권 165
인염(印鹽) 3권 149
인유향(麟乳香) 4권 52
인절미 1권 147, 391, 398, 399
인진쑥술 4권 169
일일주(一日酒) 4권 100, 102
잉어[鯉] 1권 169, 216, 217, 298, 313, 314, 327, 328, 329, 355, 472, 515, 3권 21, 50, 51, 84, 102, 103, 108, 110, 111, 137

ㅈ

자(鮓) 2권 192, 196, 197, 217, 3권 106
자개(紫芥) 1권 186, 2권 243, 257
자고(慈姑) 1권 289, 290
자고(餈糕) 4권 232
자두(煮豆) 4권 203
자두[李] 1권 241, 242, 243, 246, 308, 309, 314, 317, 320, 429, 486
자라[鼈] 1권 342, 343, 2권 136, 255
자소(紫蘇) 2권 36, 56, 57, 184, 187, 188, 189, 191, 204, 244
자이(柘耳) 1권 227, 2권 134
자채(紫菜) 1권 233, 2권 192
자초(紫草) 2권 135, 139, 4권 128, 130, 144
자총(紫葱) 2권 215, 4권 191
작두콩[刀豆] 1권 172
잔(剗) 3권 63
잠화죽(蠶花粥) 4권 238
잡과반(雜果飯) 4권 192
잡산적(雜算炙) 3권 68
잣[松子] 1권 266, 397, 435, 439, 441, 459, 511
잣[海松子] 1권 266, 3권 31, 34, 52, 57, 59, 74, 76, 86, 99, 232, 270
장(醬) 2권 188, 3권 93, 117, 125, 134, 153
장류수(長流水) 2권 126
장맛비 1권 142
장미(薔薇) 1권 402
장산적(醬算炙) 3권 68
장송(長松) 4권 168
장송주(長松酒) 4권 168, 170
장수(漿水) 1권 145, 243, 2권 33, 68, 170, 174, 182, 198, 275, 3권 246, 269, 4권 114, 115
장유(醬油) 2권 107, 124, 3권 178, 228
장춘주(長春酒) 4권 155
장황(醬黃) 1권 473, 2권 134, 137, 206, 207, 208, 209, 3권 120, 154
쟁개비[銚] 1권 477, 2권 63, 65, 71, 76, 80, 108, 118, 138, 139, 140, 142, 248, 267, 269, 270, 271, 3권 59, 226, 4권 199
저(菹) 2권 202, 223
저장하육(猪腸下肉, 돼지막창) 3권 59

3권 36, 53, 57, 86
죽순채 3권 84, 85
죽순포(竹筍脯) 2권 177
죽실(竹實, 대나무 열매) 1권 386
죽엽청(竹葉淸) 4권 84
죽통주(竹筒酒) 4권 98
준순주(逡巡酒) 4권 158
준치[鰣] 1권 332, 3권 53, 54, 82, 120
줄[凋菰] 1권 383
줄[菰] 1권 156
줄[菰米] 1권 156
줄풀[菰] 1권 383, 2권 104, 192, 193, 194, 3권 53, 4권 200, 226, 228
줄풀 줄기[茭白] 2권 192
쥐엄나무 열매의 씨[皁莢子] 3권 38
쥐참외[王瓜] 1권 224
즙산적(汁算炙) 3권 68
즙장누룩 2권 210, 211
증과(蒸裹) 4권 235
증봉(甑蓬) 4권 116
지마(芝麻) 2권 149, 199, 3권 178, 226
지병(脂甁) 3권 100
지염(池鹽) 3권 146, 147
지이(地耳) 1권 232
지이버섯[地耳] 1권 232
지장수(地漿水) 1권 231
지주(地酒) 4권 98, 99
지해(蚳醢, 개미알 젓갈) 3권 107
지황(地黃) 1권 192, 245, 3권 37
지황주(地黃酒) 4권 163
진간장[眞甘醬] 3권 165
진달래[杜鵑] 1권 402, 498, 4권 199
진초(秦椒) 3권 268
진피(陳皮) 1권 512, 514, 2권 24, 124, 126, 184, 186, 187, 188, 191, 203, 3권 81, 84, 100, 117, 134, 186, 190, 4권 142, 149, 151, 152
진흙[泥] 2권 36, 42, 84, 86, 107, 117, 123, 149, 157, 158, 159, 163, 165, 189, 211, 212, 216, 217, 262, 267
질경이[車前] 2권 170
질그릇[瓦] 1권 414, 449, 453, 461, 2권 36, 57, 211, 3권 109, 147, 151
질동이[瓦盆] 2권 115, 3권 41, 120, 4권 46, 183
질시루[瓶] 2권 130, 281
질항아리[陶缸] 1권 430, 475, 2권 37, 3권 39, 264
집비둘기 3권 36
집성향(集聖香) 4권 120, 121
집오리[家鴨] 1권 320, 321, 322
짚동구미[藁篅] 2권 210, 3권 154, 250

ㅊ

차[茗] 1권 269
차조[秫米] 1권 148, 448, 474
차조[秫粟米] 1권 474
차조[粱秫] 4권 59
차조기[紫蘇] 1권 471, 2권 29, 36, 56, 57, 86, 124, 184, 3권 55, 190, 194, 4권 162, 234
차조기술 4권 162
차조기씨[紫蘇子] 3권 230
차조기잎 3권 48, 52, 186, 188
차좁쌀[黃米] 3권 197, 198, 202, 207, 252, 4권 101
찰기장[稷米] 1권 151, 152, 154, 408
찰기장[粘黍] 3권 197, 4권 59, 60, 127, 159
찰기장[黏黍] 1권 408

찰기장쌀[粘黍米] 3권 262, 263, 264
찰수수[粘薥黍] 1권 155, 4권 59, 60
참기(塹機) 3권 93
참기름[香油] 2권 44, 76, 87, 96, 104, 108, 119, 138, 139, 141, 142, 153, 165, 209, 214, 220, 221, 244, 246, 253, 256, 257, 259, 262, 264, 269, 270, 271, 272, 3권 25, 28, 30, 34, 43, 44, 45, 47, 48, 49, 51, 54, 55, 57, 59, 63, 68, 73, 80, 87, 93, 103, 110, 125, 127, 131, 134, 135, 139, 140, 162, 181, 183, 191, 192, 226, 227, 228, 229, 230, 233, 271, 4권 187, 192, 193, 194, 199, 208, 209, 219
참기름[麻油] 1권 215, 357, 358, 406, 408, 409, 410, 419, 446, 464, 483, 496, 497, 510, 513, 516, 517, 518, 519
참깨[胡麻] 1권 173, 174, 358, 397, 404, 471, 476, 496, 520
참깨의 기름 3권 26
참깨꽃 3권 24, 62
참나무[槲櫟] 1권 396
참마[薯蕷] 1권 279, 280
참비름[人莧] 1권 203
참새[雀] 1권 242, 317, 318, 355, 429, 518, 3권 75, 116, 118, 4권 219
참외[甛瓜] 1권 224, 275, 276, 277
참외씨[甜瓜子] 3권 231
찹쌀[糯米] 1권 146, 147, 153, 154, 313, 314, 383, 391, 394, 395, 398, 399, 400, 401, 402, 403, 404, 409, 410, 420, 421, 423, 425, 427, 428, 429, 432, 433, 435, 436, 448, 449, 455, 474, 476, 480, 481, 498, 504, 510
찹쌀가루 3권 76, 162, 163, 251
찹쌀튀밥[糯花] 2권 139
창본(昌本) 2권 196
창이자(蒼耳子) 2권 138, 3권 230
창출(蒼朮) 2권 27
창포뿌리[菖蒲根] 3권 208, 219, 220
창포주(菖蒲酒) 4권 162, 164, 226
채과(菜瓜) 1권 225, 2권 162, 163, 207, 3권 188, 193, 194
채대(菜臺) 2권 186, 187
채소(菜蔬) 1권 175, 176, 179, 190, 193, 196, 204, 216, 218, 219, 235, 265, 325, 350, 412, 419, 467, 489, 496, 498, 504, 511, 2권 34, 122, 148, 149, 150, 151, 152, 153, 154, 161, 169, 170, 171, 172, 177, 179, 184, 185, 186, 188, 192, 196, 198, 199, 200, 201, 208, 223, 227, 236, 240, 241, 243, 244, 245, 246, 251, 254, 257, 258, 260, 261, 262, 264, 265, 268, 280, 3권 20, 21, 65, 225, 228, 230, 267, 272, 273, 4권 183, 190, 221
채탕(菜湯) 2권 240
천궁(川芎) 2권 124, 4권 108, 140, 155
천금목(千金木) 4권 171
천남성(天南星) 4권 38, 97
천당(川糖) 1권 484
천리병(千里餠) 3권 118
천리주(千里酒) 4권 142
천문동(天門冬) 1권 328, 386, 2권 79, 88
천문동주(天門冬酒) 4권 161
천백약전(川百藥煎) 2권 42
천상황예(天上皇醴) 4권 84

천선자(天仙子) 4권 142
천엽(千葉) 3권 58
천오(川烏) 4권 28, 108, 142
천죽(天竹) 1권 380
천초(川椒) 1권 266, 505, 516, 517, 2권 84, 174, 203, 214, 224, 225, 227, 264, 268, 269, 3권 26, 36, 40, 47, 52, 59, 90, 92, 95, 100, 102, 108, 110, 111, 116, 117, 118, 120, 122, 126, 127, 134, 138, 140, 187, 188, 190, 194, 215, 252, 253, 266, 267, 268, 269, 4권 113, 153, 154, 181
천화분(天花粉) 2권 31
철갑상어[鱘魚] 3권 108
철개자(鐵箇子) 3권 58
철기(鐵器) 2권 30, 54, 4권 205
철염(鐵鹽) 3권 147, 152
첨수(甜水) 2권 128
첨취포(甜脆脯) 3권 98
청각(青角) 2권 272
청감주(清甘酒) 4권 124
청과자(青瓜子, 오이) 3권 59
청과정(青瓜丁) 2권 186
청날료(青辣蓼) 4권 114
청대두(青大豆) 3권 161, 195
청도미(清稻米) 4권 80
청량미(青粱米) 1권 149, 151, 382, 448, 449, 3권 202
청마유(清麻油) 3권 191
청마자(清麻子) 4권 159
청매(青梅) 2권 64, 84, 103
청서주(清暑酒) 4권 96, 98
청양(青蘘) 2권 170
청어(青魚) 2권 253, 3권 77, 102, 108, 111, 112, 113
청염 2권 126
청유(清油) 1권 403, 3권 138
청주 3권 50, 209, 217, 219
청초(青椒) 3권 189
청포(青布) 2권 277, 278, 4권 150, 201
청피(青皮) 2권 127, 128, 4권 155
청향유(清香油) 3권 192
초과(稍瓜) 1권 225
초과(草果) 3권 80, 87, 190, 244, 4권 155, 156, 182, 205
초과인(草果仁) 4권 155
초귤(草藒) 3권 170
초도(草圖) 3권 148, 194
초맥국(焦麥麴) 4권 73, 75
초백주(椒柏酒) 4권 173, 174, 220
초석(硝石) 1권 384
초오두[草烏] 3권 182
촉새[蒿雀] 1권 318
촉서미(蜀黍米, 수수) 1권 477
촉어(瘃魚) 3권 101
촉초(蜀椒) 1권 266, 267, 2권 122, 3권 268, 4권 153
총백(蔥白) 1권 177, 411, 4권 28, 208
총백두(蔥白頭) 3권 110
추복(槌鰒) 3권 105
추석[中秋] 2권 129, 4권 233
축사인(縮砂仁) 2권 26, 124
축사주(縮砂酒) 4권 168
춘란추국(春蘭秋菊) 4권 234
춘반(春盤) 2권 280
춘아(春芽) 2권 170
측백나무[側柏] 1권 483, 2권 31, 49, 4권 189, 220
측백잎술 4권 172
치롱주(治聾酒) 4권 195

치자꽃[薝蔔] 2권 195
치즈 1권 519, 3권 238, 245
칠일주(七日酒) 4권 104, 106, 107
칠종채갱(七種菜羹) 4권 221
칡[葛] 1권 229
칡가루[葛粉] 2권 97, 114
칡술 3권 52
침단(沈檀) 2권 122
침향(沈香) 2권 26, 41, 42, 57, 4권 149, 155

ㅋ

칼[刀] 1권 393, 395, 397, 398, 400, 401, 409, 410, 421, 422, 427, 453, 476, 477, 485, 497, 500, 510, 511
콩가루[眞豆粉] 1권 300, 402, 410, 433, 436, 507, 508, 515, 2권 129, 130, 185, 3권 34, 85, 140, 164, 173, 4권 189
콩나물 1권 167
콩즙[豆汁] 2권 53
큰사슴[麋] 1권 308

ㅌ

타락(駝酪) 3권 225, 233, 234, 235, 236, 237, 238, 239, 240, 241, 242, 243, 244, 246, 266
타반(拖盤, 석쇠) 1권 414, 415
탄산칼슘[鹼] 1권 138, 3권 150
탈각(奪角) 2권 271
탐해(醓醢, 고기 젓갈) 3권 106
탕련(湯臠, 탕에 넣는 저민고기) 3권 85
탕평채(蕩平菜) 4권 201
태뢰(大牢) 3권 89
탱자 3권 27
토균(土菌) 1권 230, 231
토끼[兔] 1권 188, 309, 310, 313, 314, 343, 3권 43, 70, 72, 100, 107, 118, 119
토끼 고기[兔肉] 1권 188, 309, 313, 343
토란[芋] 1권 211, 212, 403, 409, 410, 411, 435, 468, 484, 2권 182, 184
토란대[芋莖] 2권 182, 230
토란즙[芋漿] 2권 141
토지(土芝) 1권 409, 411, 2권 120
토해(兔醢, 토끼 젓갈) 3권 107, 125
통종(筒粽) 4권 229

ㅍ

파[蔥] 1권 177, 178, 2권 192, 3권 31, 32, 33, 36, 37, 41, 43, 44, 45, 47, 48, 49, 51, 52, 54, 56, 57, 59, 66, 68, 78, 80~82, 84, 86, 87, 90, 95, 98, 103, 107, 109, 118, 122, 125, 128, 135, 137
파[蔥花] 2권 192
파꽃 3권 103, 118
파두(巴豆) 4권 28
파래 1권 234, 235
파채[蔥絲] 1권 516, 2권 193, 194, 195, 244, 3권 51, 78, 95, 108, 111, 115, 116, 123
파초[蕉] 1권 412, 2권 177, 178
판행인(板杏仁) 2권 25
팔근채(八斤菜) 2권 186
팥[赤小豆] 1권 450
패미(稗米) 1권 155
패종(孛宗) 1권 435
패향(佩香) 2권 77, 134
팽(鬅) 2권 51

평미레 4권 72
평봉초(萍蓬草) 1권 239
평지 1권 184
폐 3권 32, 34, 35, 151, 236
포도(葡萄) 1권 278, 279, 2권 48, 54, 67, 4권 93, 141
포도소주(葡萄燒酒) 4권 141
포도주(葡萄酒) 4권 93
포석(脯腊) 3권 88, 4권 232
표고버섯[蘑菰] 1권 413, 519, 2권 237, 238, 250, 280, 4권 208
표고버섯즙 3권 57
표주박 3권 30, 121, 197
품대(品帶) 2권 276
풋복숭아[生桃] 2권 104
풋살구[靑杏] 2권 64
풍로(風爐) 2권 260, 3권 72
피[稗] 1권 156
필라(饆饠) 1권 510, 4권 198
필발(蓽撥) 3권 118, 266
필징가(蓽澄茄) 2권 42
핍쌀 1권 155, 382

ㅎ

하눌타리[瓜蔞] 1권 494, 3권 231
하눌타리씨[瓜蔞子] 3권 231, 244
하삼청(夏三淸) 4권 102
하수오(何首烏) 1권 192
하엽청(荷葉淸) 4권 84, 85
하포(夏布) 2권 92
한구(寒具) 2권 132, 133, 134, 135, 136, 137, 138, 4권 225
한수석(寒水石) 2권 41, 42
한정록(閑情錄) 2권 261
한초(漢椒) 1권 163, 4권 181
한총(漢蔥) 1권 177
함수(鹹水) 3권 151
함지박[木瓢] 2권 168
함채(鹹菜) 2권 171
합자(合子) 2권 130
합환(合歡) 2권 170, 204
해고(蟹膏) 3권 124, 127
해구신술(膃肭臍酒) 4권 179
해대(海帶) 1권 234, 2권 271
해삼(海蔘) 1권 350, 351, 3권 59
해아차(孩兒茶) 2권 41
해염(海鹽) 3권 146, 147, 148, 149
해온(海蘊) 1권 234
해인(醢人) 2권 196, 197, 3권 106
해자(醢鮓) 3권 106, 112, 117
해조(海藻) 1권 233, 234, 235
해채(海菜) 1권 233
햅쌀 1권 144, 377, 447
행인(杏仁, 살구속씨) 1권 138, 244, 456, 513, 516, 517, 2권 25, 184, 188, 191, 269, 274, 3권 250
행채(荇菜) 1권 238
향당(饗糖) 2권 83, 90
향부자술 4권 169
향신료 3권 26, 52, 112, 117, 267
향심(香蕈) 1권 228
향심버섯[香蕈] 1권 228
향애단자(香艾團餈) 4권 200, 201
향약(香藥) 2권 22, 33, 51, 56, 122, 169, 184
향유(香油) 2권 153
향유(香菜) 1권 220
향채원수(香菜芫荽, 고수풀) 3권 81, 85
향포(香蒲) 2권 233
헛개나무[枳椇木] 1권 228, 364, 474

현각(蜆殼) 2권 76, 242, 4권 187
형개수(荊芥穗) 2권 31
혜즙(醯汁) 2권 222, 227
호골주(虎骨酒) 4권 177
호과(胡瓜) 2권 204, 212, 215, 221, 224, 226, 228
호두[核桃] 2권 25, 40, 44, 86, 99, 115, 157, 210, 269
호두[胡桃] 1권 244, 260, 261, 315, 322, 397, 402, 410, 412, 413, 418, 435, 441, 463, 519, 3권 26, 34, 37, 44, 82, 4권 92, 140, 234, 237
호리병박[葫蘆匏子] 2권 179, 180
호마주(胡麻酒) 4권 159
호박(琥珀) 2권 63, 66, 68, 73, 74, 77, 85, 99, 181, 204, 264
호박[南瓜] 1권 222, 381, 473, 474, 476
호박씨[南瓜子] 3권 231
호유자(胡荽子) 3권 98, 135
호제(胡穄, 검은 기장쌀) 1권 383
호총(胡蔥, 양파) 1권 177
호축(瓠蓄) 2권 181
혼돈(餛飩) 1권 382, 389, 391, 430, 431, 434, 437, 4권 236
홍국(紅麴, 누룩의 일종) 2권 192, 193, 194, 195, 281, 3권 107, 110, 111, 122, 138, 178, 257, 258, 259, 4권 109, 111, 158, 159
홍국가루 3권 116, 118, 121, 123
홍국주(紅麴酒) 4권 158, 159
홍귤[柑子] 2권 72
홍두(紅豆) 2권 184, 191, 272, 275, 3권 43, 108, 110, 140, 4권 28, 88
홍면(紅麪) 3권 108
홍어(紅魚) 3권 123
홍주(紅酒) 4권 109, 110
홍차 3권 53
홍합[淡菜] 1권 349, 465, 3권 120, 121
홍화(紅花) 2권 99
홍화씨[紅藍子] 3권 230, 271, 272
화과(花瓜) 4권 231
화염(花鹽) 3권 149
화전(花煎) 4권 199, 211
화초(花椒, 산초) 1권 449, 471, 2권 94, 149, 159, 169, 178, 184, 186, 189, 191, 192, 193, 194, 195, 258, 265, 272, 3권 32, 43, 53, 80, 95, 103, 118, 123, 124, 190, 201, 228, 267, 271
화촛가루 3권 28, 87, 91
황과(黃瓜) 2권 207, 208, 209, 217, 218
황국화(黃菊花) 2권 72
황기 3권 37
황나(黃糯) 1권 154
황대두(黃大豆) 1권 167, 451, 2권 210, 3권 191
황두(黃豆) 2권 116, 210, 275, 276, 3권 166, 173, 174, 187
황랍(黃蠟) 3권 30, 38, 4권 96
황량(黃粱) 1권 449
황량미(黃粱米) 1권 143, 149, 150, 151
황매(黃梅) 2권 24, 84
황매실[黃梅] 2권 24
황미반(黃米飯) 2권 195
황아(黃芽) 2권 225
황양목(黃楊木) 2권 108
황어(黃魚) 1권 165
황염(黃鹽) 3권 151
황유목(黃楡木) 4권 202
황정(黃精) 1권 244, 281, 282, 463, 474, 2권 116, 170

황정뿌리[黃精根] 2권 116
황정주(黃精酒) 4권 166
황주(黃酒) 4권 145, 163
황증(黃烝) 3권 170, 171, 172, 187, 254, 255, 256
황총(黃蔥) 2권 263
황호(黃蒿) 2권 206
회어(鮰魚) 3권 120
회조(灰藋) 1권 210
회향(茴香) 1권 195, 2권 152, 3권 267
회향주(茴香酒) 4권 168
회화나무[槐樹] 1권 225, 505, 2권 170, 177, 4권 175
효모(酵母) 3권 237, 240, 242, 4권 111
후주(後酒) 3권 202
후추[胡椒] 1권 207, 267, 268, 412, 464, 465, 471, 496, 498, 508, 510, 511, 516, 517, 518, 2권 65, 68, 124, 142, 177, 178, 237, 244, 264, 270, 3권 31, 40, 47, 56, 57, 59, 72, 74, 84, 87, 88, 103, 118, 122, 123, 128, 135, 140, 266, 267, 268, 271
후춧가루 3권 29, 40, 68, 73, 78, 81, 93, 99, 117, 192
훈조(燻造) 3권 120, 154
훤초(萱草) 2권 204, 251
훤초화(萱草花) 2권 251
흐르는 물 1권 138, 139, 141, 463
흑대두(黑大豆) 1권 166, 2권 258, 3권 184, 185
흑료두(黑料豆) 2권 171
흑석(黑錫) 4권 147
흑설탕[黑沙糖] 1권 428, 2권 92, 94
흑임자[黑胡麻] 1권 452, 2권 113, 138
흑임자술 4권 159
흡발[歙鉢] 2권 260
흰엿[白饄] 1권 404, 2권 76, 138, 3권 228, 261, 271, 4권 223
흰참깨[白油麻] 1권 174

임원경제연구소

임원경제연구소는 고전 연구와 번역, 출판을 주요 목적으로 하는 사단법인이다. 문사철수(文史哲數)와 의농공상(醫農工商) 등 다양한 전공 분야의 소장학자 40여 명이 회원 및 번역자로 참여하여, 풍석 서유구의 《임원경제지》를 완역하고 있다. 또한 번역 사업을 진행하면서 축적한 노하우와 번역 결과물을 대중과 공유하기 위해 관련 전문가 및 단체들과 교류하고 있다. 연구소에서는 번역 과정과 결과를 통하여 '임원경제학'을 정립하고 우리 문명의 수준을 제고하여 우리 학문과 우리의 삶을 소통시키고자 노력한다. 임원경제학은 시골살림의 규모와 운영에 관한 모든 것의 학문이며, 경국제세(經國濟世)의 실천적 방책이다.

번역, 교열, 교감, 표점, 감수자 소개

번역

정정기(鄭炡基)

경상북도 장기 출신. 서울대 가정대학 소비자아동학과에서 공부했고, 도올서원과 한림대 태동고전연구소에서 한학을 익혔다. 서울대 대학원에서 〈성리학적 부부관에 대한 연구〉로 석사를, 〈조선시대 가족의 식색교육 연구〉로 박사를 마쳤다. 음식백과인 《정조지》의 역자로서 강의와 원고 작업을 통해 그에 수록된 음식에 대한 소개에 힘쓰며, 부의주를 빚고 가르쳐 집집마다 항아리마다 술이 익어가는 꿈을 실천하고 있다. 임원경제연구소 교열팀장과 번역팀장을 역임했고, 현재는 연구원으로 재직하며, 《섬용지》를 교열했고, 《유예지》·《상택지》·《예규지》·《이운지》를 공역했다.

최시남(崔時南)

강원도 횡성 출신. 성균관대 유학과(儒學科) 학사 및 석사를 마쳤으며 동 대학원 박사과정을 수료했다. 성균관(成均館) 한림원(翰林院)과 도올서원(檮杌書院)에서 한학을 공부했다. 석사논문은 〈유가정치사상연구:《예기》의 예론을 중심으로〉이며 호서대학교에서 강의를 했다. IT회사에서 조선시대 왕실 자료와 문집·지리지 등의 고문헌 디지털화 작업을 했다. 현재 임원경제연구소 팀장으로 근무하며 《섬용지》·《유예지》·《상택지》·《예규지》·《이운지》를 공역했다.

정명현(鄭明炫)

광주광역시 출신. 고려대 유전공학과를 졸업하고, 도올서원과 한림대 태동고전연구소에서 한학을 공부했다. 서울대 대학원 '과학사 및 과학철학 협동과정'에서 전통 과학기술사를 전공하여 석사와 박사를 마쳤다. 석사와 박사논문은 각각 〈정약전의 《자산어보》에 담긴 해양박물학의 성격〉과 〈서유구의 선진농법 제도화를 통한 국부창출론〉이다. 《임원경제지》 중 《본리지》·《섬용지》·《유예지》·《상택지》·《예규지》·《이운지》를 공역했다. 또 다른 역주서로 《자산어보:우리나라 최초의 해양생물 백과사전》이 있고, 《임원경제지:조선 최대의 실용백과사전》을 민철기 등과 옮기고 썼다. 현재 임원경제연구소 소장으로 《임원경제지》 번역 사업에 참여하고 있다.

민철기(閔喆基)

서울 출신. 연세대 철학과를 졸업하고 도올서원에서 한학을 공부했다. 연세대 대학원 철학과에서 학위논문으로 〈세친(世親)의 훈습개념 연구〉를 써서 석사과정을 마쳤다. 임원경제연구소 번역팀장과 공동소장을 역임했고, 현재는 선임연구원으로 재직하며 《섬용지》를 교감 및 표점했고, 《유예지》·《상택지》·《예규지》·《이운지》를 공역했다.

김현진(金賢珍)

경기도 평택 출신. 공주대 한문교육과를 졸업하고 한림대 태동고전연구소와 한국고전번역원에서 한학을 공부하였으며 성균관대 대학원 한문학과에서 석사과정을 수료했다. 현재 임원경제연구소 연구원으로 근무하며 《섬용지》를 교열했고, 《유예지》·《상택지》·《예규지》·《이운지》를 공역했다.

김수연(金秀娟)

서울 출신. 한국전통문화대 전통조경학과를 졸업하고 한림대 태동고전연구소에서 한학을 공부했다. 현재 임원경제연구소 팀장으로 근무하며 《섬용지》를 교감 및 표점했고, 《유예지》·《상택지》·《예규지》·《이운지》를 공역했다.

강민우(姜玟佑)

서울 출신. 한남대 사학과를 졸업하고 한림대 태동고전연구소에서 한학을 공부했다. 성균관대 대학원 사학과에서 석사과정을 마쳤고, 박사과정 재학 중이다. 현재 임원경제연구소 연구보조원이다. 《섬용지》를 교열했고, 《유예지》·《상택지》·《예규지》·《이운지》를 공역했다.

김광명(金光明)

전라북도 정읍 출신. 전주대학교 한문교육과를 졸업하고 한국고전번역원에서 한학을 공부했으며, 성균관대 대학원 고전번역 협동과정에서 석박사통합과정을 수료했다. 현재 임원경제연구소 연구원으로 근무하며, 《유예지》·《상택지》·《예규지》·《이운지》를 공역했다.

김용미(金容美)

전라북도 순창 출신. 동국대 철학과를 졸업하고, 한국고전번역원 국역연수원과 일반연구과정에서 한문 번역을 공부했다. 한국고전번역원에서 추진하는 고전 전산화사업에 교정교열위원으로 참여했고, 《정원고사(政院故事)》 공동번역에 참여했으며, 전통문화연구회에서 추진하고 있는 《모시정의(毛詩正義)》 공동번역에 참여하고 있으며, 현재 임원경제연구소 연구원으로 근무하며 《유예지》·《이운지》를 공역했다.

자료정리

고윤주(高允珠)(푸르덴셜 라이프 플래너)

감수

박록담(한국전통주연구소 소장)(술)

교감·표점·교열·자료조사

임원경제연구소

풍석문화재단

(재)풍석문화재단은 《임원경제지》 등 풍석 서유구 선생의 저술을 번역 출판하는 것을 토대로 전통문화 콘텐츠의 복원 및 창조적 현대화를 통해 한국의 학술 및 문화 발전에 기여함을 목적으로 설립되었다.

재단은 ①《임원경제지》의 완역 지원 및 간행, ②《풍석고협집》, 《금화지비집》, 《금화경독기》, 《번계시고》, 《완영일록》, 《화영일록》 등 선생의 기타 저술의 번역 및 간행, ③풍석학술대회 개최, ④《임원경제지》 기반 대중문화 콘텐츠 공모전, ⑤풍석디지털자료관 운영, ⑥《임원경제지》 등 고조리서 기반 전통음식문화의 복원 및 현대화 사업 등을 진행 중이다.

재단은 향후 풍석 서유구 선생의 생애와 사상을 널리 알리기 위한 출판·드라마·웹툰·영화 등 다양한 문화 콘텐츠 개발 사업, 《임원경제지》 기반 전통문화 콘텐츠의 전시 및 체험교육 등을 목적으로 하는 서유구 기념관 건립 등을 추진 중이다.

풍석문화재단 웹사이트 및 주요 연락처

웹사이트

풍석문화재단 홈페이지 : www.pungseok.net

출판브랜드 자연경실 블로그 : https://blog.naver.com/pungseok

풍석디지털자료관 : www.pungseok.com

풍석문화재단 음식연구소 홈페이지 : www.chosunchef.com

주요 연락처

풍석문화재단 사무국

주 소 : 서울 서초구 방배로19길 18, 남강빌딩 301호

연락처 : 전화 02)6959-9921 팩스 070-7500-2050 이메일 pungseok@naver.com

풍석문화재단 전북지부

연락처 : 전화 063)290-1807 팩스 063)290-1808 이메일 pungseokjb@naver.com

풍석문화재단 음식연구소

주　소 : 전북 전주시 완산구 향교길 104

연락처 : 전화 010-8983-0658 이메일 zunpung@naver.com

조선셰프 서유구(음식연구소 부설 쿠킹클래스)

주　소 : 전북 전주시 완산구 향교길 104

연락처 : 전화 010-8983-0658 이메일 zunpung@naver.com

서유구의 서재 자이열재(풍석 서유구 홍보관)

주　소 : 전북 전주시 완산구 향교길 104

연락처 : 전화 010-3010-2057 이메일 pungseok@naver.com

풍석학술진흥연구조성위원회

(재)풍석문화재단은 《임원경제지》의 완역완간 사업 등의 추진을 총괄하고 예산 집행의 투명성을 기하기 위해 풍석학술진흥연구조성위원회를 두고 있습니다. 풍석학술진흥연구조성위원회는 사업 및 예산계획의 수립 및 연도별 관리, 지출 관리, 사업 수익 관리 등을 담당하며 위원은 아래와 같습니다.

위원장 : 신정수(풍석문화재단 이사장)

위　원 : 서정문(한국고전번역원 고전번역연구소장), 진병춘(풍석문화재단 사무총장)
안대회(성균관대학교 한문학과 교수), 유대기(활기찬인생 2막 이사장)
정명현(임원경제연구소장)

풍석문화재단 사람들

이사장	신정수 ((前) 주택에너지진단사협회 이사장)
이사진	김윤태 (우석대학교 평생교육원장) 김형호 (한라대학교 이사) 모철민 ((前) 주 프랑스대사) 박현출 ((前) 서울시농수산식품공사 사장) 백노현 (우일계전공업그룹 회장) 서창석 (대구서씨대종회 총무이사) 서창훈 (우석재단 이사장 겸 전북일보 회장) 안대회 (성균관대학교 한문학과 교수) 유대기 (활기찬인생 2막 이사장) 이영진 (AMSI Asia 대표) 정명현 (임원경제연구소 소장) 진병춘 (상임이사, 풍석문화재단 사무총장) 채정석 (법무법인 웅빈 대표) 홍윤오 ((前) 국회사무처 홍보기획관)
감사	홍기택 (대일합동회계사무소 대표)
음식연구소장	곽미경 (《조선셰프 서유구》 저자)
재단 전북지부장	서창훈 (우석재단 이사장 겸 전북일보 회장)
사무국	박정진, 박소해
고문단	이억순 (상임고문) 고행일 (인제학원 이사) 김영일 (한국ABC협회 고문) 김유혁 (단국대 종신명예교수) 문병호 (사랑의 일기재단 이사장) 신경식 (헌정회 회장) 신중식 ((前) 국정홍보처 처장) 신현덕 ((前) 경인방송 사장) 오택섭 ((前) 언론학회 회장) 이영일 (한중 정치외교포럼 회장) 이석배 (공학박사, 퀀텀연구소 소장) 이수재 ((前) 중앙일보 관리국장) 이준석 (원광대학교 한국어문화학과 교수) 이형균 (한국기자협회 고문) 조창현 ((前) 중앙인사위원회 위원장) 한남규 ((前) 중앙일보 부사장)

《임원경제지·정조지》 완역 출판을 후원해 주신 분들

㈜DYB교육 ㈜우리문화 ㈜벽제외식산업개발 (사)인문학문화포럼 ㈜청운산업
눈비산마을 대구서씨대종회 옹기뜸골 홍주발효식품 ㈜오가닉씨드 한국에너지재단
강흡모 고관순 고경숙 고옥희 고유돈 고윤주 공소연 구자민 곽미경 곽의종
곽중섭 곽희경 권미연 권정순 권희재 김경용 김남주 김덕수 김동범 김동섭
김문자 김미숙 김미정 김병돈 김상철 김석기 김성규 김성자 김순연 김영환
김용도 김유혁 김익래 김인혜 김일웅 김재광 김정기 김정숙 김정연 김종덕
김종보 김종호 김지연 김지형 김창욱 김태빈 김현수 김혜례 김홍희 김후경
김 훈 김흥룡 나윤호 노창은 류충수 류현석 문성희 민승현 박낙규 박동식
박록담 박미현 박민진 박보영 박상준 박석무 박성희 박용희 박재정 박종규
박종수 박찬교 박춘일 박현자 박혜옥 박현출 배경옥 백노현 백은영 변흥섭
서국모 서봉석 서영석 서정표 서창석 서청원 석은진 성치원 손현숙 송상용
송은정 송형록 신동규 신영수 신응수 신종출 신태복 안순철 안영준 안철환
양덕기 양성용 양태건 양휘웅 오미환 오성열 오영록 오영복 오은미 오인섭
용남곤 유미영 유종숙 유지원 윤남철 윤석진 윤정호 이건호 이경근 이경제
이경화 이광구 이국희 이근영 이기웅 이기희 이남숙 이동규 이동호 이득수
이범주 이봉규 이상근 이세훈 이순례 이순영 이승무 이영진 이우성 이윤실
이윤재 이원종 이인재 이재용 이정언 이진영 이진희 이천근 이 철 이태영
이태인 이태희 이현식 이형운 이효지 임각수 임승윤 임종태 임종훈 장상무
장우석 전명배 전종욱 전치형 정갑환 정경숙 정 극 정금자 정명섭 정명숙
정상현 정소성 정여울 정연순 정영미 정외숙 정용수 정우일 정정희 정종모
정지섭 정진성 정창섭 정태윤 정혜경 조규식 조문경 조은필 조재현 조창록
조헌철 조희부 주석원 주호스님 진병춘 진선미 진성환 차영익 차흥복 천재박
최경수 최경식 최광현 최미화 최승복 최연우 최윤경 최정숙 최정원 최진욱
최필수 최희령 탁준영 태의경 하영휘 하재숙 한승문 허영일 허 탁 홍미숙
홍수표 황경미 황재운 황재호 황정주 황창연 그 외 이름을 밝히지 않은 후원자분